必须巩固我们这个已经建立的
伟大的有威信的革命统一战线

——毛泽东

人民政协

协商民主理论概要

编委会

Renmin Zhengxie
xieshang Minzhu Lilun Gaiyao

人民政协
协商民主理论概要

政协重庆市委员会 编著 / 谭凯鸣 执笔

中国发展出版社
CHINA DEVELOPMENT PRESS

图书在版编目（CIP）数据

人民政协协商民主理论概要/政协重庆市委员会编著，谭凯鸣执笔．—北京：中国发展出版社，2017.2（2017.6 重印）

ISBN 978-7-5177-0636-6

Ⅰ.①人… Ⅱ.①政… ②谭… Ⅲ.①中国人民政治协商会议—民主协商—理论研究 Ⅳ.①D627

中国版本图书馆 CIP 数据核字（2017）第 002309 号

书　　名：人民政协协商民主理论概要
著作责任者：政协重庆市委员会
执　　笔：谭凯鸣
出版发行：中国发展出版社
（北京市西城区百万庄大街 16 号 8 层　100037）
标准书号：ISBN 978-7-5177-0636-6
经　销　者：各地新华书店
印　刷　者：北京科信印刷有限公司
开　　本：710mm×1000mm　1/16
印　　张：22
字　　数：336 千字
版　　次：2017 年 2 月第 1 版
印　　次：2017 年 6 月第 2 次印刷
定　　价：58.00 元
联系电话：（010）68990642　68990692
购书热线：（010）68990682　68990686
网络订购：http：//zgfzcbs.tmall.com//
网购电话：（010）68990639　88333349
本社网址：http：//www.develpress.com.cn
电子邮件：fazhanreader@163.com

序

民主是人类共同的追求。协商民主，是中国共产党人和中国人民追求民主伟大历程中的一大创造。社会主义协商民主制度，是对毛泽东同志创建根据地民主政权、协商建立全国政权、和平实现社会主义改造伟大思想与实践的继承和发展，更是改革开放以来中国共产党坚持中国特色社会主义政治发展道路、推进政治体制改革的大胆探索和丰硕成果。

历史从哪里开始，思想进程也应当从哪里开始。回眸一个多世纪的风云激荡，让我们清醒地看到，无数人凝聚在信仰的旗帜之下，坚守共产主义理想，坚持和发展马克思主义。中国共产党成立伊始，就宣传“科学”与“民主”，坚持多数人的人民民主，倡导以协商为特征的新民主主义议事精神。中国人民政治协商会议第一届全体会议的召开，标志着协商民主这一新型民主形式开始在全国范围内实施。新中国成立后，中国在世界民主政治发展史上最早既重视“选举民主”，又重视“协商民主”，在国家层面确立人民代表大会制度、多党合作和政治协商制度，形成人大选举与政协协商并存的“双轨民主模式”，创造出一种全新的“结构”。这种“结构”，既是基本的制度体系，也是根本的思想体系，极大地丰富了世界政治文明宝库。

改革开放以来，中国共产党更加重视协商民主。中国共产党领导的多党合作和政治协商制度将长期存在和发展被庄严载入《宪法》；按照与《宪法》相衔接的原则，人民政协作为“中国共产党领导的多党合作和政治协商的重要机构”被写入政协章程；党和国家的重大方针政策和群众生活的重要问题通过人民政协进行协商，已经成为国家政治生活中一种郑重的民主形式。中共十八大首次以党代会这一党的最高权力机关通过的报告和决议的权威形式，确认“协商民主”概念，并在此基础上确立“社会主义协商民主制度”概念，进而对“健全社会主义协商民主制度”进行规划和部署，从政治上和理论上把选举民主和协商民主这两种民主制度确立起来，集中体现了中国共产党人在中国民主制度选择上的道路自信、理论自信、制度自信和文化自信。

习近平同志在庆祝中国人民政治协商会议成立65周年大会上的讲话中指出：“人民政协植根于中国历史文化，产生于近代以后中国人民革命的伟大斗争，发展于中国特色社会主义光辉实践，具有鲜明中国特色。”在中国共产党领导下，作为伟大的“爱国统一战线的组织”“多党合作和政治协商的重要机构”“人民民主的重要形式”，人民政协积极投身建立新中国、建设新中国、探索改革路、实现中国梦的伟大实践，建立了历史的功勋！2015年6月，中共中央印发《关于加强人民政协协商民主建设的实施意见》，将社会主义协商民主、人民政协协商民主制度化，是改革开放以来中国政治体制改革的重大探索和突破，具有里程碑意义。

回顾中国民主政治与人民政协的光辉历程和历史贡献，让我们深刻地认识到，运用马克思辩证唯物主义和历史唯物主义，系统梳理和研究人民政协协商民主的发展历程、理论基础，探讨人民政协协商民主在一国的具体实现形式和整体运作，无论是对于推动协商民主广泛、多层、制度化发展，构建程序合理、环节完整的协商民主体系，发展中国特色社会主义民主政治，还是对于坚持和完善中国共产党领导的多党合作和政治协商制度，不断推进马克思主义中国化、当代化，都极具理论和实践价值。人民政协协商民主，必将为人民民主在中国的实践和发展开辟广阔空间和美好前景。

古人云：逝者如斯夫！历史的长河静观时往往风平浪静，只有蓦然回首，才能体会它的波澜壮阔。人民政协理论是内容丰富、结构完整、相互贯通的科学思想体系，贯穿于人民政协形成与发展的整个历史进程中①。本书以周恩

① 政协全国委员会办公厅、中共中央文献研究室：《人民政协重要文献选编》，中央文献出版社2009年版，第854页。

来关于人民政治协商会议这样的组织“是近代中国一百多年来民族民主革命运动牺牲奋斗的果实”的重要论述、习近平关于人民政协的最新论述为逻辑起点，在占有大量第一手材料的基础上，通过“去粗取精、去伪存真”，梳理出中国创造的这个“独特的、独有的、独到的民主形式”[①] 的历史发展脉络、理论渊源。主要有以下几个亮点。

一是运用马克思主义世界观和方法论，系统梳理分析人民政协协商民主理论体系。根据《宪法》和国家法律法规、中共中央重要文献及政协章程，首次系统地对人民政协协商民主的发展历程、理论基础及构成要素进行研究，摒弃了过去学术界试图用西方协商民主的概念、特征和内涵来阐释中国协商民主发展的误区。通过这些论述，初步建构起人民政协协商民主理论的基本框架。这是本书一大亮点。

二是首次对人民政协协商民主发展历程进行“六阶段”划分。中国经历过漫长的封建社会。1840 年鸦片战争以后很长一段时期，中国逐渐沦为半殖民地半封建社会，中华民族危难深重，人民根本没有民主权利。近代中国政治的发展呼唤适应中国国情的新的政党制度。这一历史责任由中国共产党和各民主党派共同承担了起来。本书的研究忠实原著，尊重历史，从近代中国波澜壮阔的新民主主义革命的历史视角，按照中共党史分期法，系统梳理了人民政协协商民主的生动实践。通过对这些历史的还原，有力地回应了有关“协商民主起源于西方”“植根于当代西方发达资本主义国家的政治现实”“中国只有选举民主、没有协商民主”等论调。

三是首次对人民政协协商民主在国家政治生活、世界政治文明发展中的贡献及影响等进行梳理。人民政协成立以来，配合国家的总体外交部署，在和平共处五项原则的基础上，积极参与巩固和发展同一切爱好和平的国家和人民的友谊，支持各个被压迫民族的民族解放运动，加强国际和平友好工作，反对帝国主义的侵略行为和战争威胁，在争取和不同社会制度的国家和平共处、保卫世界持久和平中发挥了积极作用。人民政协不仅是中国民主政治的

---

① 习近平：“在庆祝中国人民政治协商会议成立 65 周年大会上的讲话”，新华网，2014 年 9 月 21 日。

重要形式和中国政治文明的重要成果，而且促进了世界政治文明发展的历史进程，是世界政治文明的重要成果和重要发展，为其他国家和民族的民主政治建设提供了有益的启示和借鉴。本书对人民政协协商民主在国家政治生活中的作用、对世界政治文明的贡献等研究，特别是对二届、三届全国政协原始文献的研究，内容涉及政治、经济、社会、文化、科技、军事、外交等，填补了该领域空白，使本书成为一部较为丰富的关于人民政协协商民主理论和实践的专著。

在写作风格上，本书采取严肃的理论论证与历史叙事相结合的方法，通过大量引用马克思主义经典作家原著、重要历史文献等原始文本，以及史料集、回忆录、新闻报道、文艺作品等，以此作为研究的理论依据和资料佐证，使本书既具有一定的学术性，又有一定的史料价值，为研究人民政协理论提供了一个全新的视角和方法。作者视野开阔，材料观点纵横贯通，从历史到未来，从中国到世界，从经济基础到上层建筑，追溯一个多世纪以来中国民主政治的艰辛探索，全景式展现出人民政协协商民主植根于中国大地的生长与发展，让读者清晰地看到：人民政协及其协商民主精神，是一个丰富发展、一脉相承的过程，不仅具有内在理论逻辑，还具有内在实践逻辑，是马克思主义中国化的智慧结晶。

历史是认同，是传承，是一个民族安身立命的根基。尽管本书对人民政协协商民主理论做了初步的研究，或者说才刚刚开了个头，还存在不少争议和瑕疵，但这种探索无疑是难能可贵的。人民政协协商民主理论是个开放而非封闭的系统，希望更多的专家学者加入到这个队伍中来，既立足协商民主生动实践，又紧随时代进步和发展，不断丰富和完善人民政协理论体系，让历史之光照亮未来！

是为序。

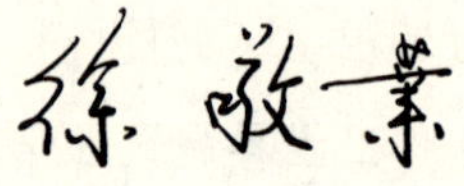

2017年1月16日

前　言

中国共产党第十八次全国代表大会报告指出："人民民主是我们党始终高扬的光辉旗帜。人民民主是社会主义的生命。"[①] 2015年1月，中央颁发《关于加强社会主义协商民主建设的意见》，明确指出："协商民主是在中国共产党领导下，人民内部各方面围绕改革发展稳定重大问题和涉及群众切身利益的实际问题，在决策之前和决策实施之中开展广泛协商，努力形成共识的重要民主形式。"

2015年6月，中共中央办公厅印发《关于加强人民政协协商民主建设的实施意见》明确指出："社会主义协商民主是中国共产党和中国人民的伟大创造。人民政协协商民主是社会主义协商民主的重要组成部分。""人民政协以《宪法》《政协章程》和相关政策为依据，以中国共产党领导的多党合作和政治协商制度为保障，集协商、监督、参与、合作于一体，是各党派团体和各族各界人士发扬民主、参与国是、团结合作的重要平台，是适合中国国情、具有鲜明中国特色的制度安排。"

至此，"协商民主""社会主义协商民主""人民政协协商民主"正式上升为中国共产党的治国理政方略。但从理论研究现状来看，一直以来，学术

---

① 胡锦涛：《坚定不移沿着中国特色社会主义道路前进，为全面建成小康社会而奋斗》，人民出版社2012年版。

界大多运用西方协商民主理论的视角，来研究、辨析中国协商民主的发展脉络，对人民政协协商民主的理论研究较为滞后。因此，面对世界政治多极化、经济全球化和中国现代化进程中不断出现的新情况、新问题和新形势，如何总结人民政协协商民主实践经验，探寻符合国情的协商民主发展道路，推进协商民主广泛多层制度化发展，推进国家治理体系和治理能力现代化，建设社会主义政治文明，尤为迫切。

按照马克思、恩格斯关于“全部问题就在于确定民主的真正意义”① 思想，我们设计了本书的结构，分为六个部分。第一章对本书的相关概念进行界定、相关研究进行概括综述。以“人民政协协商民主理论”为题，对人民政协协商民主实践和理论基础、构成框架等进行整体考察，有一定的难度。通过对相关概念进行文本界定、对研究现状进行分析归纳，既可知己知彼，也可脱离试图用西方协商民主的概念、特征和内涵来阐释中国协商民主发展的误区。

第二章对人民政协协商民主的发展历程及生动实践进行梳理。根据周恩来在新中国成立前夕关于“从五四运动以来，中国有了中国共产党，有了第一次国共合作，有了大革命运动，经过了四个革命阶段……才形成今天中国人民政治协商会议这样的组织”的重要论述，以及习近平在人民政协成立65周年大会上关于协商民主发展历程的重要讲话，对人民政协协商民主的历程进行科学划分，即经过萌芽阶段、探索阶段、确立发展阶段、停滞发展阶段、恢复和进一步发展阶段、创新发展阶段的过程，梳理出人民政协协商民主的实践经验及历史发展脉络，为人民政协协商民主理论提供实践支撑。

第三章对人民政协协商民主形成和发展的理论基础进行深入剖析。根据理论界“三大段七小段”：一是马列阶段（包括马克思恩格斯和列宁阶段）——马克思列宁主义；二是毛泽东阶段——毛泽东思想；三是改革开放阶段（包括邓小平阶段、江泽民阶段、胡锦涛阶段和习近平阶段）——中国特色社会主义理论体系，在第一节、第二节深入研究了马克思列宁主义统一战线理论、政党理论和民主政治理论，以及中国共产党人民民主理论，系统

① 《马克思恩格斯全集（第10卷）》，人民出版社1998年版，第315页。

研究了毛泽东、周恩来关于民主政治、多党合作和政治协商重要思想，改革开放后历届中共领导人关于人民政协事业发展的重要论述，形成人民政协协商民主发展的重要理论依据和政治保证。

第四章对人民政协协商民主理论的构成要素进行系统研究。根据《宪法》和国家法律法规、中共中央重要文献及《政协章程》，对人民政协协商民主的性质定位、参与主体、协商内容、形式和程序、核心价值及功能等进行梳理研究，从基本制度层面论述了中国在人民代表大会制度之外建立多党合作和政治协商制度，形成人大选举民主与政协协商民主并存的“双轨民主模式”的科学性，从而建构起人民政协协商民主的理论框架。

第五章对人民政协协商民主理论发展的外部条件（环境）进行分析。运用马克思主义关于内因和外因、经济基础与上层建筑的哲学思想，分别从经济基础、政治基础、文化环境和社会环境，分析了影响人民政协协商民主发展的外部因素和条件。

第六章对人民政协协商民主与民主政治建设，对社会主义革命和现代化建设，以及世界政治文明的贡献和影响等进行了系统梳理和阐述。

民主是人类政治文明发展的成果。综上所述，我们可以清晰地看到，“人民政协植根于中国历史文化，产生于近代以后中国人民革命的伟大斗争，发展于中国特色社会主义光辉实践，具有鲜明中国特色。”① 早在中国共产党成立伊始，就在同其他党派团体和党外人士团结合作过程中形成了统一战线以及协商民主的工作方法，新民主主义革命时期的探索“可以说是协商民主的萌芽和雏形”②。在新中国成立后，中国共产党在国家层面确立了人民代表大会制度和多党合作和政治协商的组织与制度，最早在世界民主政治发展史上建立选举和协商“双轨”民主形式。中共历届领导人都对人民政协协商民主建设提出了许多重要思想，作出了许多精辟的论述，中共中央许多重要文献对人民政协事业及人民政协协商民建设提出明确意见，形成了一套比较完整

① 习近平：“在庆祝中国人民政治协商会议成立65周年大会上的讲话”，新华网，2014年9月21日。

② 贾庆林：“健全社会主义协商民主制度，为全面建成小康社会广泛凝聚智慧和力量”，《中国政协理论研究》，2012年第4期。

的人民政协协商民主理论体系。这一理论体系，包含了马克思主义经典作家、毛泽东和中共历届领导集体的协商民主思想，人民政协协商民主的性质定位、参与主体、协商内容、形式和程序、主要特征、功能作用等要素，以及人民政协对中国民主政治和世界政治文明的重要贡献和影响等。

“履不必同，期于适足；治不必同，期于利民。”正如第八、九届全国政协主席李瑞环所说：“人民政协这种民主形式，确实是老一辈革命家的天才构想和伟大创造，具有许多的特点和优点。它在组织上的最广泛的代表性和政治上的最大限度的包容性，充分体现了全体社会主义劳动者、拥护社会主义的爱国者和拥护祖国统一的爱国者的大团结、大联合；它具有智力雄厚、位置超脱、下通多界、上达中央的有利条件，使它能够在参与高层活动和重大决策中提供有依据的意见和建议；它坚持民主的协商、求同存异的原则，使它既能够尊重多数人的共同意愿，又能够照顾少数人的合理要求，广泛地、切实地发扬人民民主。”事实证明，人民政协协商民主这一重要民主形式，已经构成了中国社会主义协商民主体系、民主政治体系最基本的内容，对国家的政治生活、对世界政治文明产生重要而深远的影响。

本书作为一种理论上的探索，人民政协协商民主生动而丰富的实践还需进一步研究，有些论述还不够全面、深入，有些观点乃一孔之见，以期抛砖引玉。

作　者

2017 年 1 月

目录

第一章 导 论

100 多年前，当马克思、恩格斯在莱茵河畔构建科学社会主义理论体系时，没有设想社会主义在一个多世纪后的发展场景。但马克思早有预言：东方落后国家由于自身社会结构和所处的特殊历史环境，可以走一条不同于西方社会的“跨越发展之路”。

1949 年，中华人民共和国的成立，将近代以来中华民族所有屈辱和苦痛，封存在历史深处。一个新的纪元，随着五星红旗的升起，随着“中国人民从此站起来了”的宣告开启了！从贫穷走向富庶，从封闭走向开放，从落后走向进步……60 多年来，中国人民在中国共产党的带领下，走过了其他国家几百年的现代化发展历程，演绎了中华民族史册上自强不息的传奇。①

今天的中国奇迹，不禁让人想起毛泽东同志半个多世纪以前讲的话：“再过四十五年，就是二千零一年，也就是进到二十一世纪的时候，中国的面目更要大变。中国将变成一个强大的社会主义工业国。中国应当这样。因为中国是一个具有九百六十万平方公里土地和六万万人口的国家，中国应当对于人类有较大的贡献。”②

在中国奇迹的背后，世界看到了中国社会主义制度的巨大优越性。从全球化竞争的角度来说，社会制度问题就是中国以什么样的方式，来组织中国

---

① 任仲平：《改变历史的北京时间——写在新中国成立 60 年之际》，人民出版社 2016 年版。

② 《毛泽东文集（第 7 卷）》，人民出版社 1999 年版，第 156 ~ 157 页。

的资源和力量，来参与国际竞争的问题。中国民主政治制度的鲜明特色，就是“选举民主”与“协商民主”的双轨并存、优势互补，这种制度安排使中国能够“集中力量办大事”，拥有一种“巨大的自觉的动员能力”、一种政治对人民高度负责的“民本主义”……这种不同于西方的国家治理体系，被称之为“中国模式”。

2013 年 3 月 19 日，习近平在接受金砖国家媒体联合采访时，睿智地比喻：“正如一棵大树上没有完全一样的两片树叶一样，天下没有放之四海而皆准的经验，也没有一成不变的发展模式。只有走中国人民自己选择的道路，走适合中国国情的道路，最终才能走得通、走得好。”① 2014 年 9 月 21 日，习近平在中国人民政治协商会议成立 65 周年大会上说：“在中国社会主义制度下，找到全社会意愿和要求的最大公约数，是人民民主的真谛。”

曾经在“冷战”后唱出“历史终结论”的美国学者福山在 20 多年后修正了自己的观点，他说中国发展的奇迹有效性证明：“西方自由民主并非人类历史进化的终点，人类思想宝库要为中国传统留有一席之地。”20 世纪著名历史学家阿诺德·汤因比曾乐观预测，有一天，中国会在新世纪为人类贡献新的文明起点。

《中国震撼》一书的作者张维为指出，“中华文明是世界上唯一活着的古老文明，虽然古老，但至今根深叶茂、生机勃勃。这样一个古老文明今天以一个现代国家的形态迅速崛起，这在人类历史上是绝无仅有的。21 世纪中国的崛起，这不是一种简单的人口增加，而是一个不同性质的国家的崛起，这是一个占世界人口 1/5 的国家的崛起，是一个历史悠久、幅员辽阔的‘文明型国家’的崛起；这是一种新的发展模式的崛起，是一种独立的政治话语体系的崛起”。②

“柏林墙倒塌之前，已被西方的电视和电影凿得千疮百孔”，美国前助理国务卿、提出“软实力”概念的学者约瑟夫·奈曾如此描述意识形态的较量。当前，从世界范围来看，经济全球化是一种客观趋势，但必然伴随着经济、

① 习近平：“中国坚定不移走和平发展道路”，《新华每日电讯》，2013 年 3 月 20 日。
② 张维为：“中国模式和中国话语的世界意义”，《经济导刊》，2014 年第 3 期。

政治和意识形态的激烈斗争。如何正确认识经济全球化条件下的民主问题，正确处理经济全球化和独立选择本国的发展模式及文化多样性的关系，是我们面对的一个重大课题。多极化是国际政治发展的趋势，但超级大国倚仗其经济、科技和军事实力，企图使其他国家、特别是发展中国家沦为其附庸，仍是当前的现实。民主问题必然成为国际政治斗争的一个焦点。如何更好地坚持和发展有中国特色的社会主义民主，是我们面对的又一个重大课题。①

“民主是个好东西”②，但“拿来的民主”并非就是好东西。法国政治思想家托克维尔指出：“本土的民主常常是最好的民主形式”③。作为一种崭新的社会制度，社会主义是人类社会中超越资本主义的更高的社会形态。人民民主是社会主义的内在要求，是社会主义的本质属性。发展社会主义民主政治，直接关系到社会主义制度的巩固和完善，也是中国共产党人始终不渝的奋斗目标。

第一节 概念的界定

一、协商民主

1. 西方语境下的协商民主

按照西方理论界的解释，协商民主（Consociational Democracy）或称“协商（和）式民主”“结盟民主”，指在一个国家内可以有多个以种族、语言或宗教分割的政治力量并存，但同时依然保持很大程度的稳定性。这种稳定性主要是通过各个政治势力之间互相协商机制来取得的民主模式。西方关于协商民主理论源自并超越了自由民主和批评理论，它强调在多元社会现实的背景下，通过普通的公民参与，就决策和立法达成共识。其核心要素是协商与

---

① 李铁映：“关于民主的几个理论问题”，《邓小平理论学习与研究》，2001年第4期，第49~53页。

② 俞可平：《民主是个好东西》，社会科学文献出版社2006年版。

③ “西方民主的病在哪儿”，《参考消息》，2014年5月4日。

共识。

西方理论界认为，第一次使用“协商民主”概念，是1980年约瑟夫·毕塞特[①]（Joseph M. Bessette）在《协商民主：共和政府的多数原则》一文。西方理论界认为，协商民主的实质，就是要实现和推进公民有序的政治参与。荷兰学者李帕特（Arend Lijphart）分析奥地利、比利时、瑞士和荷兰政治系统，归纳出协商民主理论：在社会上不同阶级、地域、文化等所产生的分裂，被所属阵营纳入系统之中，形成“柱状化”（英语：Pillarisation；荷兰语：Verzuiling）结构称“柱状体”（英语：Pillar；荷兰语：Zuil），以此结构为前提的联合政权内，各阵营进行“协调的政治”（politics of accommodation）。

协商民主对于欧美来讲，是正在讨论和研究的一种新的民主形式。20世纪80~90年代西方关注并提出协商民主理论，主要是为了破解选举（票决）民主的困境，弥补选举（票决）民主的缺陷。因为西方的传统是以选举（票决）为民主的主要形式，自古希腊、古罗马以来，这种选举形式在西方的历史传统中早已形成，他们是在研究选举（票决）民主的不足中提出可以用协商民主来弥补其不足。

西方理论界对协商民主的定义有着不同的解释。可归结为三类：第一类是作为决策形式的协商民主。要求容纳每个受决策影响的公民，实现参与的实质性平等以及过程性平等，以及参与者自由和公开的信息交流和相互理解。戴维·米勒（David Miller）[②]（P201）和凯洛林·亨德里克斯（Carolyn Hendriks）的定义倾向于这一层次[③]。第二类是作为治理形式的协商民主。以公共利益为取向，主张通过对话实现共识，明确责任，进而作出得到普遍认同的决策。乔治·瓦拉德茨（Jorge M. Valadez）则倾向于这一层次。[④] 第三类是作

---

① 约瑟夫·毕塞特，美国克莱蒙大学政治学教授，1980年发表《协商民主：共和政府的多数原则》，第一次使用“协商民主”的概念，主张公民参与、反对精英主义的宪政。

② David Miller. Is Deliberative Democracy Unfair to Disadvantaged Groups?. Maurizio Passerine' entrèves. Democracy as Public Deliberation：New Perspectives. Manchester：Manchester University Press，2002。

③ Carolyn Hendriks. The Ambiguous Role of Civil Society in Deliberative Democracy.（Refereed Paper Presented to the Jubilee Conference of the Australian Political Studies Association）Canberra：Australian National University，October，2002。

④ Jorge M. Valadez. Deliberative Democracy，Political Legitimacy，and Sel-Democracy in Multicultural Societies. USA West view Press，2001。

为社团或政府形式的协商民主。这类观点将协商民主看作一种事务受其成员的公共协商所支配的团体。麦弗·库克（Maeve Cooke）① 倾向于这一定义。在这三类解释中，含义较宽泛也较容易使人接受的是第二类定义，即作为治理形式的协商民主。

西方理论语境下的协商民主，有四个显著特征：第一，多元共识。随着现代化和全球化的推进，社会主体的多元化倾向明显，多样性日益成为社会的基本特征。协商民主要求公众在社会多样性的基础上利用理性和沟通实现妥协和共识。第二，公开审议。协商民主要求国家将立法或政策制定的过程向公众公开，公众参与这一过程并表达其偏好和意向，最终使得公众的偏好影响国家决策。第三，平等参与。协商民主鼓励立法和决策的利益相关者在机会平等和资源平等的基础上积极参与公共协商，在公民及其公民共同体之间构筑密集的参与网络，以实现公民个人及共同体的利益。第四，责任分担。协商民主要求参与者在对话过程中分担三类责任，表达自身偏好的责任、了解他人偏好的责任和认可协商后共同接受的结果的责任。

2. 中国语境下的协商民主

西方协商民主理论在被介绍进中国后，引起中国理论界研究协商民主的浪潮。第十一届全国政协副主席、中国人民政协理论研究会会长郑万通认为，认真审视中国共产党推进中国民主政治的历程，统一战线、人民政协和协商民主是相继而生的，其逻辑起点是各方力量的联合和人民的凝聚，而其相继发展的取向则是人民民主。人民民主是中国共产党始终高扬的光辉旗帜，继续积极稳妥推进政治体制改革，目的就是发展更加广泛、更加充分、更加健全的人民民主。同西方竞争式的民主相比，中国协商民主具有许多优越性，既关注决策的结果，又关注决策的过程，从而拓宽了民主的深度；既关注多数人的意见，又关注少数人的意见，从而拓宽了民主的广度。②

郑万通认为，尽管中国在探寻民主政治发展道路上有诸多可以借鉴的视角，但社会主义协商民主不直接来源于东西方历史上的任何一种民主形式，

① Jorge M. Valdez. Deliberative Democracy, Political Legitimacy, and Self-Democracy in Multicultural Societies. USA West view Press, 2001。

② 郑万通："人民民主平台更广阔（协商民主在实践）"，《人民日报》，2012 年 11 月 28 日。

也不完全等同于现代西方学者研究的任何一种民主理论。当代中国的协商民主，是中国自己的民主政治模式，是中国共产党和中国人民的伟大创造，具有独特的中国属性。把当代中国的协商民主放在新的国际环境下去考察，具有其独特性和非凡的意义。金融危机激活了资本主义和社会主义两大思潮，这两大意识形态的历史性对抗不仅依然存在，而且显现出新的态势。风行世界政治舞台近30年的新自由主义受到广泛质疑，标榜彻底市场化的《华盛顿共识》也被证明是行不通的。于是人们逐步认识到，国际金融危机的发生，表面上看似乎是经济周期性发展所致，本质上却是一种道路危机、制度危机。没有思想体系上的重构、制度体系上的重建，就不能彻底根除滋生危机的根源。①

林尚立等认为，“协商”是纯粹的中国概念，其核心理念是：利益相关者以商量的方式，沟通意见、协调利益，以达成共识、实现共存与共赢。中国的协商民主，不是源于西方，其根基在中国自身，与西方的“协商民主”有所不同。在当代中国，“协商民主”的“协商”与中国特有的政治协商制度中的“协商”是同一个概念，它强调民主需要确立在各方协商基础之上，这与强调通过强化民主过程中的公民商议的西方协商民主显然不同。中国协商民主将协商视为民主本身，既是对所有民主主体的要求，又是对整个民主过程的要求；西方协商民主将协商视为达成民主的一种形式或手段，是否实行协商，不取决于民主运行本身，而取决于民主所要解决的问题。中国协商民主一定包含西方协商民主的一些形式和内容，而西方协商民主无论如何都无法达到中国协商民主这个层次。中国的协商民主是中国以民主共和的原则建设社会主义现代化国家所创造的中国特色的民主政治。②

李君如等认为，研究中国协商民主，就要研究中国人民政治协商会议这一独特的政治组织及其建立过程，研究中国共产党人建立人民政协的政治思想。中国政治协商制度是协商民主的重要实践形式，人民政协实行的民主，在民主形式上属于协商民主。“中国的民主政治，从人民代表大会制度来讲，

① 郑万通：“关于社会主义协商民主的几个问题”，《中国政协》，2015年第23期。

② 林尚立：“协商民主是我国民主政治的特有形式和独特优势”，《求是》，2014年第6期。

实行的主要是选举民主。从人民政协来讲，实行的主要是协商民主，这种民主形式的优点是能够在选举前和选举后保证各界别的政协委员都能平等地参与公共政策的制定过程，自由表达意见。”李君如进而论证到，“协商民主的实质，就是要推进公民有序的政治参与……人民政协就是公民实现有序的政治参与的主要形式”。①

庄聪生、齐卫平等认为，协商民主并不是“舶来品”，是中国共产党将马克思主义基本原理与中国革命、建设和改革的实践紧密相结合，独立探索民主道路和建构民主制度的创造性成果。“协商民主在中国已经具有实实在在的运作机制。多党合作和政治协商制度是协商民主运作的载体。”② 协商民主是中国共产党和中国人民对民主形式的伟大创造，而中国协商民主主要体现在中国共产党领导的多党合作和政治协商制度之中，贯穿于多党合作和政治协商的全过程，表现在国家政治和社会生活的各个方面，并具体有四种实现途径，即政治协商、参政议政、民主监督、合作共事。主要内容则分为四方面：中国共产党在重要决策前和执行过程中与各民主党派以及各族各界人士进行政治协商；各民主党派和无党派人士围绕党和国家工作积极参政议政；各民主党派和无党派人士通过提出意见、批评和建议的方式进行民主监督；中国共产党与党外人士在国家权力机关和各类社会组织中合作共事。③

陈家刚等认为，中国的协商民主深深植根于中国自身的历史文化与传统。中华民族传统文化中兼容并蓄、和而不同、和衷共济等观念奠定了中国协商民主形成的文化基础，而马克思主义民主理论为中国的协商民主提供了理论指导。毛泽东曾经明确指出：“提倡民主作风，遇事先和党外人士商量，取得多数同意，然后去做。同时，尽量地鼓励党外人士对各种问题提出意见，并倾听他们的意见。”④ 周恩来也说：“新民主主义的议事精神不在于最后的表决，主要是在于事前的协商和反复的讨论。”⑤ 这些观念指导着中国协商民主

---

① 李君如：“协商民主是一种重要的民主形式”，《同舟共进》，2006 年第 6 期。

② 齐卫平：“中国特色协商民主的内生源简论”，《中央社会主义学院学报》，2008 年第 2 期。

③ 庄聪生：“协商民主：中国特色社会主义民主的重要形式”，《马克思主义研究》，2006 年第 7 期。

④ 《毛泽东选集（第 2 卷）》，人民出版社 1991 年版，第 742 ~ 743 页。

⑤ 《周恩来统一战线文选》，人民出版社 1991 年版，第 134 页。

的实践，成为中国协商民主必须坚持的基本原则。

中国是一个幅员辽阔、人口众多的多民族、多党派的社会主义国家，要实行广泛的人民民主，就既需要有人大，也需要有政协。没有政协这个各党派团体和各族各界人士协商国是、参政议政的重要机构，我国的人民民主就缺了一块，就是不完整的。充分发挥人民政协的作用，是走中国自己的政治发展道路，是坚持和发扬我国政治制度的特点和优势，它只会有利于抵制西方两院制的影响。人大与政协互为补充、相辅相成，充分体现了中国广泛的人民民主。①

二、社会主义协商民主

2012年11月8日，中国共产党第十八次全国代表大会报告首次提出“社会主义协商民主是中国人民民主的重要形式”，明确了“社会主义协商民主”的概念，并对“健全社会主义协商民主制度”进行规划和部署，集中体现了中国共产党对社会主义民主政治的实践创新、理论创新和制度创新：

> 健全社会主义协商民主制度。社会主义协商民主是中国人民民主的重要形式。要完善协商民主制度和工作机制，推进协商民主广泛、多层、制度化发展。通过国家政权机关、政协组织、党派团体等渠道，就经济社会发展重大问题和涉及群众切身利益的实际问题广泛协商，广纳群言、广集民智，增进共识、增强合力。坚持和完善中国共产党领导的多党合作和政治协商制度，充分发挥人民政协作为协商民主重要渠道作用，围绕团结和民主两大主题，推进政治协商、民主监督、参政议政制度建设，更好协调关系、汇聚力量、建言献策、服务大局。加强同民主党派的政治协商。把政治协商纳入决策程序，坚持协商于决策之前和决策之中，增强民主协商实效性。深入进行专题协商、对口协商、界别协商、提案办理协商。积极开展基层民主协商。②

---

① 郑万通：“从‘协商民主’看我国民主政治创新”，新华网，2012年11月29日。

② 胡锦涛：《坚定不移沿着中国特色社会主义道路前进，为全面建成小康社会而奋斗》，人民出版社2012年版。

报告中的论述，是历届党的报告对中国社会主义协商民主及其制度建设作出的最全面最系统的概括和论证，科学地回答了社会主义协商民主的本质属性，协商民主制度和机制的架构，协商民主的内容和目的，人民政协在协商民主制度中的地位以及人民政协实施协商民主的多种形式等重大问题，具有里程碑意义。

三、人民政协协商民主

2015年1月，中共中央颁发《关于加强社会主义协商民主建设的意见》，对健全社会主义协商民主制度作出重大部署，强调“要充分发挥人民政协作为协商民主重要渠道和专门协商机构的作用，坚持团结和民主两大主题，推进政治协商、民主监督、参政议政制度建设，不断提高人民政协协商民主制度化、规范化、程序化水平”[①]，并对人民政协协商民主的主要内容、形式、机制和制度建设提出明确要求。

> 充分发挥人民政协作为协商民主重要渠道和专门协商机构的作用，坚持团结和民主两大主题，推进政治协商、民主监督、参政议政制度建设，不断提高人民政协协商民主制度化、规范化、程序化水平。
>
> （15）明确政协协商的主要内容。主要包括国家和地方的大政方针以及政治、经济、文化和社会生活中的重要问题，各党派参加人民政协工作的共同性事务，政协内部的重要事务，以及有关爱国统一战线的其他重要问题等。
>
> （16）完善政协会议及其他协商形式。改进政协通过会议进行协商的形式，适当增加专题议政性常委会议和专题协商会次数，完善协商座谈会制度。更加灵活、更为经常地开展专题协商、对口协商、界别协商、提案办理协商，探索网络议政、远程协商等新形式。增加集体提案比重，提高提案质量，建立交办、办理、督办提案协商机制。通过协商会议、建议案、视察、提案、反映社情民意信息等

---

① 中共中央印发《关于加强社会主义协商民主建设的意见》，新华网（http：//politics. people. com. cn），2015年2月9日。

形式提出意见和建议，积极履行民主监督职能。

（17）加强政协协商与党委和政府工作的有效衔接。规范协商议题提出机制，认真落实由党委、人大、政府、民主党派、人民团体等提出议题的规定，探索由界别和委员联名提出议题。规范年度协商计划的制定，由党委常委会会议专题讨论并列入党委年度工作要点。健全知情明政制度，相关部门定期通报有关情况，为政协委员履职提供便利、创造条件。规范党委和政府领导及部门负责人参加政协协商活动。完善协商成果采纳、落实和反馈机制。

（18）加强人民政协制度建设。政协全国委员会研究制定规范政治协商、民主监督、参政议政的具体意见。深入开展调查研究，在条件成熟时对政协界别适当进行调整。完善委员推荐提名工作机制，优化委员构成。研究制定政协委员管理的指导性意见。在政协建立健全委员联络机构，完善委员联络制度。

2015年6月，按照中央要求，全国政协在广泛征求各方面意见的基础上，组织起草了《关于加强人民政协协商民主建设的实施意见》（以下简称《实施意见》），全国政协主席办公会议和全国政协党组会议审议后上报党中央，经党中央同意，中共中央办公厅印发了《实施意见》。《实施意见》对加强人民政协协商民主建设的重要意义等进行了阐述：

社会主义协商民主是中国共产党和中国人民的伟大创造。人民政协协商民主是社会主义协商民主的重要组成部分。1949年中国人民政治协商会议第一届全体会议的召开，标志着中国共产党领导的多党合作和政治协商制度正式确立。1954年第一届全国人民代表大会召开后，人民政协作为中国共产党领导的多党合作和政治协商机构、作为统一战线组织继续发挥重要作用。改革开放以来，人民政协的性质、作用被庄严载入《宪法》，党中央对加强人民政协工作作出一系列重要部署。中共十八大和十八届三中、四中全会强调，健全社会主义协商民主制度，推进协商民主广泛多层制度化发展，为人民政协事业发展指明了方向。

人民政协以《宪法》《政协章程》和相关政策为依据，以中国共产党领导的多党合作和政治协商制度为保障，集协商、监督、参与、合作于一体，是各党派团体和各族各界人士发扬民主、参与国是、团结合作的重要平台，是适合中国国情、具有鲜明中国特色的制度安排。充分发挥人民政协作为协商民主重要渠道和专门协商机构的作用，有利于广纳群言、广谋良策、广聚共识，有利于促进党和政府决策科学化、民主化，有利于更好实现人民当家做主，有利于化解矛盾、促进社会和谐稳定，有利于推进国家治理体系和治理能力现代化。①

《实施意见》首次对人民政协协商民主的概念、内涵进行了界定：

人民政协协商民主是在中国共产党领导下，参加人民政协的各党派团体、各族各界人士履行政治协商、民主监督、参政议政职能，围绕改革发展稳定重大问题和涉及群众切身利益的实际问题，在决策之前和决策实施之中广泛协商、凝聚共识的重要民主形式。

《实施意见》还系统阐述了加强人民政协协商民主建设指导思想和重要原则，进一步规范了政协协商的内容、形式，提出了加强政协协商与党委和政府工作衔接的举措，明确了人民政协制度建设的重点和加强政协协商能力建设的要求，是指导人民政协协商民主建设的纲领性文献。

人民政协是中国特有的从事政治协商的政治组织和民主形式，是中国特色社会主义政治发展道路中极具特色的部分，具备不可替代的优势。人民政协的协商民主，以《宪法》《政协章程》和相关政策为依据，以中国共产党领导的多党合作和政治协商制度为保障，集协商、监督、参与、合作于一体，实现了人民知情权、参与权、表达权、监督权的有机结合，体现了社会主义民主的本质要求，符合广大人民群众的根本利益。这正是人民政协协商民主的基本特征。

改革开放以来，人民政协的协商民主得到了有力的推进。到目前为止，人民政协已建立和完善了全国、省级、副省级、地级、县级政协的五级完整组织体系。在中国，人民群众通过推举人民代表实现自身政治诉求的同时，

① 中共中央办公厅："关于加强人民政协协商民主建设的实施意见"，新华社，2015 年 6 月。

还可以通过界别代表的政协委员来表达自己的政治意愿，表现出党和国家对发展民主、扩大公民有序政治参与的极大诚意。人民政协作为已经制度化的协商民主形式，其政治协商已提升为国家政治制度的层面。人民政协理应在健全社会主义协商民主制度中发挥更大的作用，应当也能够成为社会主义协商民主的重要渠道。①

四、政治协商、民主协商和协商民主的联系与区别

1. 政治协商概念的由来与内涵

政治协商概念来源于1946年国民党统治时期召开的政治协商会议，通常被称为“旧政治协商会议”，是中国共产党联合各民主党派和无党派人士与国民党经过斗争争取来的。虽然蒋介石撕毁了政协协议，发动了全面内战，但政治协商在人民中留下了不可磨灭的印象。

1948年中国共产党发起的政治协商会议，即“新政协”，借用了政治协商的概念，但其性质发生了根本变化。1949年中国人民政治协商会议第一届全体会议的召开，标志着中国共产党领导的多党合作和政治协商制度正式确立。从此，中国共产党就事关国家发展的重大问题同各民主党派、各族各界代表人士进行政治协商，成为中国国家制度层面的一个重要方面。

新时期以来，随着中国共产党领导的多党合作和政治协商制度化规范化程序化建设不断推进，政治协商的内容、形式和程序日益完善。1989年《中共中央关于坚持和完善中国共产党领导的多党合作和政治协商制度的意见》强调，中共同民主党派和无党派的代表人士就中共中央将要提出的大政方针问题进行政治协商，人民政协要对国家大政方针、地方重要事务、政策法令的贯彻等重大问题加强政治协商。2005年《中共中央关于进一步加强中国共产党领导的多党合作和政治协商制度建设的意见》，首次明确中共同各民主党派的协商和中共在人民政协同各民主党派和各族各界人士的协商是中国政治协商的两种基本形式。2006年《中共中央关于加强人民政协工作的意见》规定人民政协政治协商的主要内容，是国家和地方的大政方针以及政治、经济、

① 郑万通：“关于社会主义协商民主的几个问题”，《中国政协》，2015年第23期。

文化和社会生活中的重要问题等。

由此可见，政治协商是指中国共产党同各民主党派和各族各界代表人士就国家政治生活中的重大问题进行的协商，并在此基础上形成了政治协商会议这样的政治组织，形成了政治协商这样的制度。可以说，政治性是政治协商最显著的特征。

2. 民主协商概念的由来与内涵

中国共产党很早就提倡民主协商。早在抗日战争时期，毛泽东同志就反复强调："国事是国家的公事，不是一党一派的私事。因此，中国共产党员只有对党外人士实行民主合作的义务，而无排斥别人、垄断一切的权力。"①"中国共产党人必须和其他党派及无党派人士多商量，多座谈，多开会，务使打通隔阂，去掉误会，改正相互关系上的不良现象，以便协同进行政府工作与各项社会事业。②"在实践中，中国共产党在根据地按"三三制"原则建立各级政权组织，并注意与党外人士协商办事。

1949年6月16日，周恩来同志在新政治协商会议筹备会第一次全体会议上指出："凡是重大的议案不只是在会场提出，事先就应提出来或在各单位讨论。新民主的特点就在此。因此不是只重形式，只重多数与少数。凡是重大的议案提出来总是事先有协商的，协商这两个字非常好，就包括这个新民主的精神。"③ 他同时指出，协商有力互补了"多数与少数"的投票（选举）方式："新民主主义的议事的特点之一，就是会前经过多方协商和酝酿，使人家都对要讨论决定的东西事先有个认识和了解，然后再拿到会议上去讨论决定，达成共同的协议。"④ 新中国成立以后，中国共产党对于重大方针政策、法律法规、重要事务、领导建议人选等都要事先进行协商，充分发扬民主。

改革开放以来，党中央恢复发展历来倡导的民主协商精神和传统，就国家大事和现代化建设中所遇到的经济和社会各方面的问题，同各民主党派和

---

① 《毛泽东选集（第3卷）》，人民出版社1991年版，第809页。

② 《毛泽东文集（第3卷）》，人民出版社1996年版，第239页。

③ 中国人民政治协商会议全国委员会研究室、中共中央文献研究室第四编研部：《老一代革命家论人民政协》，中央文献出版社1997年版，第57页。

④ 《周恩来统一战线文选》，人民出版社1984年版，第129页。

各界人士进行充分的民主协商，并确立了协商于决策之前和执行过程中的原则，极大地调动了各民主党派和各界人士的积极性，使他们在国家政治生活和现代化建设中发挥出更多更大的作用。

由此可见，民主协商，强调的是发扬民主。就是说，中国共产党作为执政党，对国家大事坚持民主协商，让广大党外人士共同出主意、想办法，切实保障人民享有更多更切实的民主权利。

3. 协商民主概念的由来与内涵

协商民主概念，最早由西方学者约瑟夫·毕赛特于1980年在《协商民主：共和政府的多数原则》一文中提出。而中国学术界所讲的协商民主，虽然借用了协商民主概念，但不仅内涵有所不同，具体实践更是早在新民主主义革命时期就开始了，并完善发展于社会主义建设与改革时期。协商民主是中国共产党和中国人民的伟大创造。

1991年，江泽民同志在“两会”中共党员负责人会上，提出“人民通过选举、投票行使权利和人民内部各方面在选举和投票之前进行充分协商，尽可能就共同性问题取得一致意见，是中国社会主义民主的两种重要形式”①。

2006年，在中共中央5号文件中，第一次把社会主义两种民主形式写入中央文件。“在我们这个幅员辽阔、人口众多的社会主义国家里，关系国计民生的重大问题，在中国共产党领导下进行广泛协商，体现了民主与集中的统一。人民通过选举、投票行使权利和人民内部各方面在重大决策之前进行充分协商，尽可能就共同问题取得一致意见，是我国社会主义民主的两种重要形式。”②

2007年11月5日，国务院新闻办公室发表的《中国的政党制度》（白皮书），第一次确认了“选举民主”和“协商民主”这两个概念，并强调选举民主与协商民主相结合，是中国社会主义民主的一大特点。白皮书指出：在中国，人民代表大会制度与中国共产党领导的多党合作和政治协商制度，有

---

① 全国政协办公厅、中共中央文献研究室：《人民政协重要文献选编（中）》，中央文献出版社、中国文史出版社2009年版，第506页。

② 全国政协办公厅、中共中央文献研究室：《人民政协重要文献选编（下）》，中央文献出版社、中国文史出版社2009年版，第793页。

着相辅相成的作用；人民通过选举、投票行使权利和人民内部各方面在作出重大决策之前进行充分协商，尽可能取得一致意见，是社会主义民主的两种重要形式。白皮书认为：选举民主与协商民主相结合，拓展了社会主义民主的深度和广度；经过充分的政治协商，既尊重了多数人的意愿，又照顾了少数人的合理要求，保障最大限度地实现人民民主，促进社会和谐发展。

2011 年中共中央办公厅颁布的《中共政协全国委员会党组关于〈中共中央关于加强人民政协工作的意见〉贯彻落实情况的报告》中，又把“协商民主”这一概念正式写进了中办文件，并且明确肯定了人民政协是我国协商民主的重要形式。

2012 年召开的中共十八大，在强调“人民代表大会制度是保证人民当家做主的根本政治制度”的同时，进一步明确了“社会主义协商民主是中国人民民主的重要形式”，要“健全社会主义协商民主制度”“推进协商民主广泛、多层、制度化发展”“充分发挥人民政协作为协商民主的重要渠道作用”①。2013 年 10 月中共十八届三中全会，就推进协商民主广泛多层制度化发展作了具体部署。

由此可见，“协商民主”所强调的，是同选举民主既相区别、又相联系的民主形式，也是一种民主制度。（1）协商民主在我国具有方法、思想理论和制度三种形态；（2）协商民主在我国革命、建设和改革实践中经历了从新民主主义协商民主到社会主义协商民主的发展历程，社会主义协商民主还在发展中；（3）协商民主与选举民主相辅相成、相互结合是中国特色社会主义民主的“特色”之所在。②

4. 政治协商、民主协商、协商民主的区别与联系

政治协商、民主协商、协商民主三个概念的主要区别在于所强调的侧重点不同。政治协商是侧重于协商内容的政治性，民主协商侧重于发扬民主，协商民主侧重于民主形式，这三个概念又有着紧密联系。

第一，政治协商、协商民主是民主协商的具体体现。中国是中国共产党

---

① 胡锦涛：《坚定不移沿着中国特色社会主义道路前进，为全面建成小康社会而奋斗》，人民出版社 2012 年版，第 26 ~ 27 页。

② 李君如：《协商民主在中国》，人民出版社 2014 年版，第 136 页。

领导的人民当家做主的社会主义国家，决定了涉及经济社会发展的重大问题和涉及群众切身利益的实际问题，都要发扬民主，进行广泛的民主协商。在民主协商过程中，就形成了与选举民主相适应的协商民主形式，形成了就重大问题进行的政治协商。因此，政治协商与协商民主都是民主协商在内容与形式方面的具体体现，是民主协商发展的必然结果。

第二，协商民主涵盖政治协商，但不等同于政治协商。一是协商主体更加广泛。政治协商主要是中国共产党与各民主党派和社会各族各界代表人士的协商，具有高层次性的特点。协商民主的主体则包括社会各阶层群众，涵盖面更大更广。二是协商渠道进一步拓宽。政治协商主要是执政党和参政党的政党直接协商，或在人民政协依托人民政协渠道同各党派团体和各族各界代表人士的协商，而协商民主的渠道则包括了国家政权机关、政协组织、党派团体、基层组织和社会组织的协商。三是协商形式更加多样化。比如立法协商、行政协商、民主协商、参政协商、社会协商等。四是协商内容进一步扩展。政治协商主要是涉及大政方针问题的协商，而协商民主还就涉及群众切身利益的具体问题开展协商。

因此，政治协商、民主协商、协商民主三个概念紧密联系，又有不同，不能相互取代。特别是政治协商与协商民主，政治协商作为协商民主的重要组成部分，由于发展得较早，研究得比较充分，因而有比较规范的制度设计和运作程序。而协商民主是与选举民主相对应的制度体系，十八大和十八届三中全会将协商民主作为制度层面的建设任务提出来是一种制度创新，需要进行一系列的规制，包括新制度的设置和新政策的制定，其制度化、规范化和程序化存在较大空间。①

第二节　研究综述

近年来，协商民主越来越受到学术界和理论界的关注，成为理论研究的

① 陈玉凤：“政治协商、民主协商、协商民主的联系与区别”，《中国统一战线》，2015 年第 2 期。

热点问题。特别是随着西方协商民主理论的引入，国内开始出现协商民主研究的各类学术著作，但学术界关于人民政协协商民主的研究尚处于起步阶段，大多数研究还是停留在对现实的描述和总结上，缺少系统地研究人民政协协商民主理论的文章，这也正是本书的研究价值所在。

一、人民政协协商民主研究的主要视角

综合起来，目前学术界对人民政协协商民主理论的研究，大致可分为两大类。

1. 将人民政协协商民主作为社会主义协商民主的重要组成部分

学者多从中国协商民主的宏观体系下，探索协商民主的理论基础、历史演进、理论内涵、实践路径、问题及其发展方向，普遍认为：人民政协是社会主义协商民主的重要渠道，所以，人民政协协商民主是社会主义协商民主的重要组成部分。目前，学者对社会主义协商民主理论基础、历史发展、原则、价值等问题的研究在很大程度上也是对人民政协60多年发展历程的经验归纳与理论总结。在这些问题上，社会主义协商民主与人民政协协商民主具有一致性。

代表性著作有：李贺林、左宪民的《中国特色协商民主研究》（2008年），陈家刚的《协商民主与当代中国政治》（2009年），孙存良的《当代中国民主协商研究》（2009年），李后强、邓子强的《协商民主与椭圆视角》（2009年），陶富源、王平的《中国特色协商民主论》（2011年），马黎晖的《中国协商民主理论与实践》（2013年），黄国华的《中国社会主义协商民主思想史稿》（2013年），李君如的《协商民主在中国》（2014年），林尚立的《协商民主：中国的创造与实践》（2014年），李仁彬、黄国华、杨子均、吴亚梅、吴碧君的《中国协商民主理论与实践探析》（2011年）等。

2. 从中国共产党协商民主的视角下研究人民政协

相较于前者，这部分的专著要少得多，大部分研究都以期刊文章的形式出现，专门研究人民政协协商民主的著作几乎空白。2015年底，人民政协理论研究会成立，每年出版《人民政协理论研究会年度论文集》，地方政协理论研究会，如浙江出版过《新形势下的人民政协：理论与实践》论文集（2009

年)，重庆市政协理论研究会编辑过《人民政协协商民主论文集》(2013 年)。一些学者诸如周国富主编过《人民政协协商民主论集》(2011 年)。这些论文集，较为全面地收录了人民政协协商民主研究的最新成果。此外，还有山东大学马奔、中央党校李彦等博士的毕业论文研究中国协商民主理论或实践问题。

主要著作有：2011 年，林尚立的《中国共产党与人民政协》，从中国共产党和国家建设的内在逻辑出发，探讨了中国共产党的执政地位、执政体系、执政能力、执政方式、党的领导与人民政协的发展逻辑关系，充分阐释了人民政协的民主协商、民主监督、民主决策的发展历程、制度安排和运行形式。2012 年，李允嘉的《从政治协商走向协商民主——人民政协制度的改革与发展研究》，从西方协商民主的视角出发，阐释了人民政协制度在价值功能上与西方协商民主理论的切合性，分析了人民政协制度的思想渊源和制度安排，并提出了人民政协向协商民主发展的改革与发展思路。

二、人民政协协商民主理论的主要观点

目前，学术界关于人民政协协商民主的理论研究存有较大争议。主要集中在以下四点。

1. 关于理论基础研究

当前，学术界关于协商民主、人民政协协商民主的观点主要有：有的认为协商民主包括人民政协协商民主思想“起源于西方”，2000 多年前古希腊、罗马就有了比较完善的民主政体，有了议会制度、元老院，没有 19 世纪西方入侵中国，就不会有中国的现代民主制度。有的认为协商民主在中国原始社会后期就产生，大多数学者引用《尚书 · 尧典》《尚书 · 舜典》“四岳群牧”酋长会议商讨部落大事为依据，从中国传统文化中探寻协商民主的起源。有的将中华人民共和国的协商民主与中华民国的协商民主混为一谈，认为人民政协协商民主形成于中华民国参政会的召开，1946 年 1 月 10 ~ 31 日召开的政治协商会议，创造了各党派共商国是的组织形式，奠定了协商民主制度基础。有的认为协商民主理论是西方近二三十年政治学理论发展的最新成果，“它深深植根于当代西方发达资本主义国家的政治现实”，在进入 21 世纪之后才传

入中国并产生影响，甚至认为“从新中国成立到改革开放前，中国只有选举民主、没有协商民主”。有的将“协商民主”“中国协商民主”“社会主义协商民主”“人民政协协商民主”，与《宪法》规定作为国体的“人民民主专政”混淆，淡化人民民主专政国家的本质和阶级属性。有的仅将马克思主义民主政治理论作为人民政协协商民主的理论基础，认为将统一战线理论、政党理论、民主政治理论同时作为人民政协协商民主理论基础，难以体现人民政协协商民主理论的特殊性。

习近平指出：“人民立场是中国共产党的根本政治立场，是马克思主义政党区别于其他政党的显著标志”。本书认为马克思列宁主义统一战线理论、政党理论和民主政治理论，中国共产党的人民民主理论，既是人民政协理论的“四大基石”，也是人民政协协商民主理论的“四大基石”。统一战线理论彰显团结，政党理论彰显的是民主与团结，民主政治理论彰显的是民主，人民民主理论彰显的是人民政协协商民主的核心价值取向和目标。人民民主是社会主义协商民主的本质要求，这些理论都应该是人民政协协商民主的理论基础，而不能将其中一项理论从另外三项理论中剥离出来。

2. 关于发展历程研究

对人民政协协商民主的历史发展研究，从根本上而言脱离不了对中国共产党和人民政协的历史研究。学术界多使用三种分类方式：“三阶段说”“五阶段说”和历届领导集体作为依据划分时间段。“三阶段说”：第一阶段从1949年新中国成立到1954年第一届全国人民代表大会召开，这一阶段被看作是制宪建国阶段，中国人民政治协商会议第一届全体会议代行国家权力机关职权。第二阶段从1955～1978年，人民政协作为统一战线组织的曲折发展阶段。第三阶段从1978年至今，是人民政协恢复发展阶段。“五阶段说”：在“三阶段说”基础上的进一步细分，将“三阶段说”中的第二阶段细分为1955～1965年的发展建设阶段和1966～1978年的停顿阶段，第三阶段又细分为1978～1992年的恢复重建阶段和1992年至今的全面发展阶段。将领导集体作为划分标准，则分为毛泽东时期、邓小平时期、江泽民时期、胡锦涛时期。

“三阶段说”“五阶段说”划分的不足，是忽略了中国共产党自新民主主义革命以来，坚持从中国实际出发探索中国特色的民主政治发展道路的丰富实践，忽略了1955年后第二届、第三届全国政协开展的卓有成效的政治协商工作。本书首次将人民政协协商民主的发展划分为“六阶段”，这主要是基于对历史文献资料的还原和对史实的尊重。第一阶段（1921～1936年）：萌芽阶段。第二阶段（1936～1949年）：探索阶段。第三阶段（1949～1966年）：确立发展阶段。第四阶段（1966～1978年）：停滞阶段。尽管《中国人民政治协商会议章程》（1954年通过）的第九条规定了政协全国委员会就“有关国家政治生活和人民民主统一战线的重要事项，进行协商和工作”，但在“文化大革命”中，各级政协组织被迫停止办公。第五阶段（1978～2012年）：恢复和进一步发展阶段。1978年之后，人民政协进入工作恢复发展期，政协协商的发展主要体现在政协性质定位、功能定位和制度的完善等方面。第六阶段（2012年至今）：创新发展阶段。中共十八大以来，中国共产党结合国内发展的新形势和新特点，立足于顶层设计，把过去由人民政协专门机构施行、适用于特定范围的人民政协民主协商制度，发展成为一项覆盖各个领域、适用于各个层次的普遍的民主制度，强调“发挥人民政协作为协商民主重要渠道和专门协商机构的作用”，“推进协商民主广泛、多层、制度化发展”。因此，2012年可看作是人民政协协商民主发展的一个新起点。

3. 关于人民政协协商民主和西方协商民主的差异研究

一些学者指出，人民政协协商民主和西方的协商民主无论是在逻辑起点、基本内涵、理论视角和理论形态，还是在具体实践、制度安排等方面都有很大的差异。主要体现在：第一，参与主体不一样。从西方协商民主看，其参与的主体是公民直接参与，就目前中国协商民主的制度安排其协商参与者还是一种间接参与。第二，关注的视角不一样。西方协商民主理论对协商民主成多视角的分析模式。比如，将协商民主当成是通过公开讨论作出决策的民主体制。人民政协协商民主集中在中国共产党领导的多党合作和政治协商制度安排和具体实施上。第三，发展进程不一样。西方协商民主目前还更多停留在学术领域，在中国，人民政协协商民主就不仅仅是一个理论问题，而且首先是一个实践问题，从1948年中国共产党发出“五一”口号，与各民主党派、各人民团体及社会贤达“协商共和”开始，经历60多年的实践，人民政协协商民主已经走向完善和成熟。

4. 关于基本理论研究

学者对于人民政协协商民主的基本理论研究主要集中在内涵、原则和价值等方面。第一，概念内涵的研究。随着中国共产党对于协商民主、社会主义协商民主、人民政协协商民主的界定，这一概念逐渐明晰。目前学术界主要从两大角度理解人民政协协商民主概念。一是从参与的角度阐释人民政协协商民主，二是从促进决策科学化的角度阐释人民政协协商民主。但都应该统一于中国共产党对人民政协协商民主概念的权威阐释。第二，对基本特征的研究。这方面的代表性学者齐卫平在《政治协商制度的中国特色论》的文章中，分析了人民政协协商民主的中国特色：中国原创性、协商制度化、民意广泛性和模式的适合性。目前，国内学术界多是从人民政协价值功能的角度理解和阐释其价值，认为人民政协协商民主具有促进政治参与，实现决策科学化，达成公共利益和维护社会和谐等价值功能。

以上这些研究，为进一步深化人民政协协商民主理论与实践研究奠定了学术基础。特别值得一提的是，经过十多年的研究讨论，学术界对协商民主研究在不断创新的基础上，开始出现了一个明显的转向，即从过去试图用西方协商民主的概念、特征和内涵来考量、观照中国的政治制度和政治实践，更多地转向了中国社会主义协商民主理论与实践自身的探讨和阐释，并基本达成了中国协商民主、人民政协协商民主与西方协商民主具有本质不同的共识，认为人民政协协商民主是中国在民主形式方面的伟大创造，是社会主义民主政治的特有形式和独特优势，彰显了中国学术界的理论自觉和理论自信。

人民政协协商民主理论的形成与发展，深深根植于中国社会的土壤之中，萌芽于近代以后中国人民革命的伟大斗争，形成发展于社会主义革命和现代化建设的伟大实践，与中国共产党的历史进程是一致的。本书的研究，从时间跨度看，贯穿从近代鸦片战争到五四运动、中国共产党成立、北伐战争、土地革命、十四年抗战和人民解放战争、新中国成立、社会主义革命和建设、改革开放和中共十八大以来。本书认为，马克思列宁主义统一战线理论、政党理论和民主政治理论，以及中国共产党人民民主理论，构成人民政协协商民主理论的“四大基石”；毛泽东、周恩来、邓小平、江泽民、胡锦涛和习近平等中共历届领导人关于民主政治方面的思想论述，中共中央关于人民政协事业的重要文献，是人民政协协商民主理论形成的重要依据和政治保证；人民政协协商民主的性质定位、参与主体、协商内容、形式和程序、主要特征、价值取向、功能作用等，是人民政协协商民主理论的基本单元；人民政协协商民主的发展历程、产生发展的外部条件、对社会主义革命和现代化建设以及世界政治文明的贡献和影响等，是人民政协协商民主理论的实践支撑。人民政协协商民主理论，是一个丰富发展、一脉相承的过程，不仅具有内在的理论逻辑，还具有内在的实践逻辑，是马克思主义中国化的智慧结晶。

第三节　本书的逻辑起点及研究方法

中国人民政治协商会议，是以毛泽东同志为代表的中国共产党人团结带领中国人民，在反帝反封建、追求民族独立和人民解放的历史进程中，与各民主党派、人民团体和各族各界爱国人士共同创立的。[①] 尽管人民政协协商民主的概念从 2015 年才通过中共中央正式文件进行界定，但从中国共产党的历史来看，人民政协协商民主在中国具有生动而丰富的实践。

一、逻辑起点

中国经历过漫长的封建社会。在 1840 年鸦片战争以后，中国沦为半封建半殖民地，中华民族危难深重，人民根本没有民主权利[②]。戊戌变法先驱康有为曾在《三月十七日保国会上演讲辞》中痛心疾首地写道："吾中国四万万人，无贵无贱，当今日在覆屋之下、漏舟之中、薪火之上，如笼中之鸟、釜底之鱼、牢中之囚，为奴隶，为牛马，为犬羊，听人驱使，听人宰割，此四千年中二十朝未有之奇变。"

一盘散沙，四分五裂，一穷二白，满目疮痍。正如马克思指出的那样，"一个人口几乎占人类 1/3 的幅员广大的帝国，不顾时势，仍然安于现状，由

① 贾庆林："高举中国特色社会主义伟大旗帜　把人民政协事业不断推向前进"，《求是》，2009 年第 2 期。

② 中华人民共和国国务院新闻办公室：《中国的政党制度》（白皮书），新华社，2007 年 11 月。

于被排斥在世界体系之外而孤立无依，因此竭力以天朝尽善尽美的幻想来欺骗自己，这样一个帝国终于要在一场殊死的搏斗中死去。”据统计，从1842年签订《南京条约》起，至1949年中华人民共和国建立以前止的107年间，旧中国共与世界55个国家、地区和国际组织签订了1175项严重损害中国主权、独立和领土完整的不平等条约。

长夜如晦，屈辱如山。为改变国家和民族的悲惨命运，一代又一代中国人奋起抗争，努力寻求救国救民的真理。洋务运动、维新变法、辛亥革命……一次次流血牺牲，一次次惨烈失败，救亡图存的悲壮伴随着中国从19世纪进入20世纪。但残酷的现实证明，无数仁人志士不懈奋斗，虽然慷慨激烈，却终究没能让一个古老大国走出苦难、完成救亡图存的民族使命和反帝反封建的历史任务。那么，究竟什么才是救亡的良方呢？

十月革命一声炮响，给中国送来了马克思主义。1921年成立的中国共产党，把马克思列宁主义与中国实际相结合，提出了新民主主义革命纲领。毛泽东深刻指出：“中国新民主主义的革命要胜利，没有一个包括全民族绝大多数人口的最广泛的统一战线，是不可能的。”① 把统一战线作为“法宝”，强调在统一战线内部要通过对话和协商，“尽可能求得全体一致”。在中国共产党的领导下，中国共产党同各民主党派、人民团体和各族各界人士建立了广泛的统一战线，经过28年艰苦卓绝的革命斗争，取得了推翻国民党独裁统治的决定性胜利。

1949年9月7日，周恩来在北京饭店向已到北平的政协会议代表作《关于人民政协几个问题的报告》强调：“新民主主义的议事精神不在于最后的表决，主要是在于事前的协商和反复的讨论。”针对人民政协这一伟大爱国统一战线组织的历史发展，周恩来指出：

> 从五四运动以来，中国有了中国共产党，有了第一次国共合作，有了大革命运动，经过了四个革命阶段即北伐战争、土地革命、八年抗战和最近三年来的人民解放战争，才形成今天中国人民政治协商会议这样的组织。可以说这是一百多年来民族民主革命运动牺牲

---

① 《毛泽东选集（第4卷）》，人民出版社1991年版，第1257页。

> 奋斗的果实，也可以说是三十年来新民主主义革命运动获得胜利的集中表现。假如没有一百多年来革命运动的历史积累，尤其是三十多年来的新民主主义革命运动，便不可能有今天这样济济一堂的政治协商会议。所以，这个会议可以说是新民主主义运动的一次总结。①

周恩来这一重要论述，实际上指明了目前中国人民政治协商会议这样的组织，历经一百多年来革命运动的历史积累，特别是三十多年来的新民主主义革命运动，是近代中国一百多年来民族民主革命运动牺牲奋斗的成果。其核心思想是中国人民政治协商会议形成于中国近代以来反抗压迫和侵略、追求民主与解放艰苦卓绝的奋斗，新中国就是在民主协商中诞生的，是“协商建国”。

1949年9月21~30日，中国人民政治协商会议第一届全体会议在北平召开，标志着中国人民不仅在思想上政治上而且在组织上形成了坚强的团结，标志着中国共产党领导的多党合作和政治协商制度的正式确立。这次会议代表了全国人民的意志，代行全国人民代表大会职权，选举产生了中华人民共和国中央人民政府委员会和中国人民政治协商会议全国委员会，宣告了中华人民共和国的成立；通过了具有临时宪法性质的《中国人民政治协商会议共同纲领》《中国人民政治协商会议组织法》《中华人民共和国中央人民政府组织法》；作出了关于中华人民共和国国都、国旗、国歌、纪年四个重要决议，胜利完成了创建新中国的历史使命，实现了我国从几千年的封建专制向人民民主制度的历史性跨越，开辟了中国历史的新纪元。

中国人民政治协商会议的建立，反映了中国由半殖民地半封建社会走向社会主义社会这一政治生态环境中民主政治成长的特征。新中国成立后，中国在世界民主政治发展史上最早既重视选举（投票）民主形式，又重视协商民主形式，并使之相辅相成，互为补充，协商民主这一价值理念作为新中国政治制度设计的基本原则，体现于整个政治体系之中，并在国家层面确立了多党合作和政治协商的组织与制度和人民代表大会制度。以毛泽东为核心的

① 《周恩来统一战线文选》，人民出版社1984年版，第129页。

党的第一代中央领导集体，提出了一系列具有独创性的关于协商民主的重要思想，体现了中国共产党关于新中国政治制度和民主政治发展的深层思考。

新中国成立后，人民政协为恢复和发展我国的国民经济，巩固新生的人民政权，推动各项社会改革，促进社会主义革命和建设，作出了重大贡献。改革开放后，历届中央领导集体都十分重视并发展了协商民主的理论和实践，从而使它获得了时代的生命力。

在此基础上，2014年9月21日，习近平在庆祝中国人民政治协商会议成立65周年大会上发表重要讲话，深刻总结了人民政协发展的宝贵经验，精辟论述社会主义协商民主的重大战略思想，为研究社会主义协商民主、人民政协协商民主理论指明了方向：

> 协商民主是中国社会主义民主政治中独特的、独有的、独到的民主形式，它源自中华民族长期形成的天下为公、兼容并蓄、求同存异等优秀政治文化，源自近代以后中国政治发展的现实进程，源自中国共产党领导人民进行革命、建设、改革的长期实践，源自新中国成立后各党派、各团体、各民族、各阶层、各界人士在政治制度上共同实现的伟大创造，源自改革开放以来中国在政治体制上的不断创新，具有深厚的文化基础、理论基础、实践基础、制度基础。
>
> 回顾人民政协65年的发展历程，我们更加深刻地认识到，人民政协植根于中国历史文化，产生于近代以后中国人民革命的伟大斗争，发展于中国特色社会主义光辉实践，具有鲜明中国特色，是实现国家富强、民族振兴、人民幸福的重要力量。我们有充分的理由相信，人民政协创造了辉煌的历史，也必将创造更加辉煌的未来！①

本书的研究，以毛泽东、周恩来、习近平对人民政协形成发展渊源的重要论述为逻辑起点和主线，以马克思历史唯物主义、辩证唯物主义为指导思想，对人民政协协商民主的历史发展脉络、理论渊源、构成要素、发展的条件、在国家政治生活和维护世界和平、对世界政治文明的贡献和影响等进行

① 习近平："在庆祝中国人民政治协商会议成立65周年大会上的讲话"，《人民日报》，2014年9月22日。

梳理和研究，以期用中国话语，探讨人民政协协商民主的具体实现形式和整体运作，为促进人民政协协商民主建设、推进人民政协事业发展提供理论支撑。

二、主要研究方法

本书的写作坚持以马克思主义哲学为指导，依据时代、社会和政治背景，梳理分析人民政协协商民主理论形成和发展的历史脉络。作为中国民主政治和世界政治文明的重要组成部分，人民政协协商民主理论是一个涉及历史学、政治学、行政学、法学、经济学和社会学等学科的问题，所以在分析与研究过程中会引用大量历史文献、历届中共领导人的重要论述以及相关专家学者的一些观点，特别是政治学的观点和方法论，以拓展和深化对人民政协协商民主理论的研究。

本书坚持唯物辩证法，通过文献研究、历史分析、综合比较、理论和实践相结合等具体方法来体现。

1. 历史唯物主义分析法

历史唯物主义强调一切都要以时间、地点和条件为转移，既不能平面地看问题，也不能以今天的眼光和认识去看待历史上发生的事情。人民政协协商民主理论有起源、逐步形成和发展的轨迹，在历史过程叙述中，把人民政协协商民主理论同特定社会历史条件的考察结合起来，把早期革命战争年代、社会主义建设年代的民主协商思想同改革开放后的民主政治思想的发展结合起来考察，深刻把握影响人民政协协商民主理论形成发展的各种因素。因而本书在尊重历史、论从史出的基础上，尽可能还原历史，以历史事实为根据对人民政协协商民主理论进行深入研究，辩证地分析、探求内在的互动关系。

2. 文献研究法

人民政协协商民主理论的学术价值，在很大程度上取决于史料是否准确、资料是否翔实。本书主要对人民政协协商民主理论进行学理分析，既要对马克思、恩格斯、列宁、毛泽东、周恩来等原著进行认真的阅读和分析，同时也要阅读和研究中国共产党的重要文献以及历届领导集体重要成员的著作。通过搜集与人民政协协商民主相联系的学术著作、报告、期刊和学术论文等，进行分析、理解、归纳、总结，从而在占有大量第一手材料的基础上，对材料进行综合分析、归纳整理，弄清事情的来龙去脉，获取研究问题的实质。

3. 比较法

比较是辨别事物的基础。区分和确认事物异同关系最常用的研究方法即比较研究法，纵的比较能让我们客观梳理人民政协协商民主理论在中国民主政治建设、世界政治文明发展历史脉络，横的比较能够更清晰地把握其在中国民主政治建设、世界政治文明发展历史上的作用和巨大贡献。把人民政协协商民主同西方语境下的协商民主相比较，分析人民政协协商民主理论的理论渊源；把人民政协协商民主理论和实践同中国的传统优秀文化进行比较，分析人民政协协商民主理论的传统文化底蕴；把人民政协协商民主理论同直接民主与代议（间接）民主、精英民主与大众（参与）民主、选举（竞争）民主相比较，可以更准确地判定人民政协协商民主在中国民主政治建设的作用、对世界政治文明的贡献和影响。

4. 理论与实践相统一法

理论只有联系实践、服务实践，才能在实践中得到检验和反馈，从实践中吸取经验才可以更好的改进理论，从而才能真正体现其价值。这同样适用于人民政协协商民主理论。本研究是一项综合了理论性和实践性的课题，力求从中国近现代历史发展实践中寻找答案，并且理论联系实际，得出中国多党合作制度的形成和发展，包括人民政协协商民主理论的形成和发展，是马克思列宁主义与中国实际相结合的产物，是中国共产党和各民主党派智慧的结晶，具有鲜明的中国特色。

延伸阅读之一

中共中央关于加强人民政协工作的意见
（摘要）

（2006 年 2 月 8 日）

中国人民政治协商会议是中国人民爱国统一战线的组织，是中国共产党领导的多党合作和政治协商的重要机构，是我国政治生活中发扬社会主义民主的重要形式。人民政协成立以来，为建立和巩固新生的人民政权、促进社会主义革命和建设、推动改革开放和社会主义现代化建设，作出了重大贡献。在全面建设小康社会、加快推进社会主义现代化的新的发展阶段，提高党的执政能力、发展社会主义民主政治、构建社会主义和谐社会、推进中国特色社会主义伟大事业，必须大力加强人民政协工作，充分发挥人民政协的作用。

一、人民政协事业是中国特色社会主义事业的重要组成部分

人民政协是中国共产党把马克思列宁主义统一战线理论、政党理论和民主政治理论同中国具体实践相结合的伟大创造，是中国共产党同各民主党派、人民团体和各族各界人士风雨同舟、团结奋斗的伟大成果。中国共产党历来高度重视和关心人民政协事业的发展。以毛泽东同志为核心的党的第一代中央领导集体，提出了一系列具有独创性的重要思想，有力地指导了人民政协事业的创立和发展；以邓小平同志为核心的党的第二代中央领导集体，提出了新时期人民政协的性质和任务，全面开创了新时期人民政协事业的新局面；以江泽民同志为核心的党的第三代中央领导集体，对人民政协事业提出了许多重要的新思想、新观点、新论断，推动了人民政协事业的发展。党的十六大以来，以胡锦涛同志为总书记的党中央，对新世纪新阶段人民政协事业的

发展提出了明确要求，作出了新的重要部署，把人民政协事业继续推向前进。

中国共产党领导的多党合作和政治协商制度是我国的一项基本政治制度。要坚持走中国特色社会主义政治发展道路，立足我国国情，总结实践经验，借鉴人类政治文明的有益成果，绝不照搬西方政治制度的模式。人民政协是实行中国共产党领导的多党合作和政治协商制度的重要政治形式和组织形式。要认真贯彻中国共产党同各民主党派和无党派人士长期共存、互相监督、肝胆相照、荣辱与共的方针，促进参加人民政协的各党派和无党派人士的团结合作，充分体现和发挥我国社会主义政党制度的特点和优势。

人民政协是我国政治体制的重要组成部分，在我国政治生活中具有不可替代的作用。在我们这个幅员辽阔、人口众多的社会主义国家里，关系国计民生的重大问题，在中国共产党领导下进行广泛协商，体现了民主与集中的统一。人民通过选举、投票行使权利和人民内部各方面在重大决策之前进行充分协商，尽可能就共同性问题取得一致意见，是我国社会主义民主的两种重要形式。坚持和完善人民政协这种民主形式，既符合社会主义民主政治的本质要求，又体现了中华民族兼容并蓄的优秀文化传统，具有鲜明的中国特色。发展社会主义民主政治，建设社会主义政治文明，要善于运用人民政协这一政治组织和民主形式。

人民政协是中国共产党领导的各党派、各团体、各民族、各阶层大团结大联合的组织。人民政协的基本属性、主要职能、组织构成、工作原则和活动方式，与构建社会主义和谐社会的要求是完全一致的，同构建社会主义和谐社会的各项工作是紧密相连的。构建社会主义和谐社会，必须充分发挥人民政协的作用。

人民政协在新世纪新阶段的任务是：高举爱国主义、社会主义旗帜，在热爱中华人民共和国、拥护中国共产党的领导、拥护社会主义事业、共同致力于中华民族伟大复兴的政治基础上，进一步巩固和发展爱国统一战线，把全体社会主义劳动者、社会主义事业的建设者、拥护社会主义的爱国者和拥护祖国统一的爱国者都团结起来，同心同德，群策群力，为推进社会主义经济建设、政治建设、文化建设、社会建设，为实现祖国完全统一，为维护世界和平、促进共同发展而奋斗。

人民政协工作必须坚持的原则是：坚持以马克思列宁主义、毛泽东思想、邓小平理论和“三个代表”重要思想为指导，坚持中国共产党的领导，坚持在宪法和法律范围内开展工作，坚持社会主义初级阶段的基本路线、基本纲领、基本经验，坚持团结和民主两大主题，坚持科学发展观、把促进发展作为人民政协履行职能的第一要务，坚持把实现和维护最广大人民的根本利益作为人民政协工作的出发点和落脚点。

人民政协的主要职能是政治协商、民主监督、参政议政。要支持政协围绕团结和民主两大主题履行职能，把加强团结和发扬民主贯穿于政协工作的各个方面，推进政治协商、民主监督、参政议政的制度化、规范化和程序化。

二、认真搞好人民政协的政治协商

人民政协的政治协商是中国共产党领导的多党合作的重要体现，是党和国家实行科学民主决策的重要环节，是党提高执政能力的重要途径。把政治协商纳入决策程序，就国家和地方的重要问题在决策之前和决策执行过程中进行协商，是政治协商的重要原则。各级党委要高度重视人民政协的政治协商，统一部署和协调，并认真组织实施。

人民政协政治协商的主要内容是：国家和地方的大政方针以及政治、经济、文化和社会生活中的重要问题；各党派参加人民政协工作的共同性事务，政协内部的重要事务以及有关爱国统一战线的其他重要问题。

人民政协政治协商的主要形式有：政协全体会议，常务委员会会议，主席会议，常务委员专题协商会，政协党组受党委委托召开的座谈会，秘书长会议，各专门委员会会议，根据需要召开由政协各组成单位和各界代表人士参加的内部协商会议。

三、积极推进人民政协的民主监督

人民政协的民主监督是我国社会主义监督体系的重要组成部分，是在坚持四项基本原则的基础上通过提出意见、批评、建议的方式进行的政治监督。它是参加人民政协的各党派团体和各族各界人士通过政协组织对国家机关及其工作人员的工作进行的监督，也是中国共产党在政协中与各民主党派和无党派人士之间进行的互相监督。对于我们党来说，更加需要接受来自各个方面的监督。

人民政协民主监督的主要内容是：国家宪法、法律和法规的实施，重大方针政策的贯彻执行，国家机关及其工作人员的工作，参加政协的单位和个人遵守政协章程和执行政协决议的情况。

人民政协民主监督的主要形式有：政协全体会议、常委会议、主席会议向党委和政府提出建议案；各专门委员会提出建议或有关报告；委员视察、委员提案、委员举报、大会发言、反映社情民意或以其他形式提出批评和建议；参加党委和政府有关部门组织的调查和检查活动；政协委员应邀担任司法机关和政府部门特约监督人员等。

各级党委和政府要认真倾听来自人民政协的批评和建议，自觉接受民主监督。要完善民主监督机制，在知情环节、沟通环节、反馈环节上建立健全制度，畅通民主监督的渠道。党委和政府的监督机构以及新闻媒体要密切与人民政协的联系，加强工作协调和配合，提高民主监督的质量和成效。要切实发挥政协提案、建议案在民主监督方面的作用，对政协的提案和建议案要认真办理，及时给予正式答复。

四、深入开展人民政协的参政议政

人民政协的参政议政是人民政协履行职能的重要形式，也是党政领导机关经常听取参加人民政协的各民主党派、人民团体和各族各界人士的意见和建议、切实做好工作的有效方式。人民政协的参政议政是对政治、经济、文化和社会生活中的重要问题以及人民群众普遍关心的问题，开展调查研究，反映社情民意，进行协商讨论，通过调研报告、提案、建议案或其他形式，向党和国家机关提出意见和建议。

人民政协要选择经济社会发展中具有综合性、全局性、前瞻性的课题，深入调查研究，开展咨询论证，提出意见和建议。要运用包容各界、联系广泛、人才聚集的有利条件，了解和反映社会不同阶层、不同群体的愿望和要求。人民政协的重要考察活动及重大外事活动要请参加政协的民主党派有关负责人参加，政协专门委员会要积极开展与参加政协的各党派团体的联合调研。要建立健全人民政协参政议政的各项工作制度，形成合理有效的工作机制。

各级党委和政府要加强与人民政协的联系和沟通，为人民政协参政议政创造良好条件。对政协提出的重要意见和建议，要认真研究、积极采纳。党委和政府有关部门要密切同政协专门委员会的协作和配合，对他们的工作提供必要的支持和帮助。

五、切实抓好人民政协的自身建设

各民主党派和无党派人士是人民政协的重要组成部分。要充分发挥人民政协作为中国共产党领导的多党合作和政治协商的重要机构的作用，支持各民主党派和无党派人士参与国家重大方针政策的讨论协商及其履行职责的各种活动。尊重和保障各民主党派在政协的各种会议上以本党派名义发表意见的权利；尊重和保障各民主党派和无党派人士开展视察、提出提案、举报、反映社情民意以及参与调查和检查活动的权利；保证民主党派成员和无党派人士在政协委员、常务委员和政协领导成员中占有较大比例；政协各专门委员会要有民主党派和无党派人士参加；政协机关中应有一定数量的民主党派和无党派人士担任专职领导职务，并做到有职、有权、有责。

由界别组成是人民政协组织的显著特色。要根据界别的特点和要求开展活动，充分调动各界别参政议政的积极性，认真探索发挥界别作用的方法和途径。要适应改革开放和经济社会发展的实际情况，研究并合理设置界别，扩大团结面，增强包容性。要通过界别渠道密切联系群众，努力协调关系、化解矛盾、理顺情绪，增进社会各阶层和不同利益群体的和谐。

政协委员是人民政协履行职能的主体。要认真组织政协委员的学习和培训，促进政协委员提高自身素质，遵守政协章程，履行委员职责，密切联系群众，积极参加政协组织的会议和活动。要尊重和依法保护政协委员的各项民主权利，为他们发挥作用提供方便。政协委员所在单位要支持其参加政协活动，保障其各项待遇不因参加政协活动而受到影响。

大力加强人民政协的机关建设。要重视政治理论学习，坚持以邓小平理论和“三个代表”重要思想为指导，牢固树立和全面落实科学发展观，弘扬与时俱进和改革创新精神，大兴求真务实之风，提高全局观念、服务意识和政策水平。要适应壮大爱国统一战线和发展社会主义民主政治的要求，完善为政协履行职能服务的各项工作制度，提高工作水平和效率。要着眼于统一战线和人民政协事业的长远发展，高度重视并切实加强人民政协组织的干部队伍建设，配备好工作班子，加强干部选拔、交流和任用，加大干部培训工作、挂职锻炼的力度，努力造就一支政治坚定、作风优良、学识丰富、业务熟练的高素质政协工作干部队伍。

六、加强和改善党对人民政协的领导

按照党总揽全局、协调各方的原则，进一步加强和改善党对人民政协的领导，支持人民政协依照章程独立负责、协调一致地开展工作。各级党委要深刻认识人民政协工作的重要性，认真贯彻《中共中央关于进一步加强中国共产党领导的多党合作和政治协商制度建设的意见》，善于运用人民政协这一政治组织和民主形式为实现党的总任务、总目标服务。要把政协工作纳入重要议事日程，听取政协党组的工作汇报，及时研究并统筹解决人民政协工作中的重大问题。党委和政府负责同志在政协全体会议期间参加讨论、共商国是和在政协常委会议期间通报情况、听取意见，应形成制度。不是同级党委常委的地方政协党员主席或党组书记，可请他们列席党委常委会议和其他有关重要会议。国务院和各级地方政府召开全体会议和有关会议时，可视需要邀请政协有关领导同志列席。各级党委和政府对政协干部交流、活动经费等方面存在的问题，要切实帮助解决。各级党委要把是否重视人民政协工作、能否发挥好人民政协的作用作为检验领导水平和执政能力的一项重要内容。

发挥政协组织中共产党员的先锋模范作用。政协委员中的共产党员和政协机关中的共产党员，要增强政治责任感，努力提高自身修养和能力，积极贯彻党的方针政策，带头遵守政协章程，继承和发扬党的统一战线和人民政协的优良传统，广交、深交党外朋友，努力成为合作共事的模范、发扬民主的模范、廉洁奉公的模范。

努力创造全党全社会重视和支持人民政协工作的新局面。各级党委要积极组织并大力推动关于人民政协的理论研究、宣传和教育工作，把人民政协理论列入各级党校、行政学院、干部学院、社会主义学院的教学计划。要有计划、有重点地组织新闻媒体宣传中国共产党领导的多党合作和政治协商制度，宣传人民政协的性质、地位和作用，以及各级政协组织履行职能的情况，形成有利于人民政协事业发展的良好氛围。

（中华人民共和国中央人民政府门户网站，http：//www. gov. cn）

第二章　人民政协协商民主发展的历史脉络

马克思历史唯物主义认为，理论来源于实践。今天的“社会主义协商民主”，是从“新民主主义协商民主”中发展起来的[①]。研究人民政协协商民主理论的形成，应该追溯到中国共产党在漫长的革命实践中形成的统一战线传统及其倡导的民主协商精神和工作方法。根据周恩来在新中国成立前夕关于“从五四运动以来，中国有了中国共产党，有了第一次国共合作，有了大革命运动，经过了四个革命阶段……才形成今天中国人民政治协商会议这样的组织”的重要论述，本章将从六个阶段分析和探讨人民政协协商民主形成和发展的历史脉络。

第一节　人民政协协商民主思想的早期萌芽（1921～1935 年）

1921 年成立的中国共产党，把马克思列宁主义与中国实际相结合，提出了新民主主义革命纲领，团结全国各革命阶级为实现民族独立、人民解放和国家富强、人民幸福而奋斗，先后经历了两次国共合作，协商民主思想在此过程中也经历了从萌芽、探索到形成的历史过程。

---

① 李君如：《协商民主在中国》，人民出版社 2014 年版，第 66 页。

一、“应该出来联合全国革新党派，组织民主的联合战线”

毛泽东强调：“我们讨论问题，应当从实际出发，不是从定义出发。①”中国共产党进行人民民主政治建设，如同进行其他建设事业一样，还在新民主主义革命时期就开始探索、积累这方面的经验。

1921 年 7 月，中国共产党第一次全国代表大会在上海召开，讨论和通过了《中国共产党纲领》。这是中国共产党的历史上关于党的建设的第一个马克思主义的光辉文献。《纲领》共十五条，规定了党的名称、性质和纲领，提出了党的最终奋斗目标。其中第 3 条明确指出：“我们党承认苏维埃管理制度，要把工人、农民和士兵组织起来，并以社会革命为自己政策的主要目的。”②

中国共产党“一大”前后，共产国际派往中国的代表马林，在张太雷的陪同下，同孙中山进行了多次谈话，并向孙中山建议：改组国民党，联合社会各阶层，尤其是工农大众；创办军事学校，为建立革命武装打下基础；与中国共产党合作。

1922 年 1 月，共产国际召开远东各国中国共产党和民族革命团体第一次代表大会。会上通过了关于中国共产党与民主革命派合作的决议，进一步重申了反帝统一战线的思想。在会议期间，列宁抱病接见了出席会议的中国代表团成员，表示了对国共合作问题的密切关注，并提出“中国国民党和中国共产党是否可以合作”的问题。这次会议，对中华民族决定对外独立、对内统一的国民革命方针，具有重要的指导作用。

1922 年 6 月 20 日，中共中央发表了《中国共产党对于时局的主张》。这是中国共产党成立以后，第一次就中国民主革命的重大问题向社会公开表明自己的政治主张，指出：无产阶级在未取得政权以前，根据中国的政治经济现状，历史进化过程，无产阶级在目前最重要的工作，应该联络民主派共同进行反对封建式军阀的革命，以达到军阀覆灭后能够建设民主政治。明确提出：

---

① 《毛泽东选集（第 3 卷）》，人民出版社 1991 年版，第 853 页。

② 《“一大”前后——中国共产党第一次代表大会前后资料选编》，人民出版社 1980 年版，第 21 页。

> 中国共产党的方法，是要邀请国民党等革命的民主派及革命的社会主义各团体开一个联席会议，在上列原则的基础上共同建立一个民主主义的联合战线，向封建式的军阀继续战争；因为这种联合战争，是解放我们中国人受列强和军阀两重压迫的战争，是中国目前必要的不可免的战争。[①]

《中国共产党对于时局的主张》运用马克思列宁主义理论分析中国社会状况，解决中国革命问题的办法，集中反映了中国共产党对中国国情和中国革命理论探索的初步成果，鲜明地提出了打倒帝国主义、打倒封建主义的口号，首次提出了革命的策略是组成各阶级的联合战线。

1922 年 7 月 16～23 日，中国共产党第二次全国代表大会在上海英租界南成都路辅德里 625 号（现成都北路 7 弄 30 号）举行，通过了《关于“民主的联合战线”的议决案》，提出联合全国一切革命党派，联合资产阶级民主派，组织民主的联合战线，并决定邀请国民党等革命团体举行联席会议，共商具体办法。

> 我们中国共产党不是空谈主义者，不是候补的革命者，乃是时时刻刻要站起来努力工作的党，乃是时时刻刻要站起来为无产阶级利益努力工作的党；在中国的政治经济现状之下，在中国的无产阶级现状之下，我们认定民主的革命固然是资产阶级的利益，而于无产阶级也是有利益的。因此我们中国共产党应该出来联合全国革新党派，组织民主的联合战线，以扫清封建军阀推翻帝国主义的压迫，建设真正民主政治的独立国家为职志。我们应该号召全国工人、农人在本党旗帜之下去加入此种战争。[②]

中共“二大”还在“一大”纲领基础上，着重确定现阶段的革命任务，发表了《中国共产党第二次全国代表大会宣言》，制定了党的最低纲领和最高纲领，第一次正式提出了打倒军阀、推翻国际帝国主义的压迫、建立真正民主共和国的最低纲领和渐次达到一个共产主义的社会的最高纲领。这个宣言

---

①② 《中共中央文件选集（1921～1925）》，中国共产党新闻网，《党的历史文献集》和《当代文献集》。

是中国历史上第一个彻底反帝反封建的民主革命纲领。

中国共产党是中国无产阶级政党。他的目的是要组织无产阶级，用阶级斗争的手段，建立劳农专政的政治，铲除私有财产制度，渐次达到一个共产主义的社会。

中国共产党为工人和贫农的目前利益计，引导工人们帮助民主主义的革命运动，使工人和贫农与小资产阶级建立民主主义的联合战线。中国共产党为工人和贫农的利益在这个联合战线里奋斗的目标是：

（一）消除内乱，打倒军阀，建设国内和平；

（二）推翻国际帝国主义的压迫，达到中华民族完全独立；

（三）统一中国本部（东三省在内）为真正民主共和国；

（四）蒙古、西藏、回疆三部实行自治，成为民主自治邦；

（五）用自由联邦制，统一中国本部、蒙古、西藏、回疆，建立中华联邦共和国；

（六）工人和农民，无论男女，在各级议会市议会有无限制的选举权，言论、出版、集会、结社、罢工绝对自由；

（七）制定关于工人和农人以及妇女的法律：

1. 改良工人待遇：（甲）废除包工制；（乙）八小时工作制；（丙）工厂设立工人医院及其他卫生设备；（丁）工厂保险；（戊）保护女工和童工；（己）保护失业工人等；

2. 废除丁漕等重税，规定全国——城市及乡村——土地税则；

3. 废除厘金及一切额外税则，规定累进率所得税；

4. 规定限制田租率的法律；

5. 废除一切束缚女子的法律，女子在政治上、经济上、社会上、教育上、一律享受平等权利；

6. 改良教育制度，实行教育普及。

上面的七条，是对于工人、农民和小资产阶级都有利益的，是解放他们脱出现下压迫的必要条件。我们一定要为解放我们自己，共同来奋斗！工人和贫农必定要环绕中国共产党旗帜之下再和小资产阶级联合着来奋斗呀！[①]

中国共产党第一部《纲领》、第一次对于时局的主张、“二大”通过的《关于“民主的联合战线”的议决案》和《中国共产党第二次全国代表大会宣言》，是中国共产党建立以来提出的统一战线的四个基本文献，在国内首先提出了协商民主——“共商”即共同协商，已经出现中国共产党人早期政治协商民主思想的萌芽。主要表现为以下几点。

第一，提出了以实现民主共和为目的的党派之间的合作。中共“二大”的《关于“民主的联合战线”的议决案》明确提出“中国是名为共和，实际上仍在封建式的军阀势力统治之下，对外则为国际资本帝国主义势力所支配的半独立国家”。因此，中国共产党主张“联合全国革新党派，组织民主的联合战线，以扫清封建军阀推翻帝国主义的压迫，建设真正民主政治的独立国家”。

第二，确定了党在民主联合战线中应坚持的策略原则。（1）联合对敌的原则。决议指出：“我们中国共产党应该出来联合全国革新党派，组织民主联合战线，以扫清封建军阀，推翻帝国主义的压迫”。（2）独立自主的原则。决议指出，这种联合绝不是投降与合并，而是要在自己阶级政党的旗帜下，“独立做自己阶级的运动”。“无产阶级在战争中不可忘记自己阶级的独立组织”。（3）将无产阶级的长远利益和当前的现实斗争相结合的原则。决议一方面坚持党的根本宗旨；另一方面又指明“为了无产阶级自己眼前的急需的自由而加入此种战争”。

第三，阐明了党在民主联合战线中的活动方式和有关政策。提出了实现社会革命的方式是“要把工人、农民和士兵组织起来”，通过召开党派“联席会议”推进党派合作。协商联合的范围包括国民党、社会主义青年团以及工、农、商、学、妇以及法律、新闻等社会各界群众团体组成的“民主主义大同盟”[②]。

中国共产党早期这种倡导党派、群团与各界人士的政治合作，为政治协

① 《中共中央文件选集》，中国共产党新闻网，《党的历史文献集》和《当代文献集》。
② 《中共中央文件选集》，中央档案馆、中共中央党校出版社 1987 年版，第 65 页。

商奠定了最主要的社会基础。这与解放战争时期政治协商实践，以及中华人民共和国成立之时形成的《共同纲领》，将人民政治协商会议定位于统一战线组织，是一脉相承的[①]，因此可以看做是人民政协政治协商民主思想的早期萌芽。

二、“第一次国共合作”，形成了中国最初的“友党”之间政治协商实践

1923年6月12～20日，中国共产党第三次全国代表大会在广州东山恤孤院31号（现恤孤院路3号）召开。陈独秀、李大钊、毛泽东、蔡和森、陈潭秋、恽代英、瞿秋白、张国焘、李立三、项英等来自全国各地及莫斯科的代表近40人出席大会。

会议的中心议题是讨论与国民党合作、建立革命统一战线的问题。经过讨论，大会接受通过了《关于国民运动及国民党问题的议决案》《中国共产党第三次全国代表大会宣言》等文件。这些文件的中心思想是，党在现阶段“应该以国民革命运动为中心工作”，中国共产党员以个人身份加入国民党，采取党内合作的形式，同国民党建立联合战线。

1924年1月20～30日，在中国共产党人的参加与帮助下，孙中山在广州召开了国民党第一次全国代表大会，重新解释了“三民主义”。大会通过了中国共产党人起草的以反帝反封建为主要内容的宣言，确定了联俄、联共、扶助农工的三大政策，从而把旧三民主义发展为新三民主义。大会选举出中国国民党中央执行委员会，中国共产党员李大钊、谭平山、毛泽东、林祖涵、瞿秋白等10人当选为国民党中央执行委员或候补执行委员，约占委员总数的1/4。

第一次国共合作形成之后，在1924～1927年两党合作共事的过程中，国共两党就一些双方关心的重要政治问题进行协商，形成了中国最初的“友党”之间政治协商的实践。这个探索的基本内涵主要有三点：[②]

---

①② 李仁彬、黄国华等：《中国协商民主理论与实践探析》，四川大学出版社2011年版，第71页。

一是中国共产党在民主革命进程中，应该尽可能地通过“党派联席会议”或者党派之间的合作，进而联合各民主党派、社会团体、社会各界人士进行广泛的政治沟通与协商。

二是党派群团之间的合作共事必须有基本一致的政治基础，那就是推翻封建专制，实现真正的民主共和。

三是合作共事过程中，中国共产党应该主动与各民主党派、群团社会各界人士进行政治沟通和协商，以推动合作的实现、巩固与发展。

国共两党合作的实现，使革命统一战线建立起来，推动了全国反帝反封建的国民大革命的迅速开展，并进行了北伐，动摇了帝国主义在中国的统治基础：（1）1924 年，建立了黄埔军校，在大革命期间培养了大批军事人才。（2）1924 年，国共合作后，在中国共产党的推动和领导下，创办了广州农民运动讲习所，培养了大批农民运动骨干，广东等省的农民运动逐渐发展起来。（3）1925 年，各地工人纷纷罢工，掀起了反帝爱国运动的高潮，其中影响最大的是五卅运动和省港大罢工。（4）由于革命运动的发展，两次东征消灭了陈炯明的势力，广东革命根据地得到巩固和统一。（5）国共两党合作北伐，使革命势力从珠江流域发展到长江流域。（6）基本推翻了北洋军阀的反动统治，并收回了汉口、九江英租界。

1927 年，蒋介石、汪精卫先后在上海、武汉发动反革命政变，血腥屠杀中国共产党人和工农群众。国民革命运动失败后，中国共产党开始领导人民在农村建立革命根据地，进行人民民主政权和人民军队的建设工作，在人民内部乃至军队内部实行民主主义。毛泽东指出：“中国不但人民需要民主主义，军队也需要民主主义。军队内的民主主义制度，将是破坏封建雇佣军队的一个重要的武器。”①

1931 年 11 月，在江西瑞金召开的中华苏维埃工农兵第一次全国代表大会制定了《中华苏维埃共和国宪法大纲》及《劳动法》等多部法律，对根据地政权的工农民主专政的性质、对公民应当享有的各种民主权利等都作出了明确的规定。根据地的人民民主政治建设实践，对新中国成立后多党合作和政

---

① 《毛泽东选集（第 1 卷）》，人民出版社 1991 年版，第 65 页。

治协商制度的建立以及社会主义时期的民主政治建设提供了宝贵经验。

国共两党的第一次合作实践，推动了反对帝国主义和军阀为目标的国民革命蓬勃开展。正如毛泽东指出："这种三大政策的三民主义……是在中国革命作为社会主义世界革命一部分的时代产生的[①]"。在这个实践中，中国共产党与其他党派之间的合作，进而联合社会团体、社会各界人士进行广泛的政治沟通与协商，已经从建党时的思想主张变成现实，并取得积极成果。

第二节 人民政协协商民主的初步探索（1935 ~ 1949 年）

中国共产党的协商民主思想，经过 20 世纪 20 年代早期中共的一些决议萌发出来，在抗日民族统一战线进一步酝酿、形成和发展的过程中，逐步演变成后来的"政治协商"概念。在这一时期，中国共产党在同其他党派团体和党外人士团结合作过程中形成了统一战线以及协商民主的工作方法，特别是在延安时期的"三三制"民主政权建立和建设过程中，还把选举民主与协商民主结合起来，新民主主义革命时期的探索"可以说是协商民主的萌芽和雏形"[②]。

一、"三三制"政权的建立，展现了中国共产党政治协商的执政理念

1935 年，华北事变[③]使中日民族矛盾上升为中国社会的主要矛盾，引起国内阶级关系和国际关系的重大变化和各种政治力量的重新组合，中国的两个最大的政党——中国共产党和中国国民党的政策相应地发生变化。6 月 10 日，中共上海临时中央发表宣言，号召各级党的组织必须与一切可能反蒋抗日的政治军事派别协作，共同进行反蒋抗日的武装斗争。

---

① 《毛泽东选集（合订一卷本）》，人民出版社 1969 年版，第 53 页。

② 贾庆林："健全社会主义协商民主制度为全面建成小康社会广泛凝聚智慧和力量"，《中国政协理论研究》，2012 年第 4 期。

③ 华北事变，是指继"九一八"事变东北沦陷之后，1935 年日本侵略军蚕食侵犯华北地区的一系列事件的统称。

1935年12月25日，中共中央政治局在陕北瓦窑堡召开会议。会议讨论了抗日民族统一战线、抗日联军和国防政府等问题，通过了《中央关于目前政治形势与党的任务决议》。《决议》指出：

> 中国共产党的策略不是等待着那些自然发生的抗日人民团体与抗日武装力量已经存在了，才去把他们组织起来，而是指导自己的党员从各方面努力去推动一切爱国的分子，团体，阶层，阶级，党派，生产的与商业的，文化的与教育的，学生的与教员的，工农的与小资产阶级民族资产阶级的，城市与乡村的，新式的与旧式的，社会的与政治的，武装的等等力量，发起各种各样反日反汉奸卖国贼的团体（抗日会，抗日联合会等），组织各种各样反日反卖国贼的军队（抗日义勇军，人民革命军，新的十九路军等），政权（县区市抗日政府，人民革命政府等），把这些团体，军队，政权，集合起来，加上苏维埃与红军的力量，这就是国防政府与抗日联军的组织。国防政府与抗日联军组成之后，在他的行动过程中，每日都要去发动新的团体，新的地方政府与新的军队。一面不断淘汰动摇叛变分子，一面不断涌进新的力量，使国防政府与抗日联军成为不是腐朽的，而是有朝气的，不是软弱的，而是有伟大战斗力量的政府与联军。

《决议》还明确提出不但在下层群众中间进行工作，还要“必须知道如何同别党别派和下层群众有关系的上层领袖进行谈判，协商妥协，让步，以期争取其中可能继续合作的分子。”

瓦窑堡会议确立了中国共产党抗日民族统一战线的战略、策略方针，为全党和全国民众指明了抗日救国的方向。会后，毛泽东又作了《论反对日本帝国主义的策略》的报告，首次提出了中国人民的抗日战争是持久战，决定了建立抗日民族统一战线的策略：

> 中国革命战争还是持久战，帝国主义的力量和革命发展的不平衡，规定了这个持久性。我们说，时局的特点，是新的民族革命高潮的到来，中国处在新的全国大革命的前夜，这是现时革命形势的特点。这是事实，这是一方面的事实。现在我们又说，帝国主义还

> 是一个严重的力量，革命力量的不平衡状态是一个严重的缺点，要打倒敌人必须准备作持久战，这是现时革命形势的又一个特点。这也是事实，这是又一方面的事实。这两种特点，这两种事实，都一齐跑来教训我们，要求我们适应情况，改变策略，改变我们调动队伍进行战斗的方式。目前的时局要求我们勇敢地抛弃关门主义，采取广泛的统一战线，防止冒险主义。①

1937年5月，毛泽东在党的全国代表会议上作《中国共产党在抗日时期的任务》报告指出："争取政治上的民主，乃是保证抗战胜利的中心一环"，"看不清民主任务的重要性，降低对于争取民主的努力，我们将不能达到真正的坚实的抗日民族统一战线的建立。"在会议结束报告中，他又提出："历史给予我们的革命任务，中心的本质的东西是争取民主。"②

1938年7月，国民参政会在武汉正式成立。毛泽东、陈绍禹、秦邦宪、林祖涵、吴玉章、董必武、邓颖超等7人接受了国民政府的聘请，担任国民参政员。在抗战中，国民参政会成为中国共产党实施抗日民族统一战线方针政策、巩固国共团结的重要阵地。可以说，该会是后来形成的政治协商会议的雏形。

1940年3月，中国共产党在总结抗战以来根据地政权建设经验的基础上，为了更好地贯彻执行抗日民族统一战线的战略策略，争取和团结各界人士共同抗战，首次在党内正式提出了"三三制"政权建设思想，指出："在抗日时期，我们所建立的政权的性质，是民族统一战线的。这种政权，是一切赞成抗日又赞成民主的人们的政权，是几个革命阶级联合起来对于汉奸和反动派的民主专政。""根据抗日民族统一战线政权的原则，在人员分配上，应规定为中国共产党员占三分之一，非党的左派进步分子占三分之一，不左不右的中间派占三分之一。""必须使党外进步分子占三分之一，因为他们联系着广大的小资产阶级。""给中间派以三分之一的位置，目的在于争取中等资产阶级和开明绅士。"

---

① 《毛泽东选集（第1卷）》，人民出版社1991年版，第153页。
② 《毛泽东选集（第1卷）》，人民出版社1991年版，第274页。

1940年7月，毛泽东在为纪念抗战3周年所发表的《团结到底》一文中，首次公开向全国人民提出了建立“三三制”政权的主张，指出：

在政权问题上，我们主张统一战线政权，既不赞成别的党派的一党专政，也不主张共产党的一党专政，而主张各党、各派、各界、各军的联合专政，这即是统一战线政权。共产党员在敌人后方消灭敌伪政权建立抗日政权之时，应该采取我党中央所决定的“三三制”，不论政府人员中或民意机关中，共产党员只占三分之一，而使其他主张抗日民主的党派和无党派人士占三分之二。无论何人，只要不投降不反共，均可参加政府工作。任何党派，只要是不投降不反共的，应使其在抗日政权下面有存在和活动之权。①

此后，根据上述“三三制”原则，具有统一战线性质的“三三制”政权在敌后各抗日根据地相继建立起来。“三三制”原则把选举民主与协商民主结合起来，进行了民主协商理论与实践的探索，具有浓厚的协商民主色彩，展现了中国共产党团结一致、政治协商的执政理念，被视为政治文明建设的民主典范用，它对以后中国的政治模式有重要的参考价值。

1944年9月15日，林伯渠在重庆举行的三届三次国民参政会上，代表中国共产党提出了“立即结束国民党一党专政，成立联合政府”的主张。9月17日，《新华日报》全文刊登了林伯渠的报告，重庆各大报纸亦全文登载，引起国民党统治区社会各阶层的广泛关注。正是在这个推进民主共和的历史进程中，逐步衍生出了政治协商会议。

1945年2月22日，由郭沫若起草，重庆文化界知名人士312人签名的《对时局的进言》（简称《进言》）在《新华日报》《新蜀报》等报刊相继发表，迅即在国内外产生了巨大的影响。《进言》要求召开临时紧急会议，商讨战时政治纲领，组织战时全国一致政府，并提出废除一切限制人民集会、结社、言论、出版、演出等自由活动之法令等六项具体意见。这实际上是对此前中共关于召开党派会议、成立民主联合政府主张的重申和响应，也是抗战胜利前后中国政治生活的主题由“抗日民主”转向“人民民主”的重要转折

① 《毛泽东选集（第2卷）》，人民出版社出版1991年版，第759～760页。

点，被誉为是战后文化界的“民主宣言”。

二、“经过各党各派和无党派代表人物的协议，成立临时的联合政府”

1945年4月，毛泽东在中共七大政治报告《论联合政府》中进一步提出了先召开党派会议协商国是，再召开国民大会进行民主选举的“两步走”民主建国方案。

> “第一个步骤，目前时期，经过各党各派和无党派代表人物的协议，成立临时的联合政府；第二个步骤，将来时期，经过自由的无拘束的选举，召开国民大会，成立正式的联合政府。”①

在第一步骤中，毛泽东所言“各党各派和无党派代表人物的协议”，其内容和过程的本意就是协商国是。其中既明确包含了各党派无党派人士代表会议的含义，也明确包含了各党派人士代表之间的政治协商的含义，这应该是中国政治协商概念的雏形。

毛泽东提到，抗日战争胜利后，新中国应该是以最广大人民为基础的，无产阶级为主导的统一战线的民主联盟性质国家。只有经过全国共同协商才能够保证民主共和的实现。为了将民主共和的国家建立起来，作为领导者的无产阶级要把所有阶级联合起来、协商合作，实现民主共和的统一战线。此外，要实现民主共和这种政治制度的治理同样要按照协商合作的方式进行。通过协商合作，可以更好的协调处理国家内部事务，“才能把国事真正办好起来”。

1945年8月25日，中国共产党就抗战胜利后的时局发表了《中共中央对于目前时局的宣言》，再次呼吁“立即召开各党派和无党派代表人物的会议，商讨抗战结束后的各重要问题”，结束国民党一党专政，成立民主的联合政府。

> 中国共产党认为在这个新的历史时期中，我全民族面前的重大任务是：巩固国内团结，保证国内和平，实现民主，改善民生，以便在和平民主团结的基础上，实现全国的统一，建设独立自由与富强的新中国，并协同英、美、苏及一切盟邦巩固国际间的持久和平；

---

①《毛泽东选集（第3卷）》，人民出版社1991年版，第1068~1069页。

> 立即召开各党派和无党派代表人物的会议，商讨抗战结束后的各项重大问题，制定民主的施政纲领，结束训政，成立举国一致的民主的联合政府，并筹备自由无拘束的普选的国民大会。①

1945 年 8 月 28 日，毛泽东在赫尔利与蒋介石的代表张治中的陪同下，与周恩来、王若飞同机抵渝，开始举世瞩目的重庆谈判。国共两党经过反复商议，最终签订了《政府与中共代表会谈纪要》，即“双十协定”，确定了召开以协商国是为主要内容的党派会议的正式名称“政治协商会议”。②

1945 年 9 月 2 日，中国民主政团同盟在渝中区上清寺“特园”设宴，招待毛泽东和赴重庆与国民党当局谈判的中共代表团成员。毛泽东意味深长地对在场的民盟主要领导张澜、沈钧儒、黄炎培、章伯钧、罗隆基说，“这里是‘民主之家’啊，我到家了。今天我们相聚在‘民主之家’，今后我们共同努力，生活在民主之国。”宴会结束后，特园主人鲜英的女儿请毛泽东签字。毛泽东欣然写下：光明在望。

1946 年 1 月 10 日 ~31 日，根据各党派的协商结果，在重庆召开了各党派共同参加的政治协商会议。参加者有国民党代表 8 人，中国共产党代表 7 人，民主同盟代表 9 人，青年代表 5 人，无党派人士 9 人，共 38 人。会议通过了《和平建国纲领》《关于军事问题的协议》《关于国民大会的协议》《关于宪法草案问题的协议》《关于改组政商协议》五项协议。这是中国近现代政治生活中首次尝试进行多个党派共同进行政治协商。

习惯上，人们称重庆政治协商会议为“旧政协”。按照“旧政协”会议的协议，国民大会应当是在全面停战的和平条件下，由改组后的民主联合政府召开。但是，蒋介石违反重庆政治协商会议的协议，挑起内战，并于 1946 年 11 月 15 日在南京单方面召开了“国民大会”，旧的政治协商会议解体，各党派合作共事的协商民主精神没有得到真正落实。

三、“五一”口号的提出，奏响了协商建国的华美乐章

1947 年 10 月 10 日，人民解放军总部发表宣言，响亮提出“打倒蒋介石，

---

① 《解放日报》，1945 年 8 月 27 日。

② 《政府与中共代表会谈纪要》，1945 年 10 月 10 日。

解放全中国”的口号。毛泽东指出：“这是一个历史转折点。这是蒋介石的二十年反革命统治由发展到消灭的转折点。这是一百多年以来帝国主义在中国的统治由发展到消灭的转折点。这是一个伟大的事变。”“这个事变一经发生，它就必然地走向全国的胜利。”

1948年1月，中国民盟领导人沈钧儒等在香港召开民盟三中全会，恢复民盟总部，并表示要与中国共产党“携手合作”，标志着民盟转向了新民主主义。1月1日，中国国民党革命委员会成立，宣布赞成中共提出的新民主主义的基本纲领。其他民主党派，包括中国民主建国会、中国民主促进会、中国农工民主党、九三学社、中国致公党、台湾民主自治同盟等，也纷纷发表声明，明确表示了参加中国共产党领导的新民主主义革命的立场。

正是在这样的背景下，中共中央抓住蒋介石当选伪总统的国民大会闭幕的特殊时机，于1948年4月30日发出了“五一”口号①，共23条。中共明确地提出了“打到南京去，活捉伪总统蒋介石”“成立民主联合政府”的号召。在口号修改中，毛泽东将第5条“工人阶级是中国人民革命的领导者，解放区的工人阶级是新中国的主人翁，更加积极地行动起来，更早地实现中国革命的最后胜利”修改为：“各民主党派、各人民团体、各社会贤达迅速召开政治协商会议，讨论并召集人民代表大会，成立民主联合政府”的建国大政方针。“五一”口号第5条的修改提出，表现了中国共产党对成立民主联合政府的诚意和决心，预示着一种全新的政党制度的诞生，奏响了协商建国的华美乐章，标志着中国共产党与各民主党派的团结合作即将进入崭新时代。

“五一”口号发布当天，南京伪国大闭幕，总统、副总统就职。5月1日这天，毛泽东致函中国国民党革命委员会主席李济深和中国民主同盟中央常务委员沈钧儒，以协商的口气具体提出了召开政治协商会议的时间、地点、参会党派和原则、实施步骤等，对中共中央“五一”口号作了进一步的补充。信中说：②

---

① 1948年4月30日，中国共产党为动员全国各阶层人民实现建立新中国的光荣使命，发布了纪念“五一”劳动节口号。这是中国统一战线和多党合作发展史上一件具有里程碑意义的事件，标志着中国的民主政治建设和政党制度建设揭开了新的一页。

② 《毛泽东书信选集》，人民出版社1983年版，第301页。

任潮、衡山两先生：

在目前形势下，召集人民代表大会，成立民主联合政府，加强各民主党派、各人民团体的相互合作，并拟订民主联合政府的施政纲领，业已成为必要，时机亦已成熟。国内广大民主人士业已有了此种要求，想二兄必有同感。但欲实现这一步骤，必须先邀集各民主党派、各人民团体的代表开一个会议。在这个会议上，讨论并决定上述问题。此项会议似宜定名为政治协商会议。一切反美帝反蒋党的民主党派、人民团体，均可派代表参加。不属于各民主党派各人民团体的反美帝反蒋党的社会贤达，亦可被邀参加此项会议。此项会议的决定，必须求得到会各主要民主党派及各人民团体的共同一致，并尽可能求得全体一致。会议的地点，提议在哈尔滨。会议的时间，提议在今年秋季。并提议由中国国民党革命委员会、中国民主同盟中央执行委员会、中国共产党中央委员会于木月内发表三党联合声明，以为号召。此项联合声明，弟已拟了一个草案，另件奉陈。以上诸点是否适当，敬请二兄详加考虑，予以指教。三党联合声明内容文字是否适当，抑或不限于三党，加入其他民主党派及重要人民团体联署发布，究以何者适宜，统祈赐示。兹托潘汉年同志进谒二兄。二兄有所指示，请交汉年转达，不胜感幸。

谨致

民主革命敬礼

毛泽东

五月一日

毛泽东的这封信函，表达了中国共产党对成立民主联合政府、加强同各民主党派和各人民团体、无党派民主人士团结合作的坚定决心和真诚意愿。

“五一口号”后，中国各民主党派先后迅速回应。5月1~2日，民主党派在香港李济深家中讨论一致拥护中共召开新政协、共商国是的主张。6月4日，在香港的各界民主人士冯裕芳、柳亚子、茅盾、章乃器、朱蕴山、胡愈之等125人联名发表声明，认为中共的“五一”号召“真太合时了”“我们愿意表示对这一提议的热烈赞同”。在港妇女界知名人士何香凝、刘王立明、孔德沚、郑坤廉等232人也联名发表宣言，并代表妇女界表示：“坚决地加紧团结，配合一切民主力量，争取人民的全面胜利，粉碎反动集团的残余力量，来实现迅速召开‘新政协’的口号！”

海外爱国华侨获悉中共的“五一”号召后，也纷纷表示拥护。5月4日，陈嘉庚代表新加坡华侨致电毛泽东，表示响应中共召开新政协和成立民主联合政府的号召。5月18日，马来西亚65个侨团的百余名代表召开联合会议，代表侨胞10多万人，一致通电响应中共“五一”号召的决议。泰国华侨、旅法参战华工会、加拿大华侨、古巴华侨，也都分别致电中共中央和毛泽东，表示热烈响应中共“五一”号召。

中共中央对各方人士表示的积极态度和热烈响应极为重视。1948年8月1日，毛泽东给李济深、郭沫若等人复电说：①

李济深、何香凝、沈钧儒、章伯钧、马叙伦、王绍鏊、陈其尤、彭泽民、李章达、蔡廷锴、谭平山、郭沫若②诸先生，并转香港各民主党派、各人民团体及无党派民主人士公鉴：

五月五日③电示，因交通阻隔，今始奉悉。诸先生赞同敝党五月一日关于召开新的政治协商会议讨论并实现召集人民代表大会建立民主联合政府一项主张，并热心促其实现，极为钦佩。现在革命形

① 《毛泽东文集（第5卷）》，人民出版社1996年版，第114页。

② 李济深，时任中国国民党革命委员会中央执行委员会主席。何香凝（1878－1972），广东南海人，时任中国国民党革命委员会中央执行委员会常务委员。沈钧儒，时任中国民主同盟中央委员会常务委员，在香港主持盟务。章伯钧（1895－1969），安徽桐城人，时任中国农工民主党中央执行委员会主席、中国民主同盟中央委员会常务委员。马叙伦（1885－1970），浙江杭县（今属余杭）人，时任中国民主促进会中央理事会常务理事。王绍鏊（1888－1970），江苏吴江人，当时任中国民主促进会中央理事会常务理事。陈其尤（1892－1970），广东海丰人，时任中国致公党中央委员会副主席。彭泽民（1877－1956），广东四会人，时任中国农工民主党中央监察委员会主席。李章达（1890－1953），广东东莞人，时任中国国民党革命委员会中央执行委员会常务委员、中国人民救国会中央执行委员。蔡廷锴（1892－1968），广东罗定人，时任中国国民党革命委员会中央执行委员会常务委员、中国国民党民主促进会代主席。谭平山（1886－1956），广东高明人，时任中国国民党革命委员会中央执行委员会常务委员、三民主义同志联合会中央常务委员。郭沫若（1892－1978），四川乐山人，当时为无党派人士，著名历史学家、文学家和社会活动家。

③ 指各民主党派与民主人士1948年5月5日从香港发给毛泽东并转解放区全体同胞的电报。电报谴责国民党政府“窃权卖国，史无前例”，表示拥护中国共产党在“五一”劳动节口号中提出的迅速召开政治协商会议的主张。

势日益开展，一切民主力量亟宜加强团结，共同奋斗，以期早日消灭中国反动势力，制止美帝国主义的侵略，建立独立、自由、富强和统一的中华人民民主共和国。为此目的，实有召集各民主党派、各人民团体及无党派民主人士的代表们共同协商的必要。关于召集此项会议的时机、地点、何人召集、参加会议者的范围以及会议应讨论的问题等项，希望诸先生及全国各界民主人士共同研讨，并以卓见见示，曷胜感荷。谨电奉复，即祈谅察。

中国共产党中央委员会主席　毛泽东

八月一日

8 月 1 日，周恩来为中共中央起草致香港分局及潘汉年电，对其在 7 月中旬才将各民主党派响应中共“五一”口号的 5 月 5 日通电全文报告中央一事提出批评，同时要求他们在收到毛泽东给李济深等民主人士的复电后，立即送各民主党派征求意见，并欢迎他们来解放区商谈和进行新政协筹备工作。

在中共的协助下，各民主党派领导人和民主人士代表突破国民党政府的重重封锁和白色恐怖，相继奔赴解放区，共商建国大计。这意味着各民主党派和人民团体认可了中共所提出的新民主主义纲领，受此号召加入到中国人民民主的统一战线中来，标志着新政权的建立正式拉开了序幕。[①]

1948 年 11 月 25 日，中共代表高岗、李富春与到达解放区的民主人士在哈尔滨就成立新政协筹备会及新政协性质、任务进行磋商，达成了《关于召开新的政治协商会议诸问题的协议》。1949 年 1 月 22 日，李济深、沈钧儒、马叙伦、郭沫若、谭平山等 56 人，联合发表了题为《我们对时局的意见》的声明：

我们现在已经先后进入解放区来了。由于去年五月一召，中共中央号召全国，建议召开包括各民主党派、各人民团体、各民主人士的新政治协商会议，以加速推翻南京卖国独裁统治，实现人民民主联合政府，我们一致认定，这一解决国是主张，正是符合全国人民大众的要求，特通电响应，并先后进入解放区，在人民解放战争

---

① 郝在今：《协商民主：中国特色政治协商制度开创纪实》，金城出版社 2014 年版。

进行中，愿在中共领导下，献其绵薄，贯彻始终，以冀中国人民民主革命之迅速成功，独立、自由，和平、幸福的新中国之早日实现。①

在筹备新政协会议协商建国的过程中，毛泽东还热情邀请海外华侨回国参政，积极争取海外华侨参与协商建国。陈嘉庚是著名的南洋华侨领袖，中共“五一”口号公布后，他率先响应。1949 年 1 月，陈嘉庚收到了中共中央主席毛泽东的亲笔邀请信。

嘉庚先生：

中国人民解放斗争日益接近全国胜利，需要召开新的政治协商会议，建立民主联合政府，团结全国人民及海外侨胞力量，完成中国人民独立解放事业。为此亟待各民主党派及各界领袖共同商讨。先生南侨硕望，谨请命驾北来，参加会议，肃电欢迎，并祈赐复。

毛泽东

一九四九年一月二十日

接到毛泽东的邀请信后，陈嘉庚立即复电：“革命大功将告完成，易胜兴奋，严寒后决回国敬贺。”4 月初，70 多岁的陈嘉庚，踏上了归国的旅程，途经香港，再乘船北上。6 月 3 日，陈嘉庚一行抵达天津，4 日，乘火车到北平，受到董必武、林伯渠、叶剑英、李维汉、李济深、沈钧儒的热烈欢迎。6 月 7 日，周恩来亲自接陈嘉庚到京西香山双清别墅与毛泽东会面，畅谈了中外局势。

在给陈嘉庚写信的同一天，毛泽东又给司徒美堂写了一封语气真切、态度诚恳的邀请信：

司徒美堂先生：

去年 10 月 23 日惠书，因交通阻梗，今始获悉。热情卓见，感佩殊深。中国人民解放斗争日益接近全国胜利，召开新的政治协商会议，建立民主联合政府，团结全国人民及海外侨胞的力量，完全实现中国人民的独立解放事业，实为当务之急。为此，亟待各民主

---

① “我们对于时局的意见”，《华商报》，1949 年 1 月 24 日。

党派各界民主人士共同商讨，至盼先生摒档公务早日回国，莅临解放区参加会议。毛泽东如旅途尚需时间，亦将筹备意见先行电示，以利进行。谨电欢迎，并盼赐复。

毛泽东

一九四九年一月二十日

司徒美堂是美洲侨领，住在大洋彼岸的美国。由于远隔重洋，收到毛泽东的信时，国民党南京政府已经宣告灭亡。83 岁的司徒美堂读罢毛泽东的来信，心情异常激动，决心动身回国。并力排众议，表示："忠诚爱国、义气团结、侠义除奸乃我洪门精神。现今举国民主进步团体及代表汇聚北平，与中共共商建国大计，如此国家大事，我洪门焉有逃避不参与之道理。"8 月 13 日，司徒美堂乘机飞抵香港启德机场，随后经过 6 天 6 夜的海上航行，平安抵达红旗飘扬、有解放军守卫的塘沽港口，再转乘火车到北平出席中国人民政治协商会议第一届全体会议。

1949 年 5 月 27 日，上海解放后，毛泽东委派陈毅前去公馆看望宋庆龄。随后，又派邓颖超去上海迎接宋庆龄到北平参加政治协商会议。行前，毛泽东让邓颖超带给宋庆龄一封亲笔信：

庆龄先生：

重庆违教，忽近四年。仰望之诚，与日俱积。兹者全国革命胜利在即，建设大计，亟待商筹，特派邓颖超同志趋前致候，专诚欢迎先生北上。敬希命驾莅平，以便就近请教，至祈勿却为盼！专此。

敬颂大安！

毛泽东

一九四九年六月十九日①

8 月 28 日，宋庆龄由邓颖超等陪同从上海到北平，毛泽东、朱德、周恩来等到车站迎候。后来，宋庆龄以特邀代表的名义参加新政协会议，并被会议选举为中华人民共和国中央人民政府副主席。

在指挥全国解放战争和筹备新政协会议召开的同时，毛泽东还深刻总结

---

① 《毛泽东文集（第 5 卷）》，人民出版社 1996 年版，第 238 页。

中国革命斗争的历史经验，对即将诞生的新中国的性质、根本政治制度等作了深入思考。1949 年 6 月，毛泽东在《论人民民主专政》一文中，集中阐释了新中国实行人民民主专政的历史必然性，论证了人民民主专政的阶级构成以及各阶级在国家政权中的地位和相互关系，明确指出在中国、在现阶段，人民“是工人阶级、农民阶级、城市小资产阶级和民族资产阶级”。“总结我们的经验，集中到一点，就是工人阶级（经过中国共产党）领导的以工农联盟为基础的人民民主专政。”这篇光辉的著作，为新政协会议的召开和新中国建立提供了坚实的理论基础和政策依据。

从以上书信和论述中可以看出，中国共产党正是按照“人民民主专政”的建国方案进行“民主建政、协商建国”，其基本特征是：第一，“政治协商会议”是实现人民民主的重要形式。第二，这一民主形式的重要特点，就是具有不同阶级基础的政治和社会组织，通过对话协商，“尽可能求得全体一致”。[①] 这种民主形式，正是习近平在庆祝中国人民政治协商会议成立 65 周年大会上讲话所强调的“人民政协是人民民主的重要形式”。

综上所述，这一系列史实表明，中国从“五四”运动开始后的民主革命斗争实践中，逐渐出现政党之间、政党与不同党派、团体、阶层之间政治协商民主思想的萌芽，为中国共产党政治协商制度的建立奠定了基础，此后在新中国“协商建国”过程中，初步形成并确立具有中国特色的多党合作和政治协商制度。这一制度的建立，是对中国土地革命战争、抗日战争、解放战争时期建立统一战线的特点和优点的继承、发扬和创新。

第三节　人民政协协商民主的确立发展（1949～1966 年）

从 1949～1966 年的 10 多年里，以毛泽东同志为核心的中共第一代领导集体根据历史经验，采用协商民主的方法，研究了实现民主政权的策略，建立了中国人民政治协商会议制度。新中国成立后，人民政协为恢复和发展国民

① 李君如：《协商民主在中国》，人民出版社 2014 年版，第 85 页。

经济、巩固新生人民政权、推动各项社会改革、促进社会主义革命和建设作出了历史性贡献。1954 年，全国人民代表大会召开后，人民政协作为多党合作和政治协商机构、作为统一战线组织继续发挥重要作用，在完成社会主义改造、推动各种社会力量为实现国家总任务而奋斗、活跃国家政治生活、调整统一战线内部关系、扩大国际交往等方面发挥了重要作用，为推进新中国各项建设贡献了力量。①

一、“中国的历史，从此开辟了一个新的时代”

中国共产党关于新民主主义国家建构的设想始于毛泽东《新民主主义论》和《论联合政府》的报告。毛泽东同志对新中国建设的程序设计是“政协—人大—政府”。随着解放战争的胜利进展，南京、上海等大城市的解放，召开新政协筹备会议已经提到议事日程。

1949 年 5 月 23 ~28 日连续几天，周恩来、林伯渠等分别约请中国国民党革命委员会、中国民主同盟、中国民主建国会、中国人民救国会、中国民主促进会等民主党派、人民团体负责人，进一步协商关于召开新政治协商会议一些具体问题，听取他们的意见。经过协商，同意于 6 月 11 日召开新政协筹备会第一次预备会议。预备会议商定参加新政协筹备会的单位 23 个，共 134 人。预备会议还确定了新政协筹备会常务委员会人选。

6 月 15 日，新政协筹备会第二次预备会议通过了新政协筹备会第一次全体会议议事日程。同日，新政协筹备会第一次全体会议在北平中南海勤政殿举行。毛泽东、朱德、刘少奇、周恩来出席会议。周恩来担任大会临时主席，毛泽东、朱德在开幕式上先后发表讲话。毛泽东在讲话中指出：这个筹备会的任务，就是完成各项必要的准备工作，迅速召开新的政治协商会议，成立民主联合政府，以便领导全国人民，以最快的速度肃清国民党反动派的残余力量，统一全中国，有系统有步骤地在全国范围内进行政治的、经济的、文化的和国防的建设工作。

---

① 习近平：“在庆祝中国人民政治协商会议成立 65 周年大会上的讲话”，《人民日报》，2014 年 9 月 21 日。

会议通过了《新政协筹备会组织条例》，并根据这个组织条例选出毛泽东、朱德、周恩来等21人组成新政协筹备会常务委员会，负责处理日常工作。选举毛泽东为常委会主任，周恩来、李济深、沈钧儒、郭沫若、陈叔通为副主任。决定李维汉为秘书长。会议通过《各单位代表参加小组的办法》。办法规定筹备会设6个小组，分别完成下列工作任务：（1）拟定参加新政治协商会议的单位及各单位的代表名额；（2）起草新政治协商会议组织条例；（3）起草共同纲领；（4）拟定中央人民政府组织方案；（5）起草大会宣言；（6）拟定国旗国歌国徽方案。李维汉、谭平山、周恩来、董必武、郭沫若、马叙伦分别为六个小组的组长。六个小组随即成立并开始工作。

1949年6月下旬，周恩来亲自动手，把自己关在中南海勤政殿，专心致志，起草共同纲领。毛泽东的《在七届二中全会上的报告》和《论人民民主专政》两篇著作成为起草共同纲领的理论基础和政策基础。共同纲领草案五易其稿后，于8月22日前形成了题为《新民主主义的共同纲领（草案初稿）》铅印稿。8月22日深夜，周恩来将铅印稿送毛泽东审阅。

毛泽东、周恩来、胡乔木等对《新民主主义的共同纲领（草案初稿）》进行了技术性的结构调整与修改工作。经过10余天的紧张工作，9月5日，形成定名为《中国人民政治协商会议共同纲领（草案）》初稿。此后，中共中央将这个《纲领（草案）》初稿正式提出，并由周恩来先后主持或指导召开了七次会议，集思广益，广泛地吸收各方面的意见。7月10日晚9时，周恩来等在毛泽东处讨论修改《纲领（草案）》初稿至次日晨7时。9月17日，新政协筹备会第二次全体会议通过了《中国人民政治协商会议共同纲领（草案）》等三个文件，并决定将文件提交即将召开的中国人民政治协商会议第一届全体会议讨论通过。

1949年9月21日下午7时，中国人民政治协商会议第一届全体会议在中南海怀仁堂隆重举行。参加会议的有46个单位的代表共662人。这是一个具有历史意义的庄严时刻。毛泽东致开幕词，他宣布，“占人类总数1/4的中国人从此站立起来了”。

诸位代表先生们：我们有一个共同的感觉，这就是我们的工作将写在人类的历史上，它将表明：占人类总数四分之一的中国人从此站立起来了……我们的民族将从此列入爱好和平自由的世界各民族的大家庭，以勇敢而勤劳的姿态工作着，创造自己的文明和幸福，同时也促进世界的和平和自由。我们的民族将再也不是一个被人侮辱的民族了，我们已经站起来了。我们的革命已经获得全世界广大人民的同情和欢呼，我们的朋友遍于全世界。

随着经济建设的高潮的到来，不可避免地将要出现一个文化建设的高潮。中国人被人认为不文明的时代已经过去了，我们将以一个具有高度文化的民族出现于世界。

我们的国防将获得巩固，不允许任何帝国主义者再来侵略我们的国土。在英勇的经过了考验的人民解放军的基础上，我们的人民武装力量必须保存和发展起来。我们将不但有一个强大的陆军，而且有一个强大的空军和一个强大的海军。

让那些内外反动派在我们面前发抖罢，让他们去说我们这也不行那也不行罢，中国人民的不屈不挠的努力必将稳步地达到自己的目的。①

中国人民政治协商会议第一届全体会议选举毛泽东为中央人民政府主席，朱德、刘少奇、宋庆龄、张澜、李济深、高岗为副主席，副主席中三位共产党人，三位民主人士。在政务院中，4 位政务院副总理中有 2 位是民主人士，21 位政务委员中有 9 位是民主人士，105 个部长和副部长职位中，民主人士占了 49 个。中国人民政治协商会议第一届全体会议历时 10 天，大会结束后发表了在中国民主进程中具有里程碑意义的《会议宣言》。

在人民领袖毛泽东主席领导之下，我们的会议齐心一志，按照新民主主义的原则，制定了中国人民政治协商会议组织法，制定了中华人民共和国中央人民政府组织法，制定了中国人民政治协商会议共同纲领，决定了中华人民共和国定都于北京，制定了中华人民共和国的国旗为五星红旗，采用了义勇军进行曲为现时的国歌，决定了中华人民共和国的纪年采用世界公元，选举了中国人民政治协

① 《毛泽东文集（第 5 卷）》，人民出版社 1996 年版，第 345 页。

商会议全国委员会，选举了中华人民共和国中央人民政府委员会。

中国的历史，从此开辟了一个新的时代。①

中国人民政治协商会议第一届全体会议的胜利召开，标志着人民政协民主协商制度在中国正式建立起来，是人类有史以来以一个党执政，多党派参政合作为特征的一种全新的政党关系，是中国共产党和各民主党派共同完成的世界政党关系演进史上的一次制度创新，它凝结了中国共产党和中国人民的政治实践经验和政治智慧。它告诉人们，什么是人民民主，什么是人民共和。其精髓所在，就是今天的中国还在实行的“协商民主”和“选举民主”的结合。自此，中国人民政治协商会议第一届全体会议成为全国人民民主统一战线的主要实现方式，并且代行了全国人民代表大会的职能直至第一届全国人大召开。

第一届中国人民政治协商会议全国委员会从1949年10月～1954年12月，共举行四次会议，委员人数198人，对建国初期的大政方针及政治、经济、文化和社会生活中的重要问题进行协商并决策，完成了新中国国民经济恢复发展、抗美援朝战争取得伟大胜利和巩固人民民主专政的国家制度重大而光荣的历史使命。正如周恩来总理在第一届四次会议报告中指出：

> 回顾三年零四个月之前，在我们中华人民共和国成立之初，我们进行大规模的有计划的经济建设，条件尚未具备。当时，国家的统一尚待完成，半封建半殖民地制度的残余尚待扫除，新民主主义的社会制度尚待建立，二十余年长期战争的创伤尚待医治恢复，人民的觉悟程度和组织性尚待提高和加强。正因为如此，所以在这三年多的时间当中，我们的任务就是集中力量创立必要的条件，使中国人民有可能为国家的工业化而奋斗，并保证中国得以稳步地向着社会主义前进。与这一时期的情况相适应，我们采取了由中国人民政治协商会议的全体会议暂时执行全国人民代表大会职权、由地方各界人民代表会议逐步代行地方各级人民代表大会职权的临时性的办法；同时，《中国人民政治协商会议共同纲领》也就成为一部全国

① 《中国人民政治协商会议第一届全体会议宣言》，1949年9月30日。

人民实行革命大团结的临时宪章。

在伟大的毛泽东主席领导下的中国人民，经过了三年多的坚定努力和对国内外敌人的坚决斗争，在各个战线上都赢得了辉煌的胜利，使整个中国社会的各方面都发生了深刻的根本的变化。

我们的国家已经实现了空前未有的人民的统一。除台湾外，中国大陆上二百万以上的土匪已被消灭，反革命残余分子已受到严重打击。我们胜利地进行了巩固国防的工作，有力地击破了美国帝国主义者企图侵占朝鲜并进而侵略中国大陆的狂妄阴谋。我们国家的独立和统一已经获得了空前伟大的成就。①

受中国人民政治协商会议第一届全国委员会常务委员会的委托，全国政协副主席陈叔通在中国人民政治协商会议第一届全国委员会工作报告中，对政协第一届常委会协商成果进行了充分肯定：

中国人民政治协商会议于一九四九年九月举行了第一届全体会议，执行了全国人民代表大会的职权，制定了《中国人民政治协商会议共同纲领》，选举了中央人民政府委员会，宣告了中华人民共和国的成立；同时，选举了中国人民政治协商会议第一届全国委员会。几年来，我们国家胜利地进行了改革土地制度、抗美援朝、镇压反革命分子、恢复国民经济、“三反”“五反”和思想改造等伟大的斗争，全国人民的觉悟程度和组织程度大大提高，以中国共产党为领导的人民民主统一战线愈益巩固。在这一系列的伟大胜利的基础上，实行了普选的人民代表大会制度，以代替过去由中国人民政治协商会议全体会议执行全国人民代表大会职权及由地方各界人民代表会议代行地方人民代表大会职权的过渡形式。具有伟大历史意义的第一届全国人民代表大会第一次会议，制定了伟大的划时代的《宪法》，成为“标志着中国人民从一九四九年建国以来的新胜利和新发展的里程碑”。在此期间，中国人民政治协商会议第一届全国委员会

---

① 周恩来：“在中国人民政治协商会议第一届全国委员会第四次会议上的报告”，《人民日报》，1953年2月5日。

在中国共产党和毛主席领导下，曾在上述各方面的人民事业中进行了工作，发挥了重要的作用……①

中国人民政治协商会议第一届全体会议及其选举产生的政协第一届全国委员会集两种民主形式于一体，展示了人民政协协商民主的理论和实践魅力，奠定了人民政协协商民主的制度基础，标志着100多年来中国人民争取民族独立和人民解放运动取得了历史性的伟大胜利，标志着爱国统一战线和全国人民大团结在组织上完全形成，标志着中国共产党领导的多党合作和政治协商制度正式确立。人民政协为新中国的建立作出了重大贡献。②

二、"我们必须巩固这种团结，巩固我们的统一战线"

1954年9月，第一届全国人民代表大会第一次会议在北京怀仁堂隆重举行，标志着中国人民政治协商会议一个历史性的任务完成。此时，毛泽东针对党内外对政治协商制度存在的必要性的诸多争议，强调指出："该制度的存在十分重要。不同的民族和党派就某一件事情聚集到一起来进行协商具有重要的作用"。③

其实，关于人民政协的作用，早在1950年6月14日，在第一届中国人民政治协商会议第二次会议上，毛泽东就在开幕词中强调：

人民政治协商会议的全国委员会第二次会议现在开会。在这个会议上，有会务工作、土地改革工作、经济和财政工作、税收工作、外交和统一战线工作、文化和教育工作、军事工作、法院工作等项报告，希望予以讨论……中国人民政治协商会议及其选出的全国委员会，是团结全国各民族、各民主阶级、各民主党派、各人民团体及各界民主人士的伟大的统一战线的政治组织，在全国人民中有很高的威信。我们必须巩固这种团结，巩固我们的统一战线，领导全

---

① 陈叔通："中国人民政治协商会议第一届全国委员会工作报告"，《人民日报》，1954年12月22日。

② 习近平："在庆祝中国人民政治协商会议成立65周年大会上的讲话"，《人民日报》，2014年9月21日。

③ 逄先知、金冲及：《毛泽东传（上卷）》，中央文献出版社2003年版，第385页。

国人民稳步地达到自己的目的……①

1954年12月19日，在全国政协二届一次会议召开前夕，毛泽东召集参加会议的部分党内外人士座谈会，就“政协的性质和任务”谈了个人的意见，主要内容有：②

关于人民政协的性质。毛泽东指出，政协的性质有别于国家权力机关——全国人民代表大会，它也不是国家的行政机关。有人说，政协全国委员会的职权要相等或大体相等于国家机关，才说明它是被重视的。如果这样说，那么中国共产党没有制宪之权，不能制定法律，不能下命令，只能提建议，是否也就不重要了呢？不能这样看。如果把政协全国委员会也搞成国家机关，那就会一国二公，是不行的。要各有各的职权。政协是全国各民族、各民主阶级、各民主党派、各人民团体、国外华侨和其他爱国民主人士的统一战线组织，是党派性的，它的成员主要是党派、团体推出的代表。

关于人民政协的任务。毛泽东强调，一是协商国际问题，如对外发表宣言，反对侵略，保卫和平等。这方面有些事，人大常委会不好做，国务院做不完，要由政协来做。二是协商候选名单，包括协商同级人大代表候选人名单和同级政协组成人员名单。三是提意见，联系人民群众，向有关的国家机关反映群众意见和提出建议。国家各方面的关系都要协商，我们的政协是有事情做的。《宪法》的实施问题，巩固人民民主制度问题，社会主义改造的问题，政协可以向人大常委会和国务院提意见。政协委员提意见，特别是发议论、说闲话，只要不是破坏性的意见，只要是建设性的意见，即使是错误的，提了也有好处且是合乎章程的。四是调整关系，协调各民族、各党派、各人民团体和社会民主人士领导人员之间的关系。内部关系要经常调整，政协要负担起这个任务。五是学习，在自愿的基础上学习马列主义，进行思想改造。

关于人民政协与统一战线。毛泽东指出：为了实现国家工业化和社会主义改造，一定要运用统一战线的武器。我们自己要有主张，但一定要和人家协商，不要把自己孤立起来，要发挥各民主阶级各人民团体的作用。瑞金时

---

① 《毛泽东文集（第6卷）》，人民出版社1999年版，第77～78页。

② 《毛泽东文集（第6卷）》，人民出版社1999年版，第384～388页。

代（指第二次国内革命战争时期的中央苏区）是最纯洁、最清一色的了，但那时我们的事特别困难，结果是失败了。所以真理不在乎是不是清一色。

毛泽东在这次谈话中，还对人民政协协商内容、范围和作用进行了深刻论述，他指出：

> 总之，国家各方面的关系都要协商。国民党的参议会才是投闲置散、虚应故事的，我们的政协是有事情做的。
>
> 宪法的实施问题，巩固人民民主制度问题，政协可以向人大常委会和国务院提意见。政协委员提意见，特别是发议论，说闲话，只要不是破坏性的意见，只要是建设性的意见，即使是错误的，提了也有好处。提意见是合乎章程的。
>
> 我们的国家制度是人民民主专政，民主是商量办事，不是独裁，但集中是必要的……我们是"即以其人之道，还治其人之身"，"以暴易暴"，"党同伐异"。①

在这个著名的谈话中，毛泽东论证了人民政协长期存在和发展的必然性和重要性，提出了人民代表大会召开以后人民政协的性质和任务，阐明了党委、人大、政府、政协各自职责及其相互关系，澄清了一些同志在人民政协问题上的错误思想，奠定了富有中国社会主义特色政治体制的基础和格局，为人民政协事业的发展定下了基调，为社会主义协商民主建设指明了方向。

历史雄辩地证明，远远在西方理论界认识到二者互补性之前，中国共产党已经在实践中将选举民主与协商民主进行了互补，并且创建和健全了两大民主各取所长共同实施的新型民主模式。

三、"充分发挥人民政治协商会议和各级政协机构的作用"

1956 年 4 月 25 日，毛泽东在中共中央政治局扩大会议上所作的《论十大关系》的讲话，提出中国共产党和各民主党派"长期共存、互相监督"的方针。9 月，中国共产党第八次全国代表大会通过的《中国共产党第八次全国代表大会关于政治报告的决议》又明确提出："必须按照长期共存、互相监督

---

① 《毛泽东文集（第 6 卷）》，人民出版社 1999 年版，第 384 ~ 385 页。

的方针，继续加强同各民主党派、无党派人士合作，并且充分发挥人民政治协商会议和各级政协机构的作用。”

1957 年 3 月 5 日 ~20 日，中国人民政治协商会议第二届全国委员会第三次会议在北京召开。会议同意毛泽东主席在扩大的最高国务会议上所作的关于正确处理人民内部矛盾问题的报告。会议同意周恩来总理关于访问亚洲和欧洲十一国的报告。会议经过详尽的讨论，认为：

一、国际总形势是趋向和缓、趋向进步的。在国内，我们的社会主义建设已经取得了巨大的成就，我们的社会主义革命已经取得了决定性的胜利，阶级关系已经发生了根本性的变化。中国人民应该利用这种有利的形势和一切有利的条件，团结国内外一切可能团结的力量，艰苦奋斗，把中国建成一个社会主义工业国。会议号召全国人民为实现这个伟大的历史任务而努力。

二、中国应该在发展生产的基础上，逐步地提高人民的生活。今后，我们仍然必须优先发展重工业，同时应该更适当地安排轻工业和农业的投资比例，进一步巩固农业生产合作社，正确地处理积累和消费的关系。

目前，我们必须大力开展增产节约运动，争取完成和超额完成第一个五年计划和争取今年的农业大丰收。

三、在社会主义制度下，人民内部仍然存在着矛盾，但是人民内部的矛盾同敌我之间的矛盾是在性质上根本不同的，因而在处理的方法上也是不同的。正确地处理人民内部的矛盾，包括工人同工商业家的阶级矛盾，应该从团结的愿望出发，经过批评，在新的基础上达到进一步团结的目的。

我们必须根据中国共产党和各民主党派“长期共存、互相监督”的方针，继续发扬民主，健全国家政治生活；必须大力克服官僚主义。我们必须进一步健全国家的法制和在人民群众中，首先是在干部中进行严格遵守法律的教育。

中国政府肃清反革命分子的政策是正确的，虽然在肃反工作中发生过若干偏差，但是应该肯定，运动一般是健康的，成绩是主要的。采取群众路线进行肃反，既可分清敌我，弄清问题，又可教育群众。今后还应该根据“有反必肃、有错必纠”的方针进行这一工作。

四、在社会主义建设中，中国知识分子有着极其重要的艰巨的任务。为了团结广大知识分子更好地为祖国建设和劳动人民服务，促进教育、科学、技术、卫生、文艺、新闻、出版的发展，今后，必须继续贯彻执行“百花齐放、百家争鸣”的方针，推广马克思列宁主义的教育，并且在自愿的基础上，逐步实现知识分子的自我改造。

……

八、我们一向主张世界上不同社会制度的国家和平共处，用协商方法而不用武力解决国际争端。我们深信社会主义制度的优越性，我们愿意同一切不同社会制度的国家保证互不侵犯，建立集体和平，进行和平竞赛。①

在中国人民政治协商会议第二届全国委员会期间，政协常务委员会委员就“关于汉语拼音方案（草案）”，处理日本战争罪犯、蒋介石集团战争罪犯和俘虏、“高级农业生产合作社示范章程（草案）”“1957 年国家经济建设公债条例（草案）”“关于宽大处理和安置城市残余反革命分子的决定（草案）”等重大法案进行了协商，1956 年 11 月，还就中缅边界问题、支援埃及反抗侵略问题等进行了协商讨论。

全国政协常务委员会还听取和讨论了中华全国民主妇女联合会“关于全国工商业者家属和女工商业者代表会议情况”的报告、华侨事务委员会关于“在社会主义建设和社会主义改造中的侨务工作”的报告、史良委员访问捷克斯洛伐克的报告、钱端升委员访问加拿大的报告和刘王立明委员关于参加世界基督教妇女节制会第二十届代表大会的情况的报告。

在自身建设方面，政协全国委员会 1956 年 10 月还创办社会主义学院，

---

① “中国人民政治协商会议第二届全国委员会第三次全体会议的决议”，《人民日报》，1957 年 3 月 21 日。

第一期学员 161 人。学习的课程是辩证唯物主义与历史唯物主义、政治经济学、中国革命史和时事政策。在 1956 年 3 月 27 日第二十次会议上决定增设医药卫生、民族、妇女三个工作组。仅 1956 年各工作组共举行了座谈会 68 次，报告会 10 次，还组织了参观、访问等活动。各组研究和座谈的内容，主要有：

> 裁军和禁止原子武器的问题，中近东局势和埃及问题，中国过渡时期无产阶级与资产阶级矛盾性质的问题，关于音乐、戏剧、美术各方面的情况和问题，关于教学质量、科学研究和教学工作方面的问题，关于归国华侨知识分子方面的问题，各地宗教界的情况和问题，农村医疗卫生的问题，女留学生及留学生家属回国后的情况等。各组举行的报告会，主要有中印文化交流，中国在国际方面的科学活动，访问亚非五国的情况以及关于苏联盲人工作和生活福利的情况等。①

在政协第二届全国委员会期间，全国各地共设立了 906 个政协地方委员会。其中省、自治区、直辖市委员会 28 个，市委员会 147 个，盟、自治州委员会 33 个，县、自治县、旗、镇、矿区委员会 643 个，市辖区委员会 55 个。几年来，各级地方委员会在地方统一战线工作中发挥了重要的作用②。常务委员会还设立“地方工作委员会”，协助常务委员会处理有关政治协商会议地方委员会工作的问题，加强调查研究，提供改进工作的意见，推广与交流工作经验。

1959 年 4 月 15 日，毛泽东在北京召集了第十六次扩大的最高国务会议。出席会议的有党和国家领导人，中国人民政治协商会议全国委员会，各民主党派和人民团体负责人，以及社会各界著名人士共 106 人。会议就第二届全国人民代表大会第一次会议和中国人民政治协商会议第三届全国委员会第一次会议的议程和主席团交换了意见；讨论了准备在第二届全国人民代表大会第一次会议上提出的国家机构领导人员候选人名单。

---

① 陈叔通：“中国人民政治协商会议第二届全国委员会常务委员会工作报告”，《人民日报》，1957 年 3 月 6 日。

② 李维汉：“中国人民政治协商会议第二届全国委员会常务委员会工作报告”，《人民日报》，1959 年 4 月 18 日。

1959年在第三届政协全体会议召开一天后，二届人大也同时召开，政协委员列席人代会听取政府工作报告，全国“两会”制度正式形成。此后，四届政协对应三届人大，而全国政协比全国人大提前1～2天开幕。

1959年底，政协全国委员会根据毛泽东指示的精神，认真贯彻“弛”的方针，采取各种措施，以调整“反右”以来比较紧张的同民主党派的关系，对活跃统一战线内部的民主生活，促进国内安定团结的政治局面，对调动各界人士的积极性克服暂时的经济困难，发挥了统一战线组织的重要作用。以推动和运用“神仙会”① 方法进行形势教育和思想教育的工作，从而达到明辨是非，提高认识，改造思想，加强团结的目的。

1959年4月～1965年1月，中国人民政治协商会议第三届全国委员会共召开四次会议。委员人数1071人，主席为周恩来。1962年4月，全国政协副主席陈叔通在第三届全国政协第三次会议上对两年多来全国委员会参与协商决策的重大事项进行了回顾。

> 一、两年来，经过本会常务委员会的历次会议（包括同全国人民代表大会常务委员会举行的联席会议）和常务委员列席全国人民代表大会常务委员会的会议，先后听取和讨论了政府某些部门的工作报告，某些人民团体的工作报告；听取和讨论了农村人民公社问题的报告，西藏工作情况的报告，国内形势和当前任务的报告；还听取了日内瓦会议情况的报告，以及关于本会日常业务的报告。通过对上述报告的协商讨论，反映和吸取了各方面人士的意见和批评，有助于政府有关部门和有关人民团体检查和改进工作；同时，也使各方面人士对于国内外的形势，对于党的政策、政府工作以及有关人民团体的工作有了更明确的认识。
>
> 二、两年来，本会工作组的工作比以往有了更大的活跃。它们共举行了各种座谈会和报告会三百九十多次，结合座谈，并进行了调查研究和参观访问。参加工作组活动的，除在京委员外，还有许

① “神仙会”本是江南地区盛行的一种庙会形式。抗日战争时期，毛泽东将这一名称引入中共党内，并赋予其全新的含义，即“成立一个小组，召开小组会，互相交换意见，开展批评与自我批评，和风细雨，弄清是非，团结同志”。

多文化教育工作者、科学技术工作者、医药卫生工作者、工商业者、华侨、民族、宗教界以及民主人士的家属。座谈和报告的内容非常广泛和丰富。如本会文化教育组、医药卫生组和科学技术组，曾分别邀请教育、科学技术、美术、音乐、戏曲、语言研究、历史文物、编译出版、中西医等方面人士先后举行了近百次座谈会，就贯彻执行百花齐放、百家争鸣的方针和党与党外人士的合作共事关系等问题，进行了热烈的讨论，提出了许多建设性的建议和批评，受到各有关部门的重视。

自 1961 年 11 月起，本会增办了双周讲座。内容有时事问题、国际友好访问、学术思想、科学知识、历史人物评价、地方掌故等等，体现了百花齐放、百家争鸣的精神。这种活动比较生动活泼，受到各方面的欢迎。①

1962 年 6 月 14 日，中共中央批转中央统战部《关于全国统战工作会议的报告》。批示指出，近几年来在一部分同志中有一种忽视统战工作的倾向，滋长了骄傲自满宁“左”勿右的思想，这对于党同党外人士的团结合作，对于社会主义事业是十分不利的，必须坚决纠正。当前，为了保证顺利完成调整国民经济的艰巨任务，必须调整统一战线内部的各种关系，发扬人民民主，团结一切爱国人士，充分调动一切积极因素，共同克服困难，争取社会主义建设的新胜利。

1964 年 12 月 20 日 ~ 1965 年 1 月 5 日，中国人民政治协商会议第四届全国委员会第一次会议在北京举行。政协第四届全国委员会委员达到 1199 人，其中新增补的委员 394 名，是历届政协委员人数最多也是代表最广泛的一届。本届委员中包括了中国共产党、中国国民党革命委员会、中国民主同盟、中国民主建国会、无党派民主人士、中国农工民主党、中国致公党、九三学社、台湾民主自治同盟、中国共产主义青年团、中华全国总工会、中华人民共和国全国妇女联合会、中华全国青年联合会、合作社、农民、中华全国工商业

---

① 陈叔通：“中国人民政治协商会议第三届全国委员会常务委员会工作报告”，《人民日报》，1962 年 4 月 2 日。

联合会、中国文学艺术界联合会、中华人民共和国科学技术协会、会科学团体、教育界、新闻出版界、医药卫生界、对外和平友好团体、社会救济福利团体、少数民族、华侨、宗教界、特别邀请人士等29个界别，其中特邀人士达到390名，中国共产党和科技界代表都是60名，农民代表16名。[①]

政协第四届全体会议听取并讨论通过了郭沫若副主席所作的《中国人民政治协商会议第三届全国委员会常务委员会工作报告》。出席政协第四届全国委员会第一次会议的全体委员列席了第三届全国人民代表大会第一次会议，听取了国务院总理周恩来作的《政府工作报告》，最高人民法院院长谢觉哉所作的《关于最高人民法院工作报告》和最高人民检察院检察长张鼎丞所作的《关于最高人民检察院工作报告》。会议一致同意推举毛泽东为中国人民政治协商会议第四届全国委员会名誉主席；选举周恩来为政协第四届全国委员会主席，并选举出于树德等135人为常务委员会委员。

1965年12月30日，中国人民政治协商会议第四届全国委员会常务委员会第四次会议与第三届全国人民代表大会常务委员会第二十四次会议在北京联席举行。全国人大常务委员会委员长朱德主持会议。会议决定，第三届全国人民代表大会第二次会议和政协第四届全国委员会第二次会议延期召开；会议还听取了第一轻工业部副部长曹鲁关于产品面向农村情况的报告。朱德委员长、国务院副总理李先念等分别作了重要发言[②]。

第四节　人民政协协商民主的停滞发展阶段（1966～1978年）

“文化大革命”十年间，作为党和国家主要领导人、全国政协主席的周恩来在异常困难的情况下，仍然指导全国政协做了一些工作[③]，不仅保护了一大批中国共产党内的领导干部，而且为保护民主党派负责人、无党派民主人士和各界爱国人士作了极大的努力。

---

① 郭沫若：“紧密团结在党和毛主席周围，为社会主义革命和建设贡献力量”，《人民日报》，1964年12月21日。

②③ “第四届政协大事记”，人民政协网（http：//www. rmzxb. com. cn）。

一、政协全国委员会机关从1966年8月30日零点起暂停办公

1966年7月7日~13日政协第四届全国委员会常务委员会第五次会议和第三届全国人大常务委员会第23次会议联合举行会议，决定中国人民政治协商会议第四届全国委员会第二次会议不定期延时召开。紧接着根据政协全国委员会主席周恩来指示，政协全国委员会机关从1966年8月30日零点起暂停办公。

1966年8月29日夜，红卫兵抄查章士钊先生的住宅，30日晨，章写信给毛泽东主席，毛泽东同志批示："送总理酌处，应当予以保护。"周恩来同志严厉批评了有关人员，责令当即送回抄走的全部书籍，并派人前往保护章宅。同时写下了《一份应予保护的干部名单》：①

宋庆龄　郭沫若　章士钊　程　潜　何香凝　傅作义　张治中

邵力子　蒋光鼐　蔡廷锴　沙千里　张奚若　李宗仁

（1）副委员长、人大常委、副主席

（2）部长、副部长

（3）政副

（4）国副

（5）各民主党派负责人

（6）两高

"政副"即"政协副主席"；"国副"即"国务院副总理"；"两高"即"最高人民法院院长、最高人民检察院检察长。"拟下这份名单后，9月1日，又命三〇一医院准备接收章士钊、程潜、傅作义、蔡廷锴、李宗仁等先生入院，对他们加以保护。1969年5月4日向驻政协全国委员会机关军代表下达了"不要批斗民主党派领导人"的指示，明确指出各民主党派机关的群众"不要去批斗民主党派的领导人，即他们的中央委员、各省市党部委员"。

1970年春，周恩来亲自部署对民主人士落实政策的工作。根据周恩来的指示，政协全国委员会机关与全国人大常委会机关联合成立了一个专门小组，对在北京的部分民主人士被红卫兵查封和抄走的财物的情况进行了调查，并

① 《周恩来选集（下卷）》，人民出版社1984年版，第450页。

在此基础上起草了《对在京部分统战对象被查抄财物的处理意见》呈报中共中央，经毛泽东审阅同意后，以中共中央文件转发全国。1971 年 9 月，周恩来又指示，下放到人大、政协机关“五七”干校劳动的民主党派中央委员，应让他们返回北京。

1972 年 10 月 30 日，中共中央统战部召集各民主党派、工商联负责人，宣布正式恢复学习，以全国政协名义成立学习领导小组，并于 1973 年和 1975 年两次组织部分全国政协常委、在京委员和民主党派、工商联、无党派爱国人士学习组部分成员到华东、中南、东北等地参观学习。

1973 年 10 月，叶剑英代表中共中央召集部分政协常委召开座谈会，就第四届全国人民代表大会代表候选人中的爱国人士名单进行协商。1975 年 1 月 13 日至 1 月 17 日召开四届全国人大一次会议时，政协未能同时开会，毛泽东和中共中央提出要尽快召开第五届全国政协会议。

二、“要继续同各民主党派长期共存、互相监督”

1977 年 8 月 15 日，中共十一大召开，中共中央批转中央统战部《关于爱国民主党派问题的请示》，又开始提出了发展民主党派和统一战线工作的问题。12 月，中国人民政治协商会议第四届全国委员会常务委员会第七次扩大会议召开。中共中央主席、副主席，政治局委员和候补委员、全国人大常务委员会委员长、副委员长，国务院总理、副总理，以及各民主党派负责人、无党派民主人士的代表参加了这次扩大会议。

在会上，中共中央统战部部长乌兰夫受中共中央委托向会议提出召开政协第五届全国委员会第一次会议的建议，并就政协第五届全国委员会的组成单位和名额分配等问题作了说明；会议通过了《中国人民政治协商会议第四届全国委员会常务委员会第七次会议决议》《中国人民政治协商会议第四届全国委员会常务委员会工作报告起草小组名单》《中国人民政治协商会议章程修改小组名单》。

1978 年 2 月 16 日 ~18 日，政协第四届全国委员会常务委员会举行第八次会议。叶剑英在会议讲话中指出：中国人民政治协商会议是统一战线组织的性质，其在社会主义建设中具有积极作用，强调党要继续同各民主党派长期共存、互相监督，为实现“四化”做贡献。

在“文革”十年的过程中，中国共产党与毛泽东没有取缔各民主党派和撤销人民政协；各民主党派和党外民主人士在极端困难的情况下，同样一直保持了热爱祖国、热爱中国共产党、积极拥护人民政协的坚定立场。中国共产党与各民主党派共同经受了这一段严酷的考验，将人民政协统一战线在文革中坚持下来。

第五节　人民政协协商民主的恢复和进一步发展（1978～2012年）

从1978年12月中共十一届三中全会到1989年6月十三届四中全会召开的11年期间，以邓小平为核心的中国共产党第二代中央领导集体明确提出新时期人民政协的性质和任务，确立中国共产党同各民主党派长期共存、互相监督、肝胆相照、荣辱与共的方针，推动人民政协性质和作用载入《宪法》。[①] 1979年6月，邓小平同志在全国政协五届二次会议上发表具有重要历史意义的讲话，成为新时期统一战线和人民政协工作的纲领性文献。邓小平同志亲自主持修订了《中国人民政治协商会议章程》，对人民政协的性质、任务、职能以及工作总则、组织总则等基本问题作出了明确规定，为新时期人民政协事业的发展确立了科学的制度规范。1982年，在邓小平同志推动下，人民政协的性质、作用被载入《宪法》，为人民政协履行职能、开展工作提供了坚实的宪法保障。

从中共十三届四中全会到2002年11月十六大召开的13年期间，以江泽民同志为核心的中国共产党第三代中央领导集体将中国共产党领导的多党合作和政治协商制度确立为中国的基本政治制度，通过修改《宪法》明确这一制度将长期存在和发展，进一步明确了人民政协的性质、主题、职能。1989

① 习近平：“在庆祝中国人民政治协商会议成立65周年大会上的讲话”，《人民日报》，2014年9月22日。

年底，制定和颁发《中共中央关于坚持和完善中国共产党领导的多党合作和政治协商制度的意见》，明确提出中国共产党领导的多党合作和政治协商制度是我国的一项基本政治制度。1993 年 3 月，八届全国人大一次会议把“中国共产党领导的多党合作和政治协商制度将长期存在和发展”载入《宪法》，为人民政协的长期存在和发展提供了坚实的法律依据。1995 年初，中共中央转发《政协全国委员会关于政治协商、民主监督、参政议政的规定》，对人民政协履行职能的规范化、制度化作了全面阐述。党的十五大把坚持和完善中国共产党领导的多党合作和政治协商制度载入《党在社会主义初级阶段的基本纲领》。1999 年，江泽民同志在庆祝中国人民政治协商会议成立 50 周年大会上发表重要讲话，推动了人民政协事业的蓬勃发展。

从中共十六大到 2012 年 11 月十八大召开的 10 年期间，以胡锦涛同志为总书记的中共中央把人民政协工作纳入中国特色社会主义事业总体布局，作出一系列重要部署，在新的历史起点上，把人民政协事业继续推向前进。2004 年，胡锦涛总书记在庆祝中国人民政治协商会议成立 55 周年大会上发表重要讲话，系统阐述了党中央对人民政协工作的一系列重大理论观点，对人民政协工作提出了新的要求。同年，中共中央办公厅专门下发通知，要求全党全社会认真学习贯彻修订后的政协章程。2005 年以来，中共中央先后颁发了三个与人民政协事业发展密切相关的重要文件，即《关于进一步加强中国共产党领导的多党合作和政治协商制度建设的意见》《关于加强人民政协工作的意见》《关于巩固和壮大新世纪新阶段统一战线的意见》。其中，《关于加强人民政协工作的意见》，是人民政协成立以来中共中央第一次专门就人民政协工作颁发的文件，为新世纪新阶段人民政协事业的发展提供了理论基础、政策依据和制度保障，成为指导人民政协事业发展的纲领性文件。①

本节着重对《宪法》、有关法律法规、《政协章程》及中共中央有关人民政协的重要文献等进行归纳梳理，从而展现改革开放后人民政协三项职能不断完善，人民政协协商民主建设逐步进入制度化、规范化、程序化的发展脉

① 贾庆林：“高举中国特色社会主义伟大旗帜　把人民政协事业不断推向前进”，《求是》，2009 年第 2 期。

络，人民政协事业进入健康发展轨道。

一、在《宪法》中明确人民政协性质、地位和作用

1949年9月29日中国人民政治协商会议第一届全体会议通过《中华人民政治协商会议共同纲领》，对人民政协的性质、地位、作用进行了明确规定：

> 中国人民民主专政是中国工人阶级、农民阶级、小资产阶级、民族资产阶级及其他爱国民主分子的人民民主统一战线的政权，而以工农联盟为基础，以工人阶级为领导。由中国共产党、各民主党派、各人民团体、各地区、人民解放军、各少数民族、国外华侨及其他爱国民主分子的代表们所组成的中国人民政治协商会议，就是人民民主统一战线的组织形式。中国人民政治协商会议代表全国人民的意志，宣告中华人民共和国的成立，组织人民自己的中央政府。中国人民政治协商会议一致同意以新民主主义即人民民主主义为中华人民共和国建国的政治基础，并制定以下的共同纲领，凡参加人民政治协商会议的各单位、各级人民政府和全国人民均应共同遵守。①

1954年9月20日，中华人民共和国第一届全国人民代表大会第一次会议庄严地通过《中华人民共和国宪法》。这个宪法以共同纲领为基础，又是共同纲领的发展，尽管没有在宪法序言中明确中国人民政治协商会议的地位和任务的规定，但明确了“中国的人民民主统一战线将继续发挥它的作用”：

> 中国人民在建立中华人民共和国的伟大斗争中已经结成以中国共产党为领导的各民主阶级、各民主党派、各人民团体的广泛的人民民主统一战线。今后在动员和团结全国人民完成国家过渡时期总任务和反对内外敌人的斗争中，中国的人民民主统一战线将继续发挥它的作用。②

刘少奇受宪法起草委员会的委托，1954年9月15日，在第一届全国人民代表大会第一次会议上向大会作《关于中华人民共和国宪法草案的报告》，对

---

① 《中国人民政治协商会议共同纲领》，人民出版社1952年版。
② 《中华人民共和国宪法》，人民出版社1955年版。

在宪法序言中没有关于中国人民政治协商会议的地位和任务的规定专门作了解释：

> 中国人民政治协商会议是我国人民民主统一战线的组织形式。它曾代行全国人民代表大会的职权，这种职权今后当然不再需要由它行使，但是它作为统一战线的组织将在我国的政治生活中继续发挥它的作用。既然它是统一战线的组织，所以，参加统一路线的各党派、各团体，将经过协商，自行作出有关这个组织的各种规定。[①]

1982年12月4日，在第五届全国人民代表大会第五次会议通过《中华人民共和国宪法》，在历经1975年、1978年、1979年和1980年四次修宪之后，首次将人民政协的性质、地位和作用被庄严载入《宪法》，为人民政协履行职能、开展工作提供了坚实的宪法保障：

> 中国人民政治协商会议是有广泛代表性的统一战线组织，过去发挥了重要的历史作用，今后在国家政治生活、社会生活和对外友好活动中，在进行社会主义现代化建设、维护国家的统一和团结的斗争中，将进一步发挥它的重要作用。[②]

1982年宪法即现行宪法，此后又经1988年、1993年、1999年、2004年四次修订。在1993年修宪时，在序言有关人民政协规定之后增加了“中国共产党领导的多党合作和政治协商制度将长期存在和发展”[③]的内容，首次将中国共产党领导的多党合作和政治协商制度载入《宪法》，并特别强调其将“长期存在和发展”。

二、在法规、制度中完善人民政协职能

人民政协协商民主的实现，主要体现在参加人民政协的各党派团体、各族各界人士履行政治协商、民主监督、参政议政职能过程中参与国家和社会管理。因此，人民政协三项职能不断完善的过程，就是人民政协协商民主发展的过程。

---

① 刘少奇：“关于中华人民共和国宪法草案的报告”，《人民日报》，1954年9月16日。

②③ 《中华人民共和国宪法（1982）》，人民出版社1982年版。

1. 政治协商

政治协商是人民政协的首要职能。1949 年，《中国人民政治协商会议组织法》第 13 条规定，在人民政协全体会议闭幕后，设立全国委员会，其职权如下。

一、保证实行人民政协全体会议及全国委员会的决议；

二、协商并提出对中华人民共和国中央人民政府的建议案；

三、协助政府动员人民参加人民民主革命及国家建设的工作；

四、协商并提出参加人民政协的各单位在全国人民代表大会代表选举中的联合候选名单；

五、协商并决定下届人民政协全体会议的参加单位、名额及代表人选，并召集之；

六、指导地方民主统一战线的工作；

七、协商并处理其他有关人民政协内部合作的事宜。

《组织法》规定的政协全国委员会的 7 项职权中，有 4 项属于协商的内容。全国人民代表大会召开后，为适应新中国建设的需要，政协的协商职能逐步发展完善。1954 年，《中国人民政治协商会议章程》第九条明确规定："中国人民政治协商会议全国委员会就有关国家政治生活和人民民主统一战线的重要事项，进行协商和工作"①。人民政协协商会议地方委员会"协商和进行地方人民民主统一战线工作"。

1982 年，政协第五届全国委员会第五次会议通过《中国人民政治协商会议章程》，在总结人民政协成立以来正反两方面经验基础上，对人民政协的性质、任务、职能以及工作总则、组织总则等基本问题作出了明确规定，明确规定人民政协"对国家的大政方针和群众生活中的重要问题进行政治协商"，将人民政协通过政治协商发扬社会主义民主写入《政协章程》，为新时期人民政协事业的发展确立了科学的制度规范。这是一部比较完备的章程，其确定的总体框架和基本内容一直沿用至今。

1989 年，《政协全国委员会关于政治协商、民主监督的暂行规定》首次

① 《人民政协重要文献选编（上）》，中央文献出版社、中国文史出版社 2009 年版，第 215 页。

明确了政治协商的目的、主要内容和主要方式。1994 年《政协章程》修正案首次确认了政治协商是人民政协的主要职能，并明确了协商的主要内容。1995 年《政协全国委员会关于政治协商、民主监督、参政议政的规定》详细阐释了政治协商的主要内容与主要形式。

2006 年 2 月，中共中央颁布《关于加强人民政协工作的意见》，明确了人民政协的政治协商在党和国家政治生活中的地位、重要原则，并在明确人民政协政治协商的内容和形式的基础上，规范了协商的程序。

> 人民政协的政治协商是中国共产党领导的多党合作的重要体现，是党和国家实行科学民主决策的重要环节，是党提高执政能力的重要途径。把政治协商纳入决策程序，就国家和地方的重要问题在决策之前和决策执行过程中进行协商，是政治协商的重要原则。各级党委要高度重视人民政协的政治协商，统一部署和协调，并认真组织实施。
>
> 人民政协政治协商的主要内容是：国家和地方的大政方针以及政治、经济、文化和社会生活中的重要问题；各党派参加人民政协工作的共同性事务，政协内部的重要事务以及有关爱国统一战线的其他重要问题。
>
> 人民政协政治协商的主要形式有：政协全体会议，常务委员会会议，主席会议，常务委员专题协商会，政协党组受党委委托召开的座谈会，秘书长会议，各专门委员会会议，根据需要召开由政协各组成单位和各界代表人士参加的内部协商会议。

这次中央颁发的《意见》，内涵丰富、思想深刻。一是明确了人民政协的政治协商在党和国家政治生活中的地位，强调人民政协的政治协商是中国共产党领导的多党合作的重要体现，是党和国家实行科学民主决策的重要环节，是中国共产党提高执政能力的重要途径。二是明确了政治协商的重要原则，强调把政治协商纳入决策程序，就国家和地方的重要问题在决策前和决策执行过程中进行协商。三是要求各级党委高度重视人民政协的政治协商，统一部署和协调，并认真组织实施。四是在明确人民政协政治协商的内容和形式的基础上，规范了协商的程序。

2. 民主监督

民主监督是人民政协的重要职能之一。人民政协民主监督的职能是中国共产党着眼于自身与民主党派关系的思考结果，是随着毛泽东提出提意见是人民政协五大任务之一的思想而逐步确立的，并随着政协的发展而逐步完善。

1954年，毛泽东同志在与非党人士座谈政协工作时提出，提意见是人民政协的五大任务之一，政协委员提意见，只要不是破坏性意见，即使是错误的，提了也有好处，是符合章程的。

1956年5月2日，毛泽东在最高国务会议上作《论十大关系》的讲话。这是毛泽东在1956年3~4月间，听取国务院35个经济部门43天汇报的基础上形成的，被认为是毛泽东“建国后乃至在他一生中所作的规模最大、时间最长、周密而系统的经济工作调查”。其中提出处理党与非党关系的八字方针“长期共存，相互监督”，为人民政协民主监督职能的形成提供了理论依据。

> 究竟是一个党好，还是几个党好？现在看来，恐怕是几个党好。不但过去如此，而且将来也可以如此，就是长期共存，互相监督。
>
> 在我们国内，在抗日反蒋斗争中形成的以民族资产阶级及其知识分子为主的许多民主党派，现在还继续存在。在这一点上，我们和苏联不同。我们有意识地留下民主党派，让他们有发表意见的机会，对他们采取又团结又斗争的方针。一切善意地向我们提意见的民主人士，我们都要团结。像卫立煌、翁文灏这样的有爱国心的国民党军政人员，我们应当继续调动他们的积极性。就是那些骂我们的，像龙云、梁漱溟、彭一湖之类，我们也要养起来，让他们骂，骂得无理，我们反驳，骂得有理，我们接受。这对党，对人民，对社会主义比较有利。①

1957年，《人民日报》发表社论《贯彻人民政协的新精神》指出，人民政协是统一战线组织，随着各民主党派的长期共存而存在，人民政协是对我们国家工作进行监督的主要形式之一，明确提出了人民政协的监督职责。

> 几年来的事实证明，随着社会主义事业的发展，人民政治协商

① 《毛泽东文集（第7卷）》，人民出版社1999年版，第34~35页。

会议的作用日益显著。去年，中国共产党提出了同各民主党派“长期共存，互相监督”的方针。这个方针获得了各民主党派的热烈拥护，成为我们国家政治生活中一个重要原则。人民政治协商会议是由各民主党派、各人民团体和各界民主人士共同组成的统一战线的机构，它将随着各民主党派的长期共存而长期存在；同时，它也是对我们国家工作进行互相监督的主要形式之一。这次会议通过的关于常务委员会工作报告的决议中，规定了政协的全国委员会和各级地方委员会，今后要进一步加强对各项意见的协商，发挥互相监督的作用，组织学习，加强全国委员会对地方委员会的指导关系，健全工作机构和工作制度。毫无疑义，在我们国家政治生活中，像政治协商会议这样的组织形式，不仅现在需要，将来也仍然需要。

1982 年 9 月，中共十二大召开。在 1956 年党的八大正式提出中国共产党与民主党派“长期共存，互相监督”八字方针基础上，又加上了“肝胆相照，荣辱与共”八个字，正式写入中共十二大报告。从此，政治协商会议制度的“八字方针”发展为“十六字”方针，表明人民政协协商民主理论更加完善，政治协商制度作为中国政治制度的组成部分在不断发展。

1982 年，《政协章程》规定人民政协要根据党与非党合作的“十六字方针”，通过建议和批评发挥民主监督的作用。

中国人民政治协商会议是中国政治生活中发扬社会主义民主的一种重要形式，根据中国共产党同各民主党派和无党派人士“长期共存，互相监督”“肝胆相照，荣辱与共”的方针，对国家的大政方针和群众生活的重要问题进行政治协商，并通过建议和批评发挥民主监督作用。①

1989 年《政协全国委员会关于政治协商、民主监督的暂行规定》明确了民主监督的目的、内容及形式。1994 年的《政协章程》明确民主监督是人民政协主要职能之一。

---

① 《中国人民政治协商会议章程（1982）》，1982 年 12 月 11 日中国人民政治协商会议第五届全国委员会第五次会议通过。

1995 年《政协全国委员会关于政治协商、民主监督、参政议政的规定》对民主监督的内容、主要形式进行了进一步的阐释，成为人民政协发挥民主监督职能的重要依据。

2006 年，中央 5 号文件确定了人民政协民主监督的性质，指出人民政协的民主监督是我国社会主义监督体系的重要组成部分，是在坚持四项基本原则的基础上，通过提出意见、批评、建议的方式进行的政治监督。明确了人民政协民主监督的内涵，指出它既是参加人民政协的各党派团体和各族各界人士通过政协组织对国家机关及其工作人员进行的监督，也是中国共产党在政协中与各民主党派、无党派人士之间进行的互相监督。同时，在规范了人民政协民主监督的主要内容和主要形式的基础上，要求各级党委和政府认真倾听来自人民政协的批评和建议，自觉接受民主监督。此外，还规定要完善民主监督机制，在知情环节、沟通环节、反馈环节上建立健全制度，畅通民主监督的渠道。

3. 参政议政

参政议政是作为政协的前两项职能的拓展和延伸而提出的，相较于政治协商与民主监督，参政议政的职能出现得较晚。随着后来的发展，逐渐成为与政治协商、民主监督并列的政协三大职能之一。

20 世纪 80 年代中期，一些地方政协出现了参政议政的提法，并将其列为政协的一项工作内容，这种提法和做法后被中央领导认同。

1989 年，《政协全国委员会关于政治协商、民主监督的暂行规定》提出，政协全国委员会要帮助委员了解情况，为委员参政议政创造条件；政协委员要努力学习，要调查研究，要密切联系群众，反映群众意见要求，在参政议政中更好发挥作用。同年，《中共中央关于坚持和完善中国共产党领导的多党合作和政治协商制度的意见》第一次提出："人民政协应当成为各党派、各人民团体、各界代表人物团结合作、参政议政的重要场所。"其后，中共文件中多次提及关于人民政协应当成为各党派、团体参政议政的重要场所。

1994 年，《政协章程》修正案在政协主要职能是政治协商、民主监督后面增加了"组织参加本会的各党派、团体和各族各界人士参政议政"。

1995 年《政协全国委员会关于政治协商、民主监督、参政议政的规定》

指出“参政议政是政治协商和民主监督的拓展和延伸”，首次对参政议政的内容、方式做出规定，明确：

参政议政的内容与形式除第三、四条规定的以外，还包括选择人民群众关心、党政部门重视、政协有条件做的课题，组织调查和研究，积极主动地向党政领导机关提出建设性的意见；通过多种方式，广开才路，充分发挥委员专长和作用，为改革开放和社会主义现代化建设献计献策等。①

2004 年，《政协章程》修正案正式将参政议政与政协协商、民主监督统一表述为人民政协的三大职能，并明确了参政议政的概念及内容、形式：“参政议政是对政治、经济、文化和社会生活中的重要问题以及人民群众普遍关心的问题，开展调查研究，反映社情民意，进行协商讨论。通过调研报告、提案、建议案或其他形式，向中国共产党和国家机关提出意见和建议。”

2006 年，中央 5 号文件明确了“人民政协的参政议政是人民政协履行职能的重要形式，也是党政领导机关经常听取参加人民政协的各民主党派、人民团体和各族各界人士的意见和建议、切实做好工作的有效方式”。在明确了人民政协参政议政的主要内容和主要形式的基础上，对政协履行参政议政职能的专题调研和反映社情民意这两种基本形式提出了具体要求。

人民政协的参政议政是对政治、经济、文化和社会生活中的重要问题以及人民群众普遍关心的问题，开展调查研究，反映社情民意，进行协商讨论，通过调研报告、提案、建议案或其他形式，向党和国家机关提出意见和建议。

人民政协要选择经济社会发展中具有综合性、全局性、前瞻性的课题，深入调查研究，开展咨询论证，提出意见和建议。要运用包容各界、联系广泛、人才聚集的有利条件，了解和反映社会不同阶层、不同群体的愿望和要求。人民政协的重要考察活动及重大外

① 《政协全国委员会关于政治协商、民主监督、参政议政的规定》，1995 年 1 月 14 日由中国人民政治协商会议第八届全国委员会常务委员会第九次会议通过。

事活动要请参加政协的民主党派有关负责人参加，政协专门委员会要积极开展与参加政协的各党派团体的联合调研。①

此外，中央5号文件还要求各级党委和政府加强与人民政协的联系和沟通，为人民政协的参政议政创造良好条件，对政协提出的重要意见和建议要认真研究积极采纳，党政有关部门要密切同政协专门委员会的协作和配合，为他们的工作提供必要的支持和帮助。

三、在履职中完善人民政协协商民主形式

人民政协在履行三项职能中实现人民政协协商民主。人民政协协商民主的实现形式，体现在政治协商、民主监督、参政议政的形式之中，包括会议协商、调研、提案、视察和反映社情民意等方面。1995年《政协全国委员会关于政治协商、民主监督、参政议政的规定》对人民政协协商民主的实现途径及形式进行规范（见表2－1）。

表2－1　　人民政协协商民主的实现途径及形式

实现途径	人民政协协商民主实现形式
政治协商	（1）政协全国委员会的全体会议；（2）常务委员会议；（3）主席会议；（4）常务委员专题座谈会；（5）各专门委员会会议；（6）根据需要召开的各党派、无党派爱国人士、人民团体、少数民族人士和各界爱国人士的代表参加的协商座谈会等
民主监督	（1）政协全国委员会的全体会议、常务委员会议或主席会议向中共中央、国务院提出建议案，各专门委员会提出建议或有关报告；（2）委员视察，委员提案，委员举报或以其他形式提出批评和建议；（3）参加中共中央、国务院有关部门组织的调查和检查活动
参政议政	（1）参政议政的内容与形式除第三、四条规定的以外，还包括选择人民群众关心、党政部门重视、政协有条件做的课题，组织调查和研究，积极主动地向党政领导机关提出建设性的意见；（2）通过多种方式，广开言路，广开才路，充分发挥委员专长和作用，为改革开放和社会主义现代化建设献计献策等

① 中共中央：《关于加强人民政协工作的意见》（摘要），《人民日报》，2006年3月2日第一版。

四、在制度建设中促进“两化”到“三化”

人民政协的制度建设经历了一个由经常化和制度化（以下简称“两化”）到制度化、规范化、程序化（以下简称“三化”）的发展过程。

十一届三中全会之后，人民政协工作得到恢复和发展，政协工作的经常化和制度化开始受到重视。1983 年，全国政协副主席刘澜涛在《正确总结经验，全面开创人民政协工作的新局面》文章中，首次提出履职经常化、制度化的概念。1986 年，中共中央办公厅在转发《关于全国地方政协工作座谈会情况的报告》，1988 年全国政协六届五次会议中都提出政协职能的经常化和制度化问题。

1995 年，《政协全国委员会关于政治协商、民主监督、参政议政的规定》明确提出逐步实现政治协商、民主监督和参政议政的规范化和制度化，“两化”的提法由经常化和制度化转变为规范化和制度化。

> 中国共产党领导的多党合作和政治协商制度，是中国的一项基本政治制度，体现了中国政治体制的特点和优势。它是长期的革命和建设过程中形成的，并将长期存在和发展。根据《中华人民共和国宪法》《中国人民政治协商会议章程》的有关规定的中共中央对人民政协提出的要求，以建设中国特色社会主义理论为指导，为加强社会主义民主政治建设，逐步实现政治协商、民主监督和参政议政的规范化、制度化，进一步发挥各民主党派、无党派爱国人士、人民团体、少数民族人士和各界爱国人士在国家政治生活中的作用，特制定本规定。

2002 年，中共十六大报告提出“社会主义民主政治的制度化、规范化和程序化”的提法，为人民政协的“三化”发展提供了指导和依据，推进了人民政协的“三化”建设。中共十六届四中全会进一步指出：“推进社会主义民主的制度化、规范化和程序化，保证人民当家做主”，强调要“健全有关重大问题决策前协商的制度。”2002 年 11 月，叶选平在全国政协九届十九次常委会议上的讲话中指出，在过去规范化、制度化建设的基础上，逐步实现政协履行职能的各项工作程序化。

2004 年 9 月 21 日，胡锦涛在庆祝中国人民政治协商会议成立 55 周年大会上的讲话，首次提出“要推动政治协商、民主监督、参政议政的制度化、规范化、程序化，进一步发挥人民政协的特点和优势”，并强调“开展政治协商、民主监督、参政议政，是人民政协的主要职能，也是发展社会主义民主政治、建设社会主义政治文明的重要内容”①。

“三化”之间是一种统一辩证的关系，将制度化、规范化、程序化合并提出是一组科学严谨的表述。所谓制度，就是在一定历史条件下形成的政治、经济、文化等方面的体系，也指集团内部人员共同遵守的办事规程和行为准则；所谓规范，就是约定俗成或明文规定的标准；所谓程序，就是事先规定的事情进行的先后次序。通俗地理解，制度、规范、程序分别回答了“做什么”“做到什么标准”和“按照什么次序来做”的问题。正因为如此，以胡锦涛为总书记的新一届中共中央才把它作为一组科学严谨的表述，对新时期的人民政协工作提出要求。

第六节　人民政协协商民主的创新发展（2012 年至今）

习近平指出：“今天，摆在我们面前的一项重大历史任务，就是推动中国特色社会主义制度更加成熟更加定型，为党和国家事业发展、为人民幸福安康、为社会和谐稳定、为国家长治久安提供一整套更完备、更稳定、更管用的制度体系。”② 中共十八大以来，中共中央高度重视人民政协工作，强调要进一步准确把握人民政协性质定位，充分发挥人民政协作为协商民主重要渠道作用，围绕团结和民主两大主题，推进政治协商、民主监督、参政议政制度建设。人民政协在继承中发展、在发展中创新，紧紧围绕中心、服务大局，

---

① 胡锦涛：“在庆祝中国人民政治协商会议成立 55 周年大会上的讲话”，《人民日报》海外版，2004 年 9 月 22 日。

② 习近平：“在省部级主要领导干部学习贯彻十八届三中全会精神全面深化改革专题研讨班上的讲话”，新华社，2014 年 2 月 17 日。

聚焦全面深化改革凝聚共识、汇集力量、建言献策，作出了新的积极贡献。[①]

一、赋予人民政协新的内涵："人民民主的重要形式"

习近平在庆祝中国人民政治协商会议成立65周年大会上对人民政协提出的五大任务，即"五个坚持"：坚持中国特色社会主义制度优势和特点；坚持紧扣改革发展献计出力；坚持发挥人民政协在发展协商民主中的重要作用；坚持广泛凝聚实现中华民族伟大复兴的正能量；坚持推进履职能力建设。要求人民政协继承光荣传统，提高履职能力现代化水平，为实现"两个一百年"奋斗目标、实现中华民族伟大复兴的中国梦作出新的更大贡献。这实际上站在新的历史起点上，赋予了人民政协从过去"协商建国"到"协商改革"，担负起现在"协商治国"的新使命。

1. 明确人民政协是"人民民主的重要形式"，要"推动实现广泛有效的人民民主"

人民政协作为统一战线的组织、作为多党合作和政治协商的机构、作为人民民主的重要形式的性质定位，决定了人民政协以大团结大联合为重要特征，努力最大限度调动一切积极因素，团结一切可以团结的人，汇聚起共襄伟业的强大力量。习近平指出："人民民主是社会主义的生命。人民政协是人民民主的重要形式。""我们的目标越伟大，我们的愿景越光明，我们的使命越艰巨，我们的责任越重大，就越需要汇聚起全民族智慧和力量，就越需要广泛凝聚共识、不断增进团结。"明确要求："人民政协要坚持在热爱中华人民共和国、拥护中国共产党的领导、拥护社会主义事业、共同致力于实现中华民族伟大复兴的政治基础上，最大限度调动一切积极因素，团结一切可以团结的人，汇聚起共襄伟业的强大力量。""坚持改革创新精神，推进人民政协理论创新、制度创新、工作创新，丰富民主形式，畅通民主渠道，有效组织各党派、各团体、各民族、各阶层、各界人士共商国是，推动实现广泛有效的人民民主。"

---

① 习近平："在庆祝中国人民政治协商会议成立65周年大会上的讲话"，《人民日报》，2014年9月22日。

2. 明确人民政协是“适合中国国情、具有鲜明中国特色的制度安排”，要“坚定不移走中国特色社会主义政治发展道路”

习近平指出：“中国特色社会主义制度的生命力，就在于这一制度是在中国的社会土壤中生长起来的，人民政协就是适合中国国情、具有鲜明中国特色的制度安排。”“人民政协要始终把坚持和发展中国特色社会主义作为巩固共同思想政治基础的主轴。要坚持中国共产党的领导、人民当家做主、依法治国有机统一，自觉把中国共产党的决策部署贯彻到人民政协工作中去，准确把握人民政协性质、地位、职能和作用，坚定不移走中国特色社会主义政治发展道路，风雨如磐不动摇。”

3. 明确人民政协是“社会主义协商民主的重要渠道和专门协商机构”，要“不断提高人民政协协商民主制度化、规范化、程序化水平”

人民政协在社会主义协商民主发展中具有强大的传统政治优势。这种优势主要体现在四个方面：一是人民政协以界别组成为特色，有比较完善的组织系统，有巨大覆盖面的层级架构，可以为构建中国协商民主体系提供基础性的组织准备。二是人民政协有丰富的协商民主经验，政治协商的议题非常广泛，可以为在党的领导下在全社会开展广泛协商提供有力的实践支持。三是人民政协有比较成熟的协商议事规则，有比较完备的制度体系，可以为协商民主制度化建设提供坚实的制度基础。四是人民政协承继和秉持协商文化优良传统，适应时代发展新要求，形成了平等、宽容、友善的协商民主精神，可以为大力发展社会主义协商民主提供重要的精神引领。因此，习近平在讲话中要求：“人民政协要发挥作为专门协商机构的作用，把协商民主贯穿履行职能全过程，推进政治协商、民主监督、参政议政制度建设，不断提高人民政协协商民主制度化、规范化、程序化水平，更好协调关系、汇聚力量、建言献策、服务大局。”

4. 明确人民政协是“国家治理体系的重要组成部分”，要“努力在推进国家治理体系和治理能力现代化中发挥更大作用”

习近平在讲话中深刻揭示了人民政协与国家治理现代化的内在紧密联系，明确指出：“人民政协是国家治理体系的重要组成部分，要适应全面深化改革的要求，以改革思维、创新理念、务实举措大力推进履职能力建设，努力在推进国家治理体系和治理能力现代化中发挥更大作用。人民政协要适应推进国家治理体系和治理能力现代化的要求，坚持改革创新精神，推进人民政协理论创新、制度创新、工作创新，丰富民主形式，畅通民主渠道，有效组织各党派、各团体、各民族、各阶层、各界人士共商国是，推动实现广泛有效的人民民主。[①]”明确要求人民政协要着力发展协商民主这一中国社会主义民主政治中独特的、独有的、独到的民主形式，以适应推进国家治理体系和治理能力现代化为总要求来创新政协理论、政协制度、政协工作，自觉承担起协商治国的新使命，这是时代对人民政协提出的新要求。

5. 明确人民政协是“最广泛的爱国统一战线组织”，要“促进民族团结、宗教和睦，推动内地同香港、澳门的交流合作，推动两岸关系和平发展，促进人类和平与发展”

人民政协是最广泛的爱国统一战线组织。统一战线是中国共产党夺取革命、建设、改革事业胜利的重要法宝，也是实现中华民族伟大复兴的重要法宝。习近平在讲话中赋予了人民政协在新时期更大的任务，一是要坚持和完善中国共产党领导的多党合作和政治协商制度，完善工作机制，搭建更多平台，为民主党派和无党派人士在政协更好发挥作用创造条件。二是要全面贯彻党的民族政策和宗教政策，积极引导各族群众增强对伟大祖国的认同、对中华民族的认同、对中华文化的认同、对中国特色社会主义道路的认同，充分发挥宗教界人士和信教群众在推动经济社会发展中的积极作用，促进民族团结、宗教和睦。三是要坚定不移贯彻“一国两制”“港人治港”“澳人治澳”、高度自治的方针，推动全面准确落实基本法，推动内地同香港、澳门的交流合作，维护香港、澳门长期繁荣稳定。四是要坚持“两岸一家人”，拓展同台湾岛内有关党派团体、社会组织、各界人士的联系和沟通，推动两岸关系和平发展。五是要加强同海外侨胞、归侨侨眷的联系，维护他们的合法权益，支持他们积极参与和支持祖（籍）国现代化建设与和平统一大业，促进中国同世界各国的文化交流。六是要高举和平、发展、合作、共赢旗帜，按

---

① 习近平：“在庆祝中国人民政治协商会议成立65周年大会上的讲话”，《人民日报》，2014年9月22日。

照国家对外工作总体部署，加强同各国人民、政治组织、媒体智库等友好往来，为促进人类和平与发展的崇高事业作出积极贡献。

二、发表重要讲话："把人民政协政治协商作为重要环节纳入决策程序"

中共十八大明确提出"健全社会主义协商民主制度""推进协商民主规范、多层、制度化发展"。要求"把政治协商纳入决策程序，坚持协商于决策之前和决策之中，增强民主协商时效性"，这是人民政协协商民主理论发展的新突破。

2013 年，中共十八届三中全会以全面深化改革为议题，在谋划加强社会主义民主政治制度建设方面，提出"构建程序合理、环节完整的协商民主体系"。[①] 从体系构建提出包括政协协商在内的协商民主系统架构。

2014 年 9 月 21 日，习近平在庆祝中国人民政治协商会议成立 65 周年大会上的讲话中强调："中国共产党各级党委要重视和支持人民政协事业发展，把人民政协政治协商作为重要环节纳入决策程序，会同政府、政协制定实施协商年度工作计划，对明确规定需要协商的事项必须经协商后提交决策实施。[②]"

2015 年 6 月，中共中央办公厅印发《关于加强人民政协协商民主建设的实施意见》，在对人民政协协商民主的概念、内涵界定中，明确人民政协协商民主是"围绕改革发展稳定重大问题和涉及群众切身利益的实际问题，在决策之前和决策实施之中广泛协商、凝聚共识的重要民主形式"。

在决策之前和决策实施之中进行讨论协商，是中国共产党一贯的工作方法。在筹备新政协会议期间，周恩来同志就提出，新民主主义的议事特点在于会前多方协商和酝酿，然后再拿到会议上去讨论决定，达成共同协议。

建国初期，中国共产党在开展重大运动、决定重大事项之前，都要在政协会议上进行讨论和协商，征求各界人士的意见。1959 年，人民政协第三届

---

① 《中共中央关于全面深化改革若干重大问题的决定》，人民出版社 2013 年版，第 29～30 页。

② 习近平："在庆祝中国人民政治协商会议成立 65 周年大会上的讲话"，《人民日报》，2014 年 9 月 21 日。

全委会同全国人民代表大会同时召开，政协委员列席人大会议，就国家大政方针政策和重大事务在决策前进行协商。这是权力机关决策前进行协商的新创新，也是中国“两会制”的开端。

改革开放后，中国共产党更加注重政协在联系各界人民发扬社会主义民主方面的作用。1989 年，政协全国委员会出台《关于政治协商、民主监督的暂行规定》，提出政治协商一般应在决策之前进行，而且规定，协商既可由中共中央、全国人大常委会、国务院、各民主党派、各人民团体及中央党政有关部门提议，也可由全国政协主席会议建议中央或有关部门将问题提交政协协商。

1994 年通过的《中国人民政务协商会议章程》（修正案）明确指出，“政治协商是对国家和地方的大政方针以及政治、经济、文化和社会生活中的重要问题在决策之前进行协商和就决策执行过程中的重要问题进行协商。”

2005 年 2 月，中共中央《关于进一步加强中国共产党领导的多党合作和政治协商制度建设的意见》明确提出，“把政治协商纳入决策程序”，并强调“就重大问题在决策前和决策执行中进行协商，是政治协商的重要原则”，政治协商的两种基本方式，是“中国共产党同各民主党派的协商”和“中国共产党在人民政协同各民主党派和各界代表人士的协商”。

因此，通过党的政治报告的形式，把政治协商纳入决策程序，是中国共产党对政协协商重要性和长期实践工作的高度肯定和理论升华，是对新时期如何做好政协协商的创造性回答，也是继人民政协存留、人民政协的性质定位等问题之后，对人民政协协商民主理论发展的最新拓展。

三、印发加强社会主义协商民主建设《意见》：提出协商民主“6 +1”体系

2015 年 2 月 9 日，中共中央印发了《关于加强社会主义协商民主建设的意见》（以下简称《意见》）。《意见》明确了社会主义协商民主的本质属性和基本内涵，阐述了加强社会主义协商民主建设的重要意义、指导思想、基本原则和渠道程序，对新形势下开展政党协商、人大协商、政府协商、政协协商、人民团体协商、基层协商、社会组织协商等作出全面部署，是指导社会

主义协商民主建设的纲领性文件。

《意见》重申了十八届三中全会《决定》强调的社会主义协商民主是中国社会主义民主政治的特有形式和独特优势，是党的群众路线在政治领域的重要体现，把习近平提出的推进协商民主广泛多层制度化发展是“政治体制改革的重要内容”这一重要思想写进了文件，以统领社会主义协商民主建设，推进国家治理体系和治理能力现代化。《意见》指出，协商民主是在中国共产党领导下，人民内部各方面围绕改革发展稳定重大问题和涉及群众切身利益的实际问题，在决策之前和决策设施之中看作广泛协商，努力形成共识的重要民主实现形式。协商民主科学内涵的这一概括，不仅把“改革”“稳定”和“发展”中的重大问题一起纳入为协商的内容，而且指出协商民主具有努力形成共识的重要民主实现形式这一特点。这一科学概括，说明协商民主在中国具有深厚的文化基础、理论基础、实践基础、制度基础。

《意见》清晰、明了地勾勒了中国特色社会主义协商民主“6 + 1”体系[①]。所谓“6”，就是一要加强政党协商，二要积极开展人大协商，三要扎实推进政府协商，四要进一步完善政协协商，五要认真做好人民团体协商，六要稳步推进基层协商；所谓“1”，就是在上述已有基础的六大协商渠道外，还要探索开展社会组织协商，形成一整套规范化、程序化的协商民主制度，构建程序合理、环节完整的协商民主体系。这标志着中共中央立足于顶层设计，把过去由人民政协专门机构施行、适用于特定范围的人民政协民主协商制度，拓展成为一项覆盖各个领域、适用于各个层次的普遍的民主制度，人民政协协商民主理论发展到一个新阶段，展现出一种新格局[②]。

《意见》按照习近平在庆祝人民政协成立65周年大会上发表的重要讲话精神，用超过全文1/10的篇幅，对人民政协在协商民主中的地位和作用进行了新的规定和阐述，并明确了人民政协在社会主义协商民主体系中是一个“专门协商机构”。在协商民主的七大协商渠道中，人民政协作为协商民主的重要渠道担负着“专门协商机构”的重任，充分显示了党中央对人民政协协

---

① 李君如：“从政治体制改革大思路认识协商民主的重要意义”，《人民政协报》，2015年2月10日。

② 卞晋平：“协商民主新格局与人民政协”，《人民政协报》，2015年4月1日。

商民主的高度重视和期待。同时，《意见》对于怎么完善和发展人民政协的协商民主，对于人民政协协商民主的主要内容、协商形式、与党委和政府工作的有效衔接，以及人民政协自身的制度建设，提出了明确的新要求。

四、出台《实施意见》：全面规划和部署“人民政协协商民主建设”

2015 年 6 月，中共中央办公厅印发了《关于加强人民政协协商民主建设的实施意见》（以下简称《实施意见》）。《实施意见》阐述了加强人民政协协商民主建设的重要意义、指导思想和重要原则，进一步规范了政协协商的内容、形式，提出了加强政协协商与党委和政府工作衔接的举措，明确了人民政协制度建设的重点和加强政协协商能力建设的要求，强调要加强党对人民政协协商民主建设的领导，是指导人民政协协商民主建设的重要文献，是进一步加强政协协商制度建设的战略举措和重大成果。

《实施意见》强调，加强人民政协协商民主建设，必须贯彻落实中共十八大和十八届三中、四中全会精神，以马克思列宁主义、毛泽东思想、邓小平理论、“三个代表”重要思想、科学发展观为指导，深入贯彻落实习近平系列重要讲话精神，坚持围绕协调推进“四个全面”战略布局，坚持和完善中国共产党领导的多党合作和政治协商制度，坚持团结和民主两大主题，把协商民主贯穿履行职能全过程，重点推进政治协商、民主监督、参政议政制度化、规范化、程序化，拓展协商内容、丰富协商形式、规范协商程序、增加协商密度、提高协商成效，广泛凝聚各党派团体、各族各界人士的智慧和力量，为实现“两个一百年”奋斗目标、实现中华民族伟大复兴的中国梦作出更大贡献。

《实施意见》对人民政协协商民主的基本内涵、发展历程、重要原则等作了一些新的概括，对政协协商的内容和形式等作了新的规范。重点加强对政协协商的具体化、程序化规定，如在完善政协全体会议、专题议政性常委会议、专题协商会、双周协商座谈会等协商形式中，对参会人员、协商内容和程序等作了进一步细化。同时，对政协协商与党委政府工作的衔接、协商能力和制度建设等，都提出了具体落实举措。

《实施意见》全文脉络清晰地表达出人民政协在协商民主指引下的发展方

向和建设途径，充分体现了人民政协在新的历史发展阶段的理论成果和实践总结，具有强烈的创新理念和务实举措，是推进新时期人民政协协商民主制度化、规范化、程序化发展的行动纲领。其颁布实施，必将有力推动人民政协协商民主制度建设和实践发展，更好地发挥人民政协作为社会主义协商民主重要渠道和专门协商机构的作用，在人民政协协商民主制度化的建设上具有里程碑意义，标志着人民政协协商民主进入了一个崭新的发展阶段。

五、发布统一战线工作《条例》：对民主党派职能和无党派人士作用进行完善

2015 年 9 月 22 日，《中国共产党统一战线工作条例（试行）》（以下简称《条例》）发布。这是中国共产党关于统一战线工作的第一部党内法规，全面贯彻中共十八大以来以习近平同志为核心的党中央关于统一战线的新思想新要求，明确了一系列重要理论观点和政策规定。《条例》明确了统一战线服务全面建成小康社会、全面深化改革、全面依法治国、全面从严治党战略布局的方向原则，全面规范了各领域各方面统战工作，是推进统战工作制度化、规范化、程序化建设的重要标志，在党的统一战线历史上具有里程碑意义。

中国共产党领导的多党合作和政治协商制度是中国的一项基本政治制度。《条例》对民主党派和无党派人士职能和作用的规范，民主党派职能完善为“参政议政、民主监督，参加中国共产党领导的政治协商”，并对支持民主党派履行职能的内容、程序、形式等作了进一步规范。同时，将无党派人士定义完善为“没有参加任何政党、有参政议政愿望和能力、对社会有积极贡献和一定影响的人士，其主体是知识分子”。为民主党派和无党派人士履行职能、发挥作用确定了制度保障，有利于提高其参政议政、民主监督、参加中国共产党领导的政治协商的成效和水平。

六、印发政党协商《实施意见》：修宪、国家领导人建议人选列入协商主要内容

2015 年 12 月，中共中央办公厅印发《关于加强政党协商的实施意见》（以下简称《实施意见》），明确了政党协商的概念、性质和重要意义，指出

政党协商是中国共产党同民主党派基于共同的政治目标，就党和国家重大方针政策和重要事务，在决策之前和决策实施之中，直接进行政治协商的重要民主形式。首次明确无党派人士是政治协商的重要组成部分，工商联是具有统战性的人民团体和商会组织，参加政党协商。

《实施意见》规定了政党协商的七大内容，包括：中共全国代表大会、中共中央委员会的有关重要文件；宪法的修改建议，有关重要法律的制定、修改建议；国家领导人建议人选；国民经济和社会发展的中长期规划以及年度经济社会发展情况；关系改革发展稳定等重要问题；统一战线和多党合作的重大问题；其他需要协商的重要问题。

延伸阅读之二

政协全国委员会关于政治协商、民主监督、参政议政的规定

（1995 年 1 月 14 日中国人民政治协商会议第八届全国委员会常务委员会第九次会议通过）

中国人民政治协商会议是中国人民爱国统一战线的组织，是中国共产党领导的多党合作和政治协商的重要机构，是中国政治生活中发扬社会主义民主的重要形式。中国共产党领导的多党合作和政治协商制度，是中国的一项基本政治制度，体现了中国政治体制的特点和优势。它是在长期的革命和建设过程中形成的，并将长期存在和发展。根据《中华人民共和国宪法》《中国人民政治协商会议章程》的有关规定和中共中央对人民政协提出的要求，以建设有中国特色社会主义理论为指导，为加强社会主义民主政治建设，逐步实现政治协商、民主监督和参政议政的规范化、制度化，进一步发挥各民主党派、无党派爱国人士、人民团体、少数民族人士和各界爱国人士在国家政治生活中的作用，特制定本规定。

第一条 人民政协的主要职能是政治协商和民主监督，组织参加本会的各党派、团体和各族各界人士参政议政。

第二条 政治协商、民主监督、参政议政的目的是：发扬社会主义民主，反映社会各方面的意见和要求，为参加人民政协的各民主党派、无党派爱国人士、人民团体、少数民族人士和各界爱国人士发挥作用开辟畅通的渠道，集思广益，促进国家重大决策的科学化与民主化；监督国家宪法、法律和方针政策的贯彻执行，协助并推动国家机关改进工作，提高效率，克服官僚主

义，反对腐败现象；推动社会主义物质文明、社会主义精神文明和社会主义民主法制的建设，促进社会主义市场经济和社会生产力的发展；协调社会各方面的关系，促进各方面的相互沟通和理解，加强在中国共产党领导下各党派的团结合作；贯彻执行“和平统一、一国两制”的方针，促进祖国统一大业的实现。

第三条 政治协商是对国家和地方的大政方针以及政治、经济、文化和社会生活中的重要问题在决策之前进行协商和就决策执行过程中的重要问题进行协商。

政治协商的主要内容包括：国家在社会主义物质文明建设、社会主义精神文明建设、社会主义民主法制建设和改革开放中的重要方针政策及重要部署，政府工作报告，国家财政预算，经济与社会发展规划，国家政治生活方面的重大事项，国家的重要法律草案，中共中央提出的国家领导人人选，国家省级行政区划的变动，外交方面的重要方针政策，关于统一祖国的重要方针政策，群众生活的重大问题，各党派之间的共同性事务，政协内部的重要事务以及有关爱国统一战线的其他重要问题。

政治协商的主要形式有：政协全国委员会的全体会议，常务委员会议，主席会议，常务委员专题座谈会，各专门委员会会议，根据需要召开的各党派、无党派爱国人士、人民团体、少数民族人士和各界爱国人士的代表参加的协商座谈会等。

第四条 民主监督是对国家宪法、法律和法规的实施，重大方针政策的贯彻执行、国家机关及其工作人员的工作，通过建议和批评进行监督。

民主监督的主要内容包括：国家宪法与法律、法规的实施情况，中共中央与国家领导机关制定的重要方针政策的贯彻执行情况，国民经济和社会发展计划及财政预算执行情况，国家机关及其工作人员履行职责、遵守法纪、为政清廉等方面情况，参加政协的各单位和个人遵守政协章程和执行政协决议的情况。民主监督的主要形式有：政协全国委员会的全体会议、常务委员会议或主席会议向中共中央、国务院提出建议案，各专门委员会提出建议或有关报告；委员视察，委员提案，委员举报或以其他形式提出批评和建议；参加中共中央、国务院有关部门组织的调查和检查活动。

第五条 参政议政是政治协商和民主监督的拓展和延伸。参政议政的内容与形式除第三、第四条规定的以外，还包括选择人民群众关心、党政部门重视、政协有条件做的课题，组织调查和研究，积极主动地向党政领导机关提出建设性的意见；通过多种方式，广开言路，广开才路，充分发挥委员专长和作用，为改革开放和社会主义现代化建设献计献策等。

第六条 政协全国委员会主席会议根据中共中央、全国人大常委会、国务院、各民主党派、各人民团体以及中央党政有关部门的提议，安排协商活动并决定协商的形式和参加范围。

政协全国委员会主席会议认为需要协商的问题，也可以建议中共中央、国务院、各民主党派、各人民团体以及中央党政有关部门将问题提交政协协商。

第七条 政协全国委员会进行政治协商可视情况邀请中共中央、国务院以及中央党政有关部门的负责人员参加会议，并请有关负责人就提交协商的问题作出说明。

第八条 协商的议题与会期确定之后，政协全国委员会的有关机构至少提前一周将会议通知及有关文件送达参加会议的人员，以便与会人员事先做好准备，充分反映各有关方面的意见。

第九条 政协委员的民主权利应受到保护。在政协的各种会议上，各种意见都可以充分发表。

第十条 政协全国委员会的全体会议、常务委员会议及其他形式的协商会议和重要活动，一般应作新闻报道。

第十一条 政协全国委员会的各专门委员会在常务委员会的领导下，组织委员参加各项经常性活动，做好专题座谈、专题调查、委员提案和委员举报工作，并同中央党政有关部门取得密切联系，相互支持，相互配合。

第十二条 各专门委员会的重要建议和委员的重要提案，可由有关专门委员会通过后提交常务委员会议或主席会议讨论。经常务委员会议或主席会议通过，得以政协全国委员会常务委员会或主席会议建议案的形式向有关方面提出。

第十三条 以政协全国委员会常务委员会、主席会议或以各专门委员会名义提出的建议、意见和批评，均由政协全国委员会办公厅以正式文件形式送达有关方面或部门。有关方面或部门应积极负责地进行研究处理，并将结果尽快以正式文件形式作出答复。对参加本会的单位与个人的提案和举报，有关部门应认真研究处理，并及时予以答复。

第十四条 为切实履行政治协商、民主监督、参政议政主要职能，政协全国委员会要通过各种形式帮助委员了解有关情况，为委员参政议政创造良好的条件；政协委员要努力学习，深入实际，调查研究，密切联系自己所代表的党派、团体及有关方面的群众，积极反映群众的意见和要求，在参政议政中更好地发挥应有的作用。

第十五条 本规定自中国人民政治协商会议全国委员会常务委员会通过之日起实行。地方委员会可根据本地情况参照执行。

（人民政协网，http：//www. rmzxb. com. cn）

第三章　人民政协协商民主的理论基础

2006 年，贾庆林在人民政协理论研讨会上的讲话中指出：“人民政协理论是中国共产党把马克思列宁主义统一战线理论、政党理论和民主政治理论同中国具体实践相结合的重大理论成果。”① 马克思列宁主义关于统一战线、政党和民主政治的理论，是人民政协协商民主形成的思想渊源；毛泽东思想关于多党合作和政协协商的理论，以及人民民主理论，是人民政协协商民主创设的理论依据；中国特色社会主义理论体系关于多党合作和政治协商的理论，是人民政协协商民主发展的原则遵循。这四个方面，既是人民政协理论的“四大基石”，也是构成人民政协协商民主理论的基础，成为人民政协协商民主发展的重要理论依据和政治保证。

第一节　马克思主义统一战线理论、政党理论和民主政治理论

《中国的政党制度》（白皮书）强调：“中国多党合作制度的形成和发展，是中国近代历史发展的必然选择，是马克思列宁主义与中国实际相结合的产物，是中国共产党和各民主党派智慧的结晶。”② 这实际上说明了马克思列宁

---

① 贾庆林：“努力开创人民政协事业的新局面”，《人民日报》，2006 年 12 月 21 日。

② 中华人民共和国国务院新闻办公室：《中国的政党制度》（白皮书），新华社，2007 年 11 月。

主义统一战线理论、政党理论和民主政治理论，是中国共产党领导的多党合作和政治协商制度的理论基础，也是人民政协协商民主理论形成的思想渊源。

一、马克思主义经典作家的民主政治理论

马克思、恩格斯作为马克思主义的创始人，他们对民主政治本质的思考，是从批判封建专制主义和资产阶级民主开始的。在马克思、恩格斯看来，资产阶级民主有巨大的局限性和虚伪性。资产阶级民主虽标榜自由、平等、人权，但马克思、恩格斯指出，资产阶级民主在实践上并没有像它在理论上所标榜的那样去做，资产阶级国家“到处陷入理想的使命和各种现实的具体的矛盾中”。[①] 恩格斯指出：“法律上的平等就是在富人和穷人不平等的前提下的平等，即限制在目前主要的不平等的范围内的平等，简括地说，就是简直把不平等叫做平等。”[②]

马克思主义经典作家关于民主的理解是：（1）民主首先是指一种国家制度，其次才在派生的意义上使用经济民主、社会民主等含义；（2）民主作为国家制度，具体体现在国家性质（国体）、国家形式（政体）和国家运行三个层面，其中国体反映了民主阶级统治的本质，政体反映了民主的基本形式和基本制度，国家运行则反映了国家政权活动的规则与程序；（3）民主作为一种观念具有普遍性，但民主作为一种政治制度则是具体的、特殊的。马克思、恩格斯、列宁在揭露资产阶级民主局限性的基础上，对民主的本质进行了深入思考，开始探索建立新型民主的道路，形成了比较系统的民主政治理论。[③]

1. 民主首先是一种国家制度、国家形态，具有鲜明的阶级性

马克思、恩格斯在《德意志意识形态》中指出：“国家内部的一切斗争——民主政体、贵族政体和君主政体相互之间的斗争，争取选举权的斗争等等，不过是一些虚幻的形式，在这些形式下进行着各个不同阶级间的真正

---

① 《马克思恩格斯全集（第1卷）》，人民出版社1956年版，第417页。

② 《马克思恩格斯全集（第2卷）》，人民出版社1957年版，第648页。

③ 李仁彬、黄国华等：《中国协商民主理论与实践探析》，四川大学出版社2011年版，第3页。

的斗争。”[①] 列宁也指出：“民主是国家形式，是国家形态的一种。因此，它同任何国家一样，也是有组织有系统地对人们使用暴力，这是一方面。但另一方面，民主意味着在形式上承认公民一律平等，承认大家都有决定国家制度和管理国家的平等权利。”[②] “只要有不同的阶级存在，就不能说‘纯粹民主’，而只能说阶级的民主。‘纯粹民主’是自由主义者用来愚弄工人的谎话。”[③] 可见，在马克思主义看来，民主都是一种阶级的民主、阶级的统治，即一方面在统治阶级内部实行民主，另一方面又对被统治阶级实行统治，民主是民主与专政的统一，没有只有民主而没有专政的超阶级的“纯粹民主”，鼓吹“纯粹民主”只是在民主的形式下掩盖了阶级统治的实质而已。

马克思主义经典作家认为，民主的本质是阶级统治的一种形式，无产阶级不上升为统治阶级、掌握国家政权，就不能有什么民主权利。马克思、恩格斯在《共产党宣言》中指出：“工人革命的第一步就是使无产阶级上升为统治阶级，争得民主。”无产主义就是无产阶级通过革命“使自己成为统治阶级，并以统治阶级的资格用暴力消灭旧的生产关系”。[④] 列宁强调，无产阶级如果不在民主斗争中为社会主义革命做好准备，它就不能实现这个革命；胜利的社会主义如果不实行充分的民主，它就不能保持取得的胜利。

2. 揭示了民主的本质就是人民当家做主

马克思在 1843 年 3 月写的《黑格尔法哲学批判》中，运用人民主权的思想批判了封建专制和君主立宪制。针对黑格尔竭力美化普鲁士君主立宪制度，把君主规定为“人格化的主权”的观点，马克思批判地指出，君主主权和人民主权是两个完全对立的主权概念，不是君主的主权，就是人民的主权。他说：“在君主制中是国家制度的人民；在民主制中是人民的国家制度。”并说：“民主制独有的特点，就是国家制度无论如何只是人民存在的环节”，“……不是国家制度创造人民，而是人民创造国家制度。”[⑤] 在批判黑格尔国家理论的

① 《马克思恩格斯选集（第 3 卷）》，人民出版社 1995 年版，第 38 页。
② 《列宁选集（第 3 卷）》，人民出版社 1995 年版，第 184 页。
③ 《列宁全集（第 3 卷）》，人民出版社 1984 年版，第 629 页。
④ 《马克思恩格斯选集（第 1 卷）》，人民出版社 1995 年版，第 293 页。
⑤ 《马克思恩格斯全集（第 1 卷）》，人民出版社 1995 年版，第 281 页。

基础上，马克思、恩格斯形成了“真正的民主制”思想。民主制是“一切国家制度的实质”。“在民主制中，国家制度、法律、国家本身都只是人民的自我规定和特定内容”。①

马克思、恩格斯认为，真正的民主制，就是把全体人民都包括在内，人民能够直接参与国家事务、实现自我管理的国家制度。后来，马克思在总结巴黎公社经验的时候，在对“哥达纲领”进行批判的时候，都更为明确地表述了关于民主应是人民当权的观点。他在《哥达纲领批判》中指出：“民主的”这个词，在德语里意思是“人民当权的”②。马克思和恩格斯在《德意志意识形态》一文中，也对国家的主体是人民作出了历史唯物主义的解释。

列宁也深刻地论述了这一问题。在十月革命前，列宁就提出一个著名论断：“没有民主，就不可能有社会主义。”这包括两个意思：一是“无产阶级如果不通过争取民主的斗争为社会主义革命做好准备，它就不能实现这个革命”；二是“胜利了的社会主义如果不实行充分的民主，就不能保持它所取得的胜利，并且引导人类走向国家的消亡”③。苏维埃民主应是使全体居民真正平等地、真正普遍地参与一切国家事务，“对我们来说，重要的就是普遍吸收所有的劳动者来管理国家。”④ “资产阶级及其拥护者责备我们破坏民主。我们说，苏维埃革命无论在深度和广度方面都空前地推动了民主的发展，而且它所推动的正是受资本主义压迫的广大劳动群众享受的民主，因而也就是绝大多数人享受的民主，也就是不同于资产阶级民主（剥削者的、资本家的、富人的民主）的社会主义民主（劳动人民的民主）”⑤。

3. 国体决定政体，民主作为一种政治制度，受经济基础的决定并为其服务

马克思主义经典作家认为，政府形式（政体）只是民主的一个方面，而比这个方面更重要的是国体，即国家政权的阶级性质，也就是哪个阶级掌握

---

① 《马克思恩格斯全集（第1卷）》，人民出版社1956年版，第282页。
② 《马克思恩格斯选集（第3卷）》，人民出版社1995年版，第312页。
③ 《列宁全集（第28卷）》，人民出版社1991年版，第168页。
④ 《列宁选集（第3卷）》，人民出版社1995年版，第464页。
⑤ 《列宁选集（第3卷）》，人民出版社1995年版，第280页。

国家政权、享有民主权利，国体决定政体。因此，在马克思主义看来，谈论民主首先要看民主的阶级本质，而不能离开民主的阶级本质来谈论民主的政府形式。资产阶级民主观就是只从政体角度谈论民主，从政权的形式即政体的角度来理解民主，把民主理解为一种由多数人掌握政权的政府形式，没有能够揭示出民主的阶级本质，从而掩盖了资产阶级民主阶级统治的本质。

在马克思主义经典作家看来，民主作为一种政治制度，属于上层建筑受经济基础的决定并为其服务。恩格斯指出："直接的物质的生活资料的生产，从而一个民族或一个时代的一定的经济发展阶段，便构成基础，人们的国家设施、法的观点、艺术以至宗教观念，就是从这个基础上发展起来的，因而，也必须由这个基础来解释。"① 马克思主义经典作家认为，由经济基础与上层建筑一起构成的社会结构、社会形态是具体地、历史地存在的，因而，作为上层建筑的民主，也是具体的、历史的。不存在超越具体历史阶段的"一般民主"，"权利决不能超出社会的经济结构以及由经济结构制约的社会的文化发展。"② 与此同时，因为历史上具体的社会结构、社会形态总是随着人类生产力的发展而变化的，所以，民主在人类社会发展过程中也是发展变化的。"民主"是个历史范畴，必然随着"人民"概念的变化而变化，不存在永恒不变的"绝对民主"。

列宁指出："任何民主，和一般的任何政治上层建筑一样，归根到底是为生产服务的，并且归根到底是由该社会中的生产关系决定的。"③ 民主作为上层建筑是由经济基础决定并为其服务的，所以资产阶级民主是由生产资料资本家私人所有制决定并为资产阶级服务的，只有建立在生产资料公有制基础上的社会主义民主，才是为广大劳动群众服务的真正意义上的"大多数人的民主"。列宁强调："从专制制度到资产阶级民主；从资产阶级民主到无产阶级民主；从无产阶级民主到没有任何民主，这就是民主发展的辩证法（过程）。"④ 民主的内容和形式也因国情不同而展现出不同的特点。列宁指出：

---

① 《马克思恩格斯选集（第3卷）》，人民出版社1995年版，第776页。

② 《马克思恩格斯选集（第3卷）》，人民出版社1995年版，第305页。

③ 《列宁选集（第4卷）》，人民出版社1995年版，第405页。

④ 《列宁全集（第31卷）》，人民出版社1985年版，第156页。

“甚至现代帝国主义的托拉斯和银行，尽管在发达的资本主义的条件下到处同样不可避免，但在不同国家里其具体形式却并不相同。英、美、法、德这些先进的帝国主义国家的政治形式更加各不相同，……在民主的这种或那种形式上，在无产阶级专政的这种或那种形态上，在社会生活各方面的社会主义改造的速度上，每个民族都会有自己的特点。”①

4. 发现了社会决定国家的唯物史观，提出民主要靠法治来保证

马克思主义产生之前，以黑格尔为代表的国家决定社会的唯心史观占支配地位。马克思、恩格斯对这种唯心史观进行了尖锐批判。在他们看来，不是政治国家决定市民社会，而是市民社会决定政治国家，人民才是国家主权的唯一来源，“国家制度如果不再真正表现人民的意志，那它就变成有名无实的东西了”。② 马克思认为：“只有使法律成为人民意志的自觉表现，也就是说，它应该同人民的意志一起产生并由人民的意志所创立。”③ 恩格斯明确指出：“从某一阶级的共同利益中产生的要求，只有通过下述办法才能实现，即由这一阶级夺取政权，并用法律的形式赋予这些要求以普遍的效力。因此每个正在进行斗争的阶级都必须在纲领中用法权要求的形式来表述自己的要求。”④

5. 提出了坚持和实行无产阶级的民主集中制思想

马克思、恩格斯在创建共产主义者同盟时，最早提出民主集中制的思想。1847 年，在正义者同盟改组为共产主义者同盟的第一次代表大会上，通过了主要由恩格斯和 W·沃尔弗起草的新章程。章程规定同盟由支部、区部、总区部、中央委员会和代表大会构成；代表大会是最高权力机关，执行权属于中央委员会；各级委员会都由选举产生并随时可以罢免。这些规定体现了民主集中制的精神。1864 年，马克思为第一国际起草的《协会临时章程》，也体现了民主集中制的精神。

马克思、恩格斯认为，民主集中制至少有两种：一种是无产阶级政党根

① 《列宁选集（第 2 卷）》，人民出版社 1995 年版，第 777 页。
② 《马克思恩格斯全集（第 1 卷）》，人民出版社 1956 年版，第 316 页。
③ 《马克思恩格斯全集（第 1 卷）》，人民出版社 1956 年版，第 184 页。
④ 《马克思恩格斯全集（第 21 卷）》，人民出版社 1995 年版，第 567 ~ 568 页。

本组织原则的民主集中制；另一种是社会主义国家政权根本组织原则的民主集中制。1890 年，恩格斯在《致约·布洛赫》的信中对创造历史的“合力”做了精辟的阐述，既是对人民群众创造历史的深刻揭示，又可视为民主集中制理论的重要基础。恩格斯在总结巴黎公社失败的经验教训时认为，公社失败是由于缺乏集中和权威。他还针对否定集中的倾向指出：“为了进行斗争，我们必须把我们的一切力量捏在一起，并使这些力量集中在同一个攻击点上。如果有人向我说，权威和集中是两种在任何情况下都应当加以诅咒的东西，那么我就认为，说这种话的人，要么不知道什么叫革命，要么只不过是口头革命派。”① 马克思、恩格斯认为，民主与集中、自治与权威都是相对的东西，不能把它们的任何一方绝对化。因此，尽管马恩都没有明确提出过民主集中制的概念，但已经具有了“民主集中制”的思想。民主集中制作为无产阶级（社会主义）国家政权的根本组织原则，也适用于无产阶级政党与其他党派的合作。

第一个明确地提出“民主集中制”概念的是列宁。1905 年俄国革命爆发后，党的斗争环境发生变化，列宁适时地提出了民主集中制原则。同年 9 月，他在《德国社会民主工党耶拿代表大会》一文中说：“实行彻底的集中制和坚决扩大党组织内的民主。”1906 年 3 月 20 日，他又在《提交俄国社会民主工党统一代表大会的策略纲领》一文中说：“党内民主集中制的原则是现在一致公认的原则”②。1906 年 4 月，俄国社会民主工党（布尔什维克）第四次代表大会又把民主集中制作为组织原则写进了大会通过的党章，规定“党的一切组织是按民主集中制原则建立起来的”。把民主集中制作为一条原则写进党章之中，这在马克思主义建党学说史上是第一次。更为重要的是，列宁不仅把民主集中制作为俄共的根本组织原则，同时也把其运用于苏维埃的政权建设中，作为苏维埃政权的根本组织原则。十月革命后，民主集中制推广成为各国共产党的组织原则。

苏维埃是一种新型的无产阶级民主制。列宁非常重视无产阶级夺取政权后的民主形式问题，认为：苏维埃民主制即无产阶级民主制的社会主义性质

① 《马克思恩格斯选集（第 3 卷）》，人民出版社 1995 年版，第 606 页。
② 《列宁全集（第 13 卷）》，人民出版社 1987 年版，第 214 页。

就在于：第一，选举人是被剥削劳动群众，排除了资产阶级；第二，废除了选举上一切官僚主义的手续和限制，群众自己决定选举的程序和日期，并且有罢免当选人的完全自由；第三，建立了劳动者先锋队即大工业无产阶级的最优良的群众组织，这种组织使劳动者先锋队能够领导最广大的被剥削群众，吸收他们参加独立的政治生活，根据他们亲身的体验对他们进行教育，从而第一次着手使真正全体人民都学习管理，并且开始管理。并指出“这就是在俄国实行的民主制的主要特征，这种民主制是最高类型的民主制”。① 这是对马克思主义无产阶级民主制思想的丰富和发展。

马克思主义经典作家认为，作为一种政治制度，民主都是具体的、历史的，不同时期、不同国家、不同民族的民主政治制度各不相同，具有特殊性。世界上的民主，都是具体的、相对的，而不是抽象的、绝对的。任何一种民主的本质、内容和形式，都是由本国的社会制度所决定的，并且都是随着本国经济文化的发展而发展的。世界上不存在超历史、超国家、超民族的民主政治制度。因此，所以每个国家只能根据自己的历史传统、社会文化、现实条件、具体国情来选择和决定自己的民主政治制度，照搬照抄别国经验注定是不会成功的。

总之，在马克思主义经典作家看来，真正的民主应是人民主权、人民意志的实现，就是人民自己创造、自己建立、自己规定国家制度，以及运用这种国家制度决定自己的事情。概括地说，民主应是人民当家做主。民主是协商民主的基础。没有民主思想就没有协商民主，也没有人民政协协商民主。因此，马克思、恩格斯、列宁等马克思主义经典作家关于民主的原则和方法等民主思想，为人民政协协商民主理论的形成和发展提供了重要的思想来源和理论基础。

二、马克思主义经典作家的政党理论

1. 马克思、恩格斯的政党理论

马克思、恩格斯认为，共产党人为了工人阶级最终的目的和利益，必须

---

① 《列宁全集（第34卷）》，人民出版社1985年版，第183～184页。

同各民主政党、团体合作，反对共同的敌人。马克思、恩格斯关于政党联合建立统一战线的思想，为中国共产党领导的多党合作和政治协商制度这一中国形态的协商民主奠定了理论基础。[①] 19 世纪 30 ~ 40 年代，欧洲工人运动发展到一个新阶段。1847 年 6 月，在马克思、恩格斯的直接推动和指导下，第一个以马克思主义为指导的无产阶级政党——“共产主义者同盟”改组成立。马克思、恩格斯起草了纲领——《共产党宣言》，不仅指出了共产党与其他政党合作的必要性，而且还探讨了合作的基础、条件、原则等基本问题，包括以下三点。

第一，关于合作对象。马克思、恩格斯指出，无产阶级政党首先要注意同其他工人政党联合，“每个国家的工人运动的成功只能靠团结和联合的力量来保证。”[②] “共产党人的最近目的是和其他一切无产阶级政党的最近目的一样的：使无产阶级形成为阶级，推翻资产阶级的统治，由无产阶级夺取政权。”[③] 其次，共产党还要注意同其他社会主义民主党联合。马克思、恩格斯在《共产党宣言》中指出：无产阶级为了完成自己的历史使命，“共产党人到处都支持一切反对现存的社会制度和政治制度的革命运动”，“共产党人到处都努力争取全世界民主政党之间的团结和协调。”

第二，关于合作范围。马克思、恩格斯主要论述了两种情形。一是国内多党合作。在《共产党宣言》中，马克思、恩格斯对欧洲几个主要国家的国内多党合作、联合做了详细的论述。二是国际多党合作。在马克思、恩格斯看来，无产阶级要取得胜利，必须“全世界无产者，联合起来！”[④] 共同去推翻资产阶级的统治，建立无产阶级统治。第一国际就是马克思、恩格斯国际多党合作思想的具体运用和实践。

第三，关于合作策略。首先，无产阶级政党间的合作必须遵循求同存异的原则。共同的使命和利益是无产阶级政党合作的基础，但各无产阶级政党

---

① 李仁彬、黄国华等：《中国协商民主理论与实践探析》，四川大学出版社 2011 年版，第 12 ~ 13 页。

② 《马克思恩格斯全集（第 44 卷）》，人民出版社 1982 年版，第 574 页。

③ 《马克思恩格斯选集（第 1 卷）》，人民出版社 1995 年版，第 285 页。

④ 《马克思恩格斯选集（第 1 卷）》，人民出版社 1995 年版，第 307 页。

也会存在觉悟程度、思想观点、政治态度方面的差异，甚至可能出现意见和观点的分歧。因此，无产阶级政党在合作时必须坚持求大同、存小异的原则，容许差异和分歧的存在。其次，反对现存的社会制度和政治制度，是民主政党同共产党人合作的政治基础。再次，共产党同其他民主政党合作。恩格斯指出："共产党人同社会主义民主党联合起来反对保守的和激进的资产阶级，但是并不因此放弃对那些从革命的传统中承袭下来的空谈和幻想采取批判态度的权利。"①

2. 列宁的政党理论

列宁的政党理论内容极为丰富，其中能够作为多党合作和政治协商思想渊源的，主要是关于共产党领导和多党合作的理论。

共产党领导的理论。列宁关于共产党领导理论的核心是党的领导权问题。在十月革命前，党要争取对革命的领导权，十月革命后，党要掌握对国家的领导权。无产阶级是革命的领导阶级，阶级的领导要通过党的领导来实现。列宁明确指出，无产阶级政党是无产阶级的先进部队，是无产阶级和劳动群众的领导者和组织者；无论是在民主革命中，还是在社会主义革命和社会主义建设中，都必须毫不动摇地坚持党的领导权。坚持共产党的领导权，这主要是因为两点：第一，共产党是用马克思主义理论武装起来的先进部队。"没有革命理论，就不会有坚强的社会党。""只有以先进理论为指南的党，才能实现先进战士的作用。"② 第二，共产党是工人阶级有组织的部队。

关于苏维埃政权建立后的多党合作。列宁强调社会主义事业是千百万人民群众的事业，要最大限度地团结和调动群众，就必须对那些有一定群众基础和社会影响并愿意合作的政党采取团结的态度。但合作要坚持三原则：一是社会民主工党只能同革命民主派合作，不能同反动党派合作；二是"合作"不是"合并"，必须保持社会民主工党的独立性；三是社会民主工党要在政治思想上起领导作用。③

建立共产党与非共产党员的联盟。列宁认为，共产党员和非共产党员联

---

① 《马克思恩格斯选集（第1卷）》，人民出版社1995年版，第306页。

② 《列宁全集（第6卷）》，人民出版社1986年版，第24页。

③ 李振海："列宁的多党合作思想与实践"，《天津师范大学学报》，1991年第1期。

盟是绝对必要的。“如果共产党员（以及所有成功地开始了大革命的革命家）以为单靠革命家的手就能完成革命事业，那将是他们最大最危险的错误之一……先锋队只有当它不脱离自己领导的群众并真正引导全体群众前进时，才能完成先锋队的任务。在各种活动领域中，不同非共产党员结成联盟，就根本谈不上什么有成效的共产主义建设。”① 他还进一步认为，在政权属于共产党领导的苏维埃俄国，实行统一战线的策略，就是共产党绝对不应关起门来，而应该吸收越来越广泛的非党工人群众的代表来讨论国家的最重要的措施和参加国家的管理工作。

三、马克思主义经典作家的统一战线理论

统一战线，即不同的阶级、阶层、政党、集团为共同的政治目的而结成的同盟。马克思主义主张和建立的统一战线，是其在一定历史条件下，为了实现一定的政治目的，而同一切可以团结的力量（包括阶级、阶层、政党、集团）结成的政治同盟。

1. 马克思、恩格斯的统一战线理论

无产阶级只有解放全人类，才能最后解放自己，这是无产阶级统一战线的根本指导思想。马克思、恩格斯认为，无产阶级担负着解放全人类的历史使命，而且也只有解放全人类才能最终解放自己。因为“被剥削被压迫的阶级（无产阶级），如果不同时使整个社会永远摆脱剥削、压迫和阶级斗争，就不再能使自己从剥削它压迫它的那个阶级（资产阶级）下解放出来”。② 无产阶级的历史使命决定了无产阶级及其政党与其他阶级、阶层、政党、集团进行联合的必然性。无产阶级及其政党要取得革命的成功，实现人类和无产阶级自身的解放，必须有大量革命阶级和社会进步力量参与革命、共同斗争，否则就“只好在某一偏僻地方的小报上宣传共产主义，只好创立一个小小的宗派而不是创立一个大型的行动党了”③。

马克思、恩格斯认为，无产阶级为了实现解放全人类的历史使命，必须

---

① 《列宁全集：(第43卷)》，人民出版社1987年版，第23页。
② 《马克思恩格斯选集（第1卷）》，人民出版社1995年版，第252页。
③ 《马克思恩格斯选集（第4卷）》，人民出版社1995年版，第182~183页。

建立最广大的统一战线。在1848年发表的《共产党宣言》中指出："全世界无产者，团结起来"，并且认为，无产阶级队伍不仅仅包括工人，而且以前处于中等阶层中的下层人民，包括小商人、小食利者、小手工业者和农民等等，在现有的情况下这些人全部都降落到了无产阶级的队伍之中。而建立统一战线最重要的目的就是将无产阶级与之联合起来，为推翻资产阶级的统治而奋斗。

马克思、恩格斯认为，无产阶级要努力同其他阶层或者阶级结成联盟。马克思指出："在现代文明已经发展的国家里，形成了一个新的小资产阶级，它摇摆于无产阶级和资产阶级之间，并且作为资产阶级社会的补充部分不断地重新组成。但是，这一阶级的成员经常被竞争抛到无产阶级队伍里去，而且，随着大工业的发展，他们甚至觉察到，他们很快就会完全失去他们作为现代社会中一个独立部分的地位。"① "在无产阶级暂时被挤出舞台而资产阶级专政已被正式承认之后，资产阶级社会内的中等阶层，即小资产阶级和农民阶级，就必定要随着他们境况的恶化以及他们与资产阶级对抗的尖锐化而越来越紧密地靠拢无产阶级。"② 恩格斯也认为，小手工业者小商人阶级的地位介于资本家（商人和资本家）即名副其实的资产阶级与无产阶级或者产业工人阶级之间，"它力图爬上资产阶级的地位，但命运中的一点点不顺利就把这个阶级中的某些人抛到无产阶级的队伍中去"。③ 马克思、恩格斯还认为，无产阶级不仅要与中间阶层结成统一战线，就是资产阶级，在一定条件下也可以与其结成统一战线。他们在《共产党宣言》中就明确提出了这一点："只要资产阶级采取革命的行动，共产党就同它一起去反对专制君主制、封建土地所有制和小市民的反动性。"④

2. 列宁的统一战线理论

列宁在领导俄国革命和建设的实践中，坚持并发展了马克思、恩格斯的统战理论。列宁强调，无产阶级必须尽可能地争取同盟军。要利用一切机会，

---

① 《马克思恩格斯选集（第1卷）》，人民出版社1995年版，第297页。
② 《马克思恩格斯选集（第1卷）》，人民出版社1995年版，第400页。
③ 《马克思恩格斯选集（第1卷）》，人民出版社1995年版，第467页。
④ 《马克思恩格斯选集（第1卷）》，人民出版社1995年版，第306页。

哪怕是极小的机会来获得大量的同盟者，尽管这些同盟者可能是暂时的、动摇的、不稳定的、靠不住的、有条件的。这对于无产阶级夺取政权以前和以后的时期，都是一样适用的。争取同盟军的基本途径和方法有两种：一种是直接的，即尽可能地团结一切可以团结的力量；另一种是间接的，即充分利用敌人营垒中的一切矛盾和“裂痕”来分化和削弱敌人的力量。在这里，根据具体的环境和条件采取必要的妥协，是无产阶级及其政党争取同盟军的一条重要策略原则。

在1905年资产阶级民主革命时期，列宁就指出：“无产阶级决不应该把其他阶级和政党看作‘反动的一帮’，恰恰相反，它应该参加整个政治生活和社会生活，应该支持进步阶级和进步政党去反对反动阶级和反动政党，应该支持一切反对现存制度的革命运动。”[①]因此，苏维埃不应该成为一个狭隘的组织，而应该成为一个包括一切革命民主派的广泛的战斗联盟，“我们不怕成员广泛和成分复杂，而是希望这样，因为没有无产阶级和农民的联合，没有社会民主党人和革命民主派的战斗的合作，就不可能取得伟大的俄国革命的彻底胜利。”[②]

无产阶级必须同被剥削的劳动群众联合起来。列宁指出：“只有无产阶级才能推翻资产阶级的统治，因为无产阶级是一个特殊阶级，它生存的经济条件为它推翻资产阶级的统治作了准备，使它有可能、有力量达到这个目的。”[③]他在1898年《我们党的纲领草案》中指出：“在纲领中必须指出支持一切反对专制制度的战士，这是因为同俄国工人阶级的先进分子紧密结合的俄国社会民主党，应该举起一般民主主义的旗帜，以便把一切能够为争取政治自由而斗争的或者只能给以某种支持的阶层和个人，团结在自己的四周。”[④]

建立全世界工人阶级的统一战线。列宁认为，“统一战线策略的目的和意义在于吸收越来越广泛的工人群众参加反对资本的斗争”。[⑤]工人阶级内部的统一战线既包括一国内部工人阶级的联合与团结，同时也包括各国工人阶级之

① 《列宁全集（第4卷）》，人民出版社1984年版，第152页。
② 《列宁全集（第10卷）》，人民出版社1987年版，第5页。
③ 《列宁全集（第31卷）》，人民出版社1985年版，第23~24页。
④⑤ 《列宁全集（第4卷）》，人民出版社1984年版，第193页。

间的联合与团结。“工人阶级的联合和团结已经不限于一个国家或一个民族：各个国家的工人政党都大声宣布，全世界工人的利益和目的是完全共同一致的……因为统治工人的资本家阶级并不限于在一个国家内进行自己的统治……资本家的国际协会出现了。资本的统治是国际性的。因此，工人只有进行反对国际资本的共同斗争，各国工人争取解放的斗争才会取得成就。”①

总之，马克思、恩格斯、列宁关于民主本质的思考、政党联合和统一战线思想，是中国共产党领导的多党合作和政治协商制度及其协商民主理论的思想源头和支撑。中国通过建立“独特的、独有的、独到的”人民政治协商会议这种民主形式，将全国人民团结起来，为实现共同的目标而奋斗，这是中国革命的主要特点，也是中国特色的民主政治的主要内容。中国革命的成功，其中一个重要因素，就在于科学地、完整地提出了新民主主义及其向社会主义过渡的理论，并且将其目标定义为实现人民民主，创造了多党合作和政治协商这个独特的政治制度。

第二节　人民民主理论的确立和发展

中国共产党的人民民主理论，是人民政协协商民主理论的基点和核心价值取向。人民政协协商民主理论，是人民民主理论的一个重要组成部分，是在马克思主义统一战线理论、政党理论和民主政治理论基础之上、在人民民主理论框架之内形成和发展起来的。

一、人民民主理论的内涵

在中国古代，认为“大臣辅佐国君，犹人之有股肱，故称之为国体”②。一个国家根本性质的国体，是由社会各阶级在国家中的地位来决定的。不同类型国家的宪法对国体的表现方式却很不一致。资本主义国家宪法通常以

---

① 《列宁全集（第2卷）》，人民出版社1984年版，第81～82页。

② ［战国］穀梁赤：《春秋谷梁传·昭公十五年》，国学网经部·十三经，《谷梁传·昭公十五年》：“大夫，国体也。”范宁注：“君之卿佐，是谓股肱，故曰国体。”。

“主权在民”“全民国家”等超阶级的字样规定国体，否认国家的阶级本质。如美国、墨西哥、菲律宾、印尼等实行总统制，德国、意大利、印度等实行议会共和制，英国、荷兰、西班牙、泰国等实行议会君主立宪制。而社会主义国家则公开表明国家的阶级本质，宣布自己是人民民主专政的国家。中国的《宪法》第一条规定：“中华人民共和国是工人阶级领导的、以工农联盟为基础的人民民主专政的社会主义国家”。

人民民主即人民当家做主。简单地说，国家的一切权力属于人民，为人民所有，受人民监督。这是马克思主义民主政治理论的本质内容，也是社会主义民主政治的内核。当代西方学者对民主的理解和阐释局限在选举或是取得做出决策权力的范畴，美国社会学家熊彼特认为：“民主的方法就是为实现政治决定而实行的制度安排。在这种制度安排中，某些人通过争取人民选票取得作出决定的权力。”① 马克思主义民主政治理论及中国共产党对于民主的理解超越了西方关于民主的定义，从理论上把民主作为选举或取得决策权力的理解，扩展到参与和监督的视角，极大地丰富了民主理论的内涵。

人民民主的逻辑起点，是国家的一切权力来源于人民。中国共产党执政后，必须坚持“全心全意为人民服务”的宗旨，将“始终把实现好、维护好、发展好最广大人民根本利益作为党和国家一切工作的出发点和落脚点”，保障人民依法享有广泛权利和自由，这是人民民主理论有别于西方民主理论的独特之处。2002 年，中共十六大确立了人民民主的基本框架：“发展社会主义民主政治，最根本的是要把坚持党的领导、人民当家做主和依法治国有机统一起来。”② 坚持党的领导、人民当家做主和依法治国三者的有机统一，是改革开放后对人民民主理论的丰富和发展。

中共十八大报告中指出，“坚持国家一切力属于人民……更加注重健全民主制度、丰富民主形式，保证人民依法实行民主选举、民主决策、民主管理、

① ［美］约瑟夫·熊彼特著，吴良建译：《资本主义、社会主义和民主》，商务印书馆 2012 年版，第 396 页。

② 《十六大以来重要文献选编（上）》，人民出版社 2005 年版，第 24 页。

民主监督。"[①] 这是中国共产党对于如何实现人民当家做主的最具权威性的概括和表述。从中可以看出，中国共产党强调国家的一切权力属于人民，"共产党执政就是领导和支持人民掌握和行使管理国家的权力，实行民主选举、民主决策、民主管理、民主监督，保证人民依法享有广泛的权利和自由，尊重和保护人权[②]"。

在人民政协成立65周年大会上，习近平强调："保证和支持人民当家做主不是一句口号、不是一句空话，必须落实到国家政治生活和社会生活之中，保证人民依法有效行使管理国家事务、管理经济和文化事业、管理社会事务的权力。"

二、人民民主理论的四个方面

人民民主理论的本质是人民当家做主，体现为"民主选举、民主决策、民主管理、民主监督"四个方面的内容。这"四个民主"是人民民主权利的主要内容，是中国共产党对于如何实现人民当家做主的最具权威性的概括和表述[③]。人民民主理论将对民主内涵的理解从选举层面拓展到参与和监督层面，这是中国共产党在继承马克思主义民主政治理论关于民主方式和民主权利观的基础上，在中国民主政治建设的实践中，对马克思主义民主政治理论的丰富和发展，也是人民民主理论有别于西方民主理论的特殊之处。

在人民民主的实现过程中，人民享有选举与被选举权、知情权、参与权、表达权和监督权等一系列广泛的权利，这构成了人民权利的主要要素。选举与被选举权、监督权，较为直接地对应了人民民主理论中的民主选举和民主监督的内容，知情权、参与权、表达权则在人民民主的"四个方面"中都有体现和运用。民主选举是实现人民权利的前提或首要内容，民主决策和管理是实现人民权利的关键内容，民主监督是实现人民主权的保障性内容。人民

---

① 胡锦涛：《坚定不移沿着中国特色社会主义道路前进，为全面建成小康社会而奋斗》，人民出版社2012年版，第26~27页。

② 赵淑梅："改革开放以来国内关于人民民主理论的发展研究"，《重庆社会主义学院学报》，2010年第30期。

③ 奚洁人：《科学发展观百科辞典》，上海辞书出版社2007年版。

权利的这“四个方面”，勾勒出中国民主政治建设的基本轮廓和制度框架[①]（见图 3. 1）。

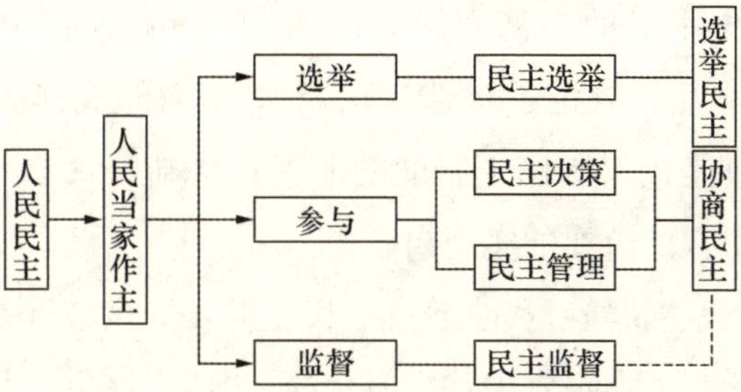

图 3. 1　人民民主理论“四个民主”关系图

从图 3. 1 中可以看出，人民民主有三种实现形式，即选举的形式、参与的形式和监督的形式。选举的形式对应选举民主，参与的形式对应协商民主，人民民主理论中的民主监督形式不应简单地归结为选举民主形式或协商民主形式。这是因为中央的相关文件以及领导人的讲话中没有将社会主义民主的“四个民主”之一的民主监督放入选举民主形式或协商民主形式。江泽民提出：“人民通过选举、投票行使权利和人民内部各方面在作出重大决策之前进行充分协商，尽可能取得一致意见，是社会主义民主的两种重要形”[②]。2007 年《中国的政党制度》白皮书将其概括选举民主和协商民主。从上述论述中可以看出，社会主义选举民主和协商民主分别对应人民民主理论中选举的形式和参与的形式，论述中并没有提到民主监督的问题。人民民主理论中的民主监督要素还需从人民民主的实现形式上加以阐释。

在中国，民主选举是中国共产党最早运用于民主政治建设的方式。中国共产党在苏维埃政权建设时，就通过选举的方式产生苏维埃政府（当时各地的名称不统一，有些地方称为工农兵政府，有的则称为工农革命委员会等）。中国共产党领导制定、修改了《中国苏维埃共和国的选举细则》《苏维埃暂行选举法》，规定了享有选举和被选举权的主体，选举代表的比例名额等问题。“三三制”民主政权建设时期，中国共产党曾领导开展过参议会选举工作，遵照《陕甘宁边区选举条例》的规定和要求，力求“普遍、自由、直接、平

---

① 李彦：“中国共产党的人民政协协商民主理论”，中共中央党校博士论文，2015 年。

② 郑万通：“人民民主平台更广阔（协商民主在实践）”，《人民日报》，2012 年 11 月 28 日。

等”。美国记者斯诺在1936年和1939年先后两次访问陕北根据地和延安以后，称赞“只见公仆不见官”的“那种精神，那种力量，那种欲望，那种热情……是人类历史本身的丰富而灿烂的精华”，是“东方魔力”“兴国之光”。[①] 新中国建立后，制定了《选举法》，之后又进行了六次修订，现已较为全面。民主选举是代议制民主制度的前提和基础，赋予国家机关的权力与合法性，是人民主权的首要的实现内容。

“民主选举、民主决策、民主管理、民主监督”的表述是中国共产党在党的第十五次全国代表大会报告中首次使用的。“四个民主”是对民主政治的国家层面而言的，不限于基层民主的层级。其中，民主决策是指在政策产生之前，保证广泛的人民参与，倾听意见并集中民智，使决策建立在民主和科学的基础之上。在中国，党委、人大、政府系统中都涉及民主决策的环节。民主管理在不同层面上具有不同的内涵。从基层民主层面而言，民主管理的主体是居民和村民，管理的组织机构是居民委员会和村民委员会，民主管理是自治性质的管理。从国家层面而言，管理是政府的主要职能，民主管理主要对应于政府体系。民众通过各种渠道参与国家和社会管理。民主监督是依照法律对于党和国家机关及其工作人员的监督。目前，中国已经形成系统的监督体系，包括党内监督、党际监督、人大监督、政府审计监督、司法监督、政协监督、人民团体与社会组织监督以及媒体的舆论监督等内容。

由此可见，人民政协的协商民主理论是人民民主理论的一个重要组成部分。人民政协协商民主理论中的政治协商、参政议政和民主监督，是在政协层面上对人民民主理论中的民主决策、民主管理和民主监督等内容的深化和创新发展。

三、人民民主理论的探索实践

中国共产党的创立和已经走过的近一个世纪的发展历程，都是与如何争得人民当家做主的权利和怎样建设社会主义民主政治紧密联系在一起的。[②]

---

① 薛鑫良：“延安时期的民主实践”，《学习时报》，2009年3月6日。

② 李铁映：“关于民主的几个理论问题”，《邓小平理论学习与研究》，2001年第4期，第49~53页。

“五四运动”是近代中国反对帝国主义、封建主义的伟大爱国民主运动。它倡导民主与科学，促进了马克思主义在中国的广泛传播。中国共产党在成立初期，就制定了反帝反封建的民主革命纲领，提出了争取和实现人民民主的历史任务。

在土地革命时期，毛泽东就开始人民民主理论的实践探索。1927 年 9 ~ 10 月间，毛泽东领导湘赣边界秋收起义部队进行“三湾改编”时，宣布实行军内民主制度，规定官兵待遇平等，经济公开，士兵有开会说话的自由；团以下各级建立士兵委员会，士兵委员会代表士兵利益，参加部队管理。

1928 年 11 月 25 日，毛泽东在写给中国共产党中央委员会的报告中提出：“中国不但人民需要民主主义，军队也需要民主主义。军队内的民主主义制度，将是破坏封建雇佣军队的一个重要的武器。”报告中写道：

> 红军的物质生活如此菲薄，战斗如此频繁，仍能维持不败，除党的作用外，就是靠实行军队内的民主主义。官长不打士兵，官兵待遇平等，士兵有开会说话的自由，废除烦琐的礼节，经济公开……这些办法，士兵很满意。尤其是新来的俘虏兵，他们感觉国民党军队和我们军队是两个世界。他们虽然感觉红军的物质生活不如白军，但是精神得到了解放。同样一个兵，昨天在敌军不勇敢，今天在红军很勇敢，就是民主主义的影响。红军像一个火炉，俘虏兵过来马上就熔化了。中国不但人民需要民主主义，军队也需要民主主义。军队内的民主主义制度，将是破坏封建雇佣军队的一个重要的武器。①

1929 年 12 月，《古田会议决议》规定：官兵之间只有职务的分别，没有阶级的分别；实行集中指导下的民主生活，坚决废除肉刑，禁止辱骂，让士兵有说话的权利，反对打击报复；克服极端民主化，保证民主生活的正常开展。1931 年在江西革命根据地建立的中华苏维埃共和国，成为中国大地上第一个人民民主政权的雏形。

1939 年 5 月，毛泽东正式提出了人民民主这个概念。他指出，中国应当

---

① 《毛泽东选集（第 1 卷）》，人民出版社 1991 年版，第 65 页。

“建立人民民主主义的制度。”① 随后，他进一步指出，“民主必须是多方面的，是政治上的、军事上的、文化上的、党务上的以及国际关系上的，一切这些，都需要民主。”②

延安时期，中国共产党把抗日与民主建设结合起来，在延安创建的民主政权受到当时全国各界追求民主的人们的普遍赞誉，延安被称为中国民主的摇篮。毛泽东说：“没有民主，抗日是要失败的。没有民主，抗日就抗不下去。有了民主，则抗他十年八年，我们也一定会胜利。”③ 因此，在根据地广泛实行“三三制”（即在抗日民族统一战线政权中，中国共产党员、非党的左派进步分子、不左不右的中间派各占1/3）。

1945年7月，民主人士黄炎培在延安的窑洞里向毛泽东提出：“我六十多年，耳闻的不说，所亲眼看到的，真所谓‘其兴也浡焉’，‘其亡也忽焉’，一人，一家，一团体，一地方，乃至一国，不少单位都没有能跳出这周期支配力……一部历史，‘政怠宦成’的也有，‘人亡政息’的也有，‘求荣取辱’的也有。总之没有能跳出这个周期率。中共诸君从过去到现在，我略略了解的了。就是希望找出一条新路，来跳出这周期率的支配。”④

毛泽东坚定地回答说：“我们已经找到新路，我们能跳出这个周期率。这条新路，就是民主。只有让人民来监督政府，政府才不敢松懈。只有人人起来负责，才不会人亡政息。”⑤ 在这里，毛泽东揭示了即将建立起来的社会制度的本质，也就是人民当家做主，建立以人民为主体的新制度，用民主的办法治理国家，用民主的办法监督公权力。

1949年，以毛泽东为首的中国共产党人带领人民取得了新民主主义革命的胜利，建立起了人民民主的政权与制度。1954年，毛泽东领导制定《中华人民共和国宪法》，在北京和全国各大城市组织各民主党派、各人民团体和社会各方面的代表人物共8000多人，用两个多月的时间对初稿进行了认真的讨

---

① 《毛泽东选集（第2卷）》，人民出版社1991年版，第563页。
② 《毛泽东文集（第3卷）》，人民出版社1996年版，第169页。
③ 《毛泽东选集（第2卷）》，人民出版社1991年版，第732页。
④ 柴宇球：《毛泽东大智谋（下）》，文化艺术出版社1994年版，第685页。
⑤ 《毛泽东年谱（1983～1949）（中卷）》，中央文献出版社2002年版，第610页。

论，随后由中央人民政府委员会公布，交付全国人民进行了两个多月的讨论，参与总人数达1.5亿之多，占当年总人口的1/4；建立起了人民代表大会制度、政治协商制度、民族区域自治制度等，从体制上构建了上下左右、各个层面实现人民当家做主的重要平台，人民群众以主人翁姿态积极参加社会主义革命和建设、创造幸福生活。

中国的人民民主制度，即人民民主专政的国家政权经历了两个历史阶段。在根据地时期，它实质上是工农民主专政，因为它所担负的是组织民主革命的任务；在新中国成立以后，它实质上已经是无产阶级专政了，因为它已经开始担负起组织社会主义改造和社会主义建设的任务。据此，毛泽东认为，我们这时所说的人民民主，实际上就是社会主义的民主。“我们的这个社会主义的民主是任何资产阶级国家所不可能有的最广大的民主。”①

1949年9月，新中国成立前夕召开的中国人民政治协商会议第一届全体会议，是中国共产党和各民主党派、人民团体、无党派民主人士按照民主原则共商建国大计的一次重要会议，确立了新中国的国家制度和政权组织形式。会议通过的具有临时宪法地位的《中国人民政治协商会议共同纲领》明确规定：“中华人民共和国为新民主主义即人民民主主义的国家，实行工人阶级领导的、以工农联盟为基础的、团结各民主阶级和国内各民族的人民民主专政……”“中华人民共和国的国家政权属于人民。人民行使国家权力的机关为各级人民代表大会和各级人民政府。”

1949年10月1日中华人民共和国的成立，标志着中国人民在中国共产党的领导下取得了新民主主义革命的伟大胜利，中国人民的政治地位发生了根本变化。从此，中国人民开始真正当家做主，成为国家、社会和自己命运的主人。新中国的建立，使中国实现了从两千多年的封建专制政治、近代以来照搬西方民主政治模式的失败尝试向新型人民民主政治的伟大跨越。②

在社会主义革命和建设时期，毛泽东对人民民主的作用进行了充分阐述。1957年3月19日，他讲到，我们应当采取团结、批评、团结的方式，也就是

---

① 《毛泽东文集（第7卷）》，人民出版社1999年版，第207页。

② 中华人民共和国国务院新闻办公室：《中国的政党制度》（白皮书），新华社，2007年11月。

采取民主的方法，来解决党内矛盾和人民内部矛盾。他认为，“采取现在的方针，文学艺术、科学技术会繁荣发达，党会经常保持活力，人民事业会欣欣向荣，中国会变成一个大强国又使人可亲。”① 他说：

> “我们采取上面所说的这些方针，我相信，我们的文化、科学、经济、政治，我们的整个国家，一定可以繁荣发展起来，我们国家就会变成一个有近代农业的、工业化的国家，人民的生活会要好起来，人民的政治情绪，人民跟政府的关系，领导者跟被领导者的关系，人民与人民之间的关系，将是一种合理的、活泼的关系。我们希望的就是要造成这样一个中国，把我们中国变成这样一个活泼的国家，使人民敢于批评，敢于说话，有意见敢于说，不要使人不敢说。不论什么都可以说，使我们这些在台上的同志有错误、缺点逼着改，不解决不行。按照这样的方针，我们的希望就一定可以实现。”②

毛泽东关于民主的重要性的论述，尤其是通过发扬人民民主让实行无产阶级专政的国家——中国成为一个“使人可亲”的国家的设想，不仅是深刻的，而且是富有新意的。在国外学者的研究脉络中，如美国马克思主义学者莫里斯·迈斯纳提出，毛泽东民主政治思想最主要的内容和特色就是“对一个更美好的新世界的社会幻想”。毛泽东对美好社会的乌托邦追寻，是“把成长中的物质丰盛与经一个多世纪奋斗所锻造出来的强劲革命传统相结合，这可能是给中国在现代世界历史中实现马克思的社会主义和民主理想，提供的最好机会”③。

改革开放以来，中国共产党深刻总结正反两方面历史经验，领导人民进入了中国社会主义民主政治建设的新时期，中国社会主义民主政治建设在实践中取得了许多重大进展。人民代表大会制度、中国共产党领导的多党合作和政治协商制度、民族区域自治制度等国家民主制度不断完善和发展，城乡基层民主不断扩大，公民的基本权利得到尊重和保障，中国共产党民主执政

---

① 毛泽东：《建国以来毛泽东文稿（第6册）》，中共中央文献研究室1991年版，第405页。

② 《毛泽东年谱（第3卷）》，中央文献出版社2013年版，第123~124页。

③ 莫里斯·迈斯纳：《马克思主义、毛泽东主义与乌托邦主义》，中央文献出版社1991年版，第6页。

能力进一步提高，政府民主行政能力显著增强，司法民主体制建设不断推进。国家领导制度、立法制度、行政管理制度、决策制度、司法制度、人事制度和监督制约制度等方面的改革取得了显著成效。在依法治国，建设社会主义法治国家目标的指引下，社会主义民主的制度化、规范化和程序化建设不断加强，以宪法为核心的中国特色社会主义法律体系初步形成，国家政治、经济、文化、社会生活的主要方面基本做到了有法可依。①

四、人民民主的本质属性

民主的最基本含义就是人民自治，即人民通过国家来管理自己的事务。《中华人民共和国宪法》第二条规定："中华人民共和国的一切权力属于人民。"所以，民主解决的是人民在国家生活中的地位。马克思主义认为，没有实质的民主，即国家权力归人民掌握，任何形式的民主都不可能创造真正民主。为此，中国共产党领导的人民民主本质属性，即人民当家做主，不是一种价值理想或政治口号，而是在现实民主化发展中能够得以呈现的最基本民主原则，具体包括以下四大原则：②

第一，国家权力的人民性原则。即国家一切权力不仅属于人民，而且由人民掌握和行使，绝不允许国家权力掌握在部分人手中，由部分人所专有、私有。

第二，人民作主的整体性原则。即人民是作为整体的力量来掌握国家权力，实现全体人民当家做主，因而，国家事务，不是一部分人的事务，而是全体人民的事务，以全体人民的根本利益为依归。

第三，人民整体的一致性原则。即人民是在工农联盟基础上形成的社会主义革命和建设的力量，尽管内部可以划分为不同的阶级或阶层、不同的民族、不同的界别以及不同的人民团体，但都将作为建设者而存在，决定了存在人民之中的各种矛盾都属于人民内部矛盾，是非对抗性的，应以非对抗的方式协调与解决。

第四，人民联合的凝聚性原则。即人民的整体性存在是基于人民联合而

---

① 中华人民共和国国务院新闻办公室：《中国的政党制度》（白皮书），新华社，2007 年 11 月。

② 林尚立："人民民主：中国共产党的探索与实践"，《光明日报》，2012 年 1 月 2 日。

形成的，而人民联合的基础就是工农联盟，这个联盟是在工人阶级领导下，基于其先锋队组织的政党的凝聚而形成的。从人民民主的角度讲，党领导的核心使命就是创造人民的联合，凝聚人民的团结。人民联合与团结是人民民主的基础和保障。

五、人民民主的制度形态

任何形式的民主都必须有相应的制度安排，以便国家权力得到合理的配置与管理，从而成为能够创造公共利益，保障人民权利的良性治理力量。《中华人民共和国宪法》第二条规定："人民行使国家权力的机关是全国人民代表大会和地方各级人民代表大会。人民依照法律规定，通过各种途径和形式，管理国家事务，管理经济和文化事业，管理社会事务。"第三条规定："中华人民共和国的国家机构实行民主集中制的原则。"因此，人民民主的制度形态，是民主与集中的有机统一。

人民民主从人民共和出发，将民主集中制定为国家政权的组织原则和人民民主的制度形态。民主集中制的出发点，是民主，而不是集中，即强调人民掌握权力并决定国家事务，那么集中体现在哪里呢？集中主要体现在行政权力上。政府是人民代表选举产生、并受人民代表大会监督的，所以，政府行政权力的集中，不过是纵向的集中，而这种集中是以横向的民主监督为基础的，即选举和产生它的人民代表大会的监督。

从这个意义上讲，民主与集中实际上是两个层次、两个维度的问题。"民主"关系整个国家权力，体现为人民掌握国家权力，决定政府与国家事务，其维度是人民—国家权力机构—政府；"集中"关系国家行政权力，体现在政府行政权力组织与运行上，其维度是上级政府—下级政府。从现代民主与政府建构原理来看，"民主"与"集中"的这样结合，符合民主的基本原则和现代国家建设的基本原理。它不仅使人民民主成为能够保障人民当家做主的民主，而且成为能够建设国家、创造治理、促进发展的民主。

六、人民民主的终极目标

人民民主的建设和发展，是在社会、政党与国家的三方力量的合力作用下展开的，它不仅仅为民主化本身，更重要的要使民主的发展成为国家与社会发展的战略资源和推动力量，从而赋予人民民主独特的历史使命：即创造人与社会的全面发展。这决定了，人民民主不仅要促进和保障人的全面自由发展，而且要创造国家治理与社会全面协调发展。这是中国民主化发展与一般国家民主化进程不同之处。

马克思主义认为：人对自由的追求是人与社会发展的内在动力，民主是这种追求在政治上的必然要求。然而，马克思认为人的现实存在是社会存在，既然人离不开社会而存在，人的自由发展也必然离不开社会和社会发展。人是社会发展的主体力量，而社会发展则是每个人发展的基础与前提，任何脱离了社会发展的个体自由发展都是缺乏现实基础的，都不可能创造个人的真正发展。

因此，人民民主要扩大个体的自由发展，就必须要有促进经济与社会发展的功能；同样，人民民主要能够推进经济与社会发展，也必须有能将经济与社会发展转化为人的全面发展的能力。从这个意义上讲，人民民主是追求高质量的民主：其出发点是“以人为本”，其使命是创造人与社会的全面发展。

七、人民民主理论的实现路径

人民民主的中国道路，从机理和制度层面看，可以归纳为“两个体现”“三位一体”“四项制度”。①

“两个体现”：体现人民当家做主；体现用民主的方法有效治理国家。从保障人民当家做主的要求看，从新中国成立开始，不分种族，不分城乡，人民平等地享有政治权利。仅从“一人一票”的选举看，英国从1831年只有4.4%的成年人有选举权，到1948年才实现“一人一票”，用了117年；美国从1789年费城立宪到1965年通过《民权法案》，美国黑人等少数族群才真正享有平等的选举权，花了171年；法国大革命经历了几次反复，用了80年才建立共和政体。

① 尹汉宁：“论人民民主的中国道路”，《红旗文稿》，2013年第20期。

从运用民主的方法有效治理国家来看，新中国成立后，结束了中国百年屈辱历史，国家经受了来自西方封锁围堵和渗透分化等挑战和考验。建国初期，以美国为首的西方国家对新中国采取政治上“孤立”“遏制”、经济上“封锁”“禁运”的政策，企图扼杀新中国于摇篮之中。在政治上，1949 年 11 月，以美国为首的 15 个西方国家成立“巴黎统筹委员会”，对中国采取政治上不承认、经济上封锁的政策，以便“尽一切可能让共产党在经济上日子不好过”[①]。在军事上，发动朝鲜战争，美国将其陆军的 1/3、空军的 1/5、海军近 1/2 的兵力投入到朝鲜战场，出动 24 艘航母，使用了除原子弹以外的所有的现代化武器；派第七舰队侵入台湾海峡，还插手东南亚地区印度支那战争。在经济上，先后颁布《1950 年输出统制法令》《1950 年特种货物禁止输出令》《港口管制法令》《“有关管制战略物资输出”的加强命令》等，对中国管制的战略物资由 600 余种增加到 2100 余种，所有输往中国、香港和澳门的物资，不论是否是战略物资一律纳入管制；冻结中国在美国辖区的所有公私财产。[②] 到 1953 年 3 月，参加对中国禁运的国家共有 45 个。但这些“封锁”“禁运”最终以失败而告终，新中国国民经济得到快速恢复和发展，总体保持了国内政治经济的稳定，并实现了独立自主的国际地位。中国人民政治协商会议第一届全体会议及其全国委员会光荣地完成了自己的历史任务，并“在全国人民的极其光荣伟大的共同事业中尽到自己的责任。[③]”

改革开放以来，中国保持了 10% 左右的年均实际增长速度，对世界经济增长的年平均贡献率超过 20%，经济总量一路超过英国、法国、德国和日本，成为世界第二大经济体，综合国力明显增强。先后取消农业税、普及义务教育，初步建立覆盖十几亿人的基本社保体系，实现 4 亿人脱贫、13 亿人走向现代化，“学有所教、劳有所得、病有所医、老有所养、住有所居”的民生理想化为执政目标。欧美发达国家用了将近 300 年，才使 10 亿左右人口进入工业社会，而中国道路仅用了 60 年，就将 13 亿人带入工业社会走向现代化，

---

① 《中共党史资料（第 42 辑）》，中共党史出版社 1992 年版，第 201 页。

② 《中华人民共和国经济档案资料选编（1949～1952）》，经济管理出版社 1994 年版，第 448 页。

③ 陈叔通：“中国人民政治协商会议第一届全国委员会工作报告”，《人民日报》，1954 年 12 月 22 日。

创造了人来发展史上的传奇。英国《经济学家》周刊指出：英国用了58年、美国用了47年、日本用了34年的时间使人均实际收入增加一倍，而中国仅用10年就实现了。[①] 与原有基础相当而选择其他社会制度的国家相比，与一些被推销资产阶级民主制度的发展中国家相比，中国特色社会主义民主政治在有效治理国家方面体现出明显优势。

"三位一体"：党的领导、人民当家做主、依法治国的有机统一。党的领导是核心，人民当家做主是目标，依法治国是保障。中国共产党不同于西方政党，不是竞选的工具，而是领导核心。民主党派是参政党，中国共产党与各民主党派是友党关系，不是竞争关系。中国共产党的领导是历史和人民的选择。辛亥革命胜利后，民国初期有过多党竞争制度的不成功实践，从1911年10月辛亥革命爆发到1914年1月国会解散，各种新成立的党会达682个之多。著名女作家冰心在《北京社会之面面观》中写道：人们"遇有不相识者，问尊姓大名而外，往往有问及贵党者"（《时事新报》，1913年1月3日）。后来蒋介石主导下的国民党一党独裁体制也宣告破产。

中国共产党以马克思主义为指导，以人民民主为追求，致力于民族独立、人民解放，国家富强、人民幸福，致力于中国民族伟大复兴，在革命、建设、改革开放中发挥着先锋队和领导核心的作用。二战以来，西方政党制度或者说多党制向发展中国家移植不太成功的实践，反过来可以印证中国政党制度的比较优势。多党制破坏了一些第三世界国家的政治稳定，并没有明显地改变这些发展中国家的落后状态，这些国家依然腐败丛生。亨廷顿在《变化社会中的政治秩序》一书中说："在处于现代化过程之中的发展中国家，不存在稳定的多党制。即使在西方，一些大党也面临党员人数下降、政治参与热情不高、政治主张趋同的组织危机、认同危机和辨识危机[②]"。

"四大制度"：人民代表大会制度、中国共产党领导的多党合作与政治协商制度、民族区域自治制度以及基层群众自治制度。人民代表大会是根本政治制度，后面三项制度是基本政治制度。这些制度，保障了人民民主在各个

① 任仲平："转变，中国道路的历史性跨越"，《人民日报》，2012年11月6日。

② ［美］亨廷顿著，王冠华译：《变化社会中的政治秩序》，上海人民出版社2008年版。

层面得到体现。

人民代表大会制度。《宪法》规定：中华人民共和国全国人民代表大会是最高国家权力机关。人民代表大会的职权主要有四项：立法、监督、人事任免、重大事项决定。这也是中国人民通过人民代表大会制度行使当家做主权利的主要体现。在中国，国家行政机关、审判机关、检察机关都由人民代表大会产生，对它负责，受它监督。国家的重大事项由人民代表大会决定。行政机关负责执行人民代表大会通过的法律、决议、决定。法院、检察院依照法律规定分别独立行使审判权、检察权，不受行政机关、社会团体和个人的干涉。全国人民代表大会和地方各级人民代表大会都由民主选举产生，对人民负责，受人民监督。中国《宪法》规定，年满18周岁的公民，不分民族、种族、性别、职业、家庭出身、宗教信仰、教育程度、财产状况、居住期限，除依法被剥夺政治权利的人外，都有选举权和被选举权。中国的县、乡两级人民代表大会代表都由选民直接选举产生，多年来享有选举权和被选举权的人数占18周岁以上公民人数的99%以上，参选率在90%左右。

中国共产党领导的多党合作和政治协商制度。中国目前共有九个政党。除中国共产党外，还有中国国民党革命委员会（1948年成立）、中国民主同盟（1941年成立）、中国民主建国会（1945年成立）、中国民主促进会（1945年成立）、中国农工民主党（1930年成立）、中国致公党（1925年成立）、九三学社（1945年成立）、台湾民主自治同盟（1947年成立）。由于这些政党大都成立于中国人民抗日战争（1931～1945年）和解放战争（1946～1949年）时期，是在争取实现民族解放和人民民主的斗争中建立的，因此被称为“民主党派”。在当今中国，民主党派是各自所联系的一部分社会主义劳动者、社会主义事业建设者和拥护社会主义爱国者的政治联盟。无党派人士也是中国政治生活中的一支重要力量。无党派人士是指没有参加任何党派、对社会有积极贡献和一定影响的人士，其主体是知识分子。中国政党制度的显著特征是：中国共产党领导、多党派合作，中国共产党执政、多党派参政。各民主党派是与中国共产党团结合作的亲密友党和参政党，而不是反对党或在野党。各民主党派参加国家政权，参与国家大政方针和国家领导人选的协商，参与国家事务的管理，参与国家方针政策、法律法规的制定和执行。

中国人民政治协商会议是中国人民爱国统一战线的组织，是中国共产党领导的多党合作和政治协商的重要机构，也是中国政治生活中发扬民主的重要形式。中国人民政治协商会议全国委员会由中国共产党、各民主党派、无党派人士、人民团体、各少数民族和各界的代表，香港特别行政区同胞、澳门特别行政区同胞、台湾同胞和归国侨胞的代表以及特别邀请的人士组成，设若干界别。中国人民政治协商会议全国委员会设主席、副主席若干人和秘书长，每届任期五年，全体会议每年举行一次。在中国，省、自治区、直辖市设中国人民政治协商会议省、自治区、直辖市委员会；自治州、设区的市、县、自治县、不设区的市和市辖区，凡有条件的地方，均可设立中国人民政治协商会议各该地方的地方委员会，每届任期五年，全体会议每年至少举行一次。人民政协围绕团结和民主两大主题开展工作，履行政治协商、民主监督、参政议政职能。中国人民政治协商会议在国家政治生活、社会生活和对外友好活动中，在进行现代化建设、维护国家统一和团结中，发挥着重要作用。

民族区域自治制度。世界上的多民族国家在处理民族问题方面有不同的制度模式，中国采用的是民族区域自治。民族区域自治是在国家统一领导下，各少数民族聚居的地方设立自治机关，行使自治权，实行区域自治。中国宪法和民族区域自治法，对民族区域自治及其实施作出明确规定。民族区域自治制度是中国的一项基本政治制度。中国的民族自治地方分为自治区、自治州、自治县三级。中华人民共和国成立之前的 1947 年，在中国共产党领导下，已经解放的中国蒙古族聚居地区就建立了中国第一个省级民族自治地方——内蒙古自治区。新中国成立后，中国政府开始在少数民族聚居的地方全面推行民族区域自治。1955 年 10 月，新疆维吾尔自治区成立；1958 年 3 月，广西壮族自治区成立；1958 年 10 月，宁夏回族自治区成立；1965 年 9 月，西藏自治区成立。目前，中国共建立了 155 个民族自治地方，其中包括 5 个自治区、30 个自治州、120 个自治县（旗）。在 55 个少数民族中，有 44 个建立了自治地方，实行区域自治的少数民族人口占少数民族总人口的 71%。同时，中国还在相当于乡的少数民族聚居的地方建立了 1173 个民族乡，作为民族自治地方的补充形式。11 个因人口较少且聚居区域较小而没有实行区域自治的少数民族中，有 9 个建有民族乡。

依据宪法和民族区域自治法的规定，民族自治地方的自治机关，是自治区、自治州、自治县的人民代表大会和人民政府，它们在行使同级地方国家机关职权的同时，拥有自治权。

基层群众自治制度。扩大基层民主，是完善发展中国特色社会主义民主政治的必然趋势和重要基础。随着中国的发展和进步，全国各地城乡基层民主不断扩大，公民有序的政治参与渠道增多，民主的实现形式日益丰富。目前，中国已经建立了以农村村民委员会、城市居民委员会和企业职工代表大会为主要内容的基层民主自治体系。广大人民在城乡基层群众性自治组织中，依法直接行使民主选举、民主决策、民主管理和民主监督的权利，对所在基层组织的公共事务和公益事业实行民主自治，已经成为当代中国最直接、最广泛的民主实践。截至 2004 年底，中国农村已建立起 64.4 万个村民委员会，全国 85% 的农村已经建立了实施民主决策的村民会议或村民代表会议制度；全国城市已经建立了符合新型社区建设要求的 71375 个居民委员会；已建立工会的企事业单位有 173.2 万个；全国基层工会所在企事业单位建立职工代表大会的有 36.9 万个，覆盖职工 7836.4 万人；实行厂务公开的有 31.6 万个，覆盖职工 7061.2 万人。①

中共十八大报告指出，人民民主是我们党始终高扬的光辉旗帜。必须继续积极稳妥推进政治体制改革，发展更加广泛、更加充分、更加健全的人民民主。必须坚持党的领导、人民当家做主、依法治国有机统一，以保证人民当家做主为根本，以增强党和国家活力、调动人民积极性为目标，扩大社会主义民主，加快建设社会主义法治国家，发展社会主义政治文明。

第三节　以毛泽东同志为核心的党的第一代中央领导集体：“多党合作和政治协商”

毛泽东同志作为第一届全国政协主席和第二、三、四届名誉主席，在创

① 中华人民共和国国务院新闻办公室：《中国的民主政治建设》（白皮书），新华社，2005 年 10 月 19 日。

建人民政协和领导人民政协开展工作的过程中，不仅在国家层面确立了多党合作和政治协商的组织与制度，还就人民政协的共同政治基础，党对人民政协的领导，人民政协性质、任务、工作方针以及人民政协存在的必要性和重要作用等重大问题，提出了一系列独创性的重要思想，形成了毛泽东关于人民政协的思想，成为毛泽东思想的重要组成部分，有力指导了人民政协事业的创立和发展[①]。其中，对多党合作和政治协商的必然性、多党合作和政治协商的原则和方法等提出的一系列具有独创性的重要思想，为人民政协协商民主提供了理论基础和支撑。

一、"必须巩固我们这个已经建立的伟大的有威信的革命统一战线"

中国共产党领导的多党合作和政治协商制度，是作为一种政党制度和协商民主制度建立起来的。中国之所以实行多党合作和政治协商这种协商民主制度，是由中国的国情和具体历史条件决定的。

早在抗日战争时期，毛泽东就指出：要战胜日本帝国主义，把中国建成独立、自由、民主的共和国，"必须团结全国最大多数有党有派和无党无派的人"，"为此目的，在政权问题上，我们主张统一战线政权，既不赞成别的党派的一党专政，主张中国共产党的一党专政，而主张各党、各派、各界、各军的联合执政，这即是统一战线政权。"[②]

1949年4月，周恩来在《团结广大人民群众一道前进》中也指出，党员、团员只占全国人口的极少数，党外人士占绝大多数，所以需要与党外人士合作。他说："我们要反对帝国主义和国内反动派，绝不是单靠中国共产党员、共青团员和干部所能做到的。今天，共青团员才二十万，连党员一共也不过三百万，比起全国人口四万万七千五百万来，这个数目是很小的，还没有达到百分之一。我们要带动全国人民前进，如果不同广大党外团外的人士合作，如何能做好呢？"[③]

---

① 贾庆林："高举中国特色社会主义伟大旗帜　把人民政协事业不断推向前进"，《求是》，2009年第2期。

② 《毛泽东选集（第2卷）》，人民出版社1991年版，第760页。

③ 《周恩来选集（上卷）》，人民出版社1984年版，第326页。

1949年10月，毛泽东在同绥远负责人谈话时指出："共产党要永远与非党人士合作，这样就不容易做坏事和发生官僚主义。苏联也是共产党与非党合作，《真理报》说，政府干部中党员占3/4，其他是非党干部。中国永远是党与非党的联盟，长期合作。双方要把干部都当成自己的干部看，打破关门主义。关门主义过去是有的，'三怕'的说法就是证明。没有统一战线，革命不能胜利，胜利了也不能巩固。搞统一战线哪能怕麻烦，怕捣乱，怕人家吃了你的饭？切不可叶公好龙。"①

1950年6月23日，毛泽东在中国人民政治协商会议第一届全国委员会第二次会议上致闭幕词中，谈到在国家经济事业和文化事业大为兴盛了以后，就可以从容地和稳妥地走进社会主义的新时期远景时强调：

> 在这个远大目标上，在国外，我们必须坚固地团结苏联、各人民民主国家及全世界一切和平民主力量，对此不可有丝毫的游移和动摇。在国内，我们必须团结各民族、各民主阶级、各民主党派、各人民团体及一切爱国民主人士，必须巩固我们这个已经建立的伟大的有威信的革命统一战线。不论什么人，凡对于这个革命统一战线的巩固工作有所贡献者，我们就欢迎他，他就是正确的；凡对于这个革命统一战线的巩固工作有所损害者，我们就反对他，他就是错误的。②

1962年，周恩来在《中国人民民主统一战线的新发展》一文中再次强调："我们中国共产党员要多听不同的意见，才能多知道各方面的意见。不同的意见不一定都对，但你要听了才有比较。""习惯于只限在自己的小圈子里，只喜欢听相同的意见，听不到不同的意见，对不熟悉的事也不愿意熟悉，把自己局限起来，这样工作就会越做越窄了。"周恩来还指出："我们党的寿命有多长，民主党派的寿命就有多长，一直要共存到将来社会的发展不需要政党的时候为止。"③

---

① 《毛泽东文集（第六卷）》，人民出版社1999年版，第14页。
② 《毛泽东文集（第六卷）》，人民出版社1999年版，第81页。
③ 《周恩来统一战线文选》，人民出版社1984年版，第349~350页。

二、“新民主主义的议事精神主要是在于事前的协商和反复的讨论”

中国是人民民主专政的社会主义国家，人民当家做主是中国社会主义的本质要求。中国共产党领导的多党合作和政治协商制度不仅仅是一种政党制度，人民政协也不仅仅是一种统一战线组织，它还是中国共产党与各民主党派、各界人士协商国家大事，人民参与国家事务，发扬人民民主的新型民主形式。

1. “可以叫它是个商量政府”

中国共产党领导的多党合作和政治协商制度作为一种新型民主制度，其特点就是凡属重大问题，都提到会上讨论，事先都和各民主党派以及社会各界协商讨论。毛泽东指出：“国事是国家的公事，不是一党一派的私事。”① “中国共产党员必须与党外人员实行民主合作，倾听党外人员的意见，和他们一起，共同商量问题和决定问题，共同遵守少数服从多数、局部服从全体、下级服从上级的民主集中制，并须使党外人士有职有权，敢于说话，敢于负责。”毛泽东要求中国共产党员“一定要学会打大开门和党外人士实行民主合作的方法，我们一定要学会善于同别人商量问题”。②

1956 年 12 月 8 日，毛泽东同工商界人士谈话时指出：“今天你们提出的许多问题，很好，对我帮助很大。你们要解决的问题，政府会和你们商量，协商一个办法。凡是能够解决的总要解决。有些问题我没有研究，不能答复。你们把问题都提出来，政府来研究，陈云副总理来考虑，解决一些能够解决的问题。”“我们政府的性格，你们也都摸熟了，是跟人民商量办事的，是跟工人、农民、资本家、民主党派商量办事的，可以叫它是个商量政府。”③

周恩来指出：“到开会的时候才把只有少数人了解的东西或者是临时提出的意见拿出来让大家来讨论决定，这是旧民主主义议会中议事的办法。新民主主义议事的特点之一，就是会前经过多方协商和酝酿，使大家都对要讨论决定的东西事先有个认识和了解，然后再拿到会议上去讨论决定，达成共同

---

① 《毛泽东选集（第 3 卷）》，人民出版社 1991 年版，第 809 页。

② 《毛泽东选集（第 3 卷）》，人民出版社 1991 年版，第 810 页。

③ 《毛泽东文集（第 7 卷）》，人民出版社 1999 年版，第 174 ~ 178 页。

的协议。”“新民主主义的议事精神不在于最后的表决，主要是在于事前的协商和反复的讨论。”凡是重大的议案不只是在会场提出，事先就应提出来或在各单位讨论。新民主的特点就在于此，因此不是只重形式，只重多数与少数。凡是重大的议案提出来总是事先有协商的，协商这两字非常好，就包括这个新民主的精神。”①

2. “恐怕是几个党好”

1954年，第一届全国人民代表大会召开后，作为代行全国人大职权的第一届人民政协圆满完成了历史使命。人民政协是否有必要继续存在，在国家政治生活中究竟起什么作用，党内外一些同志产生了困惑。1954年12月，在政协二届一次会议开幕前，毛泽东同志召集了有共产党、各民主党派和无党派人士参加的座谈会，发表了《关于政协的性质和任务》的谈话，明确指出协商国际问题、协商候选名单、提意见、调整关系、学习是人民政协的五大任务。这篇谈话指出了人民代表大会成立后人民政协存在的必要性及其在国家政治生活中的地位和作用，为人民政协事业的发展定下了基调。

社会主义改造基本完成以后，民族资产阶级、小资产阶级作为阶级已不复存在。作为它们利益的代表，各民主党派在失去阶级基础后，还有没有存在的必要？针对这种担忧和质疑，1956年4月，毛泽东在《论十大关系》中提出了“长期共存、互相监督”的八字方针。毛泽东说：“究竟是一个党好，还是几个党好？现在看来，恐怕是几个党好。不但过去如此，而且将来也可以如此，就是长期共存，互相监督。”②

1956年8月24日，毛泽东在审阅八大政治报告稿“关于无产阶级专政和统一战线”部分的刘少奇修改稿，批示：“退少奇同志：此件已经看了一遍，改得很好。我又作了一些小的修改，请酌定。觉得文中还有一些重复拖累的地方，还可以删节一些，可待下月上旬去改。这里已经讲了统一战线，李维汉写的关于统一战线那部分，似乎可以不要了。”毛泽东对刘少奇的修改稿作了几处比较集中的修改，其中特别强调了民主监督问题：

---

① 《周恩来统一战线文选》，人民出版社1991年版，第134页。
② 《毛泽东文集（第7卷）》，人民出版社1999年版，第34～35页。

> 我们要加强党内的自我批评和依靠广大劳动人民的监督来克服缺点和错误，这是主要的一面。但是我们还应当借助于各民主党派和无党派民主人士的批评来克服缺点和错误。不管他们的批评有许多常常是从右的方面出发的，但是能够引起注意问题的所在，使我们能够及时地解决这方面发生的问题。这也是监督的一个方面。这对于我们党，对于社会主义事业是有益无害的。①

1957年2月，毛泽东在《关于正确处理人民内部矛盾的问题》中又指出："各党派互相监督的事实，也早已存在，就是各党派互相提意见，作批评。所谓互相监督，当然不是单方面的，中国共产党可以监督民主党派，民主党派也可以监督中国共产党。为什么要让民主党派监督中国共产党呢？这是因为一个党同一个人一样，耳边很需要听到不同的声音。"②

1957年，周恩来在《长期共存，互相监督》中指出："各民主党派联系群众的方面不同，可以听到一些不同的意见，对中国革命和建设是有利的。"如果只有一个中国共产党，就"必然会使我们的耳目闭塞起来"，所以，各民主党派同中国共产党长期共存，对国家、对人民的事业有好处。周恩来在谈及中国共产党提出八字方针的意义时说："长期共存、互相监督"的方针，实际上是扩大民主。我们是六亿人口的国家。要把六亿人的生活搞好，建设社会主义，没有互相监督，不扩大民主，是不可能做得好的。他还指出：长期共存、互相监督的方针"必须由中国共产党提出，而且必须要中国共产党真正做到"，"互相监督，首先应该由中国共产党请人家监督。因为中国共产党是领导的党"。③

3. "将产生一个对于我们是完全必要和完全合理同时又区别于俄国制度的特殊形态"

新民主的显著特点是多党合作和政治协商，而多党合作和政治协商的基本政治前提是坚持中国共产党的领导。在多党合作和政治协商中，各党派的地位和作用是不同的。中国共产党处于领导地位，是执政党，而各民主党派

---

① 《毛泽东年谱（1949－1976）》（第2卷），中央文献出版社2013年版，第609页。

② 《毛泽东文集（第七卷）》，人民出版社1999年版，第235页。

③ 《周恩来统一战线文选》，人民出版社1984年版，第350～351页。

处于被领导地位，是参政党和友党。多党合作和政治协商不同于西方的多党轮流执政。早在1945年，毛泽东在《论联合政府》一文中就提出了建国后的政党制度：

> 有些人怀疑共产党得势之后，是否会学俄国那样，来一个无产阶级专政和一党制度。我们的答复是：几个民主阶级联盟的新民主主义国家，和无产阶级专政的社会主义国家，是有原则上的不同的。毫无疑义，我们这个新民主主义制度是在无产阶级的领导之下，在共产党的领导之下建立起来的，但是中国在整个新民主主义制度期间，不可能、因此就不应该是一个阶级专政和一党独占政府机构的制度。只要共产党以外的其他任何政党，任何社会集团或个人，对于共产党是采取合作的而不是采取敌对的态度，我们是没有理由不和他们合作的……中国现阶段的历史将形成中国现阶段的制度，在一个长时期中，将产生一个对于我们是完全必要和完全合理同时又区别于俄国制度的特殊形态，即几个民主阶级联盟的新民主主义的国家形态和政权形态。①

周恩来在建国后不久也指出："在今天，如果搞单一阶级的资产阶级政党，势必走欧美资产阶级的道路。但是这条路在中国是行不通的，是不被许可的。因此，中国的民主党派只能是承认《共同纲领》，接受中国共产党领导"。②

1954年12月11日，毛泽东在会见缅甸总理吴努时也说："中国也有各种党派和团体。中国的各种党派是有差别的，并不是在一个水平上，有领导和被领导的分别。中国各民主党派承认中国共产党的领导。"③ 承认和坚持中国共产党的领导是多党合作的政治前提。

三、"政协不仅是人民团体，而且是各党派的协商机关，是党派性的机关"

中国共产党在与民主党派和社会各界合作共事、政治协商过程中，探索

---

① 《毛泽东选集（第3卷）》，人民出版社1991年版，第1061～1062页。

② 《周恩来统一战线文选》，人民出版社1984年版，第179页。

③ 《毛泽东文集（第7卷）》，人民出版社1999年版，第375页。

和提出了多党合作、政治协商需要遵循的一些原则和方法。这些原则和方法集中体现了平等、自由、尊重、妥协、共识等协商民主精神。这些原则和方法主要如下。[①]

1. 平等相待，民主协商

早在1938年，为了国共合作、建立抗日民族统一战线，毛泽东就论述了党派的独立性和平等性问题。他说："必须保持加入统一战线中的任何党派在思想上、政治上和组织上的独立性……统一战线中的独立性，只能是相对的，而不是绝对的；如果认为它是绝对的，就会破坏团结对敌的总方针。但是绝不能抹杀这种相对的独立性，无论在思想上也好，在政治上也好，在组织上也好，各党必须有相对的独立性，即是说有相对的自由权。"[②]

新中国成立前夕，在《中国人民政治协商会议组织法》的规定中，中国共产党并不是作为领导阶级，而是作为"各民主党派"之一参与政协会议的。刘少奇就曾指出"中国共产党以一个政党的资格参加政协会议，与其他民主党派一起，在新民主主义共同纲领的基础上忠诚合作，来决定中国一切重要的问题；凡是中国共产党参加并一道通过的政协会议决议，中国共产党将坚决地执行并为其彻底实现而奋斗"[③]。共同作为各民主党派成员参与政治协商，体现了中共和各民主党派平等协商的特点。

2. 求同存异，兼容并蓄

周恩来长期领导政协工作，要求人民政协作为统一战线组织，需要遵循求同存异、兼容并蓄的原则。他在说明第二届全国政协委员名单人选时就强调：政协委员要"方面多。在名单中各党派、各团体、各个方面都照顾到了"。"有人批评政协名单里面什么人都有，我觉得好处就在这里。政协不是一盆清水，如果是一盆清水就没有意思了。政协就是要团结各个方面的人。"[④]

1954年9月，第一届全国人民代表大会召开，《宪法》代替了《共同纲

---

① 李仁彬、黄国华等：《中国协商民主理论与实践探析》，四川大学出版社2011年版，第27～30页。

② 《毛泽东选集（第2卷）》，人民出版社1991年版，第524～525页。

③ 《刘少奇选集（上卷）》，人民出版社2004年版，第49页。

④ 《周恩来统一战线文选》，人民出版社1984年版，第261～262页。

领》，政协全国委员会不再代行全国人大的职能，有些人就对政协在中国政治生活中的作用及其存在的必要性产生怀疑。对此，毛泽东邀请各民主党派、无党派民主人士座谈，指出："召开全国人民代表大会以后，有些人认为政协的作用不大了，政协是否还需要成了问题。现在证明是需要的。政协全国委员会委员559人当中，当全国人民代表大会代表的140人，只占总数的1/4，还有3/4不是人大代表，可见通过政协容纳许多人来商量事情很需要。虽然全国和地方的人民代表大会、国务院和各省市人民委员会各方面都容纳了许多人，但是还需要政协全国委员会和政协地方委员会。""政协是全国各民族、各民主阶级、各民主党派、各人民团体、国外华侨和其他爱国民主人士的统一战线组织，是党派性的，它的成员主要是党派、团体推出的代表。"①

3. 听取意见，取长补短

1941年，毛泽东在陕甘宁边区参议会的演说中要求"中国共产党员必须倾听党外人士的意见，给别人以说话的机会。别人说得对的，我们应该欢迎，并要跟别人的长处学习；别人说得不对也应该让别人说完，然后慢慢加以解释。中国共产党员决不可自以为是，盛气凌人，以为自己是什么都好，别人是什么都不好；决不要把自己关在小房子里，自吹自擂，称王称霸。"②

1951年，周恩来在中共中央统战部举行的新年茶话会上也要求："我们的党员只占人口的1%，要做好工作，就需要听取各方面的意见。"周恩来还特别强调："和党内同志在一起，听到的意见总是差不多，不同的意见就不容易听到。所以毛泽东同志每月总有几次和民主党派人士谈一谈。这对于研究中国社会，吸取党外人士的好意见，改进工作，都是有益的。"③

4. 合作共事，广交朋友

毛泽东、周恩来等党和国家领导人，一向重视中国共产党员与党外人士的合作共事。1956年周恩来在《关于知识分子问题的报告》中指出："党外的知识分子除了需要应得的信任，还需要应得的支持。这就是说，应该让他们有职有权，应该尊重他们的意见，应该重视他们的业务研究和工作成果，

---

① 《毛泽东文集（第6卷）》，人民出版社1999年版，第384～385页。

② 《毛泽东选集（第3卷）》，人民出版社1991年版，第811页。

③ 《周恩来统一战线文选》，人民出版社1984年版，第204页。

应该提倡和发扬在社会主义建设中的学术讨论，应该使他们的创造和发明能够得到试验和推广的机会。”① 周恩来提出：“党内外应该相互多交朋友，特别是中国共产党员应该主动多交党外的朋友。”而且要交在关键问题上能够互相提醒，敢于提出不同意见的畏友、诤友。

在这一时期，全国政协第一部政协章程的制定为各级政协设立组织、开展工作提供了基本依据，人民政协的组织建设也得到很大发展。各级政协组织从1949年的9个发展到“文革”前夕的1000多个，到1964年底各级政协委员共19万多人。人民政协在完成对生产资料私有制的社会主义改造、推动各种社会力量实现党和国家的总任务、活跃国家政治生活、调整统一战线内部关系，以及扩大国际活动等方面发挥了重要作用。

第四节　改革开放以来人民政协协商民主理论的发展与创新

中共十一届三中全会召开以来，实现了党和国家工作重点的战略转移，开启了改革开放的新征程，人民政协协商民主进入了恢复和进一步发展期。以邓小平为核心党的第二代中央领导集体、以江泽民同志为核心的党的第三代中央领导集体、以胡锦涛同志为总书记的党中央和十八大以来以习近平同志为核心的党中央用一系列新思想、新观点、新论述和新举措，丰富和发展了人民政协理论，具有鲜明的时代特征和中国特色，推进人民政协协商民主的建设和发展。

一、以邓小平同志为核心的党的第二代中央领导集体：“协商对话”

以邓小平同志为核心的中国共产党第二代中央领导集体明确提出新时期统一战线和人民政协的性质和任务，确立了中国共产党同各民主党派“长期共存、互相监督、肝胆相照、荣辱与共”的十六字方针，人民政协事业进入

① 《周恩来选集（下卷）》，人民出版社1984年版，第170页。

新的发展时期。[①] 邓小平同志是第五届全国政协主席，在推进人民政协的政治建设、思想建设、组织建设的历程中，做了大量奠基性的工作。在此过程中，邓小平同志创造性地提出了一系列关于人民政协的重要思想和观点，创立了邓小平关于人民政协的理论，成为邓小平理论的重要组成部分，对人民政协的恢复和发展发挥了重大指导作用。[②]

主要内容包括：（1）明确人民政协的性质，是巩固和扩大我国爱国统一战线的重要组织，是在共产党领导下实现各党派和无党派人士团结合作的重要机构，也是我国政治体制中发扬社会主义民主和实行互相监督的重要形式。（2）阐明人民政协存在与发展的历史依据，强调人民政协任务光荣，前程远大，大有可为。（3）丰富了多党合作的方针，指出实行共产党领导的多党合作和政治协商制度，是我国政治制度的一个特点和优点，中国共产党同各民主党派实行“长期共存、互相监督、肝胆相照、荣辱与共”的方针。（4）明确新时期统一战线和人民政协的任务，就是要调动一切积极因素，努力化消极因素为积极因素，团结一切可以团结的力量，同心同德，群策群力，维护和发展安定团结的政治局面，为把我国建设成为现代化的社会主义强国而奋斗。（5）明确人民政协的主要职能是政治协商、民主监督。（6）明确四项基本原则是参加人民政协的各党派团体和各族各界代表人士团结合作的政治基础。（7）明确在社会主义和爱国主义旗帜下实行“大团结、大统一、囊括一切代表人物”的方针是人民政协的组成原则。

其中，关于人民政协性质地位和作用、关于人民政协协商民主的主要理论有以下5点。

1. 指出新时期人民政协的性质、地位、任务和职能

邓小平1978年2月担任政协第五届全国委员会主席后，为新时期人民政协的恢复和发展进行了许多开创性的工作。1979年6月15日，在中国人民政治协商会议第五届全国委员会第二次会议开幕词中，邓小平发表《新时期的

---

① 胡锦涛：“在庆祝中国人民政治协商会议成立60周年大会上的讲话”，新华社，2009年9月20日。

② 贾庆林：“高举中国特色社会主义伟大旗帜　把人民政协事业不断推向前进”，《求是》，2009年第2期。

统一战线和人民政协的任务》重要讲话，对人民政协的性质、地位和任务等作了科学概括：

第一，明确了新时期人民政协的性质和地位。邓小平指出："人民政协是发扬人民民主，联系各方面人民群众的一个重要组织。""是在中国共产党领导下实现各党派和无党派人士团结合作的重要组织，也是中国的政治体制中发扬社会主义民主、实行互相监督的重要形式。""在新的历史时期，人民政协作为统一战线的组织，任务是十分光荣的，工作是大有可为的。[①]"

第二，提出了新时期人民政协的任务。邓小平根据国家工作重心已经转移到现代化建设上来，统一战线和人民政协也由服从和服务于阶级斗争转变为服从和服务于现代化建设的实践。他明确指出：新时期统一战线和人民政协的任务，"就是调动一切积极因素，努力化消极因素为积极因素，团结一切可以团结的力量，同心同德，群策群力，维护和发展安定团结的政治局面，为把中国建设成为现代化的社会主义强国而奋斗。[②]"他还指出，人民政协要为促进台湾早日回归祖国，实现祖国统一大业；开展人民外交，为发展国际反侵略扩张的统一战线努力。

第三，提出了新时期人民政协的主要职能是政治协商、民主监督。邓小平指出："中国的社会主义现代化事业，继续需要政协就有关国家的大政方针、政治生活和四个现代化建设中的各项社会经济问题进行协商、讨论，实行民主监督，发挥对宪法和法律实施的监督作用。[③]"在邓小平亲自主持修改的人民政协第三部章程中，按照政党的"十六字方针"对人民政协的主要职能作了明确阐述："中国人民政治协商会议是中国政治生活中发扬社会主义民主的一种重要形式，根据中国共产党同各民主党派和无党派人士'长期共存，互相监督'，'肝胆相照，荣辱与共'的方针，对国家的大政方针和群众生活的重要问题进行政治协商，并通过建议和批评发挥民主监督作用。"

2. 指出多党合作是中国政治制度和政党制度的特点和优点

邓小平根据民主党派社会基础发生的深刻变化，明确提出中国的民主党派"已经成为各自所联系的一部分社会主义劳动者和一部分拥护社会主义的

---

①②③《邓小平文选（第2卷）》，人民出版社1994年版，第187页。

爱国者的政治联盟，都是在中国共产党领导下为社会主义服务的政治力量”①，实现了中国共产党对民主党派性质认识的根本性转变，为巩固和发展新时期多党合作奠定了重要的理论基础。特别是邓小平把坚持和完善中国共产党领导的多党合作和政治协商制度，进一步明确为中国政治体制改革的重要内容，强调：“在中国共产党的领导下，实行多党派的合作，这是中国具体历史条件和现实条件所决定的，也是中国政治制度中的一个特点和优点”，并指出资本主义国家的“多党制是资产阶级互相倾轧的竞争状态所决定的”，这是“它们的弱点而不是强点”，② 强调必须选择适合中国国情、具有自身特点和优势的民主政治制度。

1989 年，邓小平又亲笔批示，要求组织一个有民主党派成员参加的专门小组，拟定民主党派成员参政和履行监督职责的方案，并在一年内完成，明年开始实行。根据这个批示，中共中央制定颁布了《关于坚持和完善中国共产党领导的多党合作和政治协商制度的意见》，对发挥民主党派监督作用的原则、方式等作出了明确规定，首次明确了中国共产党领导的多党合作和政治协商制度是中国的一项基本政治制度。

3. 在政协章程中明确了政治协商的内容及主体

邓小平在担任第五届全国政协主席期间，于 1982 年 12 月亲自主持和领导了《中国人民政治协商会议章程》修订。在第一章《工作总则》第二条，专门对政治协商进行了论述：“中国人民政治协商会议全国委员会和地方委员会通过各种形式，参与有关国家事务和地方事务重要问题的讨论。中国人民政治协商会议全国委员会和地方委员会根据中国共产党或民主党派、人民团体的提议，举行有各党派、团体的负责人和各界爱国人士的代表参加的会议，进行协商。”③ 标志着人民政协政治协商制度化进入了一个新的发展阶段。

---

① 《邓小平文选（第 2 卷）》，人民出版社 1994 年版，第 186 页。

② 《邓小平文选（第 2 卷）》，人民出版社 1994 年版，第 205、267、268 页。

③ 《中国人民政治协商会议章程》，中国人民政治协商会议第五届全国委员会第五次会议通过，1982 年 12 月 1 日。

4. 在党代会的报告中首次提出建立“社会协商对话制度”

1987年，中国共产党领导下的多党合作和政治协商制度同人民代表大会制度并列在中共十三大报告中首次被提出。报告明确提出要贯彻群众路线，发扬传统，对重大问题构建协商对话机制：“建立社会协商对话制度。正确处理和协调各种不同的社会利益和矛盾，是社会主义条件下的一个重大课题。各级领导机关的工作，只有建立在倾听群众意见的基础上，才能切合实际，避免失误。领导机关的活动和面临的困难，也只有为群众所了解，才能被群众所理解。群众的要求和呼声，必须有渠道经常地顺畅地反映上来，建议有地方提，委屈有地方说。这部分群众同那部分群众之间，具体利益和具体意见不尽相同，也需要有互相沟通的机会和渠道。因此，必须使社会协商对话形成制度，及时地、畅通地、准确地做到下情上达，上情下达，彼此沟通，互相理解。”

5. 重申协商讨论要“坚持不抓辫子、不扣帽子、不打棍子的‘三不主义’”

对于人民政协商民主对话的方法，1978年12月13日，邓小平在中共中央工作会议闭幕式上讲话强调：“一个党，一个国家，一个民族，如果一切从本本出发，思想僵化，迷信盛行，那它就不能前进，它的生机就停止了，就要亡党亡国。这是毛泽东同志在整风运动中反复讲过的。只有解放思想，坚持实事求是，一切从实际出发，理论联系实际，我们的社会主义现代化建设才能顺利进行，我们党的马列主义、毛泽东思想的理论也才能顺利发展。”“要创造民主的条件，要重申‘三不主义’：不抓辫子，不扣帽子，不打棍子。在党内和人民内部的政治生活中，只能采取民主手段，不能采取压制、打击的手段。①”“我们要广开言路，广开才路，坚持不抓辫子、不扣帽子、不打棍子的‘三不主义’，让各方面的意见、要求、批评和建议充分反映出来，以利于政府集中正确的意见，及时发现和纠正工作中的缺点、错误，把我们的各项事业推向前进。”②

---

① 《邓小平文选（第2卷）》，人民出版社1994年版，第140～145页。

② 《邓小平文选（第2卷）》，人民出版社1994年版，第187页。

总之，在新的历史时期，人民政协坚持以经济建设为中心，在落实统一战线政策、调整统一战线内部关系，实现“一国两制”构想，开展人民外交，恢复和建立人民政协的工作制度、推进政协工作规范化和制度化等方面，开展了大量工作，揭开了人民政协事业发展的新篇章。1978 年全国政协五届一次会议共有委员 1988 名，比上届人数增加 2/3。政协组织开始向县级延伸，组织总数到 1989 年已增至 2900 多个。新时期人民政协事业的大发展，为巩固和发展爱国统一战线，发展安定团结、生动活泼的政治局面，推进改革开放和现代化建设，发挥了重要作用。

二、以江泽民同志为核心的党的第三代中央领导集体：“协商议事”

以江泽民同志为核心的中国共产党第三代中央领导集体，着眼于党和国家事业发展全局，把中国共产党领导的多党合作和政治协商制度确立为中国的一项基本政治制度，并通过修改《宪法》规定这项基本政治制度将长期存在和发展[①]，以国家意志和执政党意志将其作为一种基本政治制度予以规定。其中以关于人民政协的新思想、新观点、新论述，成为“三个代表”重要思想的重要组成部分。[②]

主要内容包括：（1）突出了人民政协在我国政治体制中的重要地位和作用。指出人民政协在我国政治生活中具有不可替代的作用，它同人大、政府互为补充，相辅相成。（2）明确了人民政协这种民主形式的特点和优势。指出人民政协是我国社会主义民主政治的重要形式，它人才聚集，联系广泛，具有广泛的代表性和包容性，实行以协商讨论和批评建议为主要形式的民主监督，具有自己独特的优势和作用。坚持并不断完善这种民主形式，是发展社会主义民主政治的必然要求和重要内容。（3）把团结和民主确定为人民政协的两大主题。提出在中国共产党的领导下实行团结和民主，是人民政协性质的集中体现，是人民政协产生和发展的历史根据，是人民政协继往开来的

---

① 胡锦涛：“在庆祝中国人民政治协商会议成立 60 周年大会上的讲话”，新华社，2009 年 9 月 20 日。

② 贾庆林：“高举中国特色社会主义伟大旗帜　把人民政协事业不断推向前进”，《求是》，2009 年第 2 期。

方向和使命。（4）发展了人民政协的性质。在明确人民政协是中国人民爱国统一战线的组织基础上，确立人民政协是中国共产党领导的多党合作和政治协商的重要机构，明确了人民政协与我国基本政治制度之间的关系。（5）拓展了人民政协的主要职能。把参政议政与政治协商、民主监督并列为人民政协的主要职能，丰富了人民政协履行职能的内容和形式。（6）明确围绕中心、服务大局是人民政协履行职能必须遵循的原则，是政协工作不断开创新局面的基础。要求人民政协在协调关系、化解矛盾方面进一步发挥积极作用，努力维护安定团结的社会政治局面。

其中，关于人民政协协商民主的新论述主要有以下 5 点。

1. 将中共同民主党派进行政治协商列为基本政治制度重要内容

1989 年 12 月 30 日，中共中央发出《关于坚持和完善中国共产党领导的多党合作和政治协商制度的意见》（中发〔1989〕14 号）。文件指出：中国共产党是社会主义事业的领导核心，是国家的执政党。各民主党派是各自所联系的一部分社会主义劳动者和一部分拥护社会主义的爱国者的政治联盟，是接受中国共产党领导的，同中国共产党通力合作、共同致力于社会主义事业的亲密友党，是参政党。“长期共存，互相监督，肝胆相照，荣辱与共”是中国共产党同各民主党派合作的基本方针。民主党派参政的基本点是：参加国家政权，参与国家大政方针和国家领导人选的协商，参与国家事务的管理，参与国家方针、政策、法律、法规的制定和执行。中国共产党首次在文件中，将中国共产党同民主党派进行政治协商，列入多党合作和政治协商制度重要内容。强调“中共同民主党派进行政治协商，是中国共产党领导的多党合作和政治协商制度的一项重要内容。”在第四部分专门强调要“进一步发挥民主党派在人民政协中的作用”。

（15）人民政协是我国爱国统一战线组织，也是共产党领导的多党合作和政治协商的一种重要组织形式。人民政协应当成为各党派、各人民团体、各界代表人物团结合作、参政议政的重要场所。

人民政协要对国家大政方针、地方重要事务、政策法令的贯彻、群众生活和统一战线中的重大问题，加强政治协商和民主监督。政协全国委员会制定的《关于政治协商、民主监督的暂行规定》，应当认真贯彻执行。

(16) 在政协的各种会议上，要切实保障政协委员提出批评的自由和发表不同意见的自由。

在政协会议上，民主党派可以本党派名义发言、提出提案。

(17) 要保证民主党派和无党派人士在政协常委和政协领导成员中占有一定比例。政协各专门委员会要有民主党派和无党派人士参加，政协机关中应有一定数量的民主党派和无党派人士担任专职领导干部，并真正做到有职、有权、有责。政协机关要更好地为民主党派开展活动创造条件。注意安排民主党派和无党派人士参加有关的出国访问和国际活动。

(18) 尊重民主党派和无党派政协委员的视察、举报及参与调查和检查活动的权利。对他们的提案和举报，有关部门应认真研究处理，及时答复。

(19) 中共和政府有关部门应同政协及其有关专门委员会建立联系，发挥它们在决策咨询中的作用。

(20) 政协要根据政协章程的规定，组织和推动政协委员在自愿的基础上学习马克思列宁主义、毛泽东思想，学习中国共产党和国家的方针政策，学习时事政治，以利于统一认识，增进共同政治基础上的团结合作。

该文件还规定了参政党和执政党在中国事务解决中的作用，发挥民主党派监督作用的总原则是：在四项基本原则的基础上，发扬民主，广开言路，鼓励和支持民主党派与无党派人士对党和国家的方针政策、各项工作提出意见、批评、建议，做到知无不言，言无不尽，并且勇于坚持正确的意见。这标志着人民政协协商民主制度已经进入到了国家政治生活的领域之中。

2. “充分发挥人民政协在政治协商和民主监督中的作用”“加强同民主党派协商议事”

1992 年 10 月，江泽民同志在中国共产党第十四次全国代表大会所作报告的第五部分中，对中共 1989 年《意见》中政治协商会议制度建设的重要观点进行了重申与确认，并有两个方面的新进展：

一是《报告》把政治协商制度建设列入了建设有中国特色社会主义理论的主要内容的范畴。把完善政治协商制度放在了"社会主义的发展动力问题"部分进行了新的归纳，并明确将完善政治协商制度作为"政治体制改革的目标"和"主要内容"之一。二是将进一步"完善中国共产党领导的多党合作与政治协商制度"纳入推进政治体制改革的重要内容，强调要"充分发挥人民政协在政治协商和民主监督中的作用"和"加强同民主党派协商议事"。

> 政治体制改革的目标，是以完善人民代表大会制度、中国共产党领导的多党合作和政治协商制度为主要内容，发展社会主义民主政治。完善中国共产党领导的多党合作与政治协商制度，巩固和发展新时期的爱国统一战线，充分发挥人民政协在政治协商和民主监督中的作用。坚持"长期共存、互相监督、肝胆相照、荣辱与共"的方针，加强同民主党派协商议事，支持民主党派和无党派人士在国家机关担任领导职务，进一步巩固我们党同党外人士的联盟。①

上述两点对人民政协协商民主制度建设的新认识、新归纳，表明了中国共产党人自 1989 年对政治协商制度第一次提出专门建设性《关于坚持和完善中国共产党领导的多党合作和政治协商制度的意见》后，开始重视在理论与实践方面继续推进政治协商制度建设。

3. 把中国社会主义民主概括为"选举民主""协商民主"两种重要形式

1991 年 3 月，1991 年，江泽民同志在七届全国人大四次会议、全国政协七届四次会议党员负责人会议上，第一次提出了我国社会主义民主有两种重要形式的观点。

> 人民通过选举、投票行使权利与人民内部各方面在选举、投票之前进行充分协商，尽可能就共同性问题取得一致意见，是中国社会主义民主的两种重要形式。这是西方民主无可比拟的，也是他们所无法理解的。两种形式比一种形式好，更能真实地体现在社会主义社会里人民当家做主的权利。②

① 江泽民："加快改革开放和现代化建设步伐，夺取有中国特色社会主义事业的更大胜利"，在中国共产党第十四次全国代表大会上的报告，1992 年 10 月 12 日。

② 包心鉴："社会主义协商民主是中国人民民主的重要形式"，《光明日报》，2013 年 9 月 10 日。

根据江泽民的观点，选举民主是“人民通过选举，投票行使权利”，协商民主是“人民内部各方面在选举、投票之前进行充分协商，尽可能就共同性问题取得一致意见”，前者的实现依靠人大，后者的实现主要依靠政协。“选举民主”和“协商民主”并存，构成中国特色社会主义“双轨”民主模式，是中国民主政治的一大特色和优势，也能够为人民实现国家的管理提供充分保证，这也是中国协商民主与西方民主的本质不同。

1999年9月22日，江泽民在庆祝中国人民政治协商会议成立五十周年大会上的讲话中再次强调，坚持和完善协商民主，是发展社会主义民主政治的必然要求和重要内容。

> 人民政协是中国社会主义民主政治的重要形式，它人才集聚，联系广泛，具有广泛的代表性和包容性，实行以协商讨论和批评建议为主要形式的民主监督，具有自己独特的优势和作用。在我们这个幅员辽阔、人口众多的社会主义国家里，关系国计民生的重大问题，在中国共产党的领导下进行广泛协商，体现了民主与集中的统一。坚持并不断完善这种民主形式，是发展社会主义民主政治的必然要求和重要内容。

4. 明确中国人民政治协商会议是“中国共产党领导的多党合作和政治协商的重要机构”

1993年3月29日，八届全国人大一次会议通过的《宪法修正案》中将“中国共产党领导的多党合作和政治协商制度将长期存在和发展”，再次写入了《中华人民共和国宪法》，为中国政治协商制度的长期存在和健康发展，以及《政协章程》的修订，明确中国人民政治协商会议是“中国共产党领导的多党合作和政治协商的重要机构”提供了宪法依据。政协的团结、民主两大主题，决定了政协既发挥统战功能，又发展民主功能，政协民主是一种协商式（团结合作式而非竞争排斥式民主）。至此，政治协商会议的功能和地位得到了进一步的明确和发展，其作用和范围得到进一步的加强和扩展。

1994年，全国政协修改了《政协章程》。明确规定：“中国人民政治协商会议是中国人民爱国统一战线的组织，是中国共产党领导的多党合作和政治协商的重要机构”，强调指出，人民政协的“主要职能是政治协商和民主监督，组织参加本会的各党派、团体和各族各界人士参政议政”。

5. 将人民政协政治协商制度建设纳入初级阶段基本政治纲领和依法治国的范畴

1997 年 9 月，中共十五大召开。十五大报告明确地在中共十四大将中国政治协商会议制度建设纳入建设有中国特色社会主义理论主要内容的范畴之后，进一步对其理论归属进行了新的分类，将其更为具体地归纳为建设有中国特色社会主义政治建设的理论范畴。

> 建设有中国特色社会主义的政治，就是在中国共产党领导下，在人民当家做主的基础上，依法治国，发展社会主义民主政治。这就要坚持和完善工人阶级领导的、以工农联盟为基础的人民民主专政；坚持和完善人民代表大会制度和中国共产党领导的多党合作、政治协商制度以及民族区域自治制度；发展民主，健全法制，建设社会主义法治国家。①

报告将中国共产党领导的政治协商制度和多党合作制度作为中国的一项基本政治制度，写入到党在社会主义初级阶段的基本政治纲领。可以看出从中共十五大开始，将人民政协政治协商制度建设归纳到依法治国、不断完善中国政治制度建设的范畴内进行理性思考和阐述，使人民政协协商民主建设在理论上具有更为清晰的逻辑层次：依法治国——中国政治制度建设与改革——政治协商制度建设与完善。

同时，报告还明确提出要“继续推进人民政协政治协商、民主监督、参政议政的规范化、制度化”，这是中国共产党在社会主义改造完成后，第一次在党的代表大会报告中明确提出人民政协的参政议政职责和推动政治协商制度向规范化、制度化发展，为人民政协协商民主制度进一步走向系统化阶段奠定了理论与实践基础。

总之，在以江泽民同志为核心的党的第三代中央领导集体正确领导下，人民政协事业取得重要进展。以全国政协关于人民政协履行职能的《规定》

---

① 江泽民：“高举邓小平理论伟大旗帜，把建设有中国特色社会主义事业全面推向二十一世纪”，中国共产党第十五次全国代表大会报告，1997 年 9 月 12 日。

颁发为标志，人民政协履行职能由经常化向规范化迈进，各项工作逐步走上制度化、规范化和程序化轨道。适时调整界别设置，将人民政协的界别发展到34个，爱国统一战线进一步巩固和壮大。在这一历史时期，人民政协在推进改革开放、推进现代化建设和推进祖国统一大业的完成，增进同各国人民的相互了解和交流合作等方面作出了重要贡献。

三、以胡锦涛同志为总书记的党中央："把政治协商纳入决策程序"

以胡锦涛同志为总书记的党中央团结带领全党全国各族人民，坚持以马克思列宁主义、毛泽东思想、邓小平理论和"三个代表"重要思想为指导，深入贯彻落实科学发展观，把人民政协工作纳入中国特色社会主义事业总体布局，作出一系列重要部署，在新的历史起点上，把人民政协事业继续推向前进。

主要内容包括：（1）明确了人民政协事业是中国特色社会主义事业的重要组成部分。发展社会主义民主政治，建设社会主义政治文明，要善于运用人民政协这一政治组织和民主形式。（2）明确了社会主义民主的两种形式。坚持和完善人民政协这种民主形式，既符合社会主义民主政治的本质要求，又体现了中华民族兼容并蓄的优秀文化传统，具有鲜明的中国特色。（3）明确了人民政协与社会主义和谐社会的关系。人民政协的基本属性、主要职能、组织构成、工作原则和活动方式，与构建社会主义和谐社会的要求是完全一致的，同构建社会主义和谐社会的各项工作是紧密相连的。（4）明确了新世纪新阶段人民政协的任务。人民政协要把全体社会主义劳动者、社会主义事业的建设者、拥护社会主义的爱国者和拥护祖国统一的爱国者都团结起来，为推进社会主义经济建设、政治建设、文化建设、社会建设，为实现祖国完全统一，为维护世界和平、促进共同发展而奋斗。（5）明确了人民政协必须坚持的七项工作原则。人民政协必须坚持以马克思列宁主义、毛泽东思想、邓小平理论和"三个代表"重要思想为指导，坚持中国共产党的领导，坚持在宪法和法律范围内开展工作，坚持社会主义初级阶段的基本路线、基本纲领、基本经验，坚持团结和民主两大主题，坚持科学发展观、把促进发展作为人民政协履行职能的第一要务，坚持把实现和维护最广大人民的根本利益作为人民政协工作的出发点和落脚点。（6）明确了要大力加强人民政协的制度建设和理论研究、宣传教育工作，形成有利于人民政协事业发展的良好氛围。

其中，关于人民政协协商民主的新论述主要如下。

1. 将多党合作和政治协商制度纳入中国特色社会主义理论的构成部分

2005 年 2 月，中共中央发布《关于进一步加强中国共产党领导的多党合作和政治协商制度建设的意见》（中发〔2005〕5 号）文件，从中国特色的社会主义政党制度的角度研究中国共产党领导的多党合作和政治协商制度，并将其明确地归纳为中国特色社会主义理论的构成部分。与此前相比，一是强化了政治协商制度的政党制度研究范畴，凸显了其中国政党制度的特色。二是中国特色政党制度的研究范畴与有中国特色社会主义理论的明确定位，更增强了其具有的广泛的普遍性、可借鉴性，同时也增强了其理论性。《意见》根据新形势，阐述了政治协商制度形成的理论渊源和基本特征。

> 确立和实行中国共产党领导的多党合作和政治协商制度，是中国社会历史发展的必然选择，是中国共产党和中国人民政治智慧的结晶。以毛泽东同志为核心的中共第一代中央领导集体，把马克思主义政党理论和统一战线理论同中国实际相结合，与民主党派和无党派人士一起，创立了中国共产党领导的多党合作和政治协商制度。1949 年人民政协的成立，标志着这项制度的确立。以邓小平为核心的中共第二代中央领导集体，提出了一整套有关多党合作和政治协商的理论和政策，进一步巩固和发展了中国共产党领导的多党合作和政治协商制度。以江泽民同志为核心的中共第三代中央领导集体，适应时代发展要求，对坚持和完善中国共产党领导的多党合作和政治协商制度提出了一系列新思想、新观点、新论断。八届全国人大一次会议把这项制度将长期存在和发展载入《宪法》。中共十六大以来，以胡锦涛同志为总书记的中共中央继往开来、与时俱进，着眼于社会主义政治文明建设，继续推进中国多党合作事业的发展。①

① 中共中央：《关于进一步加强中国共产党领导的多党合作和政治协商制度建设的意见》，中国共产党新闻网。

中国共产党“把马克思主义政党理论和统一战线理论同中国实际相结合，与民主党派和无党派人士一起，创立了中国共产党领导的多党合作和政治协商制度”。因此，这一政党制度的显著特征是：中国共产党领导、多党派合作，中国共产党执政、多党派参政，以便扩大各界人士有序的政治参与，拓宽社会利益表达、反映渠道，促进社会和谐发展，实现中国共产党的领导、人民当家做主和依法治国的有机统一。这是中国共产党首次提出扩大各界人士有序的政治参与，为其后中共十七大明确提出扩大公民有序的政治参与做了铺垫。

中发〔2005〕5号文件在2004年《政协章程》之后，在党的文件中明确地提出了人民政协围绕团结和民主两大主题履行政治协商、民主监督、参政议政职能。

> 人民政协是中国人民爱国统一战线的组织，是中国共产党领导的多党合作和政治协商的重要机构，是中国政治生活中发扬社会主义民主的重要形式。人民政协要围绕团结和民主两大主题，认真履行政治协商、民主监督、参政议政的职能。要围绕中心、服务大局，突出特点、发挥优势，努力促进参加政协的各党派、无党派人士开展协商，团结合作。要广泛联系社会各界人士，畅通反映社情民意的渠道，广开言路、广求良策、广谋善举，为巩固和发展民主团结、生动活泼、安定和谐的政治局面发挥积极作用。①

这实际上提出了人民政协在履行政治协商、民主监督、参政议政三大重要职能中，要以团结促民主，以民主促团结，同时要在围绕中心（第一要务）中巩固和发展民主团结，对政治协商制度建设的重要机构——人民政协职能进行了进一步的规范。这就使得政治协商的主题和围绕主题履行政治协商职能的内涵更加明确、更加清晰，形成了政治协商在“三围绕”方面的理性归纳：主要围绕第一要务展开、围绕完善民主展开、围绕团结展开。“三围绕”从理性认知到社会实践，为营造和谐社会、和谐政党关系、和谐的社会主义

① 中共中央：《关于进一步加强中国共产党领导的多党合作和政治协商制度建设的意见》，中国共产党新闻网。

民主政治关系奠定了理论基础。

2. 提出“人民政协事业是中国特色社会主义事业的重要组成部分”

在《中共中央关于进一步加强中国共产党领导的多党合作和政治协商制度建设的意见》发布之后仅一年，2006 年 2 月 8 日中共中央又发布了《关于加强人民政协工作的意见》（以下简称《意见》），全面、明确地对中国协商民主的重要渠道——人民政协的主要理论内涵作了阐述，阐明了人民政协的性质、主要职能。

《意见》第一次鲜明地提出了人民政协事业是中国特色社会主义事业的重要组成部分，强调在全面建设小康社会、加快推进社会主义现代化的新的发展阶段，要从提高党的执政能力、发展社会主义民主政治、构建社会主义和谐社会、推进中国特色社会主义伟大事业的战略高度，大力加强人民政协工作，充分发挥人民政协的作用。第一次明确提出了人民政协是中国共产党把马克思列宁主义统一战线理论、政党理论和民主政治理论同中国具体实践相结合的伟大创造①，指明了人民政协产生、存在和发展的理论依据。

3. 首次明确了“人民政协与社会主义和谐社会的关系”

《关于加强人民政协工作的意见》（以下简称《意见》）第一次明确提出了人民政协与构建社会主义和谐社会的内在的本质的联系，提出人民政协的基本属性、主要职能、组织构成、工作原则和活动方式，与构建社会主义和谐社会的要求是完全一致的，同构建社会主义和谐社会的各项工作是紧密相连的，强调构建社会主义和谐社会，必须充分发挥人民政协的作用。

> 人民政协是中国共产党领导的各党派、各团体、各民族、各阶层大团结大联合的组织。人民政协的基本属性、主要职能、组织构成、工作原则和活动方式，与构建社会主义和谐社会的要求是完全一致的，同构建社会主义和谐社会的各项工作是紧密相连的。构建社会主义和谐社会，必须充分发挥人民政协的作用。

同时，《意见》明确提出了人民政协工作必须坚持的七条原则，明确规定了政治协商、民主监督、参政议政的内容、形式和程序，明确了人民政协自

---

① 中共中央：《关于加强人民政协工作的意见》（摘要），《人民日报》，2006 年 3 月 2 日第一版。

身建设的内涵和要求，明确提出了加强和改善党对人民政协领导的基本内容和要求等。

4. 提出人民政协“是中国政治体制的重要组成部分”“是中国社会主义民主政治的一大优势”

在人民政协成立55周年的庆祝会上，胡锦涛指出必须充分发挥人民政协作为中国共产党领导的多党合作和政治协商重要机构的作用，不断加强中国共产党同民主党派的合作共事、巩固中国共产党同党外人士的联盟，并对人民政协协商民作了深刻阐述。

> 中国共产党同各民主党派在国家重大问题上进行民主协商、科学决策，有利于集中力量办大事，中国共产党和各民主党派互相监督，有利于改善中国共产党的领导，有利于加强参政党建设。人民政协是中国共产党领导的多党合作和政治协商的重要机构，发展人民政协事业有利于发挥中国社会主义政党制度的特点和优势，巩固共同建设中国特色社会主义的社会政治基础。
>
> 必须充分运用人民政协这一中国政治生活中发扬社会主义民主的重要形式，不断发展社会主义民主政治、建设社会主义政治文明。人民政协是中国政治体制的重要组成部分，在中国政治生活中具有不可替代的作用。它是中国各民主党派参政议政、团结合作的重要场所，有利于使各民主党派的意见和主张在国家政治生活中得到充分表达。
>
> 坚持和完善人民政协这种民主形式，既符合社会主义民主政治的本质要求，又体现了中华民族兼容并蓄的优秀文化传统，具有鲜明的中国特色，是中国社会主义民主政治的一大优势。①

这些重要论述，不但明确了人民政协的地位，而且也表明了它是马克思主义中国化发展的又一重要理论成果。中国共产党运用“人民政协这一中国政治生活中发扬社会主义民主的重要形式”，在涉及国家根本利益和人民切身利益的事务上同各民主党派进行民主协商，进而达成科学决策，这对于中国

① 胡锦涛：“在庆祝人民政协成立55周年大会上的讲话”，新华社，2004年9月21日。

举全国之力办人民大事提供了有力的支撑。

5. 提出“支持人民政协围绕团结和民主两大主题履行职能”“把政治协商纳入决策程序”

2007 年 10 月 15 日，中国共产党第十七次全国代表大会报告指出：“人民民主是社会主义的生命。发展社会主义民主政治是我们党始终不渝的奋斗目标。要坚持中国特色社会主义政治发展道路，坚持党的领导、人民当家做主、依法治国有机统一，坚持和完善人民代表大会制度、中国共产党领导的多党合作和政治协商制度、民族区域自治制度以及基层群众自治制度，不断推进社会主义政治制度自我完善和发展。”在党的报告中，还首次把协商民主思想加入中国的决策程序中。

> 人民当家做主是社会主义民主政治的本质和核心。要健全民主制度，丰富民主形式，拓宽民主渠道，依法实行民主选举、民主决策、民主管理、民主监督，保障人民的知情权、参与权、表达权、监督权。……支持人民政协围绕团结和民主两大主题履行职能，推进政治协商、民主监督、参政议政制度建设；把政治协商纳入决策程序，完善民主监督机制，提高参政议政实效；加强政协自身建设，发挥协调关系、汇聚力量、建言献策、服务大局的重要作用。

报告同时要求在执政过程中完善监督机制，“要贯彻长期共存、互相监督、肝胆相照、荣辱与共的方针，加强同民主党派合作共事，支持民主党派和无党派人士更好履行参政议政、民主监督职能，选拔和推荐更多优秀党外干部担任领导职务”，从而提高各民主党派作为参政党来进行参政议政、民主监督的效果。

总之，在以胡锦涛同志为总书记的党中央高度重视和大力支持下，人民政协各项工作呈现出蓬勃发展的良好局面。理论建设取得重大进展。初步确立人民政协理论的思想体系和基本框架，人民政协工作的思想政治基础更加巩固。成立了中国人民政协理论研究会，人民政协理论研究工作不断加强。制度建设深入推进。全国政协十届二次会议修订了《中国人民政治协商会议章程》，修订和制定了《人民政协全国委员会全体会议工作规则》等与政协章程相配套的八项制度，建立健全了学习制度。创新了协商形式。围绕制定

“十一五”规划、推进农村改革发展等事关党和国家事业发展全局的重大问题，召开专题协商会，扩大了人民政协的社会影响。人民政协为推动科学发展、促进社会和谐、推进“一国两制”实践和祖国和平统一大业作出了重要贡献。

四、以习近平同志为核心的党中央：“健全社会主义协商民主制度”

人民政协是中国制度化的、国家层面的协商民主形式。2012 年中共十八大以来，中共中央高度重视人民政协工作，强调要进一步准确把握人民政协性质定位，充分发挥人民政协作为协商民主重要渠道作用，围绕团结和民主两大主题，推进政治协商、民主监督、参政议政制度建设。① 以习近平同志为核心的党中央就人民政协事业发展提出了一系列新思想新部署新要求，科学回答了新形势下人民政协工作中具有根本性、全局性、战略性的重大问题，丰富和发展了人民政协的思想和理论，为新世纪新阶段人民政协事业的发展指明了方向。

1. 首次对“健全社会主义协商民主制度”进行全面规划和部署

2012 年，中国共产党第十八次代表大会在北京胜利召开。十八大报告首次以党的报告这一权威形式确认“协商民主”概念，并在此基础上确立“社会主义协商民主制度”概念，进而对“健全社会主义协商民主制度”进行全面规划和部署，集中体现了中国共产党对社会主义民主政治的实践创新、理论创新和制度创新，集中体现了中国共产党人在中国民主制度选择上的道路自信、理论自信和制度自信。报告明确指出：

> 健全社会主义协商民主制度。社会主义协商民主是我国人民民主的重要形式。要完善协商民主制度和工作机制，推进协商民主广泛、多层、制度化发展。通过国家政权机关、政协组织、党派团体等渠道，就经济社会发展重大问题和涉及群众切身利益的实际问题广泛协商，广纳群言、广集民智，增进共识、增强合力。坚持和完

① 习近平：“在庆祝中国人民政治协商会议成立65 周年大会上的讲话”，《人民日报》，2014 年 9 月 22 日。

善中国共产党领导的多党合作和政治协商制度。加强同民主党派的政治协商。积极开展基层民主协商。

坚持和完善中国共产党领导的多党合作和政治协商制度，充分发挥人民政协作为协商民主重要渠道作用，围绕团结和民主两大主题，推进政治协商、民主监督、参政议政制度建设，更好协调关系、汇聚力量、建言献策、服务大局。加强同民主党派的政治协商。把政治协商纳入决策程序，坚持协商于决策之前和决策之中，增强民主协商实效性。

中国共产党关于社会主义协商民主的思想和实践经历了一个不断深化的历史发展过程。这是继2006年中共中央在《关于加强人民政协工作的意见》中提出"我国社会主义民主的两种重要形式"、2007年《中国的政党制度》白皮书第一次正式提出"选举民主和协商民主"的概念之后，再一次把协商民主从一种民主形式上升为一种制度形式，成为我国国家政治制度层面上的一个重要部分。报告科学地回答了社会主义协商民主的本质属性，协商民主制度和机制的架构，协商民主的渠道、内容和目的，协商民主的基本原则，人民政协在协商民主制度中的地位以及人民政协实施协商民主的多种形式等重大问题。

2. 充分肯定人民政协的历史地位："四大历史性贡献"

习近平在庆祝中国人民政治协商会议成立65周年大会上的讲话中，总结了人民政协在中国社会主义革命和建设不同的四个历史阶段的四大历史贡献：一是协商建国，人民政协为新中国的建立作出了重大贡献；二是建设新中国，新中国成立后为恢复和发展国民经济、巩固新生人民政权、推动各项社会改革、促进社会主义革命和建设作出了历史性贡献；三是探索改革路，中共十一届三中全会以后，为维护和发展安定团结的政治局面，建设现代化的社会主义强国作出贡献；四是共筑中国梦，中共十八大以来紧紧围绕中心、服务大局，聚焦全面深化改革凝聚共识、汇集力量、建言献策，作出了新的积极贡献。

习近平在讲话中指出，人民政协的创建，"标志着100多年中国人民争取民族独立和人民解放运动取得了历史性的伟大胜利，标志着爱国统一战线和全国人民大团结在组织上完全形成，标志着中国共产党领导的多党合作和政治协商制度正式确立。”这是人民政协65年辉煌历史的光荣起点，不仅说明了人民政协为新中国的建立作出了重大贡献，而且说明了人民政协和中国特色政党制度的关系。人民政协的成功，是中国特色政党制度的成功，是中国特色社会主义制度的成功。

3. 明确做好人民政协工作的基本遵循："四大原则"

习近平不仅进一步明确了人民政协的性质和地位，即人民政协是统一战线的组织，是多党合作和政治协商的机构，是人民民主的重要实现形式，体现了中国特色社会主义制度的鲜明特点，还深刻总结人民政协65年丰富实践积累的宝贵经验，深化了对人民政协发展规律的认识。习近平强调指出，做好人民政协工作，必须坚持中国共产党的领导，这是中国特色社会主义最本质的特征，也是人民政协事业发展进步的根本保证；必须坚持人民政协的性质定位，按照《宪法》法律和《政协章程》准确定位，大力推进政协各项工作和各项事业不断向前发展；必须坚持大团结大联合，这是统一战线的本质要求，是人民政协组织的重要特征；必须坚持发扬社会主义民主，这是人民政协作为人民民主重要形式的历史任务。这些经验深刻揭示了人民政协事业发展进步的科学规律，确立了做好人民政协工作的重要原则，为我们推进新形势下人民政协事业发展提供了基本遵循。

> 人民政协65年的丰富实践积累了宝贵经验，为我们做好人民政协工作确立了重要原则。
>
> 做好人民政协工作，必须坚持中国共产党的领导。中国共产党的领导是包括各民主党派、各团体、各民族、各阶层、各界人士在内的全体中国人民的共同选择，是中国特色社会主义最本质的特征，也是人民政协事业发展进步的根本保证。人民政协事业要沿着正确方向发展，就必须毫不动摇坚持中国共产党的领导。
>
> 做好人民政协工作，必须坚持人民政协的性质定位。人民政协是统一战线的组织，是多党合作和政治协商的机构，是人民民主的重要实现形式，体现了中国特色社会主义制度的鲜明特点。人民政协要在依照《宪法》法律和《政协章程》准确定位的基础上，大力

推进自身各项工作和各项事业不断向前发展。

做好人民政协工作，必须坚持大团结大联合。大团结大联合是统一战线的本质要求，是人民政协组织的重要特征。人民政协要坚持在热爱中华人民共和国、拥护中国共产党的领导、拥护社会主义事业、共同致力于实现中华民族伟大复兴的政治基础上，最大限度调动一切积极因素，团结一切可以团结的人，汇聚起共襄伟业的强大力量。

做好人民政协工作，必须坚持发扬社会主义民主。人民民主是社会主义的生命。人民政协是人民民主的重要形式。人民政协要适应推进国家治理体系和治理能力现代化的要求，坚持改革创新精神，推进人民政协理论创新、制度创新、工作创新，丰富民主形式，畅通民主渠道，有效组织各党派、各团体、各民族、各阶层、各界人士共商国是，推动实现广泛有效的人民民主。

4. 全面阐述了人民政协的优势、作用和任务："五个坚持"

习近平在庆祝中国人民政治协商会议成立 65 周年大会重要讲话，系统梳理中国共产党历届中央领导集体关于人民政协的重大思想观点、方针政策和决策部署，明确指出："中国特色社会主义制度的生命力，就在于这一制度是在中国的社会土壤中生长起来的，人民政协就是适合中国国情、具有鲜明中国特色的制度安排。"着眼实现"两个一百年"奋斗目标和中华民族伟大复兴的中国梦，习近平强调人民政协要坚持中国特色社会主义制度优势和特点、坚持紧扣改革发展献计出力、坚持发挥人民政协在发展协商民主中的重要作用、坚持广泛凝聚实现中华民族伟大复兴的正能量、坚持推进履职能力建设。这些重要要求部署了新形势下做好人民政协工作的战略任务，明确了推动人民政协事业发展的历史使命，为我们谋划、部署、推进人民政协工作指明了方向。

同时，习近平还突出强调各级党委要重视和支持人民政协事业发展，为人民政协有效开展工作提供了重要政治保证。习近平指出，要把人民政协政治协商作为重要环节纳入决策程序，加强人民政协民主监督，推进人民政协参政议政更加深入务实开展，高度重视政协领导班子建设，改进委员产生机制，深入研究更好发挥政协界别作用的思路和办法。这些要求有利于进一步加强和改善党对人民政协的领导，切实营造全党全社会重视关心支持人民政协工作的良好氛围。

5. 对人民政协自身建设提出新的要求：“提高四个能力”

2014 年 1 月 22 日，在同各民主党派中央、全国工商联负责人和无党派人士代表共迎新春时指出，“坚持和发展中国特色社会主义，要求中国共产党加强自身建设，也要求各参政党加强自身建设。希望同志们准确把握建设中国特色社会主义参政党的基本要求，继承优良传统，把握时代要求，不断提高政治把握能力、参政议政能力、组织领导能力、合作共事能力，努力把中国特色社会主义参政党建设提高到一个新的水平。”

2015 年全国政协十二届三次会议期间，习近平参加民革、台盟、台联委员联组会时，发表了重要讲话强调：要勇于担当责任，着力提高能力素质。全国政协讨论的都是涉及党和国家事业发展、涉及人民利益的大事，政协委员要履行好职责，必须具备较高的思想水平和认识能力。苏东坡说：“天下无事，则公卿之言轻于鸿毛；天下有事，则匹夫之言重于泰山。”我们正在推进全面建成小康社会、全面深化改革、全面依法治国、全面从严治党，迫切需要集思广益。政协委员是其中一支十分重要的力量。全国政协委员提出意见和建议，要提在全国政协这样的层面上，懂政协、会协商、善议政。①

习近平还对政协领导班子建设提出要求。他指出：“要高度重视政协领导班子建设，改进委员产生机制，真正把代表性强、议政水平高、群众认可、德才兼备的优秀人士吸收到委员队伍中来。要适应经济社会发展和统一战线内部结构变化，深入研究更好发挥政协界别作用的思路和办法，扩大团结面、增强包容性，拓展有序政治参与空间。”

此外，还对政协委员履职尽责提出要求。习近平指出：“政协委员是政协工作的主体。要尊重和保障委员民主权利，完善委员联络制度，健全委员联络机构，为委员履职尽责创造良好条件。政协委员社会知名度大、关注度高，

---

① 张庆黎：“在人民政协理论研究会 2015 年度理论研讨会上的讲话”，新华网，2015 年 9 月 10 日。

一言一行都具有影响力和示范性。希望广大政协委员珍惜自身荣誉，恪守宪法法律，自觉践行社会主义核心价值观，锤炼道德品行，改进工作作风，切实发挥在本职工作中的带头作用、界别群众中的代表作用，不负重托，不辱使命。”①

6. 提出中国外交和参与全球治理的基本理念：“商量着办”

2015 年 10 月 12 日，中共中央政治局进行第二十七次集体学习，主题是“全球治理格局和全球治理体制”。习近平在主持学习时强调，“世界上的事情越来越需要各国共同商量着办”“国家不分大小、强弱、贫富都是国际社会的平等成员，一国的事情由本国人民做主，国际上的事情由各国商量着办”，必须“推动全球治理体制更加公正更加合理”②。“商量着办”，简单的四个字，标志着中国协商民主思想和精神成为中国外交和参与全球治理的基本理念，蕴藏着中国因势而谋、推动国际秩序变革的深刻思考。

习近平强调，随着全球性挑战增多，加强全球治理、推进全球治理体制变革已是大势所趋。这不仅事关应对各种全球性挑战，而且事关给国际秩序和国际体系定规则、定方向；不仅事关对发展制高点的争夺，而且事关各国在国际秩序和国际体系长远制度性安排中的地位和作用。我们提出“一带一路”倡议、建立以合作共赢为核心的新型国际关系、坚持正确义利观、构建人类命运共同体等理念和举措，顺应时代潮流，符合各国利益，增加了中国同各国利益汇合点。

习近平指出，全球治理体制变革离不开理念的引领，全球治理规则体现更加公正合理的要求离不开对人类各种优秀文明成果的吸收。要推动全球治理理念创新发展，积极发掘中华文化中积极的处世之道和治理理念同当今时代的共鸣点，继续丰富打造人类命运共同体等主张，弘扬共商共建共享的全球治理理念。要加强能力建设和战略投入，加强对全球治理的理论研究，高度重视全球治理方面的人才培养。

---

① 习近平：“在庆祝中国人民政治协商会议成立 65 周年大会上的讲话”，《人民日报》，2014 年 9 月 22 日。

② 习近平：“推动全球治理体制更加公正更加合理，为我国发展和世界和平创造有利条件”，中央政府门户网站（www. gov. cn），2015 年 10 月 13 日。

中共十八大以来，正是按照“商量着办”共商共建共享的全球治理理念，中国在国际秩序变革中贡献“中国智慧”、提供“中国方案”，积极拓展金砖国家、上合组织的合作路径，完善中国—东盟、中阿合作论坛等多边平台，推动二十国集团、亚太经合组织发挥更大作用，践行“命运共同体”的价值追求。时事评论家扎卡利亚在《后美国时代》一书中评析：“我们有史以来第一次见证这样真正的全球增长。在这样的国际秩序里，世界各国不再是被控制者抑或旁观者，他们将是参与者，按照自己的意志运转。这是一个真正意义上的全球秩序。”

延伸阅读之三

中共中央印发
《关于加强社会主义协商民主建设的意见》

新华社北京2月9日电：中共中央近日印发了《关于加强社会主义协商民主建设的意见》。《意见》明确了社会主义协商民主的本质属性和基本内涵，阐述了加强社会主义协商民主建设的重要意义、指导思想、基本原则和渠道程序，对新形势下开展政党协商、人大协商、政府协商、政协协商、人民团体协商、基层协商、社会组织协商等作出全面部署，是指导社会主义协商民主建设的纲领性文件。《意见》全文如下。

社会主义协商民主是中国社会主义民主政治的特有形式和独特优势，是党的群众路线在政治领域的重要体现，是深化政治体制改革的重要内容。为深入贯彻落实党的十八大和十八届三中、四中全会精神，推进协商民主广泛多层制度化发展，建设社会主义政治文明，推进国家治理体系和治理能力现代化，现就加强社会主义协商民主建设提出如下意见。

一、加强协商民主建设的重要意义

协商民主是在中国共产党领导下，人民内部各方面围绕改革发展稳定重大问题和涉及群众切身利益的实际问题，在决策之前和决策实施之中开展广泛协商，努力形成共识的重要民主形式。

（1）发展历程。社会主义协商民主是中国共产党和中国人民的伟大创造，源自中国共产党领导人民进行革命、建设、改革的长期实践。党的十八大和十八届三中全会深刻总结我国社会主义民主政治建设的经验和规律，作出健全社会主义协商民主制度、推进协商民主广泛多层制度化发展的重大战略部署。协商民主在我国具有深厚的文化基础、理论基础、实践基础、制度基础，为发展中国社会主义民主政治丰富了形式，拓展了渠道，增加了内涵。

（2）重要意义。当前，我国正处在全面建成小康社会的决定性阶段。面对改革开放进程中利益格局深刻调整的新形势，面对社会新旧矛盾相互交织的新变化，面对市场经济条件下思想观念多元多样的新情况，面对世界范围内不同政治发展道路竞争博弈的新挑战，加强协商民主建设，有利于扩大公民有序政治参与、更好实现人民当家做主的权利，有利于促进科学民主决策、推进国家治理体系和治理能力现代化，有利于化解矛盾冲突、促进社会和谐稳定，有利于保持党同人民群众的血肉联系、巩固和扩大党的执政基础，有利于发挥我国政治制度优越性，增强中国特色社会主义道路自信、理论自信、制度自信。

二、加强协商民主建设的指导思想、基本原则和渠道程序

（3）指导思想。加强协商民主建设，必须贯彻落实党的十八大和十八届三中、四中全会精神，高举中国特色社会主义伟大旗帜，以马克思列宁主义、毛泽东思想、邓小平理论、“三个代表”重要思想、科学发展观为指导，深入贯彻落实习近平总书记系列重要讲话精神，坚持和完善我国根本政治制度和基本政治制度，以保证人民当家做主为根本，构建程序合理、环节完整的协商民主体系，推进协商民主广泛多层制度化发展，为发展中国社会主义民主政治注入新的活力，为实现“两个一百年”奋斗目标、实现中华民族伟大复兴的中国梦凝聚智慧和力量。

（4）基本原则。加强协商民主建设，必须坚持党的领导、人民当家做主、依法治国有机统一，贯彻民主集中制，坚定不移走中国特色社会主义政治发展道路。坚持围绕中心、服务大局，促进经济持续健康发展，维护社会和谐稳定。坚持依法有序、积极稳妥，确保协商民主有制可依、有规可守、有章可循、有序可遵。坚持协商于决策之前和决策实施之中，增强决策的科学性和实效性。坚持广泛参与、多元多层，更好保障人民群众的知情权、参与权、

表达权、监督权。坚持求同存异、理性包容，切实提高协商质量和效率。

（5）协商渠道。继续重点加强政党协商、政府协商、政协协商，积极开展人大协商、人民团体协商、基层协商，逐步探索社会组织协商。发挥各协商渠道自身优势，做好衔接配合，不断健全和完善社会主义协商民主制度。各类协商要根据自身特点和实际需要，合理确定协商内容和方式。

（6）协商程序。从实际出发，按照科学合理、规范有序、简便易行、民主集中的要求，制定协商计划、明确协商议题和内容、确定协商人员、开展协商活动、注重协商成果运用反馈，确保协商活动有序务实高效。

三、继续加强政党协商

发挥中国特色社会主义政党制度优势，坚持长期共存、互相监督、肝胆相照、荣辱与共，加强中国共产党同民主党派的政治协商，搞好合作共事，巩固和发展和谐政党关系。

（7）继续探索规范政党协商形式。完善协商的会议形式，就党和国家重要方针政策、重大问题召开专题协商座谈会，由中共中央主要负责同志主持；就重要人事安排在酝酿阶段召开人事协商座谈会，由中共中央负责同志主持；就民主党派的重要调研课题召开调研协商座谈会，由中共中央负责同志主持，邀请相关部门参加；根据工作需要，召开协商座谈会，沟通思想、交换意见、通报重要情况，由中共中央负责同志或委托有关部门主持。完善中共中央负责同志与民主党派中央负责同志约谈形式。完善中共中央与民主党派中央书面沟通协商形式。

（8）完善民主党派中央直接向中共中央提出建议制度。民主党派中央每年以调研报告、建议等形式直接向中共中央提出意见和建议。民主党派中央负责同志可以个人名义向中共中央和国务院直接反映情况、提出建议。中共中央政治局常委、委员开展的国内考察调研以及重要外事活动，可根据需要，经统一安排邀请民主党派中央负责同志参加。

（9）加强政党协商保障机制建设。健全知情明政机制，有关部门定期提供相关材料，组织专题报告会，协助民主党派优化考察调研选题。加强政府有关部门、司法机关与民主党派的联系，视情邀请民主党派列席有关会议、参加专项调研和检查督导工作。完善协商反馈机制，中共中央将协商意见交付有关部门办理，有关部门及时反馈落实情况。支持民主党派加强协商能力建设。

无党派人士是政治协商的重要组成部分，工商联是具有统战性的人民团体和民间商会，有关部门要为无党派人士和工商联参加协商做好联络服务。

各省（自治区、直辖市）、市（地、州、盟）党委要结合实际，对开展政党协商作出具体安排。

四、积极开展人大协商

人民代表大会制度是保证人民当家做主的根本政治制度。各级人大要依法行使职权，同时在重大决策之前根据需要进行充分协商，更好汇聚民智、听取民意，支持和保证人民通过人民代表大会行使国家权力。

(10) 深入开展立法工作中的协商。制定立法规划、立法工作计划，要广泛听取各方面的意见和建议。健全法律法规起草协调机制，加强人大专门委员会、工作委员会与相关方面的沟通协商。健全立法论证、听证、评估机制，探索建立有关国家机关、社会团体、专家学者等对立法中涉及的重大利益调整论证咨询机制。拓宽公民有序参与立法途径，健全法律法规草案公开征求意见和公众意见采纳情况反馈机制。对于法律关系复杂、意见分歧较大的法律法规草案，要进行广泛深入的调研、论证、协商，在各方面基本取得共识基础上再依法提请表决。

(11) 发挥好人大代表在协商民主中的作用。健全法律法规规章起草征求人大代表意见制度，增加人大代表列席人大常委会会议人数，更好发挥人大代表在立法协商中的作用。提高代表议案建议质量，有关方面要加强与代表的沟通协商，增强议案建议办理实效。建立健全代表联络机构、网络平台等形式，密切代表同人民群众联系。

鼓励基层人大在履职过程中依法开展协商，探索协商形式，丰富协商内容。

五、扎实推进政府协商

围绕有效推进科学民主依法决策加强政府协商，增强决策透明度和公众参与度，解决好人民最关心最直接最现实的利益问题，推进政府职能转变，提高政府治理能力和水平。

（12）探索制定并公布协商事项目录。政府根据法律法规规定和工作实际，探索制定并公布协商事项目录。列入目录的事项，要进行沟通协商。未列入目录的事项，根据实际需要进行沟通协商。

（13）增强协商的广泛性、针对性。坚持社会公众广泛参与，加强与人大代表、政协委员以及民主党派、无党派人士、工商联等的沟通协商。专业事项坚持专家咨询论证。涉及经济社会发展重大问题、重大公共利益或重大民生的，重视听取社会各方面的意见和建议，吸纳社会公众特别是利益相关方参与协商。涉及特定群体利益的，加强与相关人民团体、社会组织以及群众代表的沟通协商。

（14）完善政府协商机制。做好政府信息公开工作，为各方面参与政府协商创造条件。完善意见征集和反馈机制，在立法、设定决策议题、进行决策时广泛听取意见，及时反馈意见采纳情况。规范听证机制，听证会依法公开举行，及时公开相关信息。建立健全决策咨询机制，完善咨询程序，提高咨询质量和公信力。完善人大代表议案建议和政协提案办理联系机制，建立和完善台账制度，将建议和提案办理纳入政府年度督查工作计划，办理结果逐步向社会公开。

六、进一步完善政协协商

充分发挥人民政协作为协商民主重要渠道和专门协商机构的作用，坚持团结和民主两大主题，推进政治协商、民主监督、参政议政制度建设，不断提高人民政协协商民主制度化、规范化、程序化水平。

（15）明确政协协商的主要内容。主要包括国家和地方的大政方针以及政治、经济、文化和社会生活中的重要问题，各党派参加人民政协工作的共同性事务，政协内部的重要事务，以及有关爱国统一战线的其他重要问题等。

（16）完善政协会议及其他协商形式。改进政协通过会议进行协商的形式，适当增加专题议政性常委会议和专题协商会次数，完善协商座谈会制度。更加灵活、更为经常地开展专题协商、对口协商、界别协商、提案办理协商，探索网络议政、远程协商等新形式。增加集体提案比重，提高提案质量，建立交办、办理、督办提案协商机制。通过协商会议、建议案、视察、提案、反映社情民意信息等形式提出意见和建议，积极履行民主监督职能。

(17) 加强政协协商与党委和政府工作的有效衔接。规范协商议题提出机制，认真落实由党委、人大、政府、民主党派、人民团体等提出议题的规定，探索由界别和委员联名提出议题。规范年度协商计划的制定，由党委常委会会议专题讨论并列入党委年度工作要点。健全知情明政制度，相关部门定期通报有关情况，为政协委员履职提供便利、创造条件。规范党委和政府领导及部门负责人参加政协协商活动。完善协商成果采纳、落实和反馈机制。

(18) 加强人民政协制度建设。政协全国委员会研究制定规范政治协商、民主监督、参政议政的具体意见。深入开展调查研究，在条件成熟时对政协界别适当进行调整。完善委员推荐提名工作机制，优化委员构成。研究制定政协委员管理的指导性意见。在政协建立健全委员联络机构，完善委员联络制度。

七、认真做好人民团体协商

围绕做好新形势下党的群众工作开展协商，更好组织和代表所联系群众参与公共事务，有效反映群众意愿和利益诉求，发挥人民团体作为党和政府联系人民群众的桥梁和纽带作用。

(19) 建立完善人民团体参与各渠道协商的工作机制。对涉及群众切身利益的实际问题，特别是事关特定群体权益保障的，有关部门要加强与相关人民团体协商。政协要充分发挥人民团体及其界别委员的作用，积极组织人民团体参与协商、视察、调研等活动，密切各专门委员会和人民团体的联系。

(20) 组织引导群众开展协商。人民团体要健全直接联系群众工作机制，及时围绕涉及所联系群众切身利益的问题开展协商。拓展联系渠道和工作领域，把联系服务新兴社会群体纳入工作范围，增强协商的广泛性和代表性。积极发挥对相关领域社会组织的联系服务引领作用，搭建相关社会组织与党委和政府沟通交流的平台。

八、稳步推进基层协商

涉及人民群众利益的大量决策和工作，主要发生在基层。要按照协商于民、协商为民的要求，建立健全基层协商民主建设协调联动机制，稳步开展基层协商，更好解决人民群众的实际困难和问题，及时化解矛盾纠纷，促进社会和谐稳定。

(21) 推进乡镇、街道的协商。围绕本地城乡规划、工程项目、征地拆迁以及群众反映强烈的民生问题等，组织有关方面开展协商。加强乡镇、街道对行政村、社区协商活动的指导。跨行政村或跨社区的重要决策事项，根据需要由乡镇、街道乃至县（市、区、旗）组织开展协商。

(22) 推进行政村、社区的协商。坚持村（居）民会议、村（居）民代表会议制度，规范议事规程。积极探索村（居）民议事会、村（居）民理事会、恳谈会等协商形式。重视吸纳利益相关方、社会组织、外来务工人员、驻村（社区）单位参加协商。通过协商无法解决或存在较大争议的问题或事项，应提交村（居）民会议或村（居）民代表会议决定。

(23) 推进企事业单位的协商。健全以职工代表大会为基本形式的企事业单位民主管理制度。畅通职工表达合理诉求渠道，健全各层级职工沟通协商机制。积极推动由工会代表职工与企业就调整和规范劳动关系等重要决策事项进行集体协商。逐步完善以劳动行政部门、工会组织、企业组织为代表的劳动关系三方协商机制。

探索开展社会组织协商。坚持党的领导和政府依法管理，健全与相关社会组织联系的工作机制和沟通渠道，引导社会组织有序开展协商，更好为社会服务。

九、加强和完善党对协商民主建设的领导

党的领导是中国特色社会主义最本质的特征。加强协商民主建设，必须坚持党的领导，充分发挥党总揽全局、协调各方的领导核心作用，把握正确方向，形成强大合力，确保有序高效开展。

(24) 高度重视协商民主建设。各级党委要充分认识加强协商民主建设的重

大意义，把协商民主建设纳入总体工作部署和重要议事日程，对职责范围内各类协商民主活动进行统一领导、统一规划、统一部署。要做到协商于决策之前和决策实施之中，根据各方面的意见和建议来决定和调整决策和工作，从制度上保障协商成果落地，使决策和工作更好顺乎民意、合乎实际。党委领导同志要以身作则，带头学习掌握协商民主理论，熟悉协商民主工作方法，把握协商民主工作规律，努力成为加强协商民主建设的积极组织者、有力促进者、自觉实践者，通过推进协商民主改善党的领导、加强党的领导、巩固党的执政地位。

（25）建立健全党领导协商民主建设的工作制度。建立党委统一领导、各方分工负责、公众积极参与的领导体制和工作机制。各级党委要按照民主集中制原则，坚持民主基础上的集中和集中指导下的民主相统一，确保协商依法开展、有序进行，防止议而不决、决而不行。加强统筹协调，认真研究制定协商计划，解决协商民主建设的重大问题，支持人大、政府、政协、党派团体、基层组织和社会组织依照法律法规和各自章程开展协商，有计划有步骤地推进协商活动。加强对协商民主建设落实情况的监督检查。

（26）支持鼓励协商民主建设探索创新。协商民主建设是一个不断发展的过程。各级党委要加强领导和组织协调，鼓励探索创新，通过各种途径、各种渠道、各种方式进行广泛协商，建立健全提案、会议、座谈、论证、听证、公示、评估、咨询、网络、民意调查等多种协商方式。尊重群众首创精神，注重实践经验提炼总结，并适时上升为制度规范。加强中国特色新型智库建设，建立健全决策咨询制度。加强协商民主理论研究，不断丰富和发展社会主义协商民主理论体系。研究制定协商民主建设党内法规。

（27）营造协商民主建设良好氛围。各级党委要自觉把协商民主建设贯穿于各领域，坚持有事多协商，遇事多协商，做事多协商。健全党内民主制度，以党内民主带动和促进协商民主发展。党委宣传部门和主要新闻媒体，要加强正确舆论引导，普及协商民主知识，宣传协商民主理论和实践，树立协商民主建设先进典型，发挥好示范引领作用。

各地区各相关部门要根据本意见，结合实际，制定具体实施办法。

（新华网，2015 年 2 月 9 日）

第四章　人民政协协商民主理论的构成要素

要素是指构成一个客观事物的存在并维持其运动的必要的构成成分，是构成事物必不可少的因素，又是组成系统的基本单元，是系统产生、变化、发展的动因。人民政协协商民主的构成要素，包括人民政协协商民主的性质定位、参与主体、协商内容、协商形式和程序、核心价值及功能、主要特征和马克思主义经典作家以及中共历届领导人关于人民政协协商精神的重要论述等。本章着重从前面七个重要组成部分入手，对人民政协协商民主理论的构成要素进行梳理和分析。

第一节　人民政协协商民主的性质定位

人民政协的性质定位，决定人民政协协商民主理论的内涵和发展方向。人民政协协商民主，是在中国共产党的领导下，参加人民政协的各党派团体、各族各界人士履行政治协商、民主监督、参政议政职能，围绕团结和民主两大主题，在热爱中华人民共和国、拥护中国共产党的领导、拥护社会主义事业、共同致力于实现中华民族伟大复兴的政治基础上，最大限度调动一切积极因素，团结一切可以团结的人，汇聚起共襄伟业的强大力量。

一、人民政协的性质定位

纵观历史，对人民政协性质的界定并不是人民政协一成立就确定下来的，而是经历了从一个“是”到两个“是”、再到三个“是”的四个阶段的历史演进过程。①

1982 年通过的《中国人民政治协商会议章程》，历经 1994 年 3 月 19 日中国人民政治协商会议第八届全国委员会第二次会议通过的《中国人民政治协商会议章程修正案》、2000 年 3 月 11 日中国人民政治协商会议第九届全国委员会第三次会议通过的《中国人民政治协商会议章程修正案》和 2004 年 3 月 12 日中国人民政治协商会议第十届全国委员会第二次会议通过的《中国人民政治协商会议章程修正案》的三次修订，对人民政协的性质定位进行了权威阐述。

> 中国人民在长期的革命和建设进程中，结成了由中国共产党领导的，由各民主党派、无党派人士、人民团体、少数民族人士和各界爱国人士参加的，由全体社会主义劳动者、社会主义事业的建设者、拥护社会主义的爱国者和拥护祖国统一的爱国者组成的，包括香港特别行政区同胞、澳门特别行政区同胞、台湾同胞和海外侨胞在内的最广泛的爱国统一战线。
>
> 《中华人民共和国宪法》规定：中国共产党领导的多党合作和政治协商制度将长期存在和发展。
>
> 中国人民政治协商会议是中国人民爱国统一战线的组织，是中国共产党领导的多党合作和政治协商的重要机构，是中国政治生活中发扬社会主义民主的重要形式。团结和民主是中国人民政治协商会议的两大主题。②

中国人民政治协商会议，是中国各族人民经过长期的革命斗争，在新中国成立前夕，由中国共产党和各民主党派、无党派民主人士、各人民团体、各界爱国人士共同创立的。它根据中国共产党同各民主党派和无党派民主人士“长期共存、互相监督、肝胆相照、荣辱与共”的方针，对国家大政方针和群众生活的重要问题进行政治协商，并通过建议和批评发挥参政议政、民主监督的作用。

---

① “人民政协性质”，中国政协门户网站，2014 年 12 月 18 日。

② 《中国人民政治协商会议章程》，中国人民政治协商会议第五届全国委员会第五次会议通过，中国政协门户网站。

1. 1949～1982 年："爱国统一战线组织"性质的确立

对于政协性质，早在全国政协第一届全体会议筹备期间，参加筹备的各方面在讨论中就涉及这个问题。由于当时的政协全体会议代行全国人民代表大会的职权，大家对人民政协确定为统一战线组织和协商机构这个性质的认识比较一致。

因此，1949 年 9 月 27 日通过的《共同纲领》明确指出："由中国共产党、各民主党派、各人民团体、各地区、人民解放军、各少数民族、国外华侨及其他爱国民主分子的代表们所组成的中国人民政治协商会议，就是人民民主统一战线的组织形式。"

1950 年 6 月 14 日，毛泽东在全国政协一届二次会议的开幕词中指出："人民政治协商会议及其选出的全国委员会，是团结全国各民族、各民主阶级、各民主党派、各人民团体及各界民主人士的伟大的统一战线的政治组织。"

1954 年 9 月，第一届全国人民代表大会第一次会议在北京隆重举行。全国人大召开后，人民政协的性质、地位应当是什么？一些人思想上产生了混乱。1954 年 12 月 19 日，毛泽东专门就此发表了重要谈话。他说："主要的问题是政协的性质问题，是国家机关还是人民团体？"他明确指出："政协的性质有别于国家权力机关——全国人民代表大会，它也不是国家的行政机关。""政协是全国各民族、各民主阶级、各民主党派、各人民团体、国外华侨和其他爱国民主人士的统一战线组织，是党派性的"①。

据此，1954 年 12 月 21～25 日召开的全国政协二届一次会议通过的《章程》，对人民政协的性质做了规定：人民政协的性质是"团结全国各民族、各民主阶级、各民主党派、各人民团体、国外华侨和其他爱国民主人士的人民民主统一战线的组织。"② 这一规定与《共同纲领》的提法相同。自此，人民政协作为人民民主统一战线的组织，和全国人民代表大会同时存在，成为中国人民民主制度的一大特色。

1981 年，中共十一届六中全会通过的《关于建国以来党的若干历史问题

① 《毛泽东文集（第 6 卷）》，人民出版社 1999 年版，第 384～385 页。

② 《建国以来重要文献选编（第 5 册）》，中央文献出版社 1993 年版，第 705 页。

的决议》正式把新时期统一战线称为“爱国统一战线”。

1982年12月，五届全国人大五次会议首次将人民政协载入修订后的《中华人民共和国宪法》，宪法明确规定：“中国人民政治协商会议是有广泛代表性的统一战线组织，过去发挥了重要的历史作用，今后在国家政治生活、社会生活和对外友好活动中，在进行社会主义现代化建设、维护国家的统一和团结的斗争中，将进一步发挥它的重要作用。”

1982年全国政协五届五次会议通过的《政协章程》进一步明确规定：“中国人民政治协商会议是中国人民爱国统一战线的组织。”

2. 1982～1995年：“爱国统一战线的组织、多党合作和政治协商重要机构”被明确

人民政协的成立，标志着中国共产党领导的多党合作和政治协商制度的确立。1956年，作为二届全国政协名誉主席，毛泽东总结中国共产党与各民主党派长期合作的历史经验，吸取国际共产主义运动的经验教训，提出中国共产党与各民主党派、无党派人士“长期共存、互相监督”的合作方针。

1982年，中共十二大进一步把中国共产党与各民主党派团结合作的八字方针，发展为“长期共存、互相监督、肝胆相照、荣辱与共”十六字方针。

1987年，中共十三大将中国的多党合作与政治协商合称为“中国共产党领导下的多党合作和政治协商制度”。

1989年底，中共中央制定和颁发了《中共中央关于坚持和完善中国共产党领导的多党合作和政治协商制度的意见》，正式提出“人民政协是中国人民爱国统一战线组织，也是中国共产党领导的多党合作和政治协商的一种重要组织形式”。

1993年3月，八届全国人大一次会议把“中国共产党领导的多党合作和政治协商制度将长期存在和发展”载入《宪法》。

1994年，全国政协八届二次会议通过对《政协章程》的修改，修订后的章程强调，中国共产党领导的多党合作和政治协商制度，是中国的一项基本政治制度，是中国社会主义政治体制的一大特色和优势，在社会主义革命和建设进程中发挥着重要作用。人民政协是实现这一制度的重要组织，是中国共产党领导的多党合作和政治协商的重要机构。

按照与宪法相衔接的原则，《政协章程》将政协性质正式表述为：“中国人民政治协商会议是中国人民的爱国统一战线组织，是中国共产党领导的多党合作和政治协商的重要机构。”

3. 1995～2014 年：“爱国统一战线的组织、多党合作和政治协商的重要机构、发扬社会主义民主重要形式”性质的确立

民主是人民政协与生俱来的属性，但将人民政协明确为国家重要的民主形式，也有一个探索和伸展的过程。以毛泽东为代表的老一辈无产阶级革命家，在延安时期就充分认识到民主建设的重要性。

1995 年，中共中央在转发《政协全国委员会关于政治协商、民主监督、参政议政的规定》的通知中，第一次明确规定，人民政协是中国人民爱国统一战线的组织，是中国共产党领导的多党合作和政治协商的重要机构，是我国政治生活中发扬社会主义民主的重要形式。

2004 年 3 月，十届全国人大二次会议决定修改《宪法》部分内容，将中共十六大提出的一系列重大理论观点和重大方针政策载入《宪法》。同期召开的全国政协十届二次会议也决定部分修改《政协章程》，在这次章程修订中规范了对人民政协性质的表述：“中国人民政治协商会议是中国人民爱国统一战线的组织，是中国共产党领导的多党合作和政治协商的重要机构，是我国政治生活中发扬社会主义民主的重要形式。”

2006 年，为加强人民政协工作，中共中央专门出台《中共中央关于加强人民政协工作的意见》，再次明确人民政协三个“是”的性质。

4. 2014 年至今：“统一战线的组织、多党合作和政治协商的机构、人民民主的重要形式”性质的确立

2014 年 9 月，根据毛泽东关于中国的国体为“工人阶级领导的、以工农联盟为基础的人民民主专政”的建国学说，习近平在庆祝中国人民政治协商会议成立 65 周年大会上指出：

> 做好人民政协工作，必须坚持人民政协的性质定位。人民政协是统一战线的组织，是多党合作和政治协商的机构，是人民民主的重要实现形式，体现了中国特色社会主义制度的鲜明特点。
>
> 做好人民政协工作，必须坚持发扬社会主义民主。人民民主是

社会主义的生命。人民政协是人民民主的重要形式。

习近平作出“人民政协是人民民主的重要实现形式”的科学论断，从人民民主这一国体构架上，为人民政协的性质定位作了正本清源的把握，进一步揭示了人民政协性质源于国体结构和形式，赋予了人民政协与政体相匹配的地位。比之于“发扬社会主义民主的重要形式”的定位，多了一种上承国体、下达各界，促进各阶级共和、各阶层共融的责任，多了一种把各阶级和各阶层整合进国家治理和治理能力现代化进程中的责任。

至此，人民政协性质实现了从最初的一个“是”，到两个“是”，到最终三个“是”的演变，经历了一个较长的历史过程，这既是实践的总结，也是历史思考的结果和理论的升华。

二、人民政协协商民主的性质定位

2015年6月，中共中央办公厅印发了《关于加强人民政协协商民主建设的实施意见》（以下简称《实施意见》），首次对人民政协协商民主的概念进行了界定。

> 人民政协协商民主是在中国共产党领导下，参加人民政协的各党派团体、各族各界人士履行政治协商、民主监督、参政议政职能，围绕改革发展稳定重大问题和涉及群众切身利益的实际问题，在决策之前和决策实施之中广泛协商、凝聚共识的重要民主形式。

人民政协协商民主的概念，包含了性质定位、参与主体、实施途径、协商内容、协商程序等丰富内涵。《实施意见》指出，“人民政协是社会主义协商民主的重要渠道和专门协商机构”。“重要渠道”和“专门协商机构”两个定位，突出了人民政协在社会主义协商民主体系中不可替代的特殊角色。

从实践的历史脉络看，人民政协为社会主义协商民主提供了扎实基础、宽阔平台和经验支持。中共十八大报告指出：“社会主义协商民主是中国人民民主的重要形式……充分发挥人民政协作为协商民主重要渠道作用”[①]，这就

---

① 胡锦涛：《坚定不移沿着中国特色社会主义道路前进 为全面建成小康社会而奋斗》，人民出版社2012年版。

站在党的代表大会报告的高度提出了社会主义协商民主，并且把人民政协作为社会主义协商民主的重要渠道。

在社会主义协商民主体系架构中，人大、政府是组织机构，但不是专门进行协商的机构；基层有各种机构，但没有明确规定的协商机构。而且，在社会主义协商民主体系架构的七种协商中，政党协商、人民团体协商、基层协商、社会组织协商都与政协协商直接或间接相关。

一年后，中共十八届三中全会通过的《中共中央关于全面深化改革若干重大问题的决定》中再次强调“发挥人民政协作为协商民主重要渠道作用”，并且强调了人民政协协商民主在“推进协商民主广泛多层制度化发展”[①] 中的重要作用。

作为党和国家新一届领导人，习近平在《关于 < 中共中央关于全面深化改革若干重大问题的决定的说明》中进一步明确：“完善人民政协制度体系，规范协商内容、协商程序，拓展协商民主形式，更加活跃有序地组织专题协商、对口协商、界别协商、提案办理协商，增加协商密度，提高协商成效。”[②]

2014 年，习近平在庆祝中国人民政治协商会议成立 65 周年大会上的讲话中指出：

> 坚持发挥人民政协在发展协商民主中的重要作用。人民政协以《宪法》《政协章程》和相关政策为依据，以中国共产党领导的多党合作和政治协商制度为保障，集协商、监督、参与、合作于一体，是社会主义协商民主的重要渠道。
>
> 人民政协要发挥作为专门协商机构的作用，把协商民主贯穿履行职能全过程，推进政治协商、民主监督、参政议政制度建设，不断提高人民政协协商民主制度化、规范化、程序化水平，更好协调关系、汇聚力量、建言献策、服务大局。[③]

习近平的这一重要论述，明确了人民政协协商民主是建立在中国共产党

---

① 《中共中央关于全面深化改革若干重大问题的决定》，人民出版社 2013 年版，第 29 ~ 30 页。

② 习近平：《习近平谈治国理政》，外文出版社 2014 年版，第 82 页。

③ 习近平：“在庆祝中国人民政治协商会议成立 65 周年大会上的讲话”，《人民日报》，2014 年 9 月 22 日。

领导的多党合作和政治协商制度基础上的民主形式，这种民主形式融协商、监督、合作、参与为一体，充分体现了人民当家做主的本质。

第二节　人民政协协商民主的参与主体

协商主体就是协商活动的参与者，由于现代民主政治的核心是政党政治，“协商政治的基本主体是政党或政府、利益集团”[①]。人民政协协商民主的协商主体，是指通过人民政协平台进行协商的参与者。本节主要从1949年《中国人民政治协商会议组织法》及1954年以来人民政协的《章程》规定，分析人民政协协商民主的主体构成。

一、1949～1978年，《政协章程》对政协参加主体的规定

1949年《中国人民政治协商会议组织法》规定：“凡赞成本组织法第一条之规定的民主党派及人民团体，经人民政协全国委员会协商同意，得参加人民政协；个人经人民政协全国委员会协议邀请者，亦得参加人民政协的全体会议，并得被选为全国委员会委员。每届人民政协全体会议的参加单位、名额及代表人选，由上届人民政协全国委员会协商定之。”[②] 第一届政协的参加单位、人数及名额是由政协筹备会协商确定的，由党派、区域、军队、团体和特别邀请人士五部分45个单位组成。

1954年12月，第一届全国人民代表大会第一次会议召开，全国政协第一届全体会议代行全国人大的职权的任务结束。与此相适应，第二届政协全国委员会一次会议通过了《中国人民政治协商会议章程》。这是政协的首部章程，对人民政协的主体没有明确规定，但《章程》仍以参加单位的名义提出：“中国人民政治协商会议全体会议代行全国人民代表大会职权的任务已经结

① 朱勤军：“中国政治文明建设中的协商民主探析”，《政治学研究》，2004年第3期，第58～67页。

② 《中国人民政治协商会议组织法》，中国人民政治协商会议第一届全体会议通过（1949年9月27日），中国政协门户网站。

束。但是中国人民政治协商会议，作为团结全国各民族、各民主阶级、各民主党派、各人民团体、国外华侨和其他爱国民主人士的人民民主统一战线的组织，仍然需要存在。”① 第二届政协全国委员会根据人大已经召开的实际情况，对参加单位进行了调整，将职业性单位与社团单位分开，形成10个党派单位、5个社团单位、13个职业性单位和特邀人士共29个单位组成。

1954年12月21日，中国人民政治协商会议第二届全国委员会第一次会议时，政协的参加单位发生了变化，区域代表、军队代表由于已经参加人大，不再作为政协的参加单位，人民政协全国委员会改由党派、团体、界别、特邀四个方面组成。即由中共、民革、民盟、民建、无党派、民进、农工、致公、九三、台盟、青年团、工会、农民、妇联、青联、合作社、工商联、文联、自然科学团体、社会科学团体、教育界、新闻出版界、医药卫生界、对外和平友好团体、社会救济福利团体、少数民族、华侨、宗教界共29个单位和特别邀请人士组成。

从第二届全国政协至第五届全国政协，参加单位数几乎没有变化，第五届全国政协界别取消了合作社，增设体育界，数量上仍然为29个参加单位。1978年，通过了第二部《政协章程》，但仍未对协商主体作出规定，主要从政协参加单位的角度规定政协的主体。

二、1982年至今，《政协章程》及相关文件对协商主体的规定

1982年12月，在全国政协五届五次会议上通过修改的《政协章程》。在工作总则中提出了“中国人民政治协商会议全国委员会和地方委员会根据中国共产党或民主党派和人民团体的提议，举行有各党派、团体的负责人和爱国人士的代表参加的会议，进行协商”②。首次在章程中指明中国共产党、各民主党派、人民团体是协商议题的提出者，但未明确哪些属于协商主体。

1989年，政协全国委员会《关于政治协商、民主监督的暂行规定》中提出：“全国政协主席会议根据中共中央、全国人大常委会、国务院、各民主党

① 《中国人民政治协商会议章程》，1954年12月25日中国人民政治协商会议第二届全国委员会第一次全体会议通过，《人民日报》，1954年12月26日。

② 《中国人民政治协商会议章程（1982）》，中国政协门户网站。

派、各人民团体以及中央党政有关部门的提议，安排协商活动并决定协商的形式和参加范围。全国政协主席会议认为需要协商的问题，也可以建议中共中央、全国人大常委会、国务院、各民主党派、各人民团体以及中央党政有关部门将问题提交政协协商。”[①] 首次提出协商议题的提议者包括党委、人大、政府及中央党政有关部门以及各民主党派、各人民团体。

1994 年的《政协章程》明确了协商议题提出者的范围：“中国人民政治协商会议全国委员会和地方委员会可根据中国共产党、人民代表大会常务委员会、人民政府、民主党派、人民团体的提议，举行有各党派、团体的负责人和各族各界人士的代表参加的会议，进行协商，亦可建议上列单位将有关重要问题提交协商”[②]。也就是说，人民政协议题提出者为五个，即中国共产党、人大、人民政府、民主党派、人民团体，但仍未明确确定协商主体的范围。此后，2000 年和 2004 年两次修订《政协章程》，关于协商主体都未增加新的内容。

综上所述，政协协商的主体可分为两类：第一类是参加政协的界别单位，也是政协协商的内部主体。第八届政协将界别设置调整为 34 个界别，至今政协界别仍保持这个设置。第二类是党委、人大、政府及其相关部门。这是政协协商的外部主体，即不是作为政协的参加单位，但根据政协协商的需要而参与政协协商的主体。政协协商的外部主体只在政协机构中参与协商，不参与政协内部的具体工作。

三、人民政协协商民主的主体构成

在中国革命和建设的长期实践中，政治协商逐步形成了两种基本形式，一是中共与各民主党派的政治协商，即党际协商，协商主体自然是中国共产党和各民主党派；二是中共在人民政协同各民主党派和各界代表人士的协商，即人民政协的政治协商，协商的主体自然包括中国共产党、各民主党派和各个界别。人民政协各界别涵盖了参与协商的人民内部的各方面，包括中共在内的 9 个政党和无党派人士、56 个民族、5 大宗教等 34 个界别的政协委员。[③]

---

① 《中华人民共和国国务院公报》，国务院门户网站，1989 年。

② 《中国人民政治协商会议章程（1994）》，中国政协门户网站。

③ 刘菊香：“关于人民政协协商民主主体的探讨”，《中国政协理论研究》，2013 年第 16 期。

从 1994 年以来人民政协的章程来看，中国共产党、人大、政府、各民主党派、人民团体是协商议题的提出者，而且在实践中也积极参与协商的全过程，因而也属于政协协商的主体。因此，人民政协协商民主的主体构成有：中国共产党、人大、政府、各民主党派、人民团体、政协各界别政协委员。

中国共产党是人民政协协商民主的核心主体。在人民政协协商民主中，中国共产党作为执政党和政协的重要参加单位，中共各级党委既是协商的领导者，又是最重要最核心的协商主体。人民政协协商民主是以中共为领导核心的协商民主，而不是偏离更不是脱离这个领导核心的协商民主，也不是在协商民主主体中形成多个核心并由多个核心之间互相博弈的“多头协商民主”。因此，既要防止因强调党的领导而忽视协商民主的倾向，更要防止强调协商民主而忽视党的领导的倾向。

人大和政府是人民政协协商民主的重要主体。政治、经济、文化和社会生活中的重要问题是人民政协政治协商的主要内容之一，人大作为中国的权力机关，对有关重要法律法规、重大决策和人事任免等“重要问题”，在审议通过前都必须进行协商，需要广泛听取各方面意见建议。因此，要更好地促进民主政治的发展，使选举民主和协商民主相得益彰，人大必须是重要的协商主体。政治协商的重要原则是“把政治协商纳入决策程序，就国家和地方重要问题在决策之前和决策执行过程中进行协商”[①]。政府作为国家权力机关的执行机关，负责决策的执行和实施，理应是人民政协协商民主的主体。

人民政协是协商民主的平台和载体。它是载体而非主体。人民政协作为爱国统一战线组织，是多党合作和政治协商的重要机构，为协商开展提供平台和场所，而不是以组织者的名义参与协商。中共十八大报告明确要“充分发挥人民政协作为协商民主重要渠道作用”[②]，2013 年，中国人民政治协商会议第十二届全国委员会第一次会议政治决议也明确指出政协是“协助党委和政府搞好在人民政协同各民主党派、各族各界人士的协商”[③]。因此，在“谁

① 中共中央：《关于加强人民政协工作的意见》（摘要），《人民日报》，2006 年 3 月 2 日第一版。

② 《十八大报告辅导读本》，人民出版社 2012 年版，第 27 页。

③ 《中国人民政治协商会议第十二届全国委员会第一次会议政治决议》，新华社，2013 年 3 月 12 日。

与谁协商”的协商主体问题上，是各协商主体“在人民政协协商”而不是各协商主体“与人民政协协商”。

第三节　人民政协协商民主的内容

协商内容是协商客体，反映了协商主体的利益需求，也是协商民主的核心要素。人民政协协商民主的内容，是协商民主理论体系的重要组成部分，政协协商内容的规范实质，是对权力的规范和政治制度体系的完善。本节将对政协协商内容文本规定进行梳理。

一、文本规定的协商内容

人民政协的职能是人民政协协商民主的体现形式。人民政协协商民主的内容包括政协协商、民主监督和参政议政。1995 年《政协全国委员会关于政治协商、民主监督、参政议政的规定》（以下简称《规定》）和 2004 年《中国人民政治协商会议章程修正案》（以下简称《章程修正案》）是人民政协职能在实施过程中的主要依据，具体规定了三项职能的主要内容（见表 4－1）。

表 4－1　　关于政治协商、民主监督、参政议政的内容规定

	《中共中央关于加强人民政协工作的意见》（2006 年）	政协《章程修正案》（2004 年）	《政协全国委员会关于政治协商、民主监督、参政议政的规定》（1995 年）
政治协商	（1）国家和地方的大政方针 （2）政治、经济、文化和社会生活中的重要问题 （3）各党派参加人民政协工作的共同性事务 （4）政协内部的重要事务	（1）国家和地方的大政方针 （2）政治、经济、文化和社会生活中的重要问题	（1）国家在社会主义物质文明、政治文明和精神文明建设中的重大方针政策及重要部署 （2）政府的工作报告和国家的财政预算 （3）经济和社会发展规划，国家政治生活方面的重要事项 （4）国家的重要法律草案 （5）中共中央提出的国家领导人人选

续表

	《中共中央关于加强人民政协工作的意见》（2006 年）	政协《章程修正案》（2004 年）	《政协全国委员会关于政治协商、民主监督、参政议政的规定》（1995 年）
	（5）有关爱国统一战线的其他重要问题等		（6）国家省级行政区划的变更 （7）国家外交方面和国家统一的重要方针政策 （8）涉及群众日常生活的重大问题 （9）各党派之间共同性事务，政协内部的重要事务以及有关爱国统一战线的其他重要问题
民主监督	（1）国家宪法、法律和法规的实施 （2）重大方针政策的贯彻执行情况 （3）国家机关及其工作人员的工作 （4）参加政协各单位和个人遵守《政协章程》和执行政协决议的情况	（1）国家宪法、法律和法规的实施 （2）重大方针政策的贯彻执行情况 （3）国家机关及其工作人员的工作	（1）国家宪法与法律、法规的实施情况 （2）中共中央与国家领导机关制定的重要方针政策贯彻执行 （3）国民经济和社会发展计划及财政预决算执行情况 （4）国家机关及其工作人员履行职责、遵纪守法、为政清廉等情况 （5）参加政协各单位和个人遵守《政协章程》和执行政协决议的情况
参政议政	（1）政治、经济、文化和社会生活中的重要问题 （2）人民群众普遍关心的问题	（1）政治、经济、文化和社会生活中的重要问题 （2）人民群众普遍关心的问题	（1）政治协商与民主监督规定的内容

资料来源：根据《中共中央关于加强人民政协工作的意见》（2006 年），《中国人民政治协商会议章程修正案》（2004 年）和《政协全国委员会关于政治协商、民主监督、参政议政的规定》（1995 年）整理。

2015 年中共中央办公厅印发《关于加强人民政协协商民主建设的实施意见》（以下简称《实施意见》），再次对人民政协协商民主的内容进行了明确规定，保留了2006年《中共中央关于加强人民政协工作的意见》规定的内容，突出了“地方的重要举措”，并要求在实践中丰富协商内容。

> 制定政协年度协商计划。党委会同政府、政协制定年度协商计划，对明确规定需要协商的事项必须经协商后提交决策实施。政协专题议政性常务委员会会议议题、专题协商会议题及其他协商形式的重要议题，应列入年度协商计划，做到协商议题和协商形式相匹配。
>
> 建立健全制定年度协商计划的工作机制。政协办公厅（室）在广泛征求政协参加单位、政协委员和有关部门意见的基础上，形成年度协商计划草案。党委办公厅（室）会同政府办公厅（室）、政协办公厅（室）修改完善年度协商计划草案。经政协主席会议审议后，报党委常委会会议确定。
>
> 在实践中丰富协商内容。鼓励各级政协根据形势发展，围绕党和国家中心工作，结合实际丰富协商内容，拓宽协商范围。政府起草一些重要法律法规的过程中，视情可在政协听取意见。充分发挥政协委员、民主党派、工商联、无党派人士、人民团体等在立法协商中的作用。

《实施意见》在人民政协协商内容的规定上有三个特点：一是明确规定了四项协商内容，二是明确规定要通过建立健全制定政协年度协商计划的工作机制，保证协商议题和协商形式相匹配；三是明确规定协商内容可以在实践中丰富，包括对政府起草的一些重要法律法规也可以视情在政协听取意见。这些规定，既有确定的协商内容，又有可以落实并且是开放的协商议题形成机制，体现了人民政协协商民主的本质和特点。

在各种文本中，对政协协商民主的内容规定比较原则。在具体操作中，政协协商民主不可能面面俱到，哪些内容需要协商、什么时候协商等都需要研究和思考。要抓住关键点，科学合理地确定协商范围，使协商内容明确化，确保政协协商民主的质量和效果，更好地体现人民政协协商民主的优势和价值。应着重加强以下几方面的协商。

（1）加强对事关全局的重大决策的协商。党委和政府要面对方方面面的工作，做出各种决策，如果事事协商就会拖延时间，影响效率。所以要抓住那些决定地区发展方向、影响时间长、范围广、稍有差错就可能造成损失的重大决策实施协商。对这些重大决策，不仅在前期政策调研时就要时时关注，还要深入到决策中以及决策实施全过程，使协商民主一贯到底。

（2）加强对政府重要人事安排的协商。将政府重要人事安排建议列入协商范畴，加强对行政首长等重要人事安排的协商有助于人尽其才，使那些勇于对人民负责的干部在重要岗位上施展才能，确保人民利益得到真正实现。

（3）加强对重大制度建设的协商。中国正处于经济转型期，改革不断深入，各种机构改革和体制改革方案不断推出，要抓住重大制度建设和规划制定等，听取和收集社会各界的意见和建议，反映各界的要求，以提高制度机制的有效性，减少改革成本，体现公共利益。

（4）加强对事关民生的重大项目的协商。在具体议题确定上，应紧贴实际，紧贴民生，就与群众利益息息相关的重大项目安排、重大财政开支等重大事项进行充分的协商讨论。要在各阶层充分表达自身利益需求的基础上，协调和平衡各方利益，促进项目安排的合理制定，理顺情绪，化解矛盾，保障社会和谐稳定。

（5）加强对各民主党派和政协委员所关注的其他重大问题的协商。为了促进党委和政府的科学决策、民主决策和依法决策，有必要围绕党派和委员关注的焦点、难点、热点问题进行协商，研究对策，吸纳协商民主的成果。此外，还要围绕各党派参加人民政协工作的共同性事务、政协内部的重要事务以及有关爱国统一战线的重要问题展开协商。

二、第一届中国人民政治协商会议筹备会

中国人民政治协商会议第一届全体会议的协商领域相当宽泛，涉及建国的一系列重要问题，包括此前的筹备会议，中国共产党与各民主党派代表人士就各方面的内容进行充分协商，其协商代表的广泛性、协商主体地位的平等性、协商内容的宽泛性、协商决定的有效性、协商程序的规范性、协商组织的完整性、协商主体的合作性上，都成为中国特色协商民主的典范。尽管当时作为代表大会制的政协协商内容与1954年后作为委员会制的政协协商有很大不

同，但为人民政协协商民主这一制度拓展到社会主义各个领域提供了宝贵经验，开辟了一条中国特色民主政治的新路。其协商内容主要包括以下四点。

1. 协商产生政协代表

政协代表必须有广泛的代表性，既要体现无产阶级的领导和以工农联盟为基础，又不应该机械地按人口比例来分配名额，要充分照顾到各个方面，同时还要谨慎掌握敌我界线，防止国民党反动政府系统下的一切反动党派和反动分子混入。经过反复协商，征求各方意见，一共花了3个多月，第一届政协筹备会才最终确定了参加第一届人民政协的单位、名额和名单。

正如林伯渠在《关于中国人民政治协商会议筹备工作的报告》中所说："时常为了某一个代表的适当与否而函电往返，斟酌再三，费时达数周之久。代表名单产生之后，又经过筹备会郑重研究。这样一共花了近个月的工夫，才确定了今天这张六百六十二位代表的名单，可以说是整个筹备工作中最繁重的工作之一。"①

2. 商讨人民政协会议名称

1948年，中共"五一"口号中沿用的是1946年"政治协商会议"的名称。后来，鉴于这次政治协商会议具有新的阵容、形式和历史使命，采用了"新政治协商会议"的提法，简称为"新政协"。但是，起草小组认为简单地以"新"字来区别"旧政协"很不适当。因此，起草小组就会议名称展开了讨论。

在讨论中，周恩来提出：许多团体都冠以"人民"两字，政协何不采用？这个意见被采纳了。因为人民包括工、农、城市小资产阶级、民族资产阶级和其他爱国分子，人民民主的性质鲜明。1949年9月17日筹备会的第二次会议决定将"新政治协商会议"改称为"中国人民政治协商会议"，简称"人民政协"，并一直沿用至今。

3. 讨论起草《共同纲领》

《共同纲领》确定了中华人民共和国的国家性质和政权制度，不但规定了中国的外交政策、文化教育政策，还包括了民族政策、人民民主权利等诸多

---

① 杨建新，石光树，袁廷华：《五星红旗从这里升起——中国人民政治协商会议诞生记事暨资料选编》，文史资料出版社1984年版，第9页。

内容，是中国有史以来人民的第一部大宪章。《共同纲领》是由新政协筹备会第三小组负责起草的，周恩来担任该组组长。草案经过多方讨论和修改，并邀请了400余人共分为20小组进行讨论，大家充分发表了意见，代表们主要就《共同纲领》中关于中国人民民主统一战线的问题、新民主主义的政权制度、经济政策、民族政策等问题进行了广泛深入的讨论。《共同纲领》曾三次起稿，三次命名，共经过了7次大讨论，最后筹备会向大会提出《共同纲领草案》，获得了一致通过。

正如周恩来在政协第一届全体会议上作《关于草拟中国人民政治协商会议共同纲领的经过及其特点》的报告中所说："第三小组决定由中国共产党负责起草草稿初稿，初稿写出以后，除各单位自己讨论不计外，经过七次的反复讨论和修改，计由先后到达北平的政协代表五六百人分组讨论两次，第三小组本身讨论了三次，筹备会常务委员会讨论了两次，广泛地吸收了各方面的意见，然后将草案提交筹备会第二次全体会议作了基本通过，现在提交政协全体会议讨论"。

4. 研究确定国名

"五一"口号发布后，大多数人都主张采用"中华人民民主共和国"的提法。政协小组讨论时，一些代表提出了不同意见。黄炎培认为"民主"与"共和"没有并列的必要，主张用"中华人民民主国"。清华大学政治学教授张奚若认为去掉"民主"二字，从下面的解释也是很容易明白的：是共和而非专制，是民主而非君主，是人民而非布尔乔亚的国家。新政协筹备会常委会经过讨论协商，决定采用张奚若的意见，将新中国定名为"中华人民共和国"。

中华人民共和国国名确定后，对于是否保留国名简称又引起了热烈的争论。有的代表提议沿用"中华民国"的简称，有的提议使用"中国"，也有代表认为不必在纲领条文中注明简称。1949年9月26日，周恩来和林伯渠邀请了二三十位年逾七旬的辛亥老人，听取他们的意见。1949年9月27日，政协一届全体会议综合各方面的意见，决定去掉"中华民国"简称。①

① 杨建新，石光树，袁廷华：《五星红旗从这里升起——中国人民政治协商会议诞生记事暨资料选编》，文史资料出版社1984年版，第9页。

第四节 人民政协协商民主的形式

唯物辩证法认为，内容和形式是辩证统一的，内容的实现有赖于与其相适应的形式。人民政协协商民主的协商形式，都是以实践为基础总结提炼出来的，是确保人民政协协商内容实现的重要形式。

一、人民政协协商民主形式的文本规定

人民政协协商民主的实现形式主要是会议形式。2006 年，中央《关于加强人民政协工作的意见》明确规定了人民政协政治协商的会议形式有政协委员会全体会议、常务委员会议、主席会议、常务委员专题协商会、政协党组受党委委托召开的座谈会、秘书长会议和各专门委员会根据需要召开的内部协商会议。

2008 年，政协全国委员会发展了专题协商会议的协商形式，十八大后中央提出了专题协商、对口协商、界别协商、提案办理协商，探索网络议政、远程协商等五种新形式，2013 年恢复和创新了双周协商座谈会。这些会议或活动构成了人民政协协商民主的重要协商形式。

2015 年 6 月，中共中央办公厅印发的《关于加强人民政协协商民主建设的实施意见》，对政协全体会议协商制度、专题议政性常委会议制度、专题协商会、双周协商座谈会、对口协商、界别协商、提案办理协商制度这七种协商形式作了文本规定，强调要在实践中拓展协商形式，对十八大后恢复的双周协商座谈会①的议题选择、会议组织、会前调研、成果运用等环节也作了明确规定。

完善政协全体会议协商制度。政协全体会议期间，党委、人大常委会、政府和人民法院、人民检察院领导同志出席开幕会、闭幕

① 2013 年 10 月 22 日，全国政协在北京召开了“双周协商座谈会”，终于“文化大革命”的原“双周座谈会”重新启幕。“双周座谈会”始于 1950 年 3 月，由各民主党派、无党派民主人士联合发起，每两周举行一次。

会，参加界别联组和委员小组讨论；党委和政府有关领导同志听取大会发言；有关部门负责同志参加界别联组和委员小组讨论、听取意见。可安排跨界别联组讨论；界别联组和小组会议应安排时间讨论界别提案、推荐界别大会发言。规范会议活动程序和机制。完善大会发言遴选机制，提高发言质量。改进会议成果报送工作，如实反映委员意见建议。

健全专题议政性常务委员会会议制度。全国政协一般每年召开两次专题议政性常务委员会会议，地方政协可视情安排。会议按专题分组讨论，进行大会发言。根据议题需要，政协邀请党政有关领导同志出席会议通报情况，听取意见，并可与委员互动交流；邀请有关部门负责同志到会听取意见，参加讨论。会议成果以政协党组报告、大会发言专报、政协信息等多种形式报送党委和政府及有关部门。

规范专题协商会。全国政协一般每年召开两次专题协商会，地方政协可视情安排。根据议题需要，政协邀请党政分管相关工作的领导同志及有关部门负责同志，出席会议，听取意见，与委员互动交流。组织相关委员和专家学者参加。会议发言应充分反映政协专门委员会专题调研、委员视察、界别调研和民主党派调研等成果。会后，相关意见建议以政协党组报告、政协信息等形式报送党委和政府及有关部门。

完善双周协商座谈会制度。全国政协应选择内容具体、针对性强的问题作为双周协商座谈会的议题，部分重要议题列入政协年度协商计划。视情每年召开若干次双周协商座谈会。根据议题需要，政协邀请有关部门负责同志参加并介绍情况。优化参会人员结构，以委员中的民主党派成员和无党派人士为主，视情邀请有关专家学者参加。会前，全国政协相关专门委员会和有关方面应深入开展调研。会后，及时将会议主要内容、形成的共识和重要意见建议，以信息专报等形式报送党委和政府及有关部门参阅。推动协商过程和协商成果公开，增加影响力和共识度。地方政协可结合实际，对协商座谈会等活动作出安排。

开展对口协商和界别协商。政协各专门委员会与对口联系的有关部门以议题为纽带建立健全对口联系工作机制，开展对口协商。加强走访交流，建立信息共享机制，确定对口协商议题。对口部门根据情况邀请政协相关专门委员会参加重要工作会议或重要活动，政协组织的视察和调研活动可邀请对口部门参加。

充分发挥界别在视察、调研、提案、大会发言、反映社情民意信息等工作中的作用。完善政协领导同志和专门委员会联系界别的制度。专门委员会根据工作整体部署组织界别委员开展专题调研，举行界别协商会、座谈会等活动。政协主席会议成员根据工作需要参加界别协商活动。健全政协办公厅（室）和专门委员会服务界别协商的工作机制和保障机制。

健全提案办理协商制度。修订提案审查工作细则，严格立案标准，提高提案质量。加大专门委员会和界别提交提案力度，增加集体提案比重。建立交办、办理、督办提案协商机制。在提案交办环节，建立共同交办机制，召开提案交办会，做好落实责任的协商。在提案办理环节，建立健全联系沟通、办理询问、研讨交流机制，把沟通协商作为提案办理的必经环节。在提案督办环节，建立健全跟踪督查和成果反馈机制，做好成果转化的协商。建立和完善台账制度，把提案办理纳入政府年度督查计划。完善提案办理考核评价机制，逐步将提案办理工作纳入绩效考核体系。落实提案及办理结果公开的有关规定。制定政协提案办理协商办法。落实政协办公厅（室）和专门委员会参与重点提案遴选与督办的工作制度。全国政协完善主席办公会议协商督办重点提案的做法。

拓展协商形式。政协在党委和政府重大决策形成过程中及时召开专题座谈会，有关方面负责同志到会听取意见建议。在视察、考察、专题调研等活动中开展协商。通过视察报告、调研报告、提案、建议案等形式开展协商。整合现有网络资源，探索网络议政、远程协商等新形式。

二、理论界关于人民政协协商民主形式的研究

1. 会议协商

人民政协的主要协商形式是会议协商。1954 年以后，政协会议调整为政协全体会议和常委会议两级会议形式，一直沿用至今。按照《政协章程》（2004 年修正案）规定，政协全国委员会全体会议每年举行一次。政协全体会议是政协最高层次的协商形式。在政协全体会议闭会期间，政协常委会议是政协的主要协商形式，一般一个季度举行一次。政协常委会议闭会期间，政协主席会议是政协的重要协商形式。

2006 年，《关于加强人民政协工作的意见》明确规定了人民政协政治协商的会议形式有政协委员会全体会议、常务委员会议、主席会议、常务委员专题协商会、政协党组受党委委托召开的座谈会、秘书长会议和各专门委员会根据需要召开的内部协商会议。在多年的实践中，人民政协逐渐形成了“全体会议集中协商，常务会议专题协商，主席会议重点协商，专门委员会对口协商以及其他形式的经常协商”① 的协商格局。

1950 年，各民主党派、无党派民主人士联合发起双周座谈会，主要目的是学习与沟通。2013 年，全国政协恢复双周协商座谈会，这是时隔 63 年后对双周座谈会的创新发展。现在，双周协商座谈会更加突出协商议政色彩，是政协会议协商具有典型特点和指导意义的形式，具有形式发展的导向作用。

2. “4 +2” 协商形式

中共十八大报告提出，“深入进行专题协商、对口协商、界别协商、提案办理协商”，这四种协商形式是对近些年协商实践的总结和理论创新。在庆祝政协成立 65 周年纪念大会上，习近平总书记在四种协商形式的基础上又提出要探索网络议政、远程协商等新形式，人民政协协商民主形式得到丰富发展。

（1）专题协商。专题协商是政协与党委、政府的主要领导同志就全局性、战略性、综合性等重要问题进行协商的一种形式。主要做法：一是专题协商一般安排在党委和政府决策之前，以便协商意见进入决策程序，并应将专题

---

① 张平夫主编：《人民政协概论》，中央编译出版社 2008 年版，第 160 页。

协商纳入年度协商工作计划。二是协商议题的确定，可由党委、政府出题，也可由政协提出，经党委批准同意后确定。三是在协商环节上，一般包括选题、调研、会前准备、会议协商与成果转化等环节。四是专题协商具有“层次高、领域宽、全局性”的特点，即参加专题协商的一般是党委、政府主要领导同志或部门负责人，协商的问题涉及的工作部门较多，协商问题具有全局性、战略性特点。

（2）界别协商。界别协商以政协界别为单位，组织政协委员开展协商履职的一种形式。作为一种在实践中探索发展的协商民主形式，界别协商具有行业领域化和专业化的特点。人民政协的界别构成特点决定了界别协商的特殊意义。目前，政协设有34个界别，由党派界别、团体界别、职业界别和特邀界别组成，每一界别都有特殊联系的一部分群体，具有领域和行业化的特点。以界别为单位开展协商，有利于充分调动和发挥委员的作用，体现协商专业化的特点。界别协商侧重界别、领域和行业问题，可以协商某领域带有长远、根本和战略性的问题。

（3）对口协商。对口协商是政协各专门委员会与同级党委、政府相应部门之间的协商。主要特点：一是对口协商所选议题一般与党委、政府工作部口的职权范围相关，有利于推动协商问题的解决，促进部门工作优化。二是对口协商立足于专门委员会的自身特点、优势，为政协委员发挥作用提供了平台，有利于发挥委员作用。三是议题提出形式多样，可通过对口单位提出，也可通过专门委员会提出，还可通过委员提出。

（4）提案办理协商。提案是政协委员履职的重要方式和经常性工作之一。中共十八大报告将“提案办理”与“协商”工作相联结，提出了“提案办理协商”形式。主要特点：一是提案办理协商以提案为着眼点，有较强的流程性，可以将协商贯穿和落实于提案办理工作全过程，是提案单位与提案承办单位之间的一种民主协商形式。二是提案办理协商以提案办理情况为落脚点，通过跟踪提案办理过程，充分发挥提案的作用，可促进决策科学化。

（5）网络议政、远程协商。这是通过网路进行协商的信息化协商民主形式。网络议政、远程协商的前提是创建网络平台。目前，地方政协在实践中积极探索网络议政、远程协商形式。其特点在于可以缩短时空距离、降低协商成本。但在发展过程中需要注重网络协商的制度建设问题，同时还要注意将“线上协商”与“线下工作”相结合等。

3. 书面协商形式

书面协商是人民政协传统的、经常性的履行职能的形式，主要是通过视察报告、调研报告、提案、建议案等形式开展协商，经过几十年的实践和发展，运作机制已趋成熟，逐步走向制度化和规范化。主要有以下三个环节。

一是调查研究。调查研究是基础。应结合各地实际，精心选择调研课题，并深入基层、深入实际开展摸底调查，客观而全面地掌握真实情况，找准问题的症结所在，形成比较成熟的建议。

二是撰写材料。要分别掌握调研视察报告、提案、社情民意、大会发言等材料的写作技巧，认真分析调研素材，反复思考和讨论，写好报送给党委和政府的书面材料。材料要求情况清楚、问题准确、建议可行。

三是成果转化。促使政协的意见和建议被采纳，从而推进党委和政府决策的科学化和民主化，是协商民主的最终目的。要建立健全协商议政成果的交办机制、督办机制、反馈机制和落实机制，政协要及时报送和交办相关意见和建议，并适时组织督办和跟踪调研；党委、政府要认真研究落实政协建议，并及时反馈，共同促进协商议政成果的有效转化。①

从以上论述可以得出，政协的会议协商形式、“4+2”协商形式以及书面协商形式构成了人民政协协商民主的形式体系（见图4.1）。

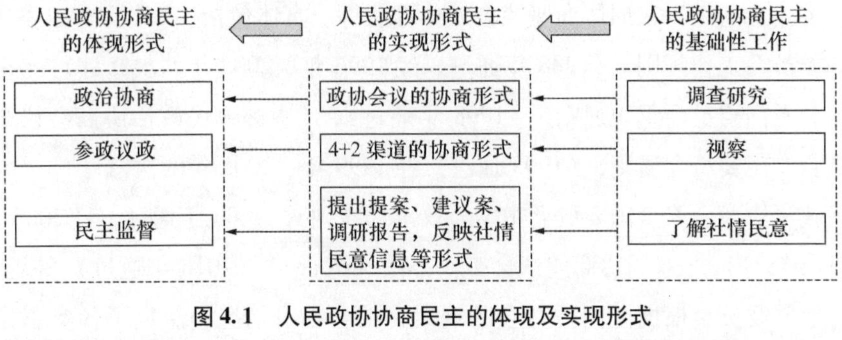

图4.1　人民政协协商民主的体现及实现形式

资料来源：李彦：“中国共产党的人民政协协商民主理论”，中共中央党校博士论文，2015。

① 胡志武：“把握三个环节做好书面协商”，《江淮时报》，2013年5月21日。

第五节　人民政协协商民主的程序

程序是制度规定的细化和流程，制度通过程序反映出来。程序设计、制度安排，是决定协商民主是否具有实效性的关键因素。人民政协协商民主在60多年的发展中形成了一系列制度规定。本节将对政协协商制度进行分类梳理，并对进一步完善政协协商民主程序的环节进行分析。

一、人民政协协商民主程序已有制度规定

人民政协协商民主已经形成的规则、办法和工作条例，大致可分以下三类。

（1）纲领性文件及《政协章程》。主要有：《中国人民政治协商会议章程》（在1982年章程基础上，后又经1994年、2000年、2004年修订），《政协全国委员会关于政治协商、民主监督、参政议政的规定》（1995年通过），《关于加强人民政协工作的意见》（2006年通过），《关于加强社会主义协商民主建设的意见》（2015年通过），《关于加强人民政协协商民主建设的实施意见》（2015年通过）等规定。

（2）协商会议工作规则及办法。如全国政协常委会、主席会议工作规则，专门委员会通则，双周协商座谈会工作办法等。具体包括：《政协全国委员会常务委员会工作规则》（1988年通过，经1996年、2005年两次修订），《全国委员会专门委员会组织通则》（1998年通过），《中国人民政治协商会议全国委员会专门委员会通则》（1995通过，经1999年、2005年两次修订），《中国人民政治协商会议全国委员会主席会议工作规则》（2003年通过，经2005年、2013年修订），《双周协商座谈会工作办法（试行）》（2013年通过）等规定。政协地方委员会根据全国委员会的规定，结合自身情况，制定了各类工作办法和实施细则。

（3）关于提案、视察、调查、反映社情民意信息等工作的规定。主要有：《关于全国政协专门委员会调查报告的处理办法》（1989年通过），《中国人民

政治协商会议全国委员会委员视察工作条例》（1988 年通过，经 2005 年修订），《中国人民政治协商会议全国委员会提案工作条例》（1991 年通过，经 1994 年、2000 年、2005 年、2011 年四次修订），《关于政协全国委员会办公厅承办提案工作的若干规定（试行）》（1997 年通过），《中国人民政治协商会议全国委员会反映社情民意信息工作条例》（2005 年通过），《政协全国委员会重点提案遴选与督办办法》（2014 年通过）等规定。

政协地方委员会根据全国委员会的规定，结合自身情况，制定了各类工作办法和实施细则。此外，还有一些地方委员会为发挥政协界别及委员作用，制定界别工作的相关规定，例如北京出台《关于进一步发挥界别作用的意见》（2010 年通过）等。

二、完善人民政协协商民主的程序

人民政协协商民主的制度化、规范化、程序化，是提高和增强协商民主实效的前提和保证。中共中央办公厅印发的《关于加强人民政协协商民主建设的实施意见》，主要精神和内容与《中央关于加强社会主义协商民主建设》保持一致，同时紧密结合政协实际，对人民政协协商民主的程序作了进一步明确和规范。

（1）政协全国委员会研究制定规范政治协商、民主监督、参政议政的具体意见。认真贯彻《中共中央关于加强人民政协工作的意见》对政治协商、民主监督、参政议政的规定。加强政治协商的制度建设，把政治协商作为重要环节纳入决策程序，明确党委、政府和政协在协商活动中的职责。

适时制定民主监督的专项规定，完善民主监督的组织领导、权益保障、知情反馈、沟通协调机制。重视发挥协商会议、视察、提案、建议案、专题调研、大会发言、反映社情民意信息、委员举报等在民主监督中的作用。政协各种协商活动特别是专题议政性常务委员会会议、专题协商会、协商座谈会等，增加民主监督内容，加大民主监督力度。政协办公厅（室）和专门委员会应开展监督性的视察和专题调研，参加有关部门组织的调查和检查活动。政协可应有关行政执法部门邀请推荐特约监督员。密切与党委和政府监督机构以及新闻媒体的联系，加强工作协调和配合。总结推广专题民主监督、民主评议的做法。

建立健全参政议政的各项工作制度，加强和改进经常性工作。修订专门委员会通则，发挥专门委员会在政协工作中的基础作用。修订视察工作条例。做好党委和政府委托政协开展的重大课题调研和邀请委员参与的重大项目研究论证，集中优势资源，发挥委员主体作用，形成整体合力，提出高质量的意见建议。

（2）研究制定规范委员履职工作的指导性意见。进一步明确委员的权利和义务，规范委员履职服务管理，建立委员履职档案，实行委员履职情况统计，将委员履职情况作为换届时继续提名的重要参考；严格会议请假制度，委员出席会议和参加活动的情况书面通知本人并在一定范围通报；探索建立委员每届任期内就履职情况向本级政协报告的制度。强化廉洁自律，逐步建立委员履职的利益冲突回避机制，制定委员违反政协章程的处理办法。

（3）在政协建立健全委员联络机构，完善委员联络制度。建立覆盖全体委员的联系网络，充分发挥政协参加单位、专门委员会、界别、机关、所在地全国政协委员活动召集人等联络服务委员的作用。完善发挥全国政协委员作用的意见。各级政协领导考察调研，可视情与当地同级政协委员座谈。政协的视察考察和专题调研活动可安排当地相关同级政协委员参加。全国政协定期向京外委员和港澳地区委员通报工作情况。建立健全与委员联络的具体机构，明确职责，做好委员日常联络工作，为委员履行职责提供服务管理，依法维护委员依照政协章程履行职责的权利；配合专门委员会，联系政协参加单位和界别召集人，及时通报政协会议精神和工作情况；做好接待委员信访的工作。

（4）规范协商议题提出机制。认真落实由党委、人大、政府、民主党派、人民团体等提出议题的规定。建立党委同政府、政协重点协商议题会商机制，议题可由党委和政府交办，可由党委召开的秘书长联席会议研究提出，可由政协与党委和政府及有关部门沟通协商提出。建立政协内部选题机制，通过常务委员会会议、专门委员会会议以及座谈会、发函等形式征集议题，积极探索由界别、委员联名、委员小组提出议题。

（5）健全知情明政制度。党委召开的有关重要工作会议可安排政协领导同志参加。国务院或地方政府召开全体会议和有关会议，可视情邀请政协有关领导同志列席。有关部门召开的重要会议，可视情邀请政协有关方面负责同志参加。建立相关部门定期通报情况制度，为政协委员履行职责提供便利、创造条件。政协全体会议召开前，根据需要可组织情况通报会，请有关部门通报年度工作情况。协商活动举办前，有关部门应提供需要协商的相关材料。组织委员视察调研，可邀请有关部门同志介绍情况、交换意见。

（6）完善协商成果采纳、落实和反馈机制。党委会同政府、政协制定协商成果采纳、落实和反馈办法。协商后形成的视察报告、调研报告、政协信息、大会发言专报、重要提案摘报等成果，党政领导同志作出批示的，应及时告知政协办公厅（室）；对领导同志要求有关部门落实的，应将落实情况抄送政协办公厅（室）。

第六节 人民政协协商民主的价值功能

人民政协协商民主是在中国特殊的政治文化和政治实践中形成的，分析探讨人民政协协商民主的核心价值理念，有助于丰富中国协商民主理论的多维探讨。本节从人民政协协商民主与西方协商民主两者的基本理念辨析入手，分析了人民政协协商民主的核心价值，展示了人民政协协商民主的特色与优势，以进一步推进人民政协协商民主的发展。

一、中国多党合作和政治协商制度的价值功能分析

《中华人民共和国宪法》规定："中华人民共和国是工人阶级领导的、以工农联盟为基础的人民民主专政的社会主义国家。"与这种国体相适应的政权组织形式是人民代表大会制度，与这种国体相适应的政党制度是中国共产党领导的多党合作和政治协商制度。人民代表大会制度、中国共产党领导的多党合作和政治协商制度、民族区域自治制度以及基层群众自治制度，构成了中国政治制度的核心内容和基本框架，是社会主义民主政治的集中体现。

1. 中国共产党与各民主党派的关系

作为国家的一项基本政治制度，中国多党合作制度规定了中国共产党和

各民主党派在国家政治生活中的地位、作用和相互关系。[①]

——中国共产党处于领导和执政地位。中国共产党的领导地位是在长期的革命、建设、改革实践中形成并巩固起来的，是历史的选择、人民的选择。在90多年的奋斗历程中，中国共产党领导中国人民完成了新民主主义革命的任务，实现了民族独立和人民解放；建立了人民当家做主的国家政权，维护了国家统一和各民族团结；建立了社会主义制度，实现了中国历史上最广泛最深刻的社会变革；开创了中国特色社会主义事业，为实现国家富强和人民幸福探索出了一条正确道路。中国是一个有着960万平方公里国土、13亿人口、56个民族的发展中大国。在这样一个幅员辽阔、人口众多的多民族国家进行现代化建设，必须有一个坚强的领导核心。中国共产党代表中国先进生产力的发展要求，代表中国先进文化的前进方向，代表中国最广大人民的根本利益。中国共产党的坚强领导是中国实现社会主义现代化的根本保证，是维护中国国家统一、社会和谐稳定的根本保证，是把亿万人民团结起来、共同建设美好未来的根本保证。这是中国各族人民在长期革命、建设、改革实践中形成的政治共识。

——各民主党派是中国的参政党。中国人民民主专政的内在要求和各民主党派在中国政治生活中的实际作用，决定了民主党派的参政党地位。各民主党派作为各自所联系的一部分社会主义劳动者、社会主义事业建设者和拥护社会主义爱国者的政治联盟，属于人民的范畴，他们在中国共产党的领导下参政，是人民民主的重要体现。民主党派参政的基本点是：参加国家政权，参与国家大政方针和国家领导人选的协商，参与国家事务的管理，参与国家方针政策、法律法规的制定和执行。参政党的地位和参政权利受到宪法和法律的保护。

——中国共产党与各民主党派形成了团结合作的新型政党关系。中国共产党与各民主党派在长期的共同奋斗中，形成了亲密的友党关系。中国共产党的基本理论、基本路线、基本纲领、基本经验得到各民主党派的认同，建设中国特色社会主义成为中国各政党的共同目标。在保持宽松稳定、团结和

---

① 中华人民共和国国务院新闻办公室：《中国的政党制度》（白皮书），新华社，2007年11月。

谐的政治环境中，中国共产党与各民主党派实行广泛的政治合作，照顾同盟者的政治利益和物质利益，团结他们一道前进。

——中国共产党与各民主党派的合作具有丰富的内容。第一，中国共产党就重大方针政策和重要事务同各民主党派进行政治协商，实行相互监督。第二，各民主党派成员在国家权力机关中占有适当数量，依法履行职权。第三，各民主党派成员担任国家及地方人民政府和司法机关的领导职务；各级人民政府通过多种形式与民主党派联系，发挥他们的参政议政作用。第四，各民主党派通过人民政协参加国家重大事务的协商。第五，中国共产党支持民主党派参加改革开放和社会主义现代化建设。为经济社会发展服务，是各民主党派履行参政党职能的重要内容，是中国多党合作制度的一大特色。

——中国共产党与各民主党派互相监督。这种监督是通过提出意见、批评、建议的方式进行的政治监督。由于中国共产党处于领导和执政地位，更需要来自民主党派的监督。民主党派民主监督的内容是：国家宪法和法律法规的实施情况；中国共产党和政府重要方针政策的制定和贯彻执行情况；中国共产党各级党委的工作和中共党员领导干部履行职责、为政清廉等方面的情况。民主党派的监督，对于加强和改善中国共产党的领导，健全社会主义监督体系，有着重要而独特的作用。

中国多党合作制度创立了一种新型的政党制度形式，在世界政党制度中独具特色。中国共产党同各民主党派既亲密合作又互相监督，而不是互相反对。中国共产党依法执政，各民主党派依法参政，而不是轮流执政。这一制度与人民代表大会制度相适应，实现人民当家作主，而不是少数人的民主。

2. 中国多党合作和政治协商制度的价值功能

在中国，人民代表大会制度与中国共产党领导的多党合作和政治协商制度，有着相辅相成的作用。经过充分的政治协商，既尊重了多数人的意愿，又照顾了少数人的合理要求，保障最大限度地实现人民民主，促进社会和谐发展。中国多党合作制度和政治协商的价值和功能主要体现在以下方面。①

——政治参与。中国多党合作制度为各民主党派的政治参与开辟了制度

---

① 中华人民共和国国务院新闻办公室：《中国的政党制度》（白皮书），新华社，2007年11日。

化渠道，把各种社会力量纳入政治体制，巩固和扩大人民民主专政国家政权的基础；调动各方面积极性，广集民智，广求良策，推动执政党和政府决策的科学化、民主化；在保持社会稳定的前提下，推进社会主义民主积极稳步发展。

——利益表达。中国是一个人口众多的大国，存在不同的阶级、阶层和社会群体。人民内部在根本利益一致的基础上存在着具体利益的差别和矛盾。特别是随着社会主义市场经济的发展，经济体制深刻变革，社会结构深刻变动，利益格局深刻调整，思想观念深刻变化。中国多党合作制度能够有效反映社会各方面的利益、愿望和诉求，畅通和拓宽社会利益表达渠道，协调利益关系，照顾同盟者利益，从而保持社会和谐稳定。

——社会整合。中国现代化建设的艰巨性和复杂性，要求政治制度具备高度的社会整合功能。中国多党合作制度以中国共产党的坚强领导为前提，又有各民主党派的广泛合作，从而形成强大的社会整合力。在建设中国特色社会主义大目标下，中国共产党紧密团结民主党派，形成高度的政治认同，促进政治资源的优化配置，调动各方面的积极性，引导和组织社会沿着现代化的方向不断前进。

——民主监督。中国共产党与各民主党派互相监督，有利于强化体制内的监督功能，避免由于缺乏监督而导致的种种弊端。各民主党派反映和代表着各自所联系群众的具体利益和要求，能够反映社会上多方面的意见和建议，能够提供一种中国共产党自身监督之外更多方面的监督，有利于执政党决策的科学化、民主化，更加自觉地抵制和克服官僚主义和各种消极腐败现象，加强和改进执政党的工作。

——维护稳定。中国多党合作制度以合作、协商代替对立、争斗，避免了政党互相倾轧造成的政局不稳和政权频繁更迭，最大限度地减少社会内耗，维护安定团结的社会政治局面。这一制度既有中国共产党的坚强领导，又有各民主党派的广泛参与，能够有效化解各种社会矛盾和冲突，保持政治稳定和社会和谐。

中国多党合作制度，反映了人民当家做主的社会主义民主的本质要求，体现了中国政治制度的特点和优势。在新的历史条件下，发展社会主义民主政治，其中一个重要方面就是坚持和完善中国共产党领导的多党合作和政治协商制度，扩大公民有序的政治参与，拓宽社会利益表达渠道，促进社会和谐发展。

二、人民政协协商民主的核心价值功能分析

协商是指政治主体（个人或社会集团）之间寻求共识、协调行为的重要方法和途径。协商民主是指政治共同体通过成员之间的平等、自由的协商，在成员互相交流和妥协的基础上，就关系成员共同利益的问题达成共识，形成成员共同接受的决策或管理意见的过程。其核心是强调民主协商、平等对话、自由交流并形成广泛的共识。人民政协是中国最充分地体现协商民主特点和精神的协商机构，是社会主义协商民主的典型形式和重要渠道。

20 世纪 80 年代以来，西方学术界逐渐兴起了协商民主的研究。90 年代后期，协商民主理论引起了更多学者的关注。与西方协商民主理论不同，在中国特殊的国情和社会政治背景下，早在中国共产党成立之初，就萌芽、产生和实践统一战线及民主协商思想。辨析西方协商民主和人民政协协商民主的基本理念，有利于厘清人民政协协商民主理论的核心价值及功能。

1. 西方协商民主的基本理念

西方协商民主（deliberative democracy），是对选举民主、自由主义民主和代议制民主政治体制深入反思的结果。美国哲学教授詹姆斯·博曼认为，所谓协商民主就是公民通过自由而平等的对话、讨论、审议等方式参与公共决策和政治生活①。大卫·米勒认为："当决策是通过公开讨论过程而达成，其中所有参与者都能自由发表意见并且愿意平等地听取和考虑不同的意见，这个民主体制就是协商性质的"②。乔治·瓦拉德斯认为，协商民主是一种民主治理形式，平等、自由的公民以公共利益为取向，在对话和讨论中达成共识，通过公共协商制定决策。乔·埃尔斯特教授在其主编的《协商民主》一书中

① ［美］詹姆斯·博曼、威廉·雷吉主编，陈家刚等译：《协商民主：论理性与政治》，中央编译出版社 2006 年版，第 1 页。

② ［南非］毛里西奥·帕瑟林·登特里维斯主编，王英津等译：《作为公共协商的民主：新的视角》，中央编译出版社 2006 年版，第 139 页。

则提出：协商民主是自由平等公民通过讨论做出决策的过程；具有合法性的政治选择必须是自由、平等、理性的行为人之间协商的产物。作为一种政治决策机制，讨论与协商是对投票的替代。

总之，西方协商民主理论研究者眼里的协商民主，是立法和决策领域的治理形式，是权力行使过程的民主。协商民主以公共利益为诉求，以寻求立法和决策合法性为目标，强调公民参与、利益表达、对话、妥协和偏好转换，力图反映所有参与者的意愿和利益，尊重多数并保护少数，强调合作与共识。其基本理念主要表现在以下几个方面。

（1）完全平等的参与主体。协商民主理论认为，“平等公民之间的自由协商是合法性的基础”，“没有平等的言说机会，任何达成的共识都可能被视为是强制性的”①。民主的本质是人民主权，是平等公民自由而理性的参与。协商民主弘扬了民主的核心价值原则：对政治平等的诉求，以及避免“多数暴政”的理想。与以自利为基础的自由民主理论不同，协商民主“开始重新强调公民对于公共利益的责任、强调通过共识形成决策的过程，改变了重视自由而忽视平等的传统。协商民主理论是对民主本质的再思考”②。

（2）广泛协商的参与方式。协商民主以多方协商作为决策的基本形式。通过面对面的互动式对话、讨论、辩论、商谈、审议等方式，相互妥协达成理性共识。于根·哈贝马斯的商议式民主模式强调，政治决策最好是通过广泛的商议作出，而不是通过金钱和权力；在商讨过程中参与者应该尽可能平等而且尽可能广泛。“协商民主倡导通过平等对话共同协商的方式形成公共政策，对话协商的目的在于使人们在做出决定的时候能够慎重考虑，就此而言，它与代议制的民主有着更大的兼容性”③。

（3）公开透明的协商过程。协商性民主强调知情参与，在知情情况下通过公开透明的协商过程参与协商。协商过程的实质是以理性为基础，以真理

---

① ［美］詹姆斯·博曼：《公共协商：多元中央、复杂性与民主》，中央编译出版社 2006 年版，第 103 页。

② 王邦佐、朱勤军：《中国协商民主的特征及其发展空间》，上海人民出版社 2007 年版，第 18 页。

③ ［美］詹姆斯·博曼、威廉·雷吉主编：《协商民主》，美国麻省理工学院出版社 1997 年版，第 322 页。

为目标。"讨论中提出并最终被公民接受的理由必须首先满足公开性条件，也就是说，其理由必须让所有人信服"[①]。通过公共协商，普通民众能对这些公共事务和需要长远战略解决的公共问题有着更加理性的认识，他们的辨别能力也会因此增强，这是健康的公民社会必须具备的要点。

（4）制度设想的协商程序。"民主需要的机会平等具有程序与实质两个维度"，"民主结果的质量来自公共协商的程序。"参与各方要遵循一定的游戏规则，通过规范化、制度化的程序进行公开商议。"协商程序制度化的核心是存在公民能够为政治议题提出问题，并参与到这些问题讨论的舞台"[②]。在西方现实条件下，这种所有参与者都能自由发表意见并愿意平等听取和考虑不同意见的理想化设计在国家政党制度层面还无法实现，但对于完善政党组织的功能和政党制度的运行具有显著的价值和意义。

（5）达成共识的协商结果。协商民主以达成具有约束力的共识为目标，这种共识就是参与者普遍拥护的政策和法律。通过协商形成的决定或意见最终应为参与各方认同和遵循，并承担相应的义务和责任；协商达成的共识是建立在公共理性和责任的基础上。协商民主理论认为，倡导对话协商有助于提高公共决策的民意支持度和政治合法性，通过协商达成共识能够增强社会融合，减少社会暴力与冲突等。

西方协商民主理论的研究者认为，对于以普遍的不平等、日益明显的文化多元主义，以及逐渐增长的社会复杂性为特征的社会来说，协商民主是充满活力的、在制度上可行的政治模式。"协商民主是一种具有巨大潜能的民主治理形式，它能够有效回应文化间对话和多元文化社会认知的某些核心问题。它尤其强调对于公共利益的责任、促进政治话语的相互理解、辨别所在政治意愿，以及支持那些重视所有人需求与利益的具有集体约束力的政策"[③]。

2. 人民政协协商民主的基本理念

人民政协协商民主是在中国共产党领导下，参加人民政协的各党派团体、

---

① 陈家刚：《协商民主》，上海三联书店2004年版，第218页。

② ［美］詹姆斯·博曼，威廉·雷吉：《协商民主：论理性与政治》，中央编译出版社2006年版，第65页。

③ ［美］乔治·瓦拉德兹著，何莉译："协商民主"，《马克思主义与现实》，2004年第3期。

各族各界人士履行政治协商、民主监督、参政议政职能，围绕改革发展稳定重大问题和涉及群众切身利益的实际问题，在决策之前和决策实施之中广泛协商、凝聚共识的重要民主形式[①]。人民政协协商民主的基本理念主要表现在以下方面。

（1）协商主体的广泛代表性。协商民主理论中的参与主体主要是指公民或社团，是大众协商，特别强调协商过程的普遍参与性。人民政协协商民主的主体是参加政协的各党派团体和各族各界人士，政协委员都是由其所在界别协商推荐产生的，有着广泛的民意基础，是一种精英协商；虽然这种协商民主全体公民不可能都参与，但人民政协在组织和人员构成上不受地域和人口比例的限制，能适应经济社会发展和阶层结构变化，不断吸纳新的社会群体代表，具有广泛的代表性。进入21世纪，各级政协就人民群众关注、反映强烈的一些社会问题举行听证会，邀请部分市民代表直接有序参与，参与主体的代表性更加多元。

（2）协商形式的政治合法性。合法性是民主政治的重要组成部分。人民政协民主协商具有宪法地位和政策依据，是国家制度的安排，已经成为中国一种制度化的民主形式，也是中国社会主义协商民主的最高形式。这是西方协商民主所不可能实现的。《中共中央关于加强人民政协工作的意见》中明确指出："人民通过选举、投票行使权利和人民内部各方面在重大决策之前进行充分协商，尽可能就共同性问题取得一致意见，是中国社会主义民主的两种重要形式。"人民政协协商民主是以协商过程的政治合法性为前提的，以体制化的方式整合社会多元力量，实现社会的大团结大联合，协商民主的运行得到执政者和公民的广泛认同。

（3）协商过程的程序规范性。"程序是法律的心脏"，也是民主的重要原则。西方协商民主理论特别重视协商的程序及其制度性，把程序看做是决策获得合法性、正当性的规范性要求。从人民政协的主要职能和工作原则来看，它是一个消融多元冲突、实现共生并存的程序化协商机制。2005年，《中共中

① 中共中央办公厅："关于加强人民政协协商民主建设的实施意见"，中国政协门户网站，2015年6月25日。

央关于进一步加强中国共产党领导的多党合作和政治协商制度建设的意见》提出，人民政协的政治协商“是党和国家实行科学民主决策的重要环节”，明确要求“把政治协商纳入决策程序”，就重大问题在决策前和决策执行中进行协商，并规范了中国共产党同各民主党派协商的内容和程序。

（4）协商方式的巨大包容性。广泛的协商主体蕴涵多样的利益主张和价值观念，参加政协的所有党派、团体和界别都以自己本党派、团体和界别的名义，以提案、建议等方式表达自我利益或价值。在人民政协中，政协委员享有平等的政治权利，能够在共同的政治基础上充分表达不同的利益诉求，具有巨大包容性。《政协全国委员会关于政治协商、民主监督、参政议政的规定》指出：“政协委员的民主权利应受到保护。在政协的各种会议上，各种意见都可以充分发表。”人民政协协商民主以“平等相待，民主协商，求同存异，兼容并蓄”为原则，包容统一战线各成员在信仰、利益和观念等方面的差异，协调社会各方面的利益，以理性共识消融多元冲突，为决策机关提供决策方案，追求公共利益的最大化。

（5）协商民主的政党合作性。政党参与是国家政治参与的核心要素；人民政协协商民主是国家政党关系的制度体现。人民政协是多党合作的产物，是中国唯一由所有合法政党参加的、并允许以本党派名义在其中行使民主权利、参与国家政治生活的政治组织，是多党在政治制度意义上合作的唯一载体。中共和八个民主党派作为人民政协的参加单位，分别在人民政协中作为八个界别；政党特有的政党功能，即政治整合、政治表达、政治监督功能，在人民政协中都可以充分发挥。人民政协为这种合作性政党关系结构的存在和发展提供了制度支撑，集中体现了中国政治生活中协商因素的制度设计。

3. 人民政协协商民主的核心价值

价值一般指事物的用途、属性和作用，反映主体与客体之间的一种需要与满足的关系。如，中国多党合作制度的价值主要体现在政治参与、利益表达、社会整合、民主监督和维护稳定等方面。核心价值是指在众多价值中居统治地位、起支配作用的核心理念，也是一个必须长期普遍遵循的基本价值准则，具有相对稳定的特点，比如，民主平等、公平正义等。

人民政协协商民主具有西方协商民主理论所拥有的价值内涵，同样强调地位的互相尊重、信息的相互对称和利益的共存共赢，通过相互之间的沟通，有效地平衡利益关系，达到协调、平衡与合作的政治效果。但人民政协协商民主作为中国社会主义协商民主的重要形式，是一种高层次的政治民主，它所拥有的核心价值并不完全等同于西方协商民主的价值。其核心价值，主要体现在以下几方面。

（1）以追求公共利益最大化为协商基础，突出了利益整合的重要理念。利益关系是人类社会的基本关系，利益矛盾也是人类社会的基本矛盾。人民政协协商民主主张多元利益的表达、整合和实现必须以追求公共利益最大化的协商为基础，最大限度地吸纳和包容新的利益群体和新的社会阶层的利益诉求。与西方政党制度以单纯票决民主形式、以党派利益为本质取向的多元竞争民主有本质区别。人民政协协商民主超越了党派利益，以人民群众的根本利益作为协商的根本出发点，它从决策和执行等环节加强对权力的监督，提升公共决策的合法性，保证把人民赋予的权力真正用来为人民谋利益。执政为民是执政党的执政理念，参政为民是参政党的价值追求，共同利益和共同目标是协商民主的前提和基础；它为实现人民当家做主的社会主义民主的本质要求提供了制度保证。

（2）以实现社会和谐发展为协商目标，突出了求同存异的基本理念。实现社会和谐发展是人民政协协商民主的一个重要价值取向。“和谐社会的本质在于政治生活的和谐”[①]。人民政协协商民主把构建和谐社会，实现经济建设、政治建设、文化建设、社会建设协调发展，实现人与人、人与社会、人与自然整体和谐，作为协商民主追求的价值目标。人民政协的民主协商能使发扬民主和加强团结有机地结合起来，协商过程强调平等议事、求同存异、增进理解、扩大共识，体现了现代民主的平等、协商、合作精神，避免了相互攻击以至社会失序局面，减少了社会分化，维护社会稳定和谐。

（3）以扩大有序政治参与为协商准则，突出了平等参与的主要理念。协商民主的实质，就是要实现和推进公民有序的政治参与[②]。人民政协协商民主

---

① 桑玉成：“论和谐社会的政治基础”，《复旦学报》，2005 年第 4 期。

② 李君如：《协商民主：重要的民主形》，共识网（http：//new. 21ccom. net）。

体现了保护少数的民主原则，为难以按照选区和人口比例产生的各党派团体和社会各界代表人士的政治参与，提供了制度保障。它的政治参与不仅可以实行于决策之前，而且可以实行于决策的实施、检查、监督、反馈等各个阶段，贯穿于决策的整个过程。较之选举民主“将众多冲突利益汇集成一个简单的统计结果”来取得解决冲突的办法，人民政协协商民主弥补了选举民主只能对不同的结果进行选择而无法参与决策全过程的不足，最大限度地促进民主决策和科学决策。

（4）以坚持多党合作制度为协商保障，突出了政党合作的核心理念。奥地利学者凯尔森指出，“现代民主完全是建立在政党之上的；民主原则应用得越彻底，政党就越重要”[①]。中国的政党制度由一个核心的党处于领导地位与多党派的共同参与这样两个层次组成，人民政协是党派性机关，政党是人民政协民主协商中最重要的参与主体。在人民政协中，各党派以政党为参加单位，可以党派名义开展活动、发表自己的意见和主张。人民政协作为多党合作和政治协商的重要机构，决定了人民政协的协商是经常化的、组织化的、制度化的协商。人民政协协商民主在政治上的巨大包容性，促进了中国共产党与各民主党派的友好合作关系，充分发挥了政党在现代政治文明中的民主功能。

第七节 人民政协协商民主的理论特征

人民政协协商民主是社会主义民主的重要组成部分和实现形式。相对于其他民主形式，人民政协协商民主具有鲜明的中国特色。第一，是以共产党领导的多党合作和政治协商制度为依托的，它是一种制度性民主。第二，是党领导的群众路线在政治领域的体现，是一种人民民主。第三，是以统一战线大团结大联合为主题的，是一种强调团结的民主。第四，强调有序的政治参与，是一种有组织的民主。第五，是以中华文化传统为根基的民主，是一

① ［美］乔·萨托利：《民主新论》，东方出版社 1993 年版，第 155 页。

种中国风格、中国气派的民主。在社会主义协商民主体系中，人民政协协商民主除了具有协商民主的一般性特征如平等性、包容性、公开性等之外，还具有自己突出的特点和优势。

一、坚持以马克思主义理论为指导思想

人民政协协商民主是在社会主义制度下，在马克思主义理论的指导下构建起来的。马克思主义理论是社会主义中国核心价值体系的灵魂，人民政协协商民主是中国社会主义民主的重要形式之一，其整个理论体系是建立在马克思主义理论的基础上的，而且中国共产党的多党合作、统一战线理论尤其重要的是人民民主的理论等马克思主义中国化的理论，成为人民政协协商民主的重要理论依据。因此，人民政协协商民主的发展过程“承载了马克思主义关于民主理念的特殊含义和价值取向”。[①]

二、坚持中国共产党的领导

中国共产党是中国特色社会主义各项事业的核心，也是领导全国人民发展社会主义民主政治的中坚力量，在发展人民政协协商民主中处于领导和主导地位。这样的主导，体现在宪法法律地位平等的基础上各个政党各参与主体能够通过对话、沟通、讨论，促进决策更加科学化、民主化。人民政协协商民主的构建过程中，中国共产党发挥了极其重要的作用。中国共产党运用马克思主义原理结合中国实践开创的多党合作和政治协商制度，为人民政协协商民主的发展创造了制度基础，中国共产党领导人民进行有中国特色的社会主义建设，维护社会稳定，为协商民主的建设创造了良好的社会环境。

三、具有优秀的历史文化传统

中国哲学奉行“和”“中”的思维，体现在政治价值观念上是重谐和，贵合一，和为贵。这种政治文化传统基础为协商民主的发展和确立提供了良

---

① 韩冬梅：《西方协商民主理论研究兼论比较视野中的中国协商民主理论构想》，中国社会科学出版社 2008 年版，第 265 页。

好的文化背景。人民政协协商民主体现了宽容、妥协、多元兼容、互惠双赢、正和博弈、和而不同的政治理性和智慧，以及天下为公的开阔襟怀，这是协商民主不可或缺的基本价值。人民政协协商民主具有的内在价值在于它是人的尊严的体现，这种内在价值是与社会主义和谐社会实现每个人的自由和全面发展的本质要求相一致的。所不同的是，西方国家的协商民主是建立在它们的国情和经验之上的，其核心价值理念是自由主义和个人主义。

四、具有实践特色

在理论层面，西方协商民主理论的兴起并没有多长时间，而且在西方人们更注重协商民主理论的探讨，注重民主理论哲学层面的转变。在中国，人民政协协商民主，是马克思列宁主义关于统一战线理论、政党理论和民主政治理论的实践和发展，从一开始就具有理论和实践的统一性。

中国共产党自成立起就以实现和发展人民民主为己任，先后提出了“工农民主”“人民民主”“新民主主义”等民主概念，不断丰富和发展马克思主义的民主政治理论，并先后以罢工工人代表大会、农民协会、工农兵代表苏维埃、参议会、各界人民代表会议等实践和组织形式，创造适合中国国情、能够保证人民当家做主的民主政治实现形式[①]。新中国成立被称为“协商建国”，中国人民政治协商会议第一届全体会议召开，标志着100多年来中国人民争取民族独立和人民解放运动取得了历史性的伟大胜利，标志着爱国统一战线和全国人民大团结在组织上完全形成，标志着中国共产党领导的多党合作和政治协商制度正式确立[②]。

中共十一届三中全会以后，以邓小平为核心的中国共产党第二代中央领导集体明确提出新时期人民政协的性质和任务，确立中国共产党同各民主党派“长期共存、互相监督、肝胆相照、荣辱与共”的方针，推动人民政协性质和作用载入《宪法》。以江泽民同志为核心的中国共产党第三代中央领导集体将中国共产党领导的多党合作和政治协商制度确立为中国的基本政治制度，

① 中华人民共和国国务院新闻办公室：《中国的政党制度》，2005年10月。

② 习近平：“在庆祝中国人民政治协商会议成立65周年大会上的讲话”，新华网，2014年9月22日。

通过修改《宪法》明确这一制度将长期存在和发展，进一步明确了人民政协的性质、主题、职能。以胡锦涛同志为总书记的中共中央颁发《关于加强人民政协工作的意见》等文件，为21世纪新阶段人民政协事业发展提供了理论基础、政策依据、制度保障。

中共十八大以来，中共中央高度重视人民政协工作，强调要进一步准确把握人民政协性质定位，充分发挥人民政协作为协商民主重要渠道作用，围绕团结和民主两大主题，推进政治协商、民主监督、参政议政制度建设。人民政协在继承中发展、在发展中创新，紧紧围绕中心、服务大局，聚焦全面深化改革凝聚共识、汇集力量、建言献策，做出了新的积极贡献。

人民政协协商民主历经近一个世纪的探索、实践，建立的多党合作和政治协商制度运行了半个多世纪，已经形成了科学、完整的思想体系，并在此基础上形成社会主义协商民主，体现了人民政协协商民主深厚的理论底蕴和实践基础，这是任何其他国家都无法比拟的。

五、具有科学的运作规程

人民政协协商民主，体现了民主集中制原则在中国政治生活中的完善和发展。人民政协协商民主通过一定的规则和程序，在国家作出重大决策之前，将要决策的问题，进行广泛的酝酿、磋商、讨论，开展充分、反复的民主协商，进行不同意见的比较研究，吸收任何对国家和人民有利的因素，很多好意见被集中到决议或决定的草案中去，实现民主与集中的辩证统一，民主协商与科学决策的结合，提高了决策的民主化和科学化程度。

人民政协协商民主十分注重民主的程序化、法制化，这是多元主体间达成共识与合作的必须和渐进的过程。与西方利益集团之间政治博弈本质上的不同，建立在社会主义共同利益基础上的协商民主，其核心在于公众意见。①

六、人民政协协商民主与人大选举民主互为补充

在西方，尽管学者们一再强调协商民主并不是对选举民主的替代，并不

---

① 王邦佐，朱勤军："协商民主的内涵和中国协商民主的特征"，《上海市社会科学界学术年会文集》，2006年。

是要否定前者，但事实上在西方不管是在学术话语体系中，还是在政治实践中，协商民主与选举民主的关系都并不密切，毕竟协商民主是在批评选举民主的基础上的兴起。然而在中国，“选举民主与协商民主相结合，是中国社会主义民主的一大特点。人民通过选举、投票行使权利和人民内部各方面在作出重大决策之前进行充分协商，尽可能取得一致意见，是社会主义民主的两种重要形式。选举民主与协商民主相结合，拓展了社会主义民主的深度和广度”①。在中国选举民主和协商民主密不可分，两者有着共同的理论基础，人大制度和政协制度是互相交融在一起发展而来的，共同致力于中国民主政治的发展。

总之，人民政协协商民主是在重大决策之前和决策执行过程之中的充分协商，是人民实现政治参与进行利益表达的民主形式，是实现人民主权的重要途径。选举和协商对于民主而言都具有手段意义，民主的终极价值是要实现人民当家做主。从根本上讲，选举民主在一定程度上是解决权力来源问题，而人民政协协商民主解决的是权力如何运行的问题。中国协商民主的特点和优势，就是选举民主与协商民主共同发展、互相补充。

第八节　政协协商与其他协商渠道的关系

根据中共中央《关于加强社会主义协商民主建设的意见》，社会主义协商民主有政党协商、人大协商、政府协商、政协协商、人民团体协商、基层协商和社会组织协商等“6+1”个渠道，体现了中国社会主义协商民主的广泛性、多层次性（见图4.2）。这七种协商渠道，是对已有工作方式的总结和提升，多种协商渠道不是相互独立的，而是相互促进的，有着共同的指导思想，坚持共同的基本原则，统一于中国社会主义协商民主建设，统一于党和国家的工作中。

社会主义协商民主的发展，必须服务于全面深化改革的总目标，完善和

---

① 中华人民共和国国务院新闻办公室：《中国的政党制度》（白皮书），新华社，2007年11月。

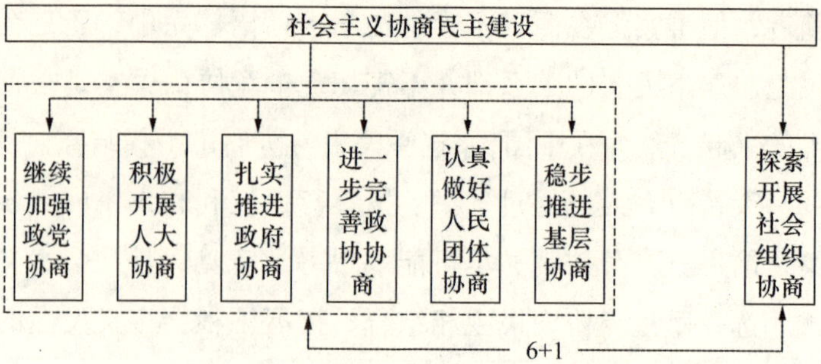

图 4.2　社会主义协商民主体系“6 +1”渠道关系图

发展中国特色社会主义制度，推进国家治理体系和治理能力现代化。多种协商渠道统一于中国社会主义协商民主建设，必须坚持党的领导、人民当家做主、依法治国有机统一，贯彻民主集中制，坚定不移地走中国特色社会主义政治发展道路。坚持和完善中国共产党领导的多党合作和政治协商制度，充分发挥人民政协作为协商民主重要渠道作用，推进政治协商、民主监督、参政议政制度建设，更好协调关系、汇聚力量、建言献策、服务大局。①

一、政党协商与政协协商的关系

政党协商包括党内协商和党际协商。其中，党际协商又可分为在人民政协内部的政协协商和在人民政协之外的党派间直接协商，这是中国共产党领导的多党合作和政治协商制度的两种形式。党派之间相互协商是执政党和参政党同心协力共议国家大事的重要办法。中国共产党在工作中历来重视协调人大、政府、政协、人民团体及基层单位和组织的关系。

以新中国成立初期“过渡时期总路线”的形成过程为例。一是党内酝酿阶段。1952 年，党的高层领导人毛泽东、周恩来、刘少奇等进行思考与酝酿。6 月 15 日，中央政治局会议对过渡时期的总路线进行了讨论与概括。二是政党商谈阶段。9 月 7 日，毛泽东与民主党派、工商界的部分代表谈话，就总路线进行政策说明。这是政协协商阶段。9 月 8 ~11 日，全国政协召开常委扩大会进行协商。三是人民团体说明阶段。10 月 23 日，在第一届中华全国工商业

---

① 胡锦涛：《坚定不移沿着中国特色社会主义道路前进为全面建成小康社会而奋斗——在中国共产党第十八次全国代表大会上的报告》，人民出版社 2012 年版，第 26 页。

联合会会员代表大会开幕会上，陈叔通主席向工商界说明了此项政策，并进行动员号召。四是基层宣传阶段。1953 年底，在全国工矿企业和农村开展学习宣传。五是人大通过阶段。1954 年 9 月，全国人大把“过渡时期总路线”载入第一部《中华人民共和国宪法》。由此可见，党的一项路线方针政策的出台要经历多个环节，中国共产党在向民主党派、政协各界别、人民团体、基层组织人员说明、宣传政策的过程也是政策沟通和意见反馈的过程，通过这个过程凝民意、聚民智，增强政策的合法性，也有利于政策的贯彻执行。

以中共十八大报告形成过程为例。中央政治局常委会、中央政治局决定于 2012 年 1 月启动中共十八大报告起草工作后，1 月 6 日，中央发出《关于对中共十八大报告议题征求意见的通知》，通知范围包括省级党委、部级党组（党委）、各人民团体党组、解放军各总部和相关大单位的党委。除了在党内组织了较大范围的讨论，还就报告的相关议题征寻了一部分党外人士的建议和意见。2 月上旬至 3 月 15 日这段时间，承担报告起草任务的近 50 个单位，派出 100 多个调研组，分赴各个省（区、市）调研，召开了 1000 多场座谈会，实地调研了 1400 多个单位，形成了近 60 份调研成果报告。中央政治局常委会分别于 5 月 24 日、6 月 12 日两次召开会议审议十八大报告初稿。中央政治局会议于 6 月 25 日第一次审议十八大报告送审稿。中央于 8 月 11 日发出《关于对中共十八大报告征求意见稿的通知》，征求党内意见，并组织了一定范围的讨论。胡锦涛同志于 8 月 27 日 ~9 月 4 日主持召开 7 次座谈会，不仅与各省（区、市）的党政主要负责人多次座谈，还与近 20 家军队大单位的军政主要负责人座谈。中共中央还于 9 月 3 日召开了党外人士座谈会，就十八大报告的起草工作听取 8 个民主党派、全国工商联和相关无党派人士的建议和意见。

此外，中央统战部受中共中央委托两次听取了部分党外民主人士的建议和意见。9 月 5 日后，起草组对十八大报告稿进行增写、修改、精简文字达 507 处，其中，有 900 多条建议和意见是民主党派中央、全国工商联和无党派人士等近 130 个单位提出的，有近 40 条建议和意见是党外人士提出的。中国共产党第十七届中央委员会第七次全体会议于 11 月 1 ~4 日召开，与会的和列席的有关负责同志对报告稿进行了分组讨论。根据相关建议和意见，起草组作了进一步的修改与完善。十八大是中国共产党的会议，但十八大报告的起草过程中不仅在党内广泛征求了意见，到各地区各单位进行实地调研，召开座谈会，多次讨论、修改，中央还召开座谈会，听取民主党派、工商联和无党派人士的建议和意见。[①]

在人民政协中，中国共产党界别与其他民主党派界别之间的协商，既是政党协商，也是政协协商。政党协商，如执政党举行座谈会听取参政党对国家大政方针等的建议与意见，也包括参政党主动向执政党提出建议等。这种协商，既可通过人民政协协商平台进行，也可通过座谈会等方式进行。为了做好政党协商，中共中央办公厅于2010年印发了《关于进一步规范省、自治区、直辖市党委同民主党派、无党派人士政治协商的意见》，其中明确了协商的指导思想、原则、内容、形式、程序等，许多地方依此制定了详细的规程。

二、人大协商与政协协商的关系

人大协商作为社会主义协商民主的渠道之一，体现为权力机构的协商。根据《宪法》中关于人大及其常委会职权的界定，人大协商主要有：立法协商、人事任命协商、方针政策及重大决策协商。以协商参与的主体为依据，可分为人大内部的协商和人大外部的协商。人大就协商议题听取人大代表之外的单位、组织及其个人的意见，与之进行的协商体现为外部协商，在人大代表内部进行的讨论体现为内部协商。在实践中，人大协商与政协协商形成以下的衔接形式。

一是“两会制”。“两会制”是指人民代表大会与政协全委会同期召开的政治惯例。“两会制”从1959年开始实行，“文革”期间一度中断，改革开放后得到恢复和发展，诸如政协委员列席人大会议的一些重要议程，有关领导相互列席双方的重要会议，确定一名领导专门负责联系对方工作，秘书长保持经常性联系等。在人大、政协的不断完善中，形成了政治运行的基本逻辑；党委提议——政协协商——人大通过——政府执行。政协协商于党委决策之

---

① 徐京跃，吴晶，赵超：“夺取中国特色社会主义新胜利的政治宣言和行动纲领——党的十八大报告诞生记”，《前线》，2012年第12期。

前、人大通过之前和政府实施之前。近些年，人大议案与政协提案联合办理形成一种模式，进一步密切了人大与政协的关系。

二是立法协商。立法协商是人大在立法前就立法事项与相关单位、组织及其人员进行协商，听取其意见。人大在立法前与政协委员协商，听取政协委员的意见是立法协商的一个方面。目前，诸如北京等地专门出台了关于立法协商的规范文件，规范人大法工委与政协社法委的关系，对立法协商的内容、形式、程序、成果运用及工作联系等方面的内容作出规定。在立法协商内容方面，一般由地方人大、政府相关部门制定立法计划，政协结合自身实际情况选择部分事项作为立法协商内容，或是人大、政府提请政协协商的立法事项。在组织协商阶段，既可由人大组织立法听证会、座谈会等邀请政协委员参加，也可由政协组织会议，邀请人大、政府及其相关人员到会做情况说明，参与讨论。在成果运用与反馈阶段，协商成果以政协办公厅的名义书面移送人大和政府办公厅，人大法制委和政府法制办再将采纳政协建议的情况反馈给政协相关部门①。

三、政府协商与政协协商的关系

政府协商作为社会主义协商民主的渠道之一，体现为行政机构的协商，是政府及其相关部口就其职权范围内的事项进行的协商。中央 3 号文件提出“政党协商、政府协商、政协协商”。政府协商与政党协商和政协协商并列，是社会主义协商民主体系的重要组成部分。政府协商也可分为政府内部协商与政府外部协商。由政府内部各部门及其工作人员就其职权范围内的事项进行的协商体现为内部协商，除此之外都可以看作是外部协商。政府协商，一方面可改善政府内部治理，另一方面可加强政府与社会的合作治理。

政府协商的内容主要包括三个方面：一是政府固定提交“两会”讨论的工作报告、预算案、国民经济和社会发展规划等内容。二是政府重大决策事项以及与涉及重大公共利益或重大民生的事项。但凡涉及“重大问题”的决

① 张守生：“人民政协与国家权力机关关系解析”，载于《人民政协理论研究会第一次理论研讨会论文集》，中国文史出版社 2007 年版，第 117 页。

策，都需要明确重大问题的边界，尤其是地方政府与地方人大对本地区重大事项都有决定权。明确政府的行政决策权与人大的重大事项决定权的界限，是避免制度间摩擦、增加制度间对接的必然需要。三是政府制定的法规、规章及制度。目前，政府已采用听证会、民主恳谈会等方式开展政府协商。政协协商在以上几个方面的内容上都可实现与政府协商的对接。

目前，政协与政府协商的对接形式主要有“两会制”与提案办理协商。“两会制”在前面已经讨论，提案办理协商以提案为载体，涉及政府职权范围内的各项内容，协商内容面广，协商主体相对明确，流程逐步制度化、规范化。提案办理协商是推进政府协商与政协协商对接的一种重要形式。

四、基层协商与政协协商的关系

2015 年中央 3 号文件提出“稳步推进基层协商”。基层协商主要是针对人民群众利益的决策和工作而开展的协商。根据中央 3 号文件的规定，基层协商涉及以下方面内容：乡镇、街道的协商，行政村、社区的协商，企事业单位的协商。基层协商是实现基层民主的重要形式。中央 3 号文件的规定与中共十八大报告中关于基层民主的表述具有统一性。在中共十八大报告中，基层民主的内容涉及基层群众自治机制即村民委员会与居民委员会制度，以职工代表大会为基本形式的企事业单位民主管理制度。这与中央 3 号文件中基层协商包括行政村、社区的协商，企事业单位的协商是一致的。此外，中央 3 号文件将乡镇、街道的协商纳入基层协商的内容，这与中共十八大报告关于“实现政府管理和基层民主有机结合”的内容表述也是一致的。

从文本规定来看，党中央对政协在乡镇、街道协商创新工作尚没有给出明确定论。从根本上讲，政协向基层延伸是政协委员履职，反映社情民意，开展日常工作，践行党的群众路线的需要。政协协商与人大协商的一个主要区别是政协委员与人大代表所联系民众的不同。人大代表是地域、区域的代表，是中国条块格局中的“块块”代表；政协委员是各界别代表，具有党派、行业特色，是中国条块格局中的“条条”代表。人大代表联系选区与选举单位是法律赋予的职权和义务，人大代表与乡镇、街道区域的选民有着必然的联系；政协委员联系各界别民众，与党派、行业、人民团体和社会组织中的民众有着必然的联系。行政村、社区的协商主要是指居民自治和村民自治中的协商，是具有基层自治性质的协商。居民委员会和村民委员会是基层群众自治组织，居民和村民通过居民委员会和村民委员会进行自我管理。行政村、社区的协商是居民和村民自我管理的基本形式，是直接民主的体现形式。

目前，有些地方政协委员会在实践中开展"两进"工作，政协委员进社区、进农村，了解情况，通过反映社情民意信息、提案等方式，促进居民和村民在基层自治中无法解决的问题得以解决。这在一定程度上探索了行政村、社区的协商与政协协商的对接方式。

五、人民团体协商、社会组织协商与政协协商的关系

中央3号文件提出积极开展人民团体协商，逐步探索社会组织协商。然而，开展人民团体协商、社会组织协商的前提是准确界定"人民团体"和"社会组织"的内涵和外延。人民团体是一个政治概念，主要体现在两个方面：一是《中国人民政治协商会议共同纲领》（临时宪法）和现行《宪法》都规定人民团体是统一战线的组成部分。二是作为政治概念，人民团体的名称和内涵随着人民内涵的变化而有所不同。① 按照《中国人民政治协商会议章程》的规定，有8个人民团体是政协的参加单位，这是人民团体最为狭义的界定。从广义而言，党和国家机关在相关文件规定中往往将人民团体与群众团体混用。如2007年中共中央办公厅、国务院办公厅《关于进一步加强和完善机构编制管理严格控制机构编制的通知》中，主送机关是"人民团体"，文中表述只使用了"群众团体"概念。中编办确定编制的全国性群众团体共21个。

相较于人民团体而言，社会团体更多体现为法律概念。《宪法》规定，"全国各族人民、一切国家机关和武装力量、各政党和各社会团体、各企业事业组织，都必须以《宪法》为根本的活动准则"，从根本法的高度规定了社会团体是中国的六大机构组织（国家机关、武装力量、政党、社会团体、企业组织、事业组织）之一。《中华人民共和国民法通则》（1986年通过）规定了

---

① 韩晋芳，董玉峰："人民团体的历史演变"，《学会》，2012年第12期。

社会团体法人是中国四类法人（机关法人、企业法人、社会团体法人和事业法人）之一。社会团体也有广义和狭义之分。狭义上，社会团体是《社会团体登记条例》规定中需依法到民政部门登记的团体。广义上，社会团体是除了五大组织机构外的组织的总称。

人民团体协商与政协协商具有密切联系。一是8个人民团体作为政协界别的参加单位参与政协协商，参与视察、调研等活动。二是人民团体直接建立联系群众的工作机制，围绕涉及人民团体所联系群众的切身利益问题开展协商。三是人民团体发挥联系服务引领相关社会组织的作用，搭建相关社会组织与党委和政府沟通交流的平台。

社会组织协商，即使按照社会组织的狭义概念理解，社会组织的数量也极其庞大，涉及各个领域和行业。探索社会组织协商，必须在党的领导下加强政府对社会组织的依法管理；必须逐步进行，有序开展。党委政府建立与相关社会组织联系的工作机制尤为重要。政协协商渠道的经验总结为社会组织协商提供制度化、规范化和程序化的借鉴，确保社会组织协商的“三化”发展。

在中国，社会主义协商民主不是内生自发的，而是通过中国共产党启动和自上而下地推动发展的。所以，七大协商渠道的发展，一是必须坚持党的领导，服务于中国的改革和发展的大局；二是要促进决策科学化、民主化，维护最广大人民的根本利益；三是七大渠道的协商要实现制度化、规范化和程序化的发展，实现有序协商和有效协商；四是协商制度建设要在现有制度体系和框架内进行，不能游离于现有制度体系和框架，尤其是社会组织协商的探索，要建立与现有政治制度的对接机制；五是协商对接机制应该包括信息共享机制、联合工作机制、协商成果运用与反馈机制。

总之，社会主义协商民主是伴随着人民政协的产生而形成的，是在人民政协协商实践中得以充分体现的，并展现出强大的生命力。在中国共产党的领导下，各协商机构与组织就政治、经济、社会、生态建设等方面的重大问题，以及与人民群众利益密切相关的问题进行广泛、多层次的协商。完善社会主义协商民主，就必须充分发挥人民政协具有完备组织机构、从中央到地方的专门协商机构的作用。通过加强人民政协协商民主建设，促进中国特色民主政治的发展。

延伸阅读之四

中共中央办公厅印发《关于加强人民政协协商民主建设的实施意见》

新华社北京6月25日电：近日，中共中央办公厅印发了《关于加强人民政协协商民主建设的实施意见》，并发出通知，要求各地区各部门结合实际认真贯彻执行。全文如下。

人民政协是社会主义协商民主的重要渠道和专门协商机构，是国家治理体系的重要组成部分。为深入贯彻落实党的十八大和十八届三中、四中全会精神，按照《中共中央关于加强社会主义协商民主建设的意见》，现就进一步加强人民政协协商民主建设提出如下实施意见。

一、加强人民政协协商民主建设的重要意义、指导思想和重要原则

1. 重要意义。人民政协协商民主是在中国共产党领导下，参加人民政协的各党派团体、各族各界人士履行政治协商、民主监督、参政议政职能，围绕改革发展稳定重大问题和涉及群众切身利益的实际问题，在决策之前和决策实施之中广泛协商、凝聚共识的重要民主形式。

社会主义协商民主是中国共产党和中国人民的伟大创造。人民政协协商民主是社会主义协商民主的重要组成部分。1949年中国人民政治协商会议第一届全体会议的召开，标志着中国共产党领导的多党合作和政治协商制度正式确立。1954年第一届全国人民代表大会召开后，人民政协作为中国共产党领导的多党合作和政治协商机构、作为统一战线组织继续发挥重要作用。改

革开放以来，人民政协的性质、作用被庄严载入宪法，党中央对加强人民政协工作作出一系列重要部署。党的十八大和十八届三中、四中全会强调，健全社会主义协商民主制度，推进协商民主广泛多层制度化发展，为人民政协事业发展指明了方向。

人民政协以《宪法》《政协章程》和相关政策为依据，以中国共产党领导的多党合作和政治协商制度为保障，集协商、监督、参与、合作于一体，是各党派团体和各族各界人士发扬民主、参与国是、团结合作的重要平台，是适合中国国情、具有鲜明中国特色的制度安排。充分发挥人民政协作为协商民主重要渠道和专门协商机构的作用，有利于广纳群言、广谋良策、广聚共识，有利于促进党和政府决策科学化、民主化，有利于更好实现人民当家做主，有利于化解矛盾、促进社会和谐稳定，有利于推进国家治理体系和治理能力现代化。

2. 指导思想。加强人民政协协商民主建设，必须贯彻落实党的十八大和十八届三中、四中全会精神，高举中国特色社会主义伟大旗帜，以马克思列宁主义、毛泽东思想、邓小平理论、“三个代表”重要思想、科学发展观为指导，深入贯彻落实习近平总书记系列重要讲话精神，坚持围绕协调推进“四个全面”战略布局，坚持和完善中国共产党领导的多党合作和政治协商制度，坚持团结和民主两大主题，把协商民主贯穿履行职能全过程，重点推进政治协商、民主监督、参政议政制度化、规范化、程序化，拓展协商内容、丰富协商形式、规范协商程序、增加协商密度、提高协商成效，广泛凝聚各党派团体、各族各界人士的智慧和力量，为实现“两个一百年”奋斗目标、实现中华民族伟大复兴的中国梦作出更大贡献。

3. 重要原则。加强人民政协协商民主建设，必须坚持党的领导，坚定不移走中国特色社会主义政治发展道路；坚持宪法和政协章程确定的人民政协性质定位，始终围绕中心、服务大局；坚持协商于决策之前和决策实施之中，切实提高协商实效；坚持民主协商、平等议事、求同存异、体谅包容，努力营造良好协商氛围。

二、明确政协协商的内容

4. 政协协商的主要内容。国家大政方针和地方的重要举措以及政治、经济、文化和社会生活中的重要问题，各党派参加人民政协工作的共同性事务，政协内部的重要事务，以及有关爱国统一战线的其他重要问题等。

5. 制定政协年度协商计划。党委会同政府、政协制定年度协商计划，对明确规定需要协商的事项必须经协商后提交决策实施。政协专题议政性常务委员会会议议题、专题协商会议题及其他协商形式的重要议题，应列入年度协商计划，做到协商议题和协商形式相匹配。

建立健全制定年度协商计划的工作机制。政协办公厅（室）在广泛征求政协参加单位、政协委员和有关部门意见的基础上，形成年度协商计划草案。党委办公厅（室）会同政府办公厅（室）、政协办公厅（室）修改完善年度协商计划草案。经政协主席会议审议后，报党委常委会会议确定。

6. 在实践中丰富协商内容。鼓励各级政协根据形势发展，围绕党和国家中心工作，结合实际丰富协商内容，拓宽协商范围。政府起草一些重要法律法规的过程中，视情可在政协听取意见。充分发挥政协委员、民主党派、工商联、无党派人士、人民团体等在立法协商中的作用。

三、规范政协协商的形式

7. 完善政协全体会议协商制度。政协全体会议期间，党委、人大常委会、政府和人民法院、人民检察院领导同志出席开幕会、闭幕会，参加界别联组和委员小组讨论；党委和政府有关领导同志听取大会发言；有关部门负责同志参加界别联组和委员小组讨论、听取意见，可安排跨界别联组讨论；界别联组和小组会议应安排时间讨论界别提案、推荐界别大会发言。规范会议活动程序和机制。完善大会发言遴选机制，提高发言质量。改进会议成果报送工作，如实反映委员意见建议。

8. 健全专题议政性常务委员会会议制度。全国政协一般每年召开两次专题议政性常务委员会会议，地方政协可视情安排。会议按专题分组讨论，进行大会发言。根据议题需要，政协邀请党政有关领导同志出席会议通报情况，听取意见，并可与委员互动交流；邀请有关部门负责同志到会听取意见，参加讨论。会议成果以政协党组报告、大会发言专报、政协信息等多种形式报送党委和政府及有关部门。

9. 规范专题协商会。全国政协一般每年召开两次专题协商会，地方政协可视情安排。根据议题需要，政协邀请党政分管相关工作的领导同志及有关部门负责同志，出席会议，听取意见，与委员互动交流。组织相关委员和专家学者参加。会议发言应充分反映政协专门委员会专题调研、委员视察、界别调研和民主党派调研等成果。会后，相关意见建议以政协党组报告、政协信息等形式报送党委和政府及有关部门。

10. 完善双周协商座谈会制度。全国政协应选择内容具体、针对性强的问题作为双周协商座谈会的议题，部分重要议题列入政协年度协商计划。视情每年召开若干次双周协商座谈会。根据议题需要，政协邀请有关部门负责同志参加并介绍情况。优化参会人员结构，以委员中的民主党派成员和无党派人士为主，视情邀请有关专家学者参加。会前，全国政协相关专门委员会和有关方面应深入开展调研。会后，及时将会议主要内容、形成的共识和重要意见建议，以信息专报等形式报送党委和政府及有关部门参阅。推动协商过程和协商成果公开，增加影响力和共识度。地方政协可结合实际，对协商座谈会等活动作出安排。

11. 开展对口协商和界别协商。政协各专门委员会与对口联系的有关部门以议题为纽带建立健全对口联系工作机制，开展对口协商。加强走访交流，建立信息共享机制，确定对口协商议题。对口部门根据情况邀请政协相关专门委员会参加重要工作会议或重要活动，政协组织的视察和调研活动可邀请对口部门参加。

充分发挥界别在视察、调研、提案、大会发言、反映社情民意信息等工作中的作用。完善政协领导同志和专门委员会联系界别的制度。专门委员会根据工作整体部署组织界别委员开展专题调研，举行界别协商会、座谈会等活动。政协主席会议成员根据工作需要参加界别协商活动。健全政协办公厅（室）和专门委员会服务界别协商的工作机制和保障机制。

12. 健全提案办理协商制度。修订提案审查工作细则，严格立案标准，提高提案质量。加大专门委员会和界别提交提案力度，增加集体提案比重。建立交办、办理、督办提案协商机制。在提案交办环节，建立共同交办机制，召开提案交办会，做好落实责任的协商。在提案办理环节，建立健全联系沟通、办理询问、研讨交流机制，把沟通协商作为提案办理的必经环节。在提案督办环节，建立健全跟踪督查和成果反馈机制，做好成果转化的协商。建立和完善台账制度，把提案办理纳入政府年度督查计划。完善提案办理考核评价机制，逐步将提案办理工作纳入绩效考核体系。落实提案及办理结果公开的有关规定。制定政协提案办理协商办法。落实政协办公厅（室）和专门委员会参与重点提案遴选与督办的工作制度。全国政协完善主席办公会议协商督办重点提案的做法。

13. 拓展协商形式。政协在党委和政府重大决策形成过程中及时召开专题座谈会，有关方面负责同志到会听取意见建议。在视察、考察、专题调研等活动中开展协商。通过视察报告、调研报告、提案、建议案等形式开展协商。整合现有网络资源，探索网络议政、远程协商等新形式。

四、加强政协协商与党委和政府工作的有效衔接

14. 规范协商议题提出机制。认真落实由党委、人大、政府、民主党派、人民团体等提出议题的规定。建立党委同政府、政协重点协商议题会商机制，议题可由党委和政府交办，可由党委召开的秘书长联席会议研究提出，可由政协与党委和政府及有关部门沟通协商提出。建立政协内部选题机制，通过常务委员会会议、专门委员会会议以及座谈会、发函等形式征集议题，积极探索由界别、委员联名、委员小组提出议题。

15. 健全知情明政制度。党委召开的有关重要工作会议可安排政协领导同志参加。国务院或地方政府召开全体会议和有关会议，可视情邀请政协有关领导同志列席。有关部门召开的重要会议可视情邀请政协有关方面负责同志参加。建立相关部门定期通报情况制度，为政协委员履行职责提供便利、创造条件。政协全体会议召开前，根据需要可组织情况通报会，请有关部门通报年度工作情况。协商活动举办前，有关部门应提供需要协商的相关材料。组织委员视察调研，可邀请有关部门同志介绍情况、交换意见。

16. 完善协商成果采纳、落实和反馈机制。党委会同政府、政协制定协商成果采纳、落实和反馈办法。协商后形成的视察报告、调研报告、政协信息、大会发言专报、重要提案摘报等成果，党政领导同志作出批示的，应及时告

知政协办公厅（室）；对领导同志要求有关部门落实的，应将落实情况抄送政协办公厅（室）。

五、加强人民政协制度建设

17. 政协全国委员会研究制定规范政治协商、民主监督、参政议政的具体意见。认真贯彻《中共中央关于加强人民政协工作的意见》对政治协商、民主监督、参政议政的规定。加强政治协商的制度建设，把政治协商作为重要环节纳入决策程序，明确党委、政府和政协在协商活动中的职责。

适时制定民主监督的专项规定，完善民主监督的组织领导、权益保障、知情反馈、沟通协调机制。重视发挥协商会议、视察、提案、建议案、专题调研、大会发言、反映社情民意信息、委员举报等在民主监督中的作用。政协各种协商活动特别是专题议政性常务委员会会议、专题协商会、协商座谈会等，增加民主监督内容，加大民主监督力度。政协办公厅（室）和专门委员会应开展监督性的视察和专题调研。参加有关部门组织的调查和检查活动。政协可应有关行政执法部门邀请推荐特约监督员。密切与党委和政府监督机构以及新闻媒体的联系，加强工作协调和配合。总结推广专题民主监督、民主评议的做法。

建立健全参政议政的各项工作制度，加强和改进经常性工作。修订专门委员会通则，发挥专门委员会在政协工作中的基础作用。修订视察工作条例。做好党委和政府委托政协开展的重大课题调研和邀请委员参与的重大项目研究论证，集中优势资源，发挥委员主体作用，形成整体合力，提出高质量的意见建议。

18. 研究制定规范委员履职工作的指导性意见。进一步明确委员的权利和义务，规范委员履职服务管理，建立委员履职档案，实行委员履职情况统计，将委员履职情况作为换届时继续提名的重要参考；严格会议请假制度，委员出席会议和参加活动的情况书面通知本人并在一定范围通报；探索建立委员每届任期内就履职情况向本级政协报告的制度。强化廉洁自律，逐步建立委员履职的利益冲突回避机制，制定委员违反政协章程的处理办法。

19. 在政协建立健全委员联络机构，完善委员联络制度。建立覆盖全体委员的联系网络，充分发挥政协参加单位、专门委员会、界别、机关、所在地全国政协委员活动召集人等联络服务委员的作用。完善发挥全国政协委员作用的意见。各级政协领导考察调研，可视情与当地同级政协委员座谈。政协的视察考察和专题调研活动可安排当地相关同级政协委员参加。全国政协定期向京外委员和港澳地区委员通报工作情况。建立健全与委员联络的具体机构，明确职责，做好委员日常联络工作，为委员履行职责提供服务管理，依法维护委员依照政协章程履行职责的权利；配合专门委员会，联系政协参加单位和界别召集人，及时通报政协会议精神和工作情况；做好接待委员信访的工作。

六、提高政协协商能力

20. 提高政治把握能力。完善政协常务委员会会议和主席会议学习制度，组织委员专题学习研讨。加强委员对党的路线方针政策和宪法法律的学习，在履行职责的实践中，提高运用科学理论分析判断形势，运用法治思维和法治方式研究解决问题的能力和水平，坚定理想信念，增进政治认同。

21. 提高调查研究能力。坚持问题导向，重视调查研究，制定加强和改进调研工作实施办法。视察和专题调研课题应与政协年度协商计划和政协重点工作相衔接，由主席会议或主席办公会议统筹审定。优化调研队伍构成，采取集中调研、分散调研、蹲点调研等形式摸清真实情况。加强对调研成果的研究论证。加强人民政协智库建设，整合各级政协组织、政协委员等各方面智力资源，发挥中国经济社会理事会、中国宗教界和平委员会、中国人民政协理论研究会作用。

22. 提高联系群众能力。坚持党的群众路线，建立健全社情民意表达和汇集分析机制，畅通和拓宽各界群众的利益诉求表达渠道，积极反映社情民意。修订政协反映社情民意信息工作条例。密切政协各专门委员会与人民团体等界别的联系，积极组织委员参与协商、视察、调研等活动，及时向有关部门反映其提供的相关信息和意见建议。有条件的地方可推广委员联系点、委员网上信箱等联系群众的新形式。委员应主动向群众宣传党的路线方针政策，解疑释惑，引导群众理性有序合法表达诉求。

23. 提高合作共事能力。完善工作机制，搭建更多平台，加强政协组织与党委统战部门的沟通协调，为民主党派委员和无党派人士委员在政协履行职能、协商议政、发挥作用创造条件。建立政协主席、副主席联系各界别委员制度。强化政协开展统战工作的职责要求。政协委员中的共产党员和政协机关中的共产党员应广交、深交党外朋友。在工作中既增进对党的路线方针政策的共识，又包容不同意见的存在和表达，提高合作共事的质量和水平。

七、加强和完善党对人民政协协商民主建设的领导

24. 高度重视人民政协协商民主建设。中国共产党的领导是人民政协事业发展进步的根本保证。人民政协事业要沿着正确方向发展，就必须毫不动摇坚持中国共产党的领导。按照党总揽全局、协调各方的原则，支持人民政协依照宪法法律和政协章程独立负责、协调一致地开展工作。各级党委要充分认识加强人民政协协商民主建设的重大意义，认真贯彻落实《中共中央关于加强社会主义协商民主建设的意见》，善于运用人民政协这一政治组织和民主形式为实现党的总任务、总目标服务。

25. 建立健全党领导人民政协协商民主建设的工作制度。各级党委应把人民政协协商民主建设纳入总体工作部署和重要议事日程，及时研究并统筹解决工作中的重大问题。按照党委统一领导、各方分工负责的原则，统筹制定加强党委和政府工作与政协协商有效衔接的相关制度。支持政协制定并实施政治协商、民主监督、参政议政的专项制度。建立健全党委常委会会议听取政协党组工作汇报，讨论政协常务委员会工作报告和年度协商计划等的制度。深入研究发挥政协界别作用的思路和办法，拓展有序政治参与空间。深入开展调查研究，在条件成熟时对政协界别适当进行调整。完善委员推荐提名工作机制，优化委员构成。改进委员产生机制，严把委员素质关，真正把代表性强、议政水平高、群众认可、德才兼备的优秀人士吸收到委员队伍中来。加强政协机关领导班子和干部队伍建设，加强干部选拔、交流和任用，加大干部培训学习、挂职锻炼的力度。加强对人民政协协商民主建设落实情况的监督检查。

26. 发挥政协党组领导核心作用。政协党组肩负着实现党对人民政协领导

的重大政治责任，要发挥领导核心作用，坚定不移贯彻执行党关于人民政协的方针政策，把党的有关重大决策和工作部署贯彻到政协全部工作中去。按照民主集中制原则，确保协商依法开展、有序进行。健全政协重大工作向党委报告制度。认真落实党风廉政建设主体责任，抓好委员队伍建设和政协机关干部队伍建设，强化正风肃纪、反腐倡廉。

27. 营造全党全社会重视和支持人民政协协商民主建设的良好氛围。坚持“不打棍子、不扣帽子、不抓辫子”的方针，营造畅所欲言、各抒己见、理性有度、合法依章的良好协商氛围。大力推动关于人民政协协商民主的理论研究，将其列入各级党校、行政学院、干部学院、社会主义学院的教学计划。把对人民政协协商民主的宣传列入各级党委宣传部门的工作计划，积极宣传各级政协和政协委员履职的生动实践，形成有利于推进人民政协协商民主建设的良好环境。

（中华人民共和国中央人民政府门户网站，http：//www. gov. cn）

第五章 人民政协协商民主发展的外部条件

马克思主义认为："物质生活的生产方式制约着整个社会生活、政治生活和精神生活的过程。不是人们的意识决定人们的存在，相反，是人们的社会存在决定人们的意识。"[①] "随着经济基础的变更，全部庞大的上层建筑也或慢或快地发生变革。"[②] 人民政协协商民主深深植根于中国社会土壤之中，它的产生和发展不仅有其相应的经济和政治基础，而且还有其相应的社会和文化条件[③]。本章将对人民政协协商民主发展的经济、政治、文化和社会条件进行分析。

第一节 人民政协协商民主发展的经济因素

恩格斯指出："一切社会变迁和政治变革的终极原因，不应当在人们的头脑中，在人们对永恒真理的正义的认识中去寻找，而应当在生产方式和交换方式的变更中去寻找。"[④] 经济基础决定上层建筑，任何民主形式都是在一定的经济条件下形成和发展的。作为上层建筑的组成部分，人民政协协商民主

---

① 《马克思恩格斯选集（第 2 卷）》，人民出版社 1995 年版，第 32 页。
② 《马克思恩格斯选集（第 2 卷）》，人民出版社 1995 年版，第 33 页。
③ 李仁彬等：《中国协商民主理论与实践探析》，四川大学出版社 2011 年版，第 71 页。
④ 《马克思恩格斯选集（第 3 卷）》，人民出版社 1972 年版，第 425 页。

的产生和发展也有其经济因素。

一、生产资料所有制复合结构，为人民政协协商民主发展提供了经济基础

一个国家民主政治形态的发展及其创新，必然要与一定的社会经济制度相适应。中国以公有制为主体的所有制体系和现代市场经济体制，不仅为民主政治的发展创造了相应的物质条件，而且促进了社会主义民主政治的进一步发展。

所有制结构，是指各种所有制形式在社会经济中所占的比重、所处的地位以及它们之间的相互关系。一个社会的所有制结构是否合理，直接制约着这个社会的生产力能否迅速发展。因此，任何一个社会都存在着调整和优化所有制结构的问题。新中国成立以来，所有制结构经历了从“一大二公”到“以公有制经济为主体，多种所有制经济共同发展”的历史演变过程。毛泽东早在1949年3月《在中国共产党七届中央委员会第二次全体会议上的讲话》中就指出：“国营经济是社会主义性质的，合作社经济是半社会主义性质的，加上私人资本主义经济，这些就是人民共和国的几种主要的经济成分，这些就构成新民主主义的经济形态。”① 这是我们党在全国解放初期制定经济政策的理论依据。

中共“八大”之后，通过“三大改造”② 和对农村合作经济的升级、过渡与合并，中国逐步建立起了以公有制为主体的所有制基础。公有制经济在全国工业总产值中所占的比重由新中国成立初期（1952年）的44.7%，迅速增长到1957年的73%，并很快达到几乎100%的地步。此后20多年中，中国所有制结构在保持这一初始格局基本不变的前提下做了一些调整。其中，作为公有制经济主体形式的国有经济的比重有所下降，但一直保持在80%左右；

① 《毛泽东选集（第4卷）》，人民出版社1991年版，第1433页。

② 即中华人民共和国建立后，由中国共产党领导的对农业、手工业和资本主义工商业的社会主义改造。到1956年底，国家基本完成了对农业、手工业和资本主义工商业的社会主义改造，实现了把生产资料私有制转变为社会主义公有制的变革，我国初步建立起社会主义的基本制度，从此我国进入社会主义初级阶段。

集体经济的比重有所增长，从1965年的9.9%逐步增加到1978年的22.4%；[①] 非公有制经济，尤其是个体、私营经济，则处于几乎被消灭的状态。

中国共产党第十一届三中全会后，针对中国国情，提出了以公有制为主体，多种经济成分共同发展的方针。江泽民在党的十五大报告中第一次明确提出，“公有制为主体，多种所有制经济共同发展是中国社会主义初级阶段的一项基本经济制度”，“公有制经济不仅包括国有经济和集体经济，还包括混合所有经济中的国有成分和集体成分”。随着中国经济建设事业的进一步发展，所有制结构的变革继续深入，非公有制经济在经济发展中占据越来越重要的位置。党的十六大指出：“坚持公有制为主体，促进非公有制经济发展，统一于社会主义现代化建设的进程中，不能把这两者对立起来。各种所有制经济完全可以在市场竞争中发挥各自优势，相互促进，共同发展。”[②] 党的十七大提出：“坚持和完善公有制为主体、多种所有制经济共同发展的基本经济制度，毫不动摇地巩固和发展公有制经济，毫不动摇地鼓励、支持和引导非公有制经济发展，坚持平等保护物权，形成各种所有制经济平等竞争、相互促进新格局”[③]，标志着社会主义所有制的逐步完善。（见图5.1）

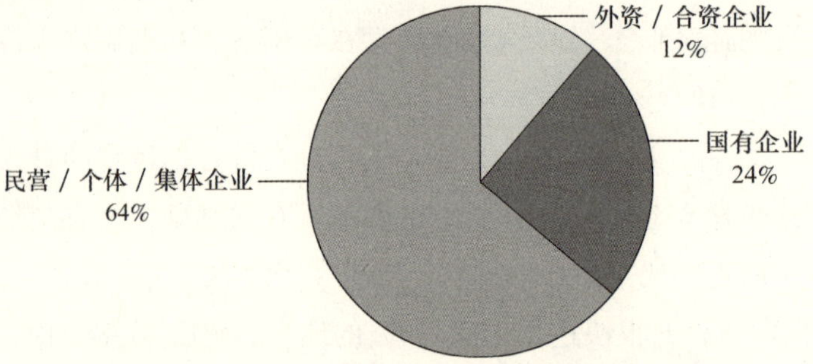

图5.1　2015年中国企业所有制结构图

中国以公有制为主体的所有制结构，为人民政协协商民主的实施奠定了坚实的物质基础。在中国，社会主义生产的目的是满足人民群众日益增长的

① 刘世锦、杨建龙：“中国所有制结构的变化、特点和发展趋势”，《管理世界》，1998年第4期。

② 《江泽民文选（第3卷）》，人民出版社2002年版，第547～548页。

③ 胡锦涛：“高举中国特色社会主义伟大旗帜，为夺取全面建设小康社会新胜利而奋斗”，《人民日报》，2007年10月16日。

物质和文化生活的需要，坚持公有制为主体、多种所有制经济共同发展的基本经济制度，坚持按劳分配为主体、多分配方式并存的分配制度，工人阶级和全体人民对国有生产资料的共同占有，国家、集体、个人的利益是根本一致的，虽然不同利益主体之间存在差别，但根本利益的一致性决定了协商的可能性和基础地位。这就从经济基础上决定了代表工人阶级和中国最广大人民群众根本利益的政党只能是一个统一的工人阶级政党。在民主选举中，中国坚持由在社会中占据主导地位的公有制所积聚起来的社会公共财富为协商合作的展开提供经费，而坚决反对和制止私人资本的介入和掌控，从而避免选举竞争中可能存在的金钱政治弊端，为协商民主成为中国民主政治的重要实现形式奠定了坚实的物质基础。

多种经济成分的并存，使利益主体呈现出多元化趋势，原有的利益主体不断分化，新的利益主体产生。而且在人们利益的实现过程中，人们的利益要求与自身能够实现这种利益要求的能力的差距扩大，不同社会主体利益追求的多元化也就意味着利益格局的调整，这样就不可避免的产生利益冲突和利益矛盾。要解决人民内部不同利益主体之间因差别带来的矛盾，协商对话是根本方法。只有建立一种有效的协商对话制度，各种不同利益群体的代表者才能够及时、直接地将自己的意见反映上去；只有实行平等的、伙伴式的协商对话，才有可能反映各类不同利益群体的需要，使各种意见尽可能地纳入秩序范围，才能够减少各种社会矛盾，避免矛盾激化，发生对抗和混乱，从而解决不同利益主体之间因差别所带来的矛盾①，这些因素又为人民政协协商民主创造了必要的条件。

二、经济发展的不平衡，为人民政协协商民主发展提供了经济生态环境

毛泽东指出，地区经济发展的严重不平衡“是历史上形成的一种不合理的状况”，必须尽快改变。中国区域经济发展不平衡状况是中国国情的一个重要特点。新中国成立之初，不仅经济基础十分薄弱，而且生产力分布不平衡，

---

① 李仁彬、黄国华等：《中国协商民主理论与实践探析》，四川大学出版社 2011 年版，第 3 页。

工业主要集中在东部沿海地带，占国土面积68%的西部地区几乎没有什么现代工业，全国70%以上的轻工业和重工业集中在远离原材料基地的东部沿海，只有30%在内地，西部地区工业产值仅占全国的9%。根据新中国成立初国内国际形势，毛泽东作出了一个伟大的战略抉择——实施区域经济平衡发展战略。

1956年4月，毛泽东在《论十大关系》中首次把正确处理沿海与内地发展的关系作为中国经济建设中的重大关系之一提出来。他认为："沿海的工业基地必须充分利用，但是为了平衡工业发展的布局，内地工业必须大力发展。"在运用生产力布局的手段，平衡人力、物力、财力在地区结构上的分布，使区域经济逐步平衡起来的同时，毛泽东要求："好好地利用和发展沿海的工业老底子，可以使我们更有力量来发展和支持内地工业。如果采取消极态度，就会妨碍内地工业的迅速发展。所以这也是一个对于发展内地工业是真想还是假想的问题。如果是真想，不是假想，就必须更多地利用和发展沿海工业，特别是轻工业。"①

出于国际安全和国家长治久安战略上的考虑，在20世纪60年代中期，中央开始实施"大三线"建设，按战备体制布局工业，把一大批社会化大生产的现代工业企业分散配置在西部地区。"大三线"建设历时14年（1964～1978年），横贯三个五年计划，国家在主要的13个中西部地区投入了2052.68亿元巨资，涉及600多家企事业单位的重建、搬迁、合并，数百万工人、干部、知识分子、解放军官兵和成千万人次民工的建设者，打起背包，跋山涉水，来到祖国大西南、大西北的深山峡谷、大漠荒野，风餐露宿，肩扛人挑，用十几年的艰辛、血汗和生命，建起了星罗棋布的1100多个大中型工矿企业、科研单位和大专院校，为缩小中国区域差距、解决地区经济发展平衡作出了重大贡献，也为后来中央实施西部大开发战略奠定了坚实基础。

改革开放后，为尽快缩短中国与发达国家的距离，中国实行"沿海开放"战略，非均衡发展成为改革开放后中国经济发展的显著特征，中国经济取得巨大成就，经济总量超过日本成为全球第二大经济体。在经济取得巨大发展

---

① 《毛泽东文集（第7卷）》，人民出版社1999年版，第26页。

的同时，也应该看到区域经济发展中存在着诸多问题，尤其是中西部地区与东部沿海地区之间在经济发展和收入分配方面的差距进一步扩大。据国家统计局发布的数据，东西部差距也在不断扩大。中国西部地区包括12个省（直辖市、自治区），总面积685万平方公里，占全国的71.5%，总人口3.65亿人，占全国的28%。西部地区与15个国家接壤，有1.8万多公里的边境线，陆地边境线占全国的80%以上。GDP总量差距从2000年的4万亿元、2005年的8.4万亿元扩大到2010年的16.7万亿元；人均GDP从2000年的近1万元、2005年的1.7万元扩大到2009年的2.5万元。

据中国社科院的一份研究报告指出，2011年中国城乡货币收入差距在世界上排名第二，如果考虑到福利因素，中国城乡收入差距要超过6倍。按国际劳工组织标准，城乡居民收入差距的合理范围是2倍以内。根据世界银行《2008年世界发展指标》提供的数据，发达国家中基尼系数最高的美国只有0.41，印度只有0.37，中国基尼系数从改革开放前的0.21升至现在的0.47，超过0.4的国际警戒线（见图5.2）。

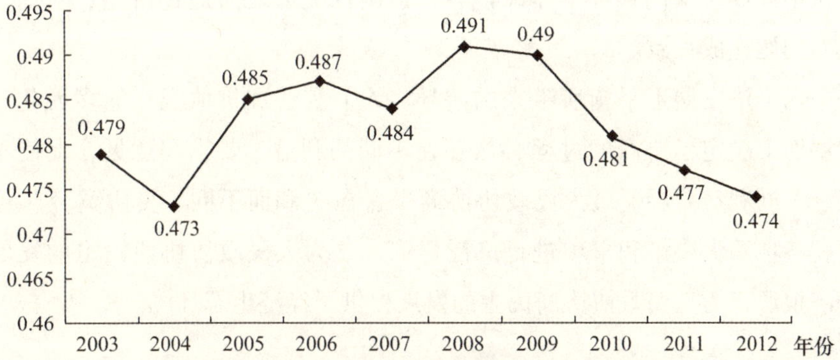

图5.2　2003~2012年中国居民收入的基尼系数

联合国开发计划署（UNDP）发布的题为《2005年人类发展报告——处于十字路口的国际合作：不均衡世界中的援助、贸易与安全》指出，“如果贵州是一个国家，那么它的人类发展指数仅超过非洲的纳米比亚，但是如果把上海比作一个国家，其人类发展指数则与发达国家葡萄牙相当。中国的基尼系数达到0.45，超过国际公认的0.4警戒线，如今中国20%的最贫困人口收入份额只有4.7%，而20%最富裕人口收入份额则高达50%。”

习近平指出，“找到全社会意愿和要求的最大公约数，是人民民主的真谛。”经济发展不平衡严重影响了社会稳定，必然要求各级的重要决策通过广泛协商后出台。经济水平的区域差距、城乡差距、贫富差距，反映在民主发展的水平上必然存在明显的差距，包括市场经济力量、利益集团的规模与作用、民主力量、公民对民主与法治的诉求各个层面的差距，这就要求在推进民主政治建设中，必须正视经济的不平衡性所带来的差距，从而为平衡各阶层利益找到最大公约数。

人民政协协商民主强调包容、理性感和责任感，适应中国的不均质状态，符合中国推进民主的一贯思路。比如，经济不平衡带来的地区差异、城乡差异和民族差异，这种差异客观上需要政治手段来协调和解决。在中国经济最落后、发展最缓慢的地区主要集中于西部地区，地区差距的持续扩大引发了一系列矛盾和问题，诸如地区之间的利益冲突和摩擦、居民收入的两极分化影响民族团结和社会稳定等问题。这种不平衡性要求在解决多样性条件下的这些矛盾和问题时，需要通过协商对话、求同存异来解决。人民政协协商民主承认多样性，求同存异，体谅包容，强调在决策之前通过讨论、对话，对共同性问题达成一致。

中国经济发展不平衡所带来的差异、人们利益和价值观念的多元化，从客观层面上决定了协商的过程必然存在不同的利益、要求和意见，促使不同地区、不同利益阶层通过人民政协协商平台在“和而不同、妥协宽容”理念下，就各项重大决策和事项进行广泛协商，这为人民政协协商民主的发展提供经济根源，为人民政协协商民主的发展提供了经济生态环境。

三、社会主义市场经济体制的建立和完善，为人民政协协商民主发展提供了广阔空间

1978 年，中共十一届三中全会作出了全党、全国工作重点转移到“以经济建设为中心”的重大决策，“坚决按经济规律办事”的号召揭开了中国探索发展社会主义市场经济的序幕。过去 30 多年的历程可以划分为两个阶段，也就是经历了两次经济体制的重大变革：从改革开放到 1992 年，从传统的计划经济转到“双轨制”经济的变革；从 1992 年以后，则开始从“双轨制”经济

转到社会主义市场经济的变革。

中共十一届三中全会以后，中国的经济体制市场化改革正式起步。1984年党的十二届三中全会通过的《中共中央关于经济体制改革的决定》，提出了社会主义经济是“公有制基础上有计划的商品经济”的论断。党的十三大报告进一步明确了社会主义有计划商品经济的体制应该是计划与市场内在统一的体制，强调计划与市场的作用都是覆盖全社会，不再提计划经济为主了。

中共十四大确定了“我国经济体制改革的目标是建立社会主义市场经济体制”。1993年，十四届三中全会通过《中共中央关于建立社会主义市场经济体制若干问题的决定》，勾画出社会主义市场经济的基本框架。1997年，党的十五大将“公有制为主体、多种所有制经济共同发展”明确为社会主义初级阶段的基本经济制度，实现了所有制理论的重大创新。2003年，十六届三中全会做出《中共中央关于完善社会主义市场经济体制若干问题的决定》，进一步确定了完善社会主义市场经济体制的目标和任务、指导思想和基本原则，标志着中国进入以完善市场经济体制为核心内容的制度创新时期。

随着中国改革开放的深入，生产关系的变革使得市场中多种利益集团涌现，社会的分配关系、交往关系、组织关系呈现出复杂性和多样化。在社会主义市场经济条件下，市场化导向的经济改革促使中国逐渐从计划经济体制向市场经济体制转轨，打破了中国单一的所有制结构，形成了国有、集体、个体、私营、外商投资企业等不同经济成分在市场竞争中共同发展的局面。伴生出了农业家庭承包户、家庭农场、个体工商户、私营企业、集体企业、国有企业、三资企业、股份制企业等多种利益集团；随着新闻出版、文艺团体、科研院所的改革，使得一大批事业单位面向市场，走向企业经营，也成为相对独立的利益集团。再加上按劳分配和按生产要素分配相结合，利益主体纷纷涌现。与此相应，还演绎出了一大批除共青团、妇联、学联、文联、作协、科协、记协等人民团体和群众组织之外的各式各样的合法登记或虽未登记但已存在并开展活动的社会组织，几乎覆盖社会生活的方方面面。

社会主义市场经济体制的建立，产生多层次、多样化、多元化的价值观念和价值标准。正如亨廷顿所言：“现代化意味着所有集团——新的和旧的、传统的和现代的——在它们和其他组织发生关系时都意识到自身是作为组织存在的，意识到各自的利益和要求。的确，现代化最惊人的现象之一，就是它能够在许多社会势力中间引起日益增长的意识、内聚力、组织和行为。”① 代表各自利益主体的声音与要求如不能被充分的听取、理解和采纳，必将成为导致社会不稳定、不和谐的因素。为了协调不同的利益关系，必须在社会的各利益集团之间、部分利益与公共利益之间、所有利益主体与公共利益之间，就各自利益进行一种多层次、多方位、经常性的协调与“谈判”。因此，在继续完善选举民主的基础上，充分发挥协商民主的优势，是社会发展的政治要求的必然趋势，是解决人民内部矛盾冲突的最佳选择。

总之，社会主义市场经济的健康发展，推动了人民政协协商民主的进一步发展。人民政协协商民主，是与社会主义计划经济、市场经济相适应的新型政治生活形态的核心内容。在此基础上发展起来的社会主义“6＋1”协商民主体系，是现阶段中国社会生产力解放和市场经济发展的客观要求，是与当代中国的经济基础、现行经济制度相适应的民主政治形式。

第二节　人民政协协商民主发展的政治条件

人民政协协商民主，是符合中国历史和国情的政治制度形式，是中国共产党将社会主义的种子移植到中国特定的土壤，用自己的政治智慧浇灌培育出的政治文明果实，充分体现了以“坚持党的领导、人民当家做主和依法治国的有机结合和辨证统一”为基本特点的社会主义政治文明的内涵，体现了民主的制度化、规范化、程序化②。

一、近代中国政党制度，为人民政协协商民主发展提供了历史经验

早在1940年，毛泽东就指出：“中国缺少的东西固然很多，但是主要的就是少了两件东西：一件是独立，一件是民主。这两件东西少了一件，中国

① ［美］塞缪尔·亨廷顿：《变化社会中的政治情绪》，华夏出版社1989年版，第35页。

② 李仁彬、黄国华等：《中国协商民主理论与实践探析》，四川大学出版社2011年版，第165页。

的事情就不好办。”“现在我们全国人民所要的东西，主要的是独立和民主。”① 近代中国遭受的屈辱，让中国人民深切认识到，在半殖民地半封建的中国社会，照搬西方资本主义政治制度的道路是走不通的，要完成救亡图存和反帝反封建的历史任务，必须以新思想、新理论开创中国革命的新道路，建立全新的政治制度和政治模式。

辛亥革命的胜利和资产阶级共和国的创建，揭开了中国政党政治的序幕。1912 年 3 月，孙中山主持制定了中国历史上第一部资产阶级性质的宪法——《中华民国临时约法》，以法律形式肯定了人民结社自由的权利，极大地激发了人们的组党热情，给政党的兴起和发展提供了一定的条件。从民国成立到袁世凯称帝，中国政党史上出现了短暂的模仿西方资产阶级多党制的民主运作尝试，社会各阶层的政治代表纷纷创立政党，开展政治活动，全国出现政党或政治组织 300 多个。随着袁世凯专制、孙中山二次革命失败、“宋教仁案”等历史事件的发生，中国陷入军阀混战，中国人想走西方民主政治发展道路的想法破灭，多党制模式以失败告终。十月革命后，随着马克思主义传入中国和中国共产党成立，为中国政治制度探索带来了新的理论和希望。

1927 年，蒋介石发动“四一二”反革命政变后，在南京建立了国民党一党专政的独裁政权。1928 年，蒋介石利用孙中山先生“国民革命三阶段”理论，宣布结束军政时期，进入所谓训政时期，以“以党治国”精神制定了《训政纲领》，规定中国国民党全国代表大会代表国民行使政权，国民党中央执行委员会为“训政”的最高领导机关，确立了国民党一党专政的政党模式。提出“一个政党，一个主义，一个领袖”的口号：一个政党就是国民党；一个主义就是蒋介石阐释的“三民主义”，不允许有第二个主义和第二个思想存在；一个领袖就是蒋介石。国民党执政 22 年，违背民主政治发展潮流和人民愿望，最后被推翻，一党专政宣告彻底失败。实践证明，一党制在中国也是行不通的。

近代中国政治的发展，呼唤适应中国国情的新的政党制度。这一历史责任由中国共产党和各民主党派共同承担了起来。1921 年成立的中国共产党，

---

① 《毛泽东选集（第 2 卷）》，人民出版社 1991 年版，第 731 页。

把马克思列宁主义与中国实际相结合，提出了新民主主义革命纲领，团结全国各革命阶级为实现民族独立、人民解放和国家富强、人民幸福而奋斗。主要在抗日战争时期（1937～1945 年）和解放战争时期（1945～1949 年）成立的各民主党派，其社会基础是民族资产阶级、城市小资产阶级以及同这些阶级相联系的知识分子和其他爱国分子，是中国社会的进步力量。

中国共产党与各民主党派建立了亲密的合作关系，并在严酷的斗争中不断加强这种关系，为实现中国的和平、民主而共同奋斗。在抗日战争时期，民主党派积极参加中国共产党领导的抗日民族统一战线，广泛开展抗日民主运动，同中国共产党一道，共同为坚持抗战、团结、进步而努力，反对国民党顽固派的投降、分裂、倒退行径；抗日战争胜利后，民主党派同中国共产党一道，反对国民党蒋介石集团的内战、独裁政策。中国共产党在领导新民主主义革命走向胜利的伟大斗争中，确立了在中国各种革命力量中的核心领导地位。各民主党派、无党派民主人士在长期实践中经过比较，自觉地、郑重地选择了中国共产党的领导。①

在中国革命的艰难探索中，中国共产党科学地分析了中国的社会性质，深刻认识到：中国反帝、反封建的任务极为艰巨，任何一个革命阶级及其政党都不可能单独完成，中国既不能选择以资产阶级为主导的资产阶级民主共和，也不能选择苏联式的以无产阶级专政为直接取向的民主共和。除了无产阶级以外，民族资产阶级、小资产阶级等都是当时中国的进步阶级。1949 年 9 月，中国人民政治协商会议通过的《中国人民政治协商会议共同纲领》，明确提出建立“工人阶级、农民阶级、小资产阶级、民族资产阶级及其他爱国民主分子的人民民主统一战线的政权”：中华人民共和国为新民主主义即人民民主主义的国家，实行工人阶级领导的、以工农联盟为基础的、团结各民主阶级和国内各民族的人民民主专政，反对帝国主义、封建主义和官僚资本主义，为中国的独立、民主、和平、统一和富强而奋斗。②

这一政治纲领包含了政治协商、政治合作的题中之意，其目的在于造就

① 中华人民共和国国务院新闻办公室：《中国的政党制度》（白皮书），新华社，2007 年 11 月。

② 《中国人民政治协商会议共同纲领》，人民出版社 1952 年版，第 12 页。

一种以工农为主导、多阶级多阶层参与的政治模式，既符合中国的实际，也尊重了中国历史发展的轨迹。毛泽东强调指出："我们一定要学会打开大门和党外人士实行民主合作的方法，我们一定要学会善于同别人商量问题。"① 周恩来指出："我们的统一战线是新民主的，不是旧民主的；不是在野党与在朝党互相斗争、互相交替，而是以无产阶级为领导的各民主阶级的政治合作与分工的制度；大家可以联系不同方面的人，向共同的目标、方向走。" "中共同各党各派是要协商的，不是各走各的路，这是必然的结论，是合乎逻辑的……如果还有具体不同的意见，就以民主协商的办法来解决……因为总的路线、方向相同，虽有意见出入，但总的说是互相尊重、互相合作的。"②

实现政党之间的合作与联合，是中国共产党人把马克思列宁主义关于统一战线理论、政党理论和民主政治理论与中国具体实际结合起来，充分尊重中国历史发展的进程，充分尊重中国各种政治力量在"反帝反封建，争取民族独立和人民民主"以及推动中国社会发展中的重要作用。中国共产党领导的多党合作和政治协商制度，为人民政协协商民主的产生和发展提供了必要的政治生态环境。人民政协协商民主，成为多党合作和政治协商的主要内容和方式。

二、人民民主专政的国体，为人民政协协商民主发展提供了政治根基

《中华人民共和国宪法》规定："中华人民共和国是工人阶级领导的、以工农联盟为基础的人民民主专政的社会主义国家。" 人民民主专政，是指中国共产党和中华人民共和国始终代表最广大人民的根本利益，可以使用专制的方法来对待敌对势力以维持人民民主政权。人民民主专政从根本上规定了中国政党制度的核心价值和制度要素，从而形成了与西方政党制度相区别的中国社会主义政党制度。

马克思列宁主义认为，无产阶级在夺取政权以后，必须建立无产阶级专政，但无产阶级专政采取什么形式，只能根据各国的历史条件和具体情况而定。在中华人民共和国建立以前，中国是帝国主义支持的封建地主阶级和官

---

① 《毛泽东选集（第3卷）》，人民出版社1991年版，第810页。

② 中共北京市海淀区委党史研究室编：《中共中央在香山》，中共党史出版社1993年版，第141～142页。

僚资产阶级掌握政权的半封建半殖民地国家，无产阶级人数很少，产业工人只有200万人，但它很集中；农民众多，占全国人口的80%以上；民族资产阶级具有两面性；分散落后的个体农业和手工业占国民经济的90%以上。这种国情决定了中国无产阶级领导的革命斗争必须分两步走，第一步进行新民主主义革命，第二步进行社会主义革命。中国的工人阶级必须与广大农民联盟，团结一切可以团结的力量，建立广泛的统一战线，才能取得政权和巩固政权。在长期革命实践过程中，中国共产党把马克思主义的基本原理同中国革命的具体实践相结合，逐步形成了关于中国新民主主义革命的理论体系。毛泽东的许多著作如《新民主主义论》《论联合政府》《将革命进行到底》《论人民民主专政》等，都明确地提出了工人阶级领导的、以工农联盟为基础的人民民主专政的主张。《论人民民主专政》一文指出："对人民内部的民主方面和对反动派的专政方面，互相结合起来，就是人民民主专政。"①

中国是工人阶级领导的以工农联盟为基础的人民民主专政的国家。毛泽东在《关于正确处理人民内部矛盾的问题》一文中指出："专政的第一个作用，就是压迫国家内部的反动阶级、反动派和反抗社会主义革命的剥削者，压迫那些对于社会主义建设的破坏者，就是为了解决国内敌我之间的矛盾。为了维护社会秩序和广大人民的利益，对于那些盗窃犯、诈骗犯、杀人放火犯、流氓集团和各种严重破坏社会秩序的坏分子，也必须实行专政。专政还有第二个作用，就是防御国家外部敌人的颠覆活动和可能的侵略。……在人民内部是实行民主集中制。我们的《宪法》规定：中华人民共和国公民有言论、出版、集会、结社、游行、示威、宗教信仰等自由。我们的《宪法》又规定：国家机关实行民主集中制，国家机关必须依靠人民群众，国家机关工作人员必须为人民服务。我们的这个社会主义的民主是任何资产阶级国家所不可能有的最广大的民主。"②

历史唯物主义认为，人民群众是社会存在和发展的根本力量，"人民，只有人民，才是创造世界历史的动力"③。"群众是真正的英雄，而我们自己则

---

①《毛泽东选集（第4卷）》，人民出版社1991年版，第1475页。
②《毛泽东文集（第7卷）》，人民出版社1999年版，第207页。
③《毛泽东选集（第3卷）》，人民出版社1991年版，第1031页。

往往是幼稚可笑的，不了解这一点，就不能得到起码的知识"①。人民是权力的所有者和决定者，一切权力属于人民。在中国共产党的领导下，争取人民民主始终成为反帝反封建的重要组成部分，并不断探索符合中国国情的民主政治发展道路。土地革命时期的工农兵代表大会制度，抗日战争时期的参议会制度，解放战争时期的人民代表会议制度，直到《中国人民政治协商会议共同纲领》确立的人民代表大会制度，历史地形成了与中国国情、国体相适应的根本政治制度。对这一制度体系，"客观地说，作为一种民主制度，当代中国政治制度尽管还有许多不完善之处，但其整体构架和制度的基本关系，是具有科学理论基础的，包含着对人民主权和人民民主的追求"②。

人民民主专政是中国人民反帝反封建斗争的结果，是无产阶级政党追求的和社会主义本质规定的结果。人民当家做主，就是让人民享有管理国家和社会事务的权利，真正让人民享有选举权、罢免权、弹劾权。为了确保人民民主的真实性和广泛性，宪法从制度、法律等方面为人民当家做主提供了保障。中国实行的人民民主专政的国体和人民代表大会制度的政体，本质上都是为了实现和保障最广大人民当家做主的权力，既为扩大人民民主开辟了广阔的渠道，也为人民当家做主奠定了广泛的基础。在中国，包括工人、农民、知识分子和其他社会主义劳动者，拥护社会主义的爱国者，拥护祖国统一的爱国者在内的全体人民都是国家和社会的主人，他们平等享有管理国家和社会事务的权利。

人民民主专政是中国民主制度的政治基础，是人民政协协商民主的政治根基。人民代表大会制度、中国共产党领导的多党合作和政治协商制度、民族区域自治制度和基层群众自治制度，是中国特色社会主义民主政治的基本制度框架。在资本主义生产方式下，虽然强调人权、民主、平等、自由，注重民主的形式，但其实质也很难保证人民在协商中的主体地位。因此，人民政协协商民主不断地发展和完善，正是有人民民主专政的政治根基作为支撑。只有实行人民民主专政，让人民当家做主，才能保证协商民主主体之间的平

① 《毛泽东选集（第3卷）》，人民出版社1991年版，第790页。

② 林尚立：《当代中国政治形态研究》，天津人民出版社2000年版，第441页。

等协商；只有人民当家做主，才能保证协商民主的内容符合人民的根本利益。

三、党的领导，为人民政协协商民主发展提供了坚强政治保障

中国共产党的领导地位，是在中国人民追求民族独立、国家富强、生活幸福的长期斗争和实践中逐步形成的，是历史的选择、人民的选择。中国革命、建设和改革的历程向世人昭示：是中国共产党领导人民找到了一条实现民族独立和人民解放的正确道路，是中国共产党领导人民找到了一条建设富强、民主、文明的现代化国家的正确道路。也正因如此，中国共产党的领导地位被明确载入了《中华人民共和国宪法》。①

历史已经表明，只有中国共产党才能领导中国革命取得成功，同样，只有中国共产党才能领导社会主义现代化建设。在当代中国，中国共产党的领导和执政，是中国发展和进步的客观要求。中国的社会主义现代化建设是一项极为艰巨的复杂的事业，是一项伟大的系统工程，在改革开放的今天，面临诸多矛盾，如果没有一个成熟的、能够代表最广大人民利益的政党来领导是不可能成功的。在今日之中国，除了中国共产党以外，还没有一个政党或者组织具有这样的能力和条件。②

第一，是推进社会主义现代化建设和实现中华民族伟大复兴的需要。摆脱国家贫穷落后面貌，实现现代化和民族复兴，是中国人民的百年追求和梦想。在中国共产党的领导下，经过新中国成立半个多世纪以来的探索和奋斗，中国彻底改变了一穷二白的落后面貌，生产力迅猛发展，综合国力显著增强，人民生活明显改善，国际地位不断提高，国际影响日益扩大。特别是改革开放30多年来，中国创造了国内生产总值年均增长10%左右的经济奇迹，13亿中国人民生活总体上达到了小康水平。在中国共产党的领导下，朝着富强、民主、文明的社会主义现代化目标继续前进，是中国人民坚定不移的选择。

第二，是维护中国国家统一、社会和谐稳定的需要。历史反复证明，在中国，没有国家的统一和社会的稳定，就没有国家的繁荣富强和人民的安居

---

① 中华人民共和国国务院新闻办公室：《中国的民主政治建设》（白皮书），2005年10月19日。
② 《中国共产党第十三次全国代表大会文件选编》，人民出版社1987年版，第44页。

乐业。近代中国，深受外国入侵、军阀混战和政局动荡之害。中国人民对此刻骨铭心。中国的统一和稳定，是中国人民之福，也符合世界各国人民的共同利益。维护国家统一和社会稳定，历来是中国各族人民最关切的头等重要的大事。中国共产党作为中国各族人民根本利益的忠实代表，以科学理论为指导，依靠其遍布全国的441万多个基层党组织和8800多万名党员，凭借其丰富的执政经验和驾驭全局的能力，统筹经济社会等各方面发展，努力构建社会主义和谐社会，维护了国家统一和社会和谐稳定。

第三，是保证政权稳定的需要。中国幅员辽阔，人口众多，且城乡之间、地区之间发展不平衡，差异较大，因此，保证政权稳定对中国意义非同寻常。只有保持政权的稳定，才能聚精会神搞建设，一心一意谋发展；才能使国家现代化的发展战略和奋斗目标，在长时间里得以一以贯之地实行；才能减少各种不必要的或不应有的政治内耗，最大限度地调动一切积极因素，集中一切资源、力量和智慧，解决关系国计民生的重大问题，保证经济社会的可持续发展。

第四，是把亿万人民团结凝聚起来，共同建设美好未来的需要。四分五裂，一盘散沙，是近代旧中国社会的真实写照。中国人民对此有着切肤之痛。在中国这样一个人口众多、情况复杂的大国，如果没有一个坚强有力的政治核心，没有一个能把全国各族人民凝聚起来共同奋斗的崇高目标，国家就会分崩离析，就不可能实现发展和进步。实践充分证明，在中国，是中国共产党把广大人民团结起来，使人民的积极性、主动性和创造性不断得到充分的发挥，为实现共同利益、共同事业、共同理想和中国更美好的未来，同心同德地共同奋斗。

协商民主不是无政府主义，它的发展具有自觉构建而非自发内生的特点。因此，协商民主政治需要一种政治权威来主导和引导，这一权威在中国便是中国共产党。世界上的资本主义国家大多数实行多党制或两党制，即由多党或至少两党作为开展民主政治的主导力量，多党竞争，轮流执政。在中国，进行民主政治建设同样需要政党领导，但与资本主义国家不同的是，中国的民主是中国共产党领导的人民民主，中国共产党是领导民主政治建设的核心力量，中国的“协商政治必然以中国共产党为核心展开运作。在协商政治的展开中，中国共产党起着决定性的作用”①。

中国共产党领导和执政，本质是领导、支持和保证人民当家做主。中华人民共和国的一切权力属于人民。这是中国民主政治建设的根本准则，也是中国共产党领导和执政的本质要求。在中国，中国共产党通过人民政协协商平台，让尽可能多的公众参与到协商中来，使执政党能够有效地主导社会的发展和变化，把握社会发展的方向，从而发挥政党在现代政治文明中的民主功能，保证社会的持续稳定发展。因此，坚持在中国共产党领导下的人民政协协商民主，是社会主义的一种重要民主政治形式。中国共产党在中国社会的领导核心作用，是人民政协协商民主发展的重要政治保障。

第三节　人民政协协商民主发展的文化基础

习近平在庆祝人民政协成立65周年大会上的讲话中指出，中华民族长期形成的优秀政治文化是中国协商民主的重要来源之一。因此，从中华文化传统的演进和传承的视角来看人民政协协商民主，更能够凸显出这种民主形式的文化渊源和民族特质。中国传统的政治文化崇尚兼容并蓄、和而不同，倡导协商、协调等，认可多元化与多样性，接纳多元共存与发展。这种政治文化，为人民政协协商民主的发展提供了深厚的文化基础。

一、中国传统优秀文化，为人民政协协商民主发展提供了深厚土壤

中华传统文化博大精深，其中不仅包含了关于政治协商的思想学说和制度实践，而且在根源上显示出与协商民主相契合的精神诉求和价值关切，从而成为中国当代协商民主建设的源头活水，为人民政协协商民主的产生和发展提供了深厚的土壤。就中华传统文化中与协商民主相关的思想内容，可归结为以下三个方面。

---

① 林尚立：“协商政治：对中国民主政治发展的一种思考”，《学术月刊》，2003年第4期。

1.“和”“合”思想契合了协商民主的价值诉求

恩格斯曾说过：“历史从哪里开始，思想进程也应当从哪里开始，而思想进程的进一步发展不过是历史过程在抽象的、理论上前后一贯的形式上的反映。”[①]一个民族的文化理念，决定了这个民族的民主形式，人民政协制度的确立和发展，与中国传统优秀政治文化中的“和”“合”思想和传统密切相关。

中国哲学奉行“和”“合”“中”的思维，中国民间有着调解说和的风尚，“和”也是政治追求的最高境界，也是国泰民安的基本表现。早在西周时期，思想家史伯提出了“和实生物，同则不继”[②]的观点。春秋战国时期，诸子百家更是习惯用“和”的概念来表达他们的政治思想和文化理念，特别在人与自然的关系上，强调“天人调谐”；在人与人的关系上，要求“和睦相处”；在人与社会的关系上，崇尚“合群济众”；在各种文明的关系上，主张“善解能容”。孔子说：“礼之用，和为贵。”主张“恭则不侮，宽则得众，信则人任焉，敏则有功，惠则足以使人”，其政治理想是建立“天下为公”的大同社会。墨子提出了“兼相爱”“爱无差等”的理想社会方案。孟子也认为：“天时不如地利，地利不如人和。”“和”的内在精神就是：“和谐而又不千篇一律，不同而又不相互冲突。和谐以共生共长，不同以相辅相成。”[③]

中国传统优秀政治文化强调共济、协调、互补、和谐共事、“君子和而不同”的基本精神，正是政治协商的根本原则，为人民政协协商民主的确立提供了良好的思想资源和深厚的文化背景。

2.“民为邦本、治国为民”的民本思想

“民本”是中国传统政治思想的核心观念之一，其肯定了占社会多数的“民”在政治生活中的根本地位和决定作用，强调统治者的治理实践要以满足民众的基本需要为目的，在经济上惠民富民、在政治上保民安民、在文化上教民化民。如果统治者残暴虐民，将会有“天谴”或“革命”的出现。

“民本”思想自古以降一脉相承，《尚书》有“民为邦本”之训，孟子有“民贵君轻”之论，荀卿有“民水君舟”之喻，黄梨洲有“天下为主君为客”

---

① 《马克思恩格斯选集（第2卷）》，人民出版社1995年版，第43页。

②③ 《国语集解卷（16）》，中华书局2002年版，第470页。

之议。在历史上，“民本”不仅是思想家的理想信念，而且在很大程度上也成为一些执政者的施政方针，转化为具体的政治实践，产生了诸如“贞观之治”“康乾盛世”的善政典范。尽管受历史条件的制约，民本主义思想家并未否定君主制度，但民本思想在限制君权、伸张民意、维持稳定等方面起到了积极作用。

“以民为本”的原则内在地包含了“通民情、达民隐、申民意”的政治诉求，这就必然要求执政者要与社会大众进行一定程度的协商活动。这种协商实践的实现方式与历史环境相联系，在君主开明的情况下，统治集团能够比较广泛地体察民情、听取谏议，使民意得以比较顺畅的表达和实现；而在君主昏庸横暴之时，则会发生激进的政治抗议，如言官诤谏、清流集会、公车上书等。这些抗议活动都本着“为民请命”的宗旨，民本思想为其提供了道义支撑和实践动力。①

3. “导民使言、兼听纳谏”的协商实践

中国古人自殷周以来就开展着“议政”，并且将这种活动固定化为一套政治制度，进而使参与协商上升为政治参与者的一种伦理义务和人格精神。

自先秦以来，中国古代政治家就总结出了“谋及庶人”（《尚书·洪范》）、“询于刍荛”（《诗经·大雅·板》）的政治经验。《尚书·周官》中提到“议事以制，政乃不迷”，对于“议政”在统治中的重要意义已有明确的认识。西周时召公谏厉王止谤时论述了“导民使言”的治国方略，“防民之口，甚于防川，川壅而溃，伤人必多，民亦如之。是故为川者，决之使导；为民者，宣之使言。”（《国语·周语上》）召公将被压抑的民意比作决堤的河水，因此必须打通渠道引导民意合理地表达，避免社会矛盾的激化。

秦汉以后，创立了大一统皇帝专制政体，但政治需要协商、讨论、辩论和批评的传统，一直为历届皇朝所沿袭。在历届朝廷的官制中，均设有言官（谏官）制度，让言官“不治而议”，批评朝政之得失。在政权体制之外，广大知识分子也有议政的实践活动，他们聚集于学校、书院、讲会、党社等，针砭时弊、反抗暴政，形成了“清议”。在封建社会，“乡族自治”的主要形式是在宗族之内或乡绅之间进行协商讨论，这就是“乡议”，其主要功能是决

① 卢兴：“协商民主与中华优秀传统文化”，《光明日报》，2015 年 4 月 5 日。

定基层事务、调解社会矛盾、普及伦理教化、推举后备官吏等，实现了有效的社会治理，维持了基层社会的稳定。

因此，中国优秀传统文化中的政治事务需要协商、争论和辩论的思想，为人民政协协商民主发展提供了重要的历史文化资源。

二、近代民主政治文化，为人民政协协商民主发展提供了思想借鉴

民主在本质上意味着“人民的权力”或“大多数人的统治”。中国古代没有现代意义的“民主”。在中国共产党诞生之前，中国人民为了实现民族解放和国家独立进行了长期的英勇斗争。毛泽东说：“自从一八四〇年鸦片战争失败那时起，先进的中国人，经过千辛万苦，向西方国家寻找真理。洪秀全、康有为、严复和孙中山，代表了在中国共产党出世以前向西方寻找真理的一派人物。”[①] 1840 年鸦片战争后，中国近代进步的政治思想家，如魏源、严复、谭嗣同、孙中山等运用卢梭的社会契约论来批判封建专制，提出人民主权的思想。

被称为近代中国“睁眼看世界”的首批知识分子的优秀代表魏源，不仅提出了“师夷长技以制夷”的主张，学习西方的先进生产技术，而且也很推崇资本主义国家的民主制度。他称誉瑞士“不设君位，不立王侯”，“推择乡官理事”，是“西方桃花源”。又说“墨利加北洲（指美国）之以部落代君长，可垂奕世而无弊”，开启了了解世界、向西方学习的新潮流。在《海国图志》中，魏源介绍了西方的议会制度，称赞美国的联邦共和制，说美国总统以四年为一任，期满更代，“总无世袭终身之事”，选官举贤自下而上公举，“可不谓公乎？”表达了自己对西方民主政治的憧憬。

严复等人批判中国的封建专制思想，系统介绍、引进西方自由民主观念，使自由民主观念在中国近现代政治舞台上产生了持续而深远的影响。严复认为民主政治不是西方资本主义的根本，“自由”才是体，“民主”只是用。“故言自由，则不可以不明平等，平等而后有自主之权；合自主之权，于以治一群之事者，谓之民主。”[②]“无自由”是中国封建政治文化的基本特征之一，

---

① 《毛泽东选集（第 4 卷）》，人民出版社 1991 年版，第 1469 ~ 1470 页。

② 王拭：《严复集》（第一册），中华书局 1986 年版，第 118 页。

也是中国贫穷落后的根本所在。严复大力提倡西方自由，鼓励人们奋起争回自由权利，培育独立人格。严复认为个人自由和国家自由富强有密切关系，“身贵自由，国贵自主”①，“天下之物，未有不本单之形法性情以为其聚之形法性情者也。是故贫民无富国，弱民无强国，乱民无治国。”②因此，必须建立保障人民自由的政治制度，变民无权为民有权，使人人能有自由权利。

十九世纪六七十年代早期维新派代表人物郑观应在《易言》中写到：“泰西有君主之国，有民主之国，有君民共主之国。”早期维新派就主张实行君民共主的君主立宪制。戊戌维新运动期间，民权思想得到进一步发扬光大。康梁维新派把近代西方进化论思想与儒家“公羊三世说”相结合，认为人类历史必然将由“据乱世”进到“升平世”，再发展到“太平世”，以此推演出资本主义必然将取代封建主义，主张在中国效法俄日，兴民权，设议院，立宪法，君民共主，实行君主立宪。这是带有深重士大夫味和儒家传统的民主思想，也就决定了它必然失败的结果。

维新变法代表人物谭嗣同在《仁学》中写道：“生民之初，本无所谓君臣，则皆民也。民不能相治，也不暇治，于是共举一民为君。夫日共举之，则非君择民，而民择君也。”③孙中山则提出：“余之从事革命，以为中国非民主不可。其理由有三：既知民为邦本，则一国以内人人平等，君主何复有存在之余地？此自学理言之者也。……中国历史上之革命，其混乱时间所以延长者，皆由人各欲帝制自为，遂相争相夺不已。行民主之制，则争端自绝，此自将来建设而言之者也。有此三者，故余之民权主义，第一决定者民主。”④

以孙中山为首的资产阶级革命派，以西方资产阶级的自由、平等、人权等社会政治学说为理论基础，以欧美资产阶级民主共和政体为楷模，强调主权在民，民有、民享、民治，重视三权分立，三民主义中的民权思想集中体现了比较现代的资产阶级民主思想。辛亥革命推翻了封建君主专制制度，建立了资产阶级共和国，设立了临时参议院，制定了《中华民国临时约法》，使得民主观念和制度得到部分实现。中国的民主政治真正开始起步。然而辛亥

---

①② 王拭：《严复集》（第一册），中华书局 1986 年版，第 25 页。

③ 谭嗣同：《仁学》，华夏出版社 2002 年版，第 50 页。

④ 《孙中山选集（上卷）》，人民出版社 1956 年版，第 385 页。

革命后，虽有了选举、三权分立、国会，但人民并未获得应有的权力，因为资产阶级关注的问题主要在于争取建立某种类似西方的政治制度，对真正的百姓的“人权”关心甚少。实践证明，中华民国后来只剩下一块空招牌。

在新文化运动中，激进民主主义者开始探索民主的深层意蕴。民主强调人权，强调民主政治的实现必须以个人解放为前提，而个人解放意味着独立人格、自主活动的能力，强调对个人权利的重视，言论、出版、结社集会的自由。他们用平民主义来译释民主，意味着为广大劳动人民谋政治、经济、文化的彻底解放。随着十月革命介绍和马克思主义的传播，这种平民主义便与劳农政治、工人政治、无产阶级政治连接起来，逐渐被更多的群众所接纳、吸收，对以后中国政治影响深远。

近代人民主权思想的提出及广泛传播，打破了几千年的君权神授思想与君主专制体制，西方民主思想被不断移植到中国，弥补了中国传统政治文化的不足，形成了以人民主权、平等、自由等民主思想为核心内容的中国近代政治文化，其演进和发展为人民政协协商民主发展提供了宝贵的思想借鉴，奠定了中国近代社会政治民主的基础。

中国共产党诞生后，把马克思列宁主义与中国实际相结合，提出了新民主主义革命纲领，赋予民主新的内涵，发展为新民主主义精神，强调参与主体的平等性和自由性，注重参与主体民主的协商、平等的对话、自由的交流并形成广泛的共识等，在新中国成立后形成并正式确立了中国共产党领导的多党合作和政治协商制度。

三、中国文化的多样性，为人民政协协商民主发展提供了文化背景

文化，是指人类生活方式的总和。2005 年 10 月，第 33 届联合国教科文组织大会上通过的《保护和促进文化表现形式多样性公约》中，“文化多样性”被定义为各群体和社会借以表现其文化的多种不同形式。具体地讲，文化的多样性是指各民族、各地区文化的个体性、独特性，它使各民族、各地区的文化互相区别开来。中华民族文化的多样性特点十分明显。

（1）民族文化的多样性。民族文化不但是民族共同体存续的支撑和基础，也是国家政治共同体存续的支撑和基础。56 个民族都有自己的独特传统，都

有自己独特的舞蹈、音乐、人生礼仪、岁时礼仪等，都有自己的文化特色，特别是近年来，少数民族文化和宗教文化有较大发展，包括重要史诗（如藏族的《格萨尔王传》）、传说、史料、典籍的挖掘、整理和出版。种族之间的文化存在着较大的差异性，认识种族间文化的异同，不断地求同存异，对于种族与种族之间的和睦、团结有着重要的意义。

（2）地域文化的多样性。地域文化是体现一定的地理区域、一定空间范围的文化类型。中国地域辽阔，司马迁的《史记》中有一句话，叫做“百里不同风，千里不同俗”，是说各地区均有自己的文化特色。中国的文化可分为燕赵文化、三秦文化、三晋文化、齐鲁文化、吴越文化、荆楚文化、巴蜀文化、滇云文化、岭南文化、青藏文化、闽南文化等。不同地域文化有不同的文化特点。一是方言不同。现代汉语有七大方言：北方方言、吴语、客家方言、闽语、粤语、湘方言、赣方言等。二是饮食不同。民间各地为了适应自己的需要，千方百计利用当地的特产，并且要改善生活把它做好，形成了很多地方特色的饮食。鲁迅曾说：北人的优点是厚重，南人的优点是机灵。王国维对南人和北人的评价是：“南方人性冷而遁世，北方人性热而入世，南方人善幻想，北方人重实行。”三是不同婚丧礼俗，包括节庆。四是在民间信仰上的不同。

（3）阶层文化、群体文化、代际文化和不同性别文化呈现出多样性。中国内部的民族文化和地域文化之间就存在着交叉，同一民族可以分布在不同地域，同一地域也可以生活不同的民族，不同地域的文化和不同民族的文化相辅相成、互相补充。还有儒教、道教、汉传佛教、藏传佛教、伊斯兰教和基督教等宗教文化。多样性文化特征为协商民主提供了深厚的文化底蕴。中国文化是由不同的民族文化构成的，各民族文化具有不同的特点，不同的文化背景和价值取向乃至宗教观念的差异和冲突加大。这就迫切要求社会主体之间共生共存，并将不同民族文化团体的声音吸纳进协商过程，通过公开的对话、交流和协商达成共识，更多地了解对方的文化。每个人都可以认可其他人的道德价值和标准，从而化解冲突，解决不同种族、文化团体之间的矛盾，促进不同文化间的沟通、理解与包容，使社会各层次的群体、公民与政府之间维持一种深层的相互理解，从而成为建立参与持续性合作行为所需要的社会信任的基础。因此，这种多元文化主体存在，为人民政协协商民主的产生提供了条件。

四、现代民主政治文化，为人民政协协商民主发展提供了理论依据

马克思指出："人们自己创造自己的历史，但是他们并不是随心所欲地创造，并不是在他们自己选定的条件下创造，而是在直接碰到的、既定的、从过去承继下来的条件下创造。"[①] 政治文化作为社会文化总体的一部分，是指一个国家中的阶级、团体和个人在长期的社会历史文化传统的影响下，形成的某种特定的政治价值观念、政治心理和政治行为模式。新中国成立后，中国共产党带领中国人民进行了艰难曲折的探索，成功地走出了一条中国特色的社会主义民主政治发展道路。中国现代民主政治文化，既坚持了民主的普遍价值和基本原则，又具有鲜明的中国特色。[②] 主要有以下六个特点。

（1）坚持人民当家做主。人民当家做主是中国社会主义民主的本质。宪法规定，中华人民共和国的一切权力属于人民。人民行使国家权力的机关是全国人民代表大会和地方各级人民代表大会。中国实行人民代表大会一院制，不搞三权分立和两院制议会民主。全国人民代表大会是最高国家权力机关，国家行政机关、审判机关、检察机关都由人民代表大会产生，对它负责，受它监督。全国人民代表大会和地方各级人民代表大会都由民主选举产生，对人民负责，受人民监督。实践证明，人民代表大会制度是保障人民当家做主的根本政治制度。

（2）坚持中国共产党领导的多党合作和政治协商。在中国，除中国共产党外，还有中国国民党革命委员会、中国民主同盟、中国民主建国会、中国民主促进会、中国农工民主党、中国致公党、九三学社、台湾民主自治同盟八个政党。中国共产党领导的多党合作和政治协商制度，其显著特征是：中国共产党领导、多党派合作，中国共产党执政、多党派参政。八个民主党派是与中国共产党团结合作的友党和参政党，而不是反对党或在野党。这项制

---

① 《马克思恩格斯选集（第1卷）》，人民出版社1972年版，第598～703页。
② 董云："中国的民主政治建设及其启示"，《人民日报》海外版，2011年12月9日。

度能比较好地实现各民主党派、各人民团体和各界人士的广泛的政治参与，促进政府决策的科学化、民主化，避免一党执政缺乏监督的弊端，又可避免多党纷争、互相倾轧造成的政治混乱和社会动荡。

（3）坚持各民族平等、团结、互助。中国是统一的多民族国家。为保障各民族的平等权利和少数民族的特殊权益，国家在各少数民族聚居的地方实行民族区域自治制度，在各少数民族聚居地方设立自治机关，行使自治权。目前，中国建立了155个民族自治地方，其中包括5个自治区、30个自治州、120个自治县（旗），还建立了1173个民族乡。

（4）坚持基层群众实行广泛自治。目前，中国已经建立了以农村村民委员会、城市居民委员会和企业职工代表大会为主要内容的基层民主自治体系。广大人民在城乡基层群众性自治组织中，依法直接行使民主选举、民主决策、民主管理和民主监督的权利，对公共事务和公益事业实行民主自治，这是中国民主政治发展的伟大创举。

（5）坚持实行依法治国。改革开放以来，中国坚持依法治国的基本治国方略，积极推进社会主义法治国家建设。目前，一个以宪法为统帅，由法律、行政法规、地方性法规等多个层次法律规范构成的中国特色社会主义法律体系已经形成，社会政治生活各个领域和立法、司法、执政、行政各个环节均实现了有法可依，人民民主制度有了可靠的法律保障。

（6）坚持以人为本、尊重和保障人权。尊重和保障人权是中国民主政治的重要内容和目的。进入21世纪以来，中国将尊重和保障人权庄严载入国家宪法和中国共产党党章，在世界大国中率先颁布实施人权国家规划《国家人权行动计划2009～2010年》，促进了人权事业的全面发展。30多年来，中国贫困人口减少了2亿多，人民总体生活水平实现了从贫困到温饱和从温饱到小康的两次历史性跨越，国民平均预期寿命达到75岁，全国人民普遍过上了有尊严的生活，获得了广阔的自由发展空间。

历史和现实情况表明，民主的发展受到各国历史、社会、经济、文化等条件的制约，世界上并不存在普遍适用的民主模式，各国只有从本国的历史和现实出发，探索适合本国国情的民主发展模式，才有旺盛的生命力。人民政协协商民主既充分借鉴了人类政治文明的有益成果，又植根于中华民族几千年来传统文化和制度文明的沃土，是适应当代中国发展需要和人民民主参与要求、体现中华传统文化崇尚和谐合作、主张“和而不同”基本精神的民主形式，为中国的现代化发展提供了强有力的制度保障。

第四节　人民政协协商民主发展的社会条件

现代政治学原理认为，协商民主产生于多元化的社会。中国经济社会结构发生了极其深刻的变化，形成了多种多样的有主体意识、参与能力的社会主体。社会主义民主要求实现人民群众对国家事务的广泛参与，与此相适应，就必然要求政治结构本身要有足够的容纳能力，人民政协协商民主的确立与发展正是适应了这种客观要求。在中国共产党领导下，充分发扬人民政协协商民主的重大作用，健全和完善人民当家做主的政治制度，是社会主义长盛不衰的政治保证。

一、社会结构的深刻变化，必然要求人民政协协商民主加快发展

中国自周秦时期建立封建社会以后，两千多年来发生过多次王朝更迭，治乱兴衰，社会分层的大体状况是金字塔形：皇室、官员、有功名的人、地主、商人、考生等，构成上层统治阶级，约占人口的5%；农民、手工业者、小生意人，构成下层被统治阶级，约占人口的95%。以农民和地主两大社会阶级为主体的社会阶级结构两千年来没有什么变化（见图5.3）。

1840年鸦片战争以后，中国封建社会的社会结构开始发生变化。洋务运动使中国开始有了近代工业，有了新的工人阶级和新的资产阶级。从1840年到1949年出现了一个工人阶级，但非常弱小，到1949年，中国工人阶级才300多万人，而且多数工人是女工和童工，集中在缫丝业和面粉业两个行业。①

中国沦为半殖民地半封建社会，这就决定了国内的阶级情况发生了根本

① 李毅：《中国社会分层的结构与演变》，美国大学出版社2005年版。

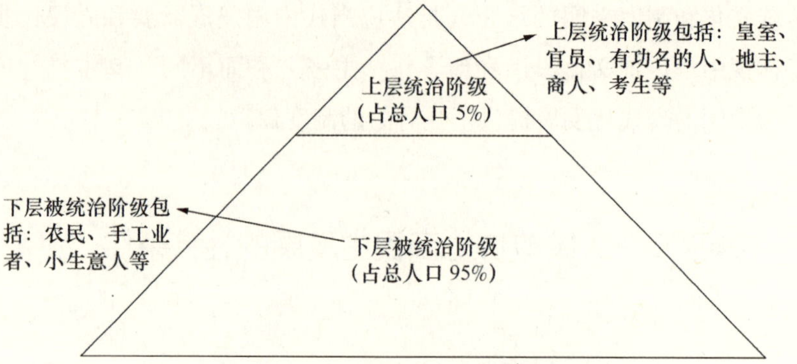

图 5.3　中国封建社会社会分层

资料来源：《剑桥中国史（英文版）》第 33 卷，第 30 页。

变化。正如 1925 年毛泽东在《中国社会各阶级的分析》一文中所指出的："既有地主阶级和买办阶级，也有中产阶级、小资产阶级，还有半无产阶级、无产阶级及游民无产者。"面对这样的社会阶级结构，就必须搞清楚"谁是我们的敌人？谁是我们的朋友？"① 对敌人是斗争，对朋友当然就有对话、讨论和协商。中国共产党从成立开始，就坚持以团结协商的精神，团结和联合一切革命阶级去反对共同的敌人，中国共产党的协商民主思想，就是在这样的社会阶级结构中酝酿诞生的。

新中国成立后，整个中国社会阶级结构的显著特点是"简单""整齐"，即工人、农民、知识分子、干部、军人一直扮演着社会舞台的主要角色，成为推动社会历史发展的最主要动力。30 多年的改革开放，彻底打破了传统社会主义中国那种"工人、农民、知识分子、干部"四位一体的社会阶层划分格局，社会的各个部分如城市与乡村之间、中央与地方之间以及各区域之间进行新的资源获得与分配的机制调整，使分化朝向更深入的层次与领域进行。伴随着利益分割方式的多元化，传统社会阶层不断分化，新兴势力不断诞生，社会结构发生深刻变化。

据中国社科院《当代中国社会阶层研究报告》，以职业分类为基础，以组织资源、经济资源和文化资源的占有状况为标准划分当代中国社会阶层结构

① 《毛泽东选集（第 1 卷）》，人民出版社 1991 年版，第 3 页。

的基本形态，它由十个社会阶层和五种社会地位等级组成。这十个社会阶层是：国家与社会管理者阶层、经理人员阶层、私营企业主阶层、专业技术人员阶层、办事人员阶层、个体工商户阶层、商业服务业员工阶层、产业工人阶层、农业劳动者阶层和城乡无业失业半失业者阶层（见图5.4）。

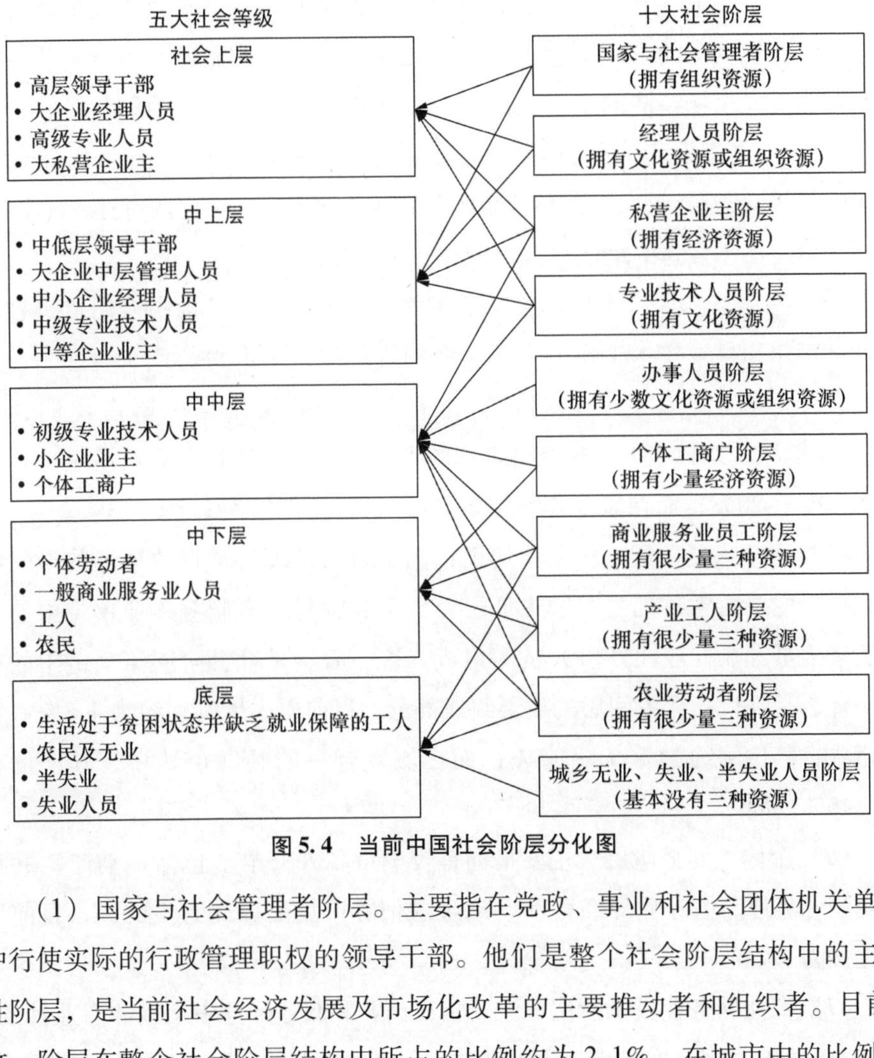

图5.4　当前中国社会阶层分化图

（1）国家与社会管理者阶层。主要指在党政、事业和社会团体机关单位中行使实际的行政管理职权的领导干部。他们是整个社会阶层结构中的主导性阶层，是当前社会经济发展及市场化改革的主要推动者和组织者。目前，这一阶层在整个社会阶层结构中所占的比例约为2.1%，在城市中的比例为1%～5%，在城乡合一的县行政区域中比例大约为0.5%。

（2）经理人员阶层。主要指大中型企业中非业主身份的高中层管理人员。他们是市场化改革的最积极推进者和制度创新者，代表着先进生产力和现代经济体制的发展方向。这个阶层在目前社会阶层结构中所占的比例约为 1.5%，但在地区之间的分布极不平衡，多数集中在大中城市特别是经济发达的城市。在一定程度上，可以用经理人员阶层所占比例以及这一阶层的经济回报率来衡量一个地区的经济发展水平和市场化程度。

（3）私营企业主阶层。主要指拥有一定数量的私人资本或固定资产并进行投资以获取利润的人，即包括所有雇工在 8 人以上的私营企业的业主。他们是社会主义市场经济的主要实践者和重要组织者，也是有中国特色社会主义伟大事业的建设者。私营企业主阶层在社会阶层结构中所占比例约为 0.6%，但地区差异较大：在私营经济较发达的地区，这一比例可达 3% 左右；而在私营经济不发达的地区，该比例在 0.3% 以下。

（4）专业技术人员阶层。主要指在各种经济成分的机构中专门从事各种专业性工作和科学技术工作的人员。他们既是先进生产力的代表者之一，也是先进文化的代表者之一。目前，他们在社会阶层结构中所占比例约为 5.1%，但城乡差异很大：在经济发达的大中城市，专业技术人员阶层所占比例为 10% ~20%；而在城乡合一的县（市），其比例仅为 1.5% ~3%。

（5）办事人员阶层。主要指协助部门负责人处理日常行政事务的专职办公人员，主要由党政机关中的中低层公务员、各种所有制企事业单位中的基层管理人员和非专业性办事人员等组成。这一阶层是社会阶层流动链中的重要一环，是现代社会中间层的重要组成部分，目前所占比例大约为 4.8%。在城市中，其比例约为 10% ~15%；而在城乡合一的县（市）中，其比例在 2% ~6% 之间。

（6）个体工商户阶层。主要指拥有较少量私人资本（包括不动产）并投入生产、流通、服务业等经营活动或金融债券市场而以此为生的人，目前所占比例为 4.2%。

（7）商业服务业员工阶层。主要指在商业和服务行业中从事非专业性的、非体力的和体力的工作人员，目前所占比例约为 12%。

（8）产业工人阶层。主要指在第二产业中从事体力、半体力劳动的生产工人、建筑业工人及相关人员。产业工人阶层是推动先进生产力发展的基本力量，目前所占的比例为 22.6% 左右，其中农民工占产业工人的 30% 左右。

（9）农业劳动者阶层。指承包集体所有的耕地，以农（林、牧、渔）业为唯一收入来源或主要收入来源的人员，是目前中国规模最大的一个阶层。

（10）过渡性的特殊阶层。主要指无固定职业的劳动年龄人群（排除在校学生）。任何社会都会存在部分的失业者，但无业、失业、半失业者构成一个阶层，却是中国目前这一特殊历史过渡阶段的产物。目前，这一阶层在整个社会阶层结构中所占比例约为3.1%。

二、群众政治诉求提高，希望通过人民政协协商渠道参与政治生活

改革开放以来，中国社会逐步由封闭走向开放，经济体制逐步由传统的计划经济向社会主义市场经济转型，人民生活水平明显改善，综合国力有了巨大提升。其中，经济领域的成就尤为引人注目：1978年以来，GDP保持了年均9.8%的高速增长，排名从世界第10位上升到第2位。城市化进程不断加快，城镇化水平从1978年的17.9%提高到2015年的56.1%。中国经济与世界的融合不断深入和拓展，货物贸易进出口额居世界第一位。事实表明，中国已经探索出一条符合自身国情的社会主义市场经济发展道路。

但是，在取得巨大经济成就的同时，由于改革是对权力的重新分配，本质上是对既有利益格局的调整，因此，在改革进程中不同的利益主体之间必然会出现摩擦和冲突，构成了社会矛盾和冲突的现实基础。作为社会冲突的重要表现形式之一，公共行政管理中群体性事件日益频繁发生，规模不断升级，影响逐渐扩大。据中国社科院调查统计，中国发生的群体性事件从1993年的约8700宗增加到2005年的9万余宗，12年间增加了10倍；参与人数从73万人次上升到约400万人次，年递增10%以上；规模不断扩大，100人以上的群体性事件从1388起上升到6831起，增加3.9倍，年均递增14倍。联合国开发计划署统计，中国目前占总人口20%的最贫困人口占收入或消费的份额只有4.7%，而占总人口20%的最富裕人口占收入或消费的份额高达50%。

据中国社科院调查显示，当前主要的社会群体利益冲突主要聚焦于贫富矛盾和干群冲突（见表5－1）。当调查者列出了七对具有对应关系的社会群体，向公众询问“哪两个群体差异最大”“哪两个群体最容易产生矛盾”的

时候，结果表明，无论是从差异的角度还是从容易产生冲突的角度，“穷人和富人之间”与“干部与群众之间”都排在前两位。

表5-1　城乡居民对社会群体间差异和冲突可能性的判断　单位:%

社会群体	哪两个群体差异最大	哪两个群体容易产生矛盾
穷人与富人之间	56.5	24.7
干部与群众之间	16.1	23.6
城里人与乡下人之间	7.8	5.7
体力劳动者与脑力劳动者之间	6.5	3.4
高学历者与低学历者之间	4.1	2.3
雇主与雇员之间	2.9	17.8
管理者与被管理者之间	2.4	12.9
说不清	3.6	9.8
样本量	7139	7139

资料来源：《社会蓝皮书：2009年中国社会形势分析与预测》，第27页。

特别是2008年全球金融危机发生后，中国经济和社会面临非常复杂的局面，群体性事件也出现了一些新动向。其一，由网络舆论引发的社会事件和现实社会生活中的群体事件相互影响，此起彼伏；其二，民众表达诉求渠道日益狭窄，民众中积怨甚多，暴烈程度显著上升，暴力化倾向越来越明显；其三，民众对公力救助存疑，信崇自身的自力救助；其四，劳资矛盾引发的群体性事件高发；其五，抗议环境污染已成为一种有最广泛公众支持的集体行动。由此不难看出，群体性事件的预防和处置难度越来越大。

改革导致了权力和利益的非均等化再分配，使得利益相同、地位相近的群体日益产生阶层认同。一般来说，每个人的经济收入和社会地位，决定了其阶层认同和阶级意识，而后者则进一步决定其社会行动。中国社会科学院的调查研究表明，当群众被问及“哪些群体10年来获得的好处最多”时，排在前三位的群体是：国家干部（68.8%）、国有/集体企业经营管理者（60.4%）和私营企业老板（52.3%）。而排在最后三位的群体则是：农民工（6.7%）、工人（6.8%）和农民（16%）。（见图5.5）

从历史视角向前展望，根据经济社会发展的一般规律，转型国家的经济

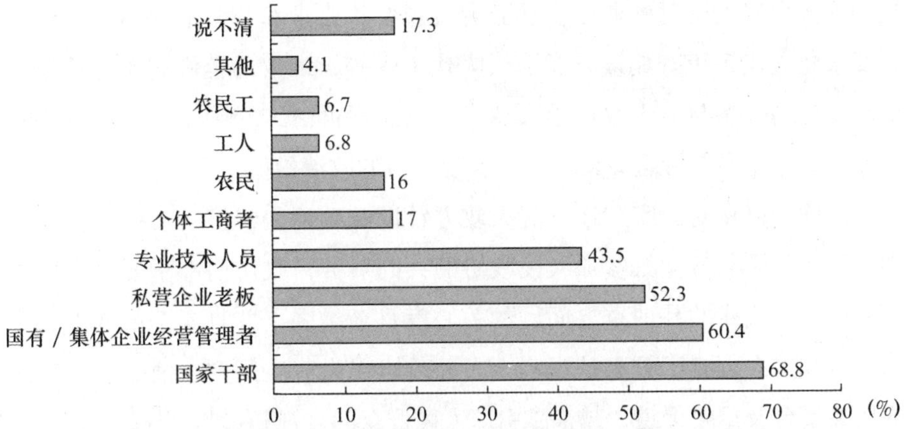

图 5.5　城乡居民对收益群体的判断分布

资料来源：《社会蓝皮书：2009 年中国社会形势分析与预测》，第 27 页。

发展、社会发展、政治发展具有不同步性，必然会出现不同程度的社会分化和社会不稳定。受市场化进程加剧和分配制度改革的影响，中国的利益格局实现了由利益平均向利益分化的转变，社会利益分化不仅造成了人们之间的差异，塑造了有主体意识、参与能力的社会主体，也造成了由于利益多元而形成的人们之间的相互宽容和妥协。社会结构的多样性也意味着利益的多样化，社会利益格局不再同一，不同利益的社会阶层或者社会群体有不同的利益诉求，彼此间的矛盾分歧不可避免。这些新的社会阶层（或团体）的利益诉求各不相同，参政形式也大为不同，但是他们都试图通过影响政府决策和影响法律制定来实现自己的愿望。

政治参与的扩大和政治生活的民主化是政治发展的重要目标之一。以卢梭、密尔、杰弗逊为代表的古典民主主义者就主张参与民主，认为政治参与是社会活动和创造力的源泉，是抵制暴政的强有力的工具，是集中集体智慧的重要途径。改革开放以来，随着社会主义市场经济体制的不断发展和完善，人们的主体意识、权力思想、平等观念、法治观念等现代政治意识开始明显增强，政治参与的要求随着利益、价值、身份意识的觉醒，组织力量的成长和政治参与热情的激发而不断增强。

从近几年的情况看，群众政治参与的诉求逐渐提高。以群众维权为例，从对迁徙自由的追求到不断要求修改完善户籍管理法规，从要求平等的劳动权和受教育权到反对就业歧视和教育歧视，从要求参与政府决策、立法听证到要求建立违宪审查制度、竞选人大代表等等，维权的范围越来越广泛，要求越来越高，参与的人数也越来越多。他们不再单纯局限于经济领域的自身利益，更希望参与社会政治生活，实现自身的政治价值。

因此，群众对国家和地方的大政方针以及政治、经济、文化和社会生活中的重要问题，各党派参加人民政协的共同事务，政协内部重要事务以及有关爱国统一战线的其他重要问题的关心度日渐增强，并且参与的效能、参与的质量和层次也有了较大的提高，人民政协作为解决问题、消除分歧和纷争的协商平台及重要渠道，越来越引起人民群众的重视和参与。

三、公民意识的提高，为人民政协协商民主提供可持续的发展动力

马克思认为，“家庭和市民社会是国家的真正的构成部分，是意志所具有的现实的精神实在性，它们是国家存在的方式。家庭和市民社会本身把自己变成国家。它们才是原动力”[①]。而且，“政治国家没有家庭的天然基础和市民社会的人为基础就不可能存在。它们是国家的 conditio sine qua non（必要条件）”。因此，正如恩格斯所说：“绝不是国家制约和决定市民社会，而是市民社会制约和决定国家。”[②] 自 20 世纪 80 年代以来，西方学术研究将马克思、恩格斯关于“市民社会”的理论，演变成公民社会理论。英国学者戈登·怀特（Gordon White）指出：“公民社会的主要思想是：它是国家和家庭之间的一个中介性的社团领域，这一领域由同国家相分离的组织所占据，这些组织在同国家的关系上享有自主权并由社会成员自愿结合而形成，以保护或增进他们的利益或价值。”[③]

《中华人民共和国宪法》规定：“凡具有中华人民共和国国籍的人都是中华人民共和国的公民。中华人民共和国公民在法律面前一律平等。国家尊重和保障人权。任何公民享有宪法和法律规定的权利，同时必须履行宪法和法

---

① 《马克思恩格斯全集》（第 1 卷），人民出版社 1956 年版，第 251 ~ 252 页。

② 《马克思恩格斯选集》（第 4 卷），人民出版社 1995 年版，第 196 页。

③ 戈登·怀特著，何增科译：“公民社会、民主化和发展”，《马克思主义与现实》，2000 年第 1 期。

律规定的义务。”1985 年 8 月，中央发出《关于改革学校思想品德和政治理论课程教学的通知》，将中学政治课改为“思想政治课”，共有七套教材陆续出版，其中面向初中一年级的课程为《公民》，公民的主体意识、权利意识和参与意识不断提高，突出表现在维护、争取自身的自由和权利的强烈意识，以及对社会中其他每一个个体的自由和权利的关注、尊重与维护意识不断增强。

随着中国改革开放的日益深入，经济成分、经济利益、公有制实现形式、社会生活方式、社会组织形式和价值观念的多样化进一步发展，中国的利益格局实现了由利益平均向利益分化的转变。社会利益分化在广度和深度上的扩展，促进了公民的有序政治参与，扩大了社会自治空间，使中国的社会组织获得快速的成长。据统计，2011 年 6 月，中国正式登记的社会组织 45 万个，备案的社区组织 25 万个，实际存在的 300 万个左右，年均增长率在 8% ~10% 。这些组织几乎覆盖了社会的各个方面：科技、教育、文化、卫生、劳动、民政、体育、环保、法律、慈善等公益领域及中介、工商服务，初步形成体系。6 万多个行业协会就联系企业会员 2000 多万，4 万多个学术团体联系专家学者 500 多万，专业协会联系 1000 多万。

中共十八大报告提出：“加快形成政社分开、权责明确、依法自治的现代社会组织体制”，强调要“深入推进政社分开”“加大社会组织党建工作力度”“发挥基层各类组织协同作用”“支持发展慈善事业”“加强民间团体的对外交流”“引导社会组织健康有序发展”等。在中国社会结构和利益格局的发展变化中，化解和消除不同利益群体的利益差别，最广泛地实现社会各阶层有序的政治参与，形成利益的协调与整合机制，缓冲不同利益群体要求，根本途径在于坚持民主协商的方式，通过协商和妥协达成共识，实现公共利益一致基础上的团结。

但是，应该看到，这种达成共识的过程，并不是要求参与各方在所有问题上保持或达成一致，它只是要求在相同的公共协商过程中公民能够持续合作与妥协。公民的这种诉求，同人民政协要求参加协商的各方民主的、平等的、真诚的对话，充分的讨论，最大限度求得共识的协商议事原则是一致的。人民政协的政治形态和政治目标，就是在社会发展过程中不同社会阶层、党派、界别的有序政治参与和表达诉求。社会阶层的分化带来公民意识的提高、政治参与的增强，促进了社会的发展，客观上为人民政协协商民主提供了可持续的动力。

协商民主的践行，离不开公民意识的培育和提高；而公民意识的提高，同样离不开协商民主的推动。“处于自发发展状态中的中国社会如果内部关系和外部关系处理得不顺，就会形成一个社会的破坏性能量。相反，一个自发发展与规范发展相结合的中国社会是一股有序的社会能量，这股能量越大，反国家、反政府、反执政党、反社会的非法的社会组织和个人的能量就会越小。所以，合法的社会组织是执政党、政府与公民之间一道‘防火墙’‘过滤器’，是21世纪中国社会稳定发展的一股最大、最可靠的社会力量。”①

因此，适应中国公民意识的提高和社会多样化的利益诉求需要，加快人民政协协商民主建设，能够使人民政协高举团结和民主旗帜，在共同致力于实现中华民族伟大复兴的政治基础之上，担当平衡国家权力与个人权利之间的中介，广泛凝聚共识、不断增进团结，有效动员和集中大量的社会力量和资源来参与国家建设，汇聚起共襄伟业的强大力量。

---

① 施雪华：《政治现代化比较研究》，武汉大学出版社2006年版，第137页。

延伸阅读之五

中共中央关于进一步加强中国共产党领导的多党合作和政治协商制度建设的意见

（2005 年 2 月 18 日）

《中共中央关于坚持和完善中国共产党领导的多党合作和政治协商制度的意见》（中发〔1989〕14 号）下发以来，爱国统一战线和多党合作事业蓬勃发展，在促进我国改革开放和社会主义现代化建设、推动祖国统一大业中，发挥了重大作用。为适应国际国内形势的深刻变化，发展社会主义民主政治，建设社会主义政治文明，推进中国特色社会主义伟大事业，必须进一步加强中国共产党领导的多党合作和政治协商制度建设。

一、中国共产党领导的多党合作和政治协商制度是我国的一项基本政治制度，是具有中国特色的社会主义政党制度

1. 确立和实行中国共产党领导的多党合作和政治协商制度，是中国社会历史发展的必然选择，是中国共产党和中国人民政治智慧的结晶。以毛泽东同志为核心的中共第一代中央领导集体，把马克思主义政党理论和统一战线理论同中国实际相结合，与民主党派和无党派人士一起，创立了中国共产党领导的多党合作和政治协商制度。1949 年人民政协的成立，标志着这项制度的确立。以邓小平同志为核心的中共第二代中央领导集体，提出了一整套有关多党合作和政治协商的理论和政策，进一步巩固和发展了中国共产党领导的多党合作和政治协商制度。以江泽民同志为核心的中共第三代中央领导集体，适应时代发展要求，对坚持和完善中国共产党领导的多党合作和政治协商制度提出了一系列新思想、新观点、新论断。八届全国人大一次会议把这项制度将长期存在和发展载入宪法。中共十六大以来，以胡锦涛同志为总书记的中共中央继往开来、与时俱进，着眼于社会主义政治文明建设，继续推进我国多党合作事业的发展。

2. 坚持和完善中国共产党领导的多党合作和政治协商制度是建设社会主义政治文明的重要内容。我国是人民民主专政的社会主义国家，同这种国体相适应的政权组织形式是人民代表大会制度，同这种国体相适应的政党制度是中国共产党领导的多党合作和政治协商制度。这一政党制度的显著特征是：共产党领导、多党派合作，共产党执政、多党派参政。这反映了人民当家做主的社会主义民主的本质，体现了我国政治制度的特点和优势，具有巨大的优越性和强大的生命力。在新的历史条件下，发展社会主义民主政治、建设社会主义政治文明，其中一个重要方面就是坚持和完善中国共产党领导的多党合作和政治协商制度，扩大各界人士有序的政治参与，拓宽社会利益表达渠道，促进社会和谐发展，实现中国共产党的领导、人民当家做主和依法治国的有机统一。

3. 中国共产党和各民主党派在多党合作和政治协商的长期实践中形成了一些重要政治准则，必须认真坚持和遵循。主要是：坚持以马克思列宁主义、毛泽东思想、邓小平理论和“三个代表”重要思想为指导，坚持中国共产党的领导，坚持社会主义初级阶段的基本路线、基本纲领和基本经验，坚持长期共存、互相监督、肝胆相照、荣辱与共的基本方针，保持宽松稳定、团结和谐的政治环境。中国共产党和各民主党派都必须以宪法为根本活动准则，负有维护宪法尊严、保证宪法实施的职责。

4. 发展是中国共产党执政兴国的第一要务，也是各民主党派参政议政的第一要务。多党合作和政治协商要牢牢把握发展这个根本任务，树立和落实科学发展观，紧紧围绕经济建设这个中心，自觉服务于改革发展稳定的大局，把各方面的智慧和力量凝聚到实现全面建设小康社会的奋斗目标上来，促进社会主义物质文明、政治文明、精神文明的协调发展和人的全面发展，实现中华民族的伟大复兴。

5. 坚持从我国国情出发，不断发展和完善我国社会主义政党制度。衡量我国的政治制度和政党制度，最根本的是要从我国的国情出发，以能否促进社会生产力持续发展和社会全面进步，能否保持和发挥社会主义制度的特点和优势，能否实现和发展人民民主、增强党和国家的活力，能否保持国家政局的稳定和社会安定团结，能否实现和维护最广大人民的根本利益为标准。坚持和完善我国的政党制度，要借鉴人类政治文明的有益成果，但绝不能照抄照搬别国政治制度的模式。

6. 各民主党派同中国共产党长期风雨同舟、患难与共，为中国革命、建设、改革事业作出了重要贡献。在新世纪新阶段，民主党派是各自所联系的一部分社会主义劳动者、社会主义事业建设者和拥护社会主义爱国者的政治联盟，是接受中国共产党领导、同中国共产党通力合作的亲密友党，是进步性与广泛性相统一、致力于中国特色社会主义事业的参政党。民主党派组织各自成员积极参与社会主义现代化建设，反映和代表各自所联系群众的具体利益和要求，同香港特别行政区同胞、澳门特别行政区同胞、台湾同胞和海外侨胞有着广泛联系，是发展先进生产力、社会主义民主政治、社会主义先进文化和构建社会主义和谐社会的一支重要力量，也是实现祖国统一、民族振兴的一支重要力量。

7. 发挥无党派人士的作用是坚持和完善中国共产党领导的多党合作和政治协商制度的必然要求。无党派人士是我国政治生活中的一支重要力量。目前，无党派人士是指没有参加任何党派、对社会有积极贡献和一定影响的人士，其主体是知识分子。应充分发挥无党派人士的自身优势，鼓励和支持无党派人士在参政议政、民主监督中发挥积极作用。要积极稳妥地培养、选拔和安排新一代无党派代表人士，推进新老交替。

8. 人民政协是中国人民爱国统一战线的组织，是中国共产党领导的多党合作和政治协商的重要机构，是我国政治生活中发扬社会主义民主的重要形式。人民政协要围绕团结和民主两大主题，认真履行政治协商、民主监督、参政议政的职能。要围绕中心、服务大局，突出特点、发挥优势，努力促进参加政协的各党派、无党派人士开展协商，团结合作。要广泛联系社会各界人士，畅通反映社情民意的渠道，广开言路、广求良策、广谋善举，为巩固和发展民主团结、生动活泼、安定和谐的政治局面发挥积极作用。

二、进一步完善政治协商的内容、形式和程序

9. 坚持政治协商的原则。政治协商是中国共产党领导的多党合作和政治协商制度的重要组成部分，是实行科学民主决策的重要环节，是中国共产党提高执政能力的重要途径。把政治协商纳入决策程序，就重大问题在决策前和决策执行中进行协商，是政治协商的重要原则。

10. 完善中国共产党同各民主党派的政治协商。中国共产党同各民主党派政治协商，主要采取民主协商会、小范围谈心会、座谈会等形式。除会议协商外，民主党派中央可向中共中央提出书面建议。协商的内容包括：中共全国代表大会、中共中央委员会的重要文件；宪法和重要法律的修改建议；国家领导人的建议人选；关于推进改革开放的重要决定；国民经济和社会发展的中长期规划；关系国家全局的一些重大问题；通报重要文件和重要情况并听取意见，以及其他需要同民主党派协商的重要问题等。

要进一步完善协商的程序。中共中央根据年度工作重点，研究提出全年政治协商规划；协商的议题提前通知各民主党派和有关无党派代表人士，并提供相关材料；各民主党派应对协商议题集体研究后提出意见和建议；在协商过程中充分发扬民主，广泛听取意见，求同存异，求得共识；对民主党派和无党派人士提出的意见和建议要认真研究，并及时反馈情况。

11. 要完善人民政协的政治协商。中国共产党在人民政协同各民主党派和各界代表人士的协商，主要采取政协全体会议、常务委员会会议、主席会议、常务委员专题座谈会、各专门委员会会议等形式。要按照《中国人民政治协商会议章程》的要求，推进人民政协政治协商的制度化、规范化和程序化。

三、充分发挥民主党派和无党派人士的参政议政作用

12. 民主党派参政的基本点是：参加国家政权，参与国家大政方针和国家领导人选的协商，参与国家事务的管理，参与国家方针政策、法律法规的制定和执行。

13. 充分发挥民主党派成员和无党派人士在国家政权中的参政作用。人民代表大会是我国人民行使国家权力的机关，也是民主党派成员和无党派人士

参政议政和发挥监督作用的重要机构。要保证民主党派成员和无党派人士在各级人大代表、人大常委会委员和人大专门委员会委员中占有适当比例，在各级人大领导班子成员中有适当数量。在全国和省级人大常委会中应有民主党派成员或无党派人士担任副秘书长。

民主党派成员和无党派人士担任国家和政府领导职务，是实现中国共产党领导的多党合作的一项重要内容。县级以上地方政府要选配民主党派成员或无党派人士担任领导职务。重点在涉及行政执法监督、与群众利益密切相关、紧密联系知识分子、专业技术性强的政府工作部门领导班子中选配民主党派成员、无党派人士担任领导职务。符合条件的可以担任正职。国务院有关部委领导班子中要注意选配民主党派成员和无党派人士。各省、自治区、直辖市可根据各级政府机构设置情况，明确需要选配的工作部门的适当比例。

各级法院、检察院要逐步选配符合任职条件的民主党派成员和无党派人士担任领导职务，重点做好省级法院、检察院领导职务的选配工作，带动市、县两级法院、检察院的选配工作。

14. 充分发挥民主党派和无党派人士在人民政协中的作用。要保证民主党派可以以本党派的名义在政协大会上发表意见和主张，可以提出代表本党派组织的提案，可以自主开展调查研究等活动。要保证民主党派成员和无党派人士等在各级政协中占有较大比例。其中，在换届时，政协委员不少于60%，政协常委不少于65%，政协副主席不少于50%（此项要求不包括民族自治地方）。民主党派成员和无党派人士在政协各专门委员会负责人中应有适当数量，在委员中应占有适当比例。政协机关中要有一定数量的民主党派成员和无党派人士担任专职领导职务，其中在全国政协至少有1位专职副秘书长。

15. 加强政府同民主党派的联系。国务院和地方各级政府根据需要召开有民主党派负责人和无党派人士参加的座谈会，就拟提交人民代表大会审议的政府工作报告、有关重大政策措施和关系国计民生的重大建设项目征求意见，通报国民经济和社会发展的有关情况。政府召开全体会议和有关会议，可视情邀请民主党派负责人和无党派人士列席；政府组织的有关廉政建设、社会治安综合治理和规范市场经济秩序等检查工作，可根据需要邀请民主党派成员和无党派人士参加。政府有关部门根据工作业务范围同相关民主党派建立和加强联系，重要专业性会议和重要政策、规划的制定，根据需要邀请相关的民主党派负责人参加。政府参事的聘任，以民主党派成员和无党派人士为主体，发挥他们参政议政、建言献策、咨询国是、统战联谊的作用。

16. 健全民主党派负责人参加重要外事、内事活动制度。中共中央和国家领导人会见、宴请外宾可视情邀请民主党派负责人参加；出席重要庆典、慰问、纪念活动，可视情邀请有关民主党派负责人和无党派人士参加。

17. 健全民主党派考察调研制度。民主党派和无党派人士通过考察调研建言献策，是发挥参政议政作用的重要形式。中共党委（以下简称党委）和政府要积极支持民主党派和无党派人士就全局性和战略性问题进行有组织的考察调研，也可委托民主党派就有关问题进行考察调研。对民主党派和无党派人士的调研成果，要认真研究并反馈情况。

18. 拓宽民主党派和无党派人士发挥作用的渠道。党委和政府及有关部门要积极创造条件，支持民主党派和无党派人士紧密围绕全面建设小康社会开展各种形式的社会服务活动；充分发挥民主党派和无党派人士在反映社情民意、协调社会关系、维护社会稳定方面的作用；支持民主党派成员和无党派人士积极开展对香港特别行政区同胞、澳门特别行政区同胞、台湾同胞和海外侨胞的联谊工作，推进经贸、科技、文化等领域的交流交往，为维护香港、澳门的繁荣稳定、促进祖国完全统一作出贡献。

四、充分发挥民主党派的民主监督作用

19. 中国共产党与民主党派实行互相监督。这种监督是在坚持四项基本原则的基础上通过提出意见、批评、建议的方式进行的政治监督，是我国社会主义监督体系的重要组成部分。由于中国共产党处于领导和执政地位，更加需要自觉接受民主党派的监督。

20. 民主党派民主监督的内容主要是：国家宪法和法律法规的实施情况；中国共产党和政府重要方针政策的制定和贯彻执行情况；党委依法执政及党员领导干部履行职责、为政清廉等方面的情况。

21. 民主党派民主监督的形式主要是：在政治协商中提出意见；在深入调查研究的基础上，向党委及其职能部门提出书面意见；人大及其常委会和各

专门委员会在组织有关问题的调查研究时，可邀请民主党派成员和无党派人士参加；通过在政协大会发言和提出提案、在视察调研中提出意见或其他形式提出批评和建议；参加有关方面组织的重大问题调查和专项考察等活动；应邀担任司法机关和政府部门的特约人员等。

进一步拓宽民主监督的渠道。党委主要负责人要定期召开会议，听取民主党派负责人和无党派人士对领导班子及其成员的意见；每年就党风廉政建设和反腐败工作向民主党派通报情况，听取意见；进一步完善特约人员工作制度，拓宽政府部门和司法机关聘任特约人员的领域，明确特约人员的职责和权利，切实发挥他们的作用；党委和政府开展的就贯彻执行中央重要方针政策情况和党风廉政建设情况的检查、其他专项检查和执法监督工作，可邀请民主党派负责人参加。

22. 党委要切实完善民主监督机制，自觉接受监督。要在知情环节、沟通环节、反馈环节上建立健全制度，及时通报重要情况和重大问题，畅通民主监督的渠道；对民主党派提出的批评意见要认真研究，及时反馈。党委及其领导干部要真诚接受民主党派的监督，鼓励和支持民主党派做到知无不言、言无不尽，并勇于坚持正确的意见，做中国共产党的诤友；要保护民主党派和无党派人士民主监督的正当权利。

五、加强中国共产党同党外人士的合作共事

23. 加强同党外人士的合作共事，是中国共产党坚定不移的方针。党外干部是国家干部队伍的重要组成部分。要坚持平等相待、民主协商、真诚合作，不断巩固中国共产党同党外人士的联盟。

24. 进一步加强培养选拔党外干部工作。要坚持干部队伍“四化”方针和德才兼备原则，充分发扬民主，注重实绩和群众公认，努力建设一支政治坚定、素质优良、结构合理、代表性强、同中国共产党亲密合作的党外干部队伍。要把培养选拔党外干部纳入干部队伍建设和人才工作的总体规划，统筹考虑。拓宽选拔渠道，优化党外干部队伍结构，通过学习培训和实践锻炼，不断提高党外干部的整体素质。根据工作需要，各级后备干部队伍中应有适当数量的党外干部。要改进和完善选拔任用方式，逐步形成有利于优秀党外

干部脱颖而出的机制。

25. 拓宽党外干部的选配领域。除做好人大、政府、政协及司法机关党外干部的选配工作外，高等院校领导班子中一般应有民主党派成员和无党派人士担任领导职务；注意在人民团体、科研院所和国有企业领导班子中配备民主党派成员和无党派人士担任领导职务。

26. 充分发挥党外领导干部的作用。要坚持民主集中制原则，健全集体领导和个人分工负责相结合的制度，保证党外领导干部对其分管的工作享有行政管理的指挥权、处理问题的决定权和人事任免的建议权；根据工作需要，可邀请他们列席党组会议，有关文件要送他们阅知，重大问题要向他们通报。中共党员领导干部要同领导班子中的党外领导干部建立良好的合作共事关系，互相学习，共同提高。党外领导干部要自觉服从党组（党委）的领导，切实履行岗位职责。

六、支持民主党派加强自身建设

27. 党委要把支持民主党派加强自身建设作为一项重要政治责任。支持民主党派根据各自章程规定的参政党建设目标，按照坚持中国共产党的领导、发扬社会主义民主、体现政治联盟特点、体现进步性和广泛性相统一的原则，以思想建设为核心，以组织建设为基础，以制度建设为保障，把自身建设提高到新的水平。

28. 支持民主党派加强思想建设。学习邓小平理论和“三个代表”重要思想，提高成员的政治素质和思想道德水平，增强对建设中国特色社会主义的共识，提高贯彻基本路线和基本纲领的自觉性，深化对参政党地位、性质和历史使命的认识，为巩固和发展同中国共产党的团结合作奠定坚实的思想基础。

29. 支持民主党派加强组织建设。贯彻民主集中制原则，提高领导班子成员的政治把握能力、参政议政能力、组织领导能力和合作共事能力。要着眼于多党合作事业的长远发展，支持民主党派加强后备干部队伍建设。按照“三个为主”（以协商确定的范围和对象为主，以大中城市为主，以有代表性的人士为主）、注重质量、保持特色、组织发展与后备干部队伍建设相结合的原则，协助民主党派做好组织发展和成员的教育管理工作。支持民主党派加强机关建设，配备好机关工作班子；通过教育培训、轮岗交流、挂职锻炼等途径，加强对机关干部的培养；健全以岗位责任制为核心的管理机制，提高工作质量和工作效率。

30. 支持民主党派加强制度建设。逐步建立一套适合民主党派自身特点、有利于促进民主党派工作规范化和科学化运行的制度，健全参政党的工作机制。

31. 办好社会主义学院。社会主义学院是中国共产党领导的统一战线性质的政治学院，是民主党派和无党派人士的联合党校。党委要关心和支持社会主义学院的建设。

七、加强和改善中国共产党对多党合作和政治协商的领导

32. 坚持中国共产党的领导是多党合作的首要前提和根本保证。各级党委要从提高党的执政能力、发展社会主义民主、构建社会主义和谐社会、推进改革开放和现代化建设胜利发展的战略高度，进一步提高认识，加强和改善对多党合作和政治协商的领导，充分发挥民主党派在国家政治生活中的作用。要加强对同级政协的领导，及时研究并统筹解决人民政协工作中的重大问题，支持人民政协依照章程开展工作。充分发挥政协党组的领导核心作用和党员干部的先锋模范作用，贯彻党的理论和路线方针政策，贯彻党委的重大决策和工作部署。

33. 中国共产党对民主党派的领导是政治领导，即政治原则、政治方向和重大方针政策的领导。要依靠中国共产党正确的路线方针政策和思想政治工作、共产党员的先锋模范作用，团结民主党派为实现全面建设小康社会的宏伟目标而共同奋斗；要坚持团结－批评－团结的公式，在重大是非、重大原则问题上，做好政治引导工作，坚持正确的政治方向。

34. 在多党合作和政治协商中进一步改善中国共产党的领导。要善于通过广泛深入的协商和讨论，使中国共产党的主张成为各民主党派的共识。要充分发扬社会主义民主，支持民主党派独立自主地处理内部事务，维护本党派成员及其所联系群众的合法利益，照顾民主党派和无党派人士的政治利益和

物质利益，做到政治上充分信任、工作上大力支持、生活上关心照顾。党委负责人要同民主党派负责人和无党派人士交知心朋友。

35. 党委要把多党合作和民主党派工作纳入重要议事日程，定期研究多党合作方针政策贯彻落实情况和民主党派工作中的重要问题；要把统一战线和多党合作理论政策教育作为党委理论学习中心组的重要学习内容，并纳入各级党校、行政学院的教学计划。党委主要领导和分管领导同志要带头做民主党派工作，模范贯彻执行民主党派工作的方针政策。党委宣传部门和主要新闻媒体，要把宣传我国政党制度列入年度计划，加大宣传的力度。有民主党派基层组织的单位，要明确中共基层党组织在加强民主党派工作方面的任务，经常召开座谈会，认真听取民主党派的意见，发挥他们的作用。

36. 切实为民主党派和无党派人士履行职能、发挥作用创造条件。要把民主党派的办公经费和考察调研、教育培训等专项经费列入同级财政预算。根据民主党派组织发展和开展工作的需要，研究解决民主党派地方机关在人员编制方面存在的问题，不断改善民主党派机关办公条件。建立健全无党派人士工作机制，为无党派人士开展工作创造条件。注意发挥党委统战部在无党派人士工作中的牵头协调作用。

各省、自治区、直辖市党委要根据以上精神，结合本地实际，制定措施，认真贯彻执行。

（中国共产党新闻网，《党内规章选编》）

第六章　人民政协协商民主对中国和世界政治文明的贡献

马克思主义认为，民主既是一种价值观念，也是一种政治制度，归根到底它们都来源于人们具体的政治实践。世界上没有脱离民主政治的协商民主。没有民主政治本身的发展，就没有人民政协协商民主的产生和发展。本章主要就人民政协协商民主与民主政治发展之间的内在逻辑联系、人民政协协商民主在国家政治生活中的作用，以及对中国和世界政治文明的贡献影响等进行阐述。

第一节　世界政治文明的发展轨迹

一、民主的主要形式

民主形式就是实现民主的方式。具体地说，民主形式就是把人民有效组织起来管理国家和社会公共事务的各种具体制度、体制、措施与做法，其构成要素包括选举、参与、协商、监督、罢免等。这些不同要素按照不同方式、原则、机制组合起来，就形成了各种不同的民主形式。由于各个国家和民族的社会条件和文化特点各不相同，其民主形式的主要构成要素也各不相同，从而呈现出民主形式的多样。“在不同的国家、不同的民族、不同的时期所建立的具体的民主制度，都不可避免地会有自己的特点、有自己特殊的形式，因而在整个世界上，民主是多样性的。”①

民主的实现形式是多样的。卢梭曾经指出：从严格意义上讲，理想的民主政治从来不曾有过，而且永远也不会有，只有人变成了神，才能够用民主方式管理自己。② 罗伯特·达尔也说：“在任何一个国家，在理想的民主和现实的民主之间，鸿沟都实实在在地存在。”③ 正如菲利普·施米特、特丽·林恩·卡尔指出：“民主政治的类型形形色色，它们各自五花八门的实践产生了一系列相类似的后果。民主政治所呈现的特殊形式因一个国家的社会经济条件以及稳定的国家结构和政策实践而定。”④ 比如美国实行总统制，英国实行议会制。不同社会制度的国家，其民主形式也会不同。比如中国是社会主义国家，中国的社会主义民主就不同于资本主义国家的民主。

在人类追求民主的历史长河中，形成了许许多多的民主形式。归纳起来，主要有：直接民主、代议民主、大众民主、精英民主、自由民主、选举民主、参与民主、多元民主、协商民主等。其中比较重要的有三对：直接民主与代议（间接）民主、精英民主与大众（参与）民主、选举（竞争）民主与协商民主。

1. 直接民主与代议（间接）民主

直接民主是指不借助于中介或代表，人民直接参与国家和社会公共事务的决策与管理，行使当家做主的权利。直接民主有体制型和非体制型两种形式。体制型直接民主的典型是古希腊城邦民主。在雅典，城邦的重大决策都是通过公民大会作出，雅典所有公民都可以参加定期举行的公民大会，讨论和决定城邦的重大公共事务。非体制型直接民主在当代西方国家大量存在，比如欧盟各成员国就欧洲宪法举行的全民公投。

直接民主的优势在于，人民直接行使权力，避免了代表可能不代表选民的道德风险，公民由于直接参与公共事务，也容易形成公民精神和责任感。

---

① 左宪民：“论中国特色社会主义协商民主”，《求索》，2008 年第 5 期。

② ［法］卢梭：《社会契约论》，商务印书馆 1980 年版，第 88 ~ 90 页。

③ ［美］罗伯特·达尔：《论民主》，商务印书馆 1999 年版，第 35 页。

④ 刘军宁编：《民主与民主化》，商务印书馆 1999 年版，第 22 页。

直接民主的缺陷也十分明显，它只适合于小型城邦国家。孟德斯鸠曾说：立法权由人民集体享有，“这在大国是不可能的，在小国也有许多不便，因此人民必须通过他们的代表来做一切他们自己所不能做的事情”①。直接民主的另一个缺陷是群众容易被鼓动和利用，从而导致以多数人民的名义来实行暴政。托克维尔指出：民主“可以假借大多数人的意志所形成的道义力量，坚定地、迅速地和顽固地去实现独夫的意志”②，所以没有比以人民的名义发号施令的政府更可怕的了。

代议民主是指人民选举代表组成政府，由代表来行使公共立法、决策和管理的权力。由于人民不是直接参与公共事务的决策与管理，而是通过代表来进行的，故又称间接民主。代议民主与直接民主（人民——决策）的最大区别，就是在人民与决策之间插入了“代表”这一中介环节（人民——代表——决策）。这既是它的优点，也是它的缺陷。代议民主通过选举代表来决策和管理公共事务，既解决了民族国家实行民主的难题，又保证了人民的统治（对代表的控制）。但代议民主的缺陷也很明显，因为人民不是自己直接行使权力，而是委托和授权代表来进行，就可能出现代表不代表选民的道德风险。卢梭曾经嘲讽英国的代议制：“英国人民自以为是自由的；他们是大错特错了。他们只有在选举国会议员的期间，才是自由的；议员一旦选出之后，他们就是奴隶，他们就等于零了。”③

2. 精英民主与大众（参与）民主

精英民主认为民主不是指人民当家做主，而是人民选择精英来统治的方法和程序。精英民主论者不相信人民有管理国家和社会的能力和技术，认为国家和社会必须由掌握知识和技术的精英来管理和控制。民主就是社会精英通过竞选获得做决策的资格的一种方法，因而民主只是一种副产品。

精英民主理论的代表人物约瑟夫·熊彼特就认为：“民主方法就是那种为作出政治决定而实行的制度安排，在这种安排中，某些人通过争取人民选票

---

① ［法］孟德斯鸠：《论法的精神（上）》，商务印书馆1961年版，第158页。

② ［法］托克维尔：《论美国的民主（上）》，商务印书馆，第1988年版，第252页。

③ ［法］卢梭：《社会契约论》，商务印书馆1980年版，第125页。

取得作决定的权力。"[1] 亨廷顿对这种思想作了进一步的发挥，他说"民主政治的核心程序是被统治的人民通过竞争性的选举来挑选领袖"[2]。

大众（参与）民主是对精英民主理论的反动。大众民主主张人民的广泛参与。在大众民主论者看来，民主并不仅仅是选择政治决策者，民众广泛参与社会公共事务的讨论、决策和管理，才是民主的本质和应有状态。大众民主论者认为，公民的政治参与既是每个公民的权利，也是每个公民的责任，同时还是公民培养民主意识、锻炼民主能力的重要途径和场合。

3. 选举民主与协商民主

选举民主，又称竞争民主、票决民主，是人民通过选举投票的方式，根据选票的多少和少数服从多数的原则，选出获胜的人、政党或方案。选举投票机制为人们提供了一种制度化的表达意志和偏好，定期选择或撤换代表，从而实现民主的途径。选举投票在古希腊民主中就已经出现，"公民有权通过一些竞争的方式参与公共政策的制定过程，并享有选举重要官员的权利，少数服从多数的民主观念开始形成"[3]。进入近代以来，西方国家普遍实行了代议制民主。代议民主的前提就是选举代表。选举民主发展到现代，已成为一种占统治地位的民主形式。萨托利指出："竞争的选举产生民主。"[4] 选举投票已经成了现代民主政治的标志，一个国家选举制度的民主性及其完善程度，可以直观地反映出该国的政治民主化水平。

现代选举民主具有以下显著特点：一是代议制。人民不直接参加公共事务的决策和管理，而是选举代表来进行决策和管理。二是定期选举。公共事务的决策者和管理者是人民通过定期投票选举产生的。三是竞争性。候选人或政党通过竞选获得选民选票的支持而当选或执政。四是票决制。选举民主要通过投票来选择其利益代言人，进行权力委托与让渡。五是多数决定原则。在投票表决中实行"少数服从多数"原则，获得多数票支持的候选人、政党

---

① ［美］约瑟夫·熊彼特：《资本主义、社会主义与民主》，商务印书馆 1999 年版。

② ［美］塞缪尔·亨廷顿：《第三波——20 世纪后期民主化浪潮》，上海三联书店 1998 年版。

③ 黄卫平、陈文："中国民主政治发展的现实选择——对"竞争性民主"与"协商性民主"的思考"，《理论探讨》，2005 年第 6 期。

④ ［美］乔万尼·萨托利：《民主新论》，东方出版社 2009 年版，第 170 页。

或方案胜出。六是政治自由。每个公民享有选举权和被选举权，能够自由、平等、公正地参与投票选举。七是以竞取权力为核心。竞选者及政党主要通过竞取国家权力以实现自身或其所代表的利益集团的利益。八是民众的有限参与。人民参与国家公共事务的主要方式是选举投票，不提倡公民积极参与国家公共事务。九是实行宪政。宪法具有最高权威，国家实行分权，各权力机构互相制约，但都在宪政框架下依法进行。十是自由的优先性。强调自由价值优先于民主价值，保障个人自由是民主制度的基本限制。①

协商民主，就是广大公民通过协商讨论的方式达成共识，作出决策的一种民主形式，它强调公民对公共决策的广泛参与，强调决策是在协商讨论、达成共识基础上作出的。用协商讨论的方式解决分歧、进行决策，是政治生活中的一种普遍现象。在原始社会，协商就是协调、处理公共事务的重要方式。在中国古代，协商存在于策士、谏议等制度之中。古希腊城邦的公民大会、五百人议事会，古罗马贵族共和制中的元老院、人民大会，中世纪欧洲的等级会议，都体现了协商的政治特征。近代代议制民主建立后，协商成了政治决策的基础性环节，协商的结果是代议机关进行决策的重要依据。

在现代民主政治中，政治权力系统行使权力需要协商，通常体现在立法与行政机关、行政机关不同部门之间，执政党内部及政党之间，中央政府与地方政府之间，以及政府与利益集团之间。在多党制国家，政党之间通常通过协商以协调政治利益与职位分配，在议会中通过谈判、辩论、协商、表决等形式进行政策和法律的制定。在总统制国家，总统在决策时也往往需要同议会中的多数党进行协商，政府在制定政策时也要同社会利益集团进行协商。利益集团之间的协商在西方国家也比较常见。总之，“在大多数民主国家，任何重大政策付诸表决之前，不同政党领袖早已在幕后进行了一连串的磋商和协调。”②

二、世界政治文明的发展

文明是指人类生产、生活方式的进步。西方学者谈“文明”，主要集中在

① 黄卫平、陈文：“中国民主政治发展的现实选择思考”，《理论探讨》，2005 年第 6 期。

② 王金红：“协商政治与中国政治文明建设”，《唯实》，2004 年第 2 期。

物质文明和精神文明。马克思在1844年提出了“政治文明”概念，对国家政治制度、代议制和选举、宪法和法制、权力的分开、民族、政党、人权、自由、平等等进行了精辟论述。[①] 政治文明是人类改造社会获得的一切积极成果，是人类社会政治发展程度的标志。在几千年的历史发展中，人类创造了光辉灿烂的政治文明。从总体来看，世界政治文明的发展是一个从专制到民主、从依附到自由、从特权到平等、从人治到法治、从集权到分权、从暴力到和平的进步过程。厘清人民政协协商民主对世界政治文明发展的贡献，必须首先梳理政治文明以及世界政治文明的发展历史。[②] 人类在几千年的历史长河中，形成了许多进步的政治思想，创造了大量先进的政治制度，人们的政治行为也越来越规范有序，人类取得了辉煌的政治文明成果。[③]

1. 奴隶社会政治文明

奴隶社会政治文明的最大成就是对国家制度的探索和思考。雅典探索创造了“民主”这一政治观念和制度，认为每个公民都是平等的，没有人天生是统治者或被统治者，每个人都应该参与城邦事务的决策与管理。基于这种理念，雅典建立了实行“多数人统治”的民主政治制度：公民大会是城邦最高权力机构，所有公民都可以参加投票、决策；各级官吏向一切公民开放，普通平民也有担任公职的机会；法律神圣不可侵犯，公民在法律面前一律平等，公民可以直接参与司法审判；公民大会和五百人议事会、陪审法庭、十将军委员会之间形成了严格的权力监督和制约。雅典民主制初步形成了民主、平等、法制、分权等现代政治文明的核心原则和基本理念。古希腊政治思想家探讨和思考了国家的起源、性质、目的、任务、政体的分类、国家的组织、国家的管理等一系列政治问题，提出了许多影响深远的思想观念，奠定了西方政治文明思想的基础。

2. 封建社会政治文明

欧洲封建社会的政治文明得到了一定发展。一是奴隶制被废除，大量奴

---

① 《马克思恩格斯全集（第42卷）》，人民出版社1997年版，第238页。

② 李仁彬、黄国华等：《中国协商民主理论与实践探析》，四川大学出版社2011年版，第295页。

③ 李仁彬、黄国华等：《中国协商民主理论与实践探析》，四川大学出版社2011年版，第299页。

隶成了自由民。二是王权、教会、领主之间事实上形成了一定的权力制约关系，这有利于分权和法制的发展。三是在反对封建神权的斗争中形成了一些进步的政治思想观念，比如，政治思想家马西略[①]在讨论法律的制定问题时提出了人民权力问题，蕴含着人民主权思想的萌芽。中国漫长的封建社会是中央集权的君主专制国家，皇帝拥有至高无上的权力，集行政、立法、司法、军事等一切大权于一身。[②] 中国在几千年的发展过程中探索和形成了一套比较完善的官僚政治制度，比如考试选拔任用官员的文官制度、监督官员的监察制度等，形成了一些具有一定进步意义的思想观念，比如民本思想、以德治国、民族包容等[③]，对世界政治文明作出了一定贡献。

3. 资本主义政治文明

资本主义政治文明萌芽于15～16世纪的欧洲文艺复兴，发展、繁荣于17～18世纪的启蒙运动和资产阶级革命，在现代得到了进一步的巩固和发展。在几百年的历史中，资本主义在思想观念方面，提出了自由、民主、平等、人权、法治、分权等进步的政治价值观，以及天赋人权、社会契约、人民主权、三权分立等适应时代需要的观点学说，这些思想观点直接或间接地影响到人们的政治行为。在政治制度方面，形成了一套比较成熟完善、体现民主、自由、平等、人权、法治的政治制度和运行机制，主要包括代议民主制度、分权制衡制度、宪政法治制度、政党制度、舆论监督制度等等。[④] 在政治行为方面，人们参与政治生活越来越文明、规范和有序，权力的竞争、转移、使用越来越规范与和平（即非暴力），职业政治家从事政治活动都在法律的框架下依法有序进行，普通公民的政治、经济、社会权利得到了极大的发展。

4. 社会主义政治文明

社会主义政治文明诞生于马克思、恩格斯对资本主义政治文明的批判和继承基础之上。马克思、恩格斯在批判继承资产阶级政治文明的基础上，形

---

① 马西略（Marsilius），意大利思想家，1312～1314年任巴黎大学校长，其政治思想主要反映在1320～1324年所写的《和平的保卫者》一书中。

② 席文启：《中国特色社会主义政治文明研究》，中共党史出版社2007年版，第68页。

③ 席文启：《中国特色社会主义政治文明研究》，中共党史出版社2007年版，第70～78页。

④ 谢基昌："政治文明的历史考察"，《辽宁行政学院学报》，2006年第7期。

成了对社会主义的设想。马克思、恩格斯对社会主义的设想，比如公有制、没有阶级、没有剥削等，实际上是观念形态的社会主义政治文明。社会主义政治文明正式形成和创造于20世纪初俄国社会主义的建立以及后来众多社会主义国家的实践，其中中国在社会主义革命和建设中创造了丰硕的政治文明成果：以生产资料公有制为主体的经济制度、人民民主专政的国家制度、人民代表大会制度、中国共产党领导的多党合作和政治协商制度、民族区域自治制度、基层群众自治制度等。

第二节　人民政协协商民主在建设社会主义中的贡献

中国人民政治协商会议于1949年9月举行了第一届全体会议，正式确立了中国共产党领导的多党合作和政治协商制度。60多年来，人民政协与全国人民一道前进，与共和国一道成长，走过了光辉的历程，创造了不平凡的业绩，在中国政治经济社会建设、维护祖国统一和促进世界持久和平事业中发挥了无可替代的作用，展现出鲜明的中国特色和独特的政治优势，为推进中国革命、建设和改革事业作出了重要贡献①（见表6－1）。

表6－1　　　　历届全国政协会议基本情况

届次	任期	会次（次）	委员人数（人）	主席
第一届	1949年10月～1954年12月	4	198	毛泽东
第二届	1954年12月～1959年4月	3	559	周恩来
第三届	1959年4月～1965年1月	4	1071	周恩来
第四届	1965年1月～1978年3月	1	1199	周恩来
第五届	1978年3月～1983年6月	5	1988	邓小平
第六届	1983年6月～1988年4月	5	2036	邓颖超

① 贾庆林："高举中国特色社会主义伟大旗帜　把人民政协事业不断推向前进"，《求是》，2009年第2期。

续表

届次	任期	会次（次）	委员人数（人）	主席
第七届	1988 年 4 月 ~ 1993 年 3 月	5	2081	李先念
第八届	1993 年 3 月 ~ 1998 年 3 月	5	2093	李瑞环
第九届	1998 年 3 月 ~ 2003 年 3 月	5	2196	李瑞环
第十届	2003 年 3 月 ~ 2008 年 3 月	5	2238	贾庆林
第十一届	2008 年 3 月 ~ 2013 年 3 月	5	2237	贾庆林
第十二届	2013 年 3 月开幕至今	4	2237	俞正声

一、在社会主义革命和建设中发挥重要作用

中国人民政治协商会议于 1949 年 9 月举行了第一届全体会议，执行了全国人民代表大会的职权，制定了《中国人民政治协商会议共同纲领》，选举了中央人民政府委员会，宣告了中华人民共和国的成立；选举了中国人民政治协商会议第一届全国委员会。几年来，国家胜利地进行了改革土地制度、抗美援朝、镇压反革命分子、恢复国民经济、“三反”“五反”和思想改造等伟大的斗争，全国人民的觉悟程度和组织程度大大提高，以中国共产党为领导的人民民主统一战线愈益巩固。在这一系列伟大胜利的基础上，实行了普选的人民代表大会制度，以代替过去由中国人民政治协商会议全体会议执行全国人民代表大会职权及由地方各界人民代表会议代行地方人民代表大会职权的过渡形式。具有伟大历史意义的第一届全国人民代表大会第一次会议，制定了伟大的划时代的《宪法》，成为“标志着中国人民从 1949 年建国以来的新胜利和新发展的里程碑”。在此期间，中国人民政治协商会议第一届全国委员会在中国共产党和毛主席领导下，曾在上述各方面的人民事业中进行了工作，发挥了重要的作用。①

1954 年 12 月，中国人民政治协商会议第二届全国委员会第一次全体会议后，第二届、第三届全国政协按照《宪法》“今后在动员和团结全国人民完成

---

① 陈叔通：“中国人民政治协商会议第一届全国委员会工作报告”，《人民日报》，1954 年 12 月 22 日。

国家过渡时期总任务和反对内外敌人的斗争中，我国的人民民主统一战线将继续发挥它的作用”，以及《关于宪法草案的报告》“中国人民政治协商会议是我国人民民主统一战线的组织形式。它曾代行全国人民代表大会的职权，这种职权今后当然不再需要由它行使，但是它作为统一战线的组织将在我国的政治生活中继续发挥它的作用”①。作为我国人民民主统一战线组织的中国人民政治协商会议继续担负着光荣的历史任务，发挥了重要的作用。

1. 1949 年 9 月～1954 年 12 月

在国家政治生活方面，中央人民政府委员会历次会议的重要议案，都经过全国政协常务委员会与有关负责方面的协商。其中 1950 年度全国财政收支概算、《中苏友好同盟互助条约》《中华人民共和国婚姻法》等更经过慎重的协商，协助政府动员人民进行各种革命运动及建设事业。讨论通过党中央提出的《土地改革法草案》，建议中央人民政府颁布施行；会同有关机关组织了大批人士到各地参加或参观土地改革；参加了惩治反革命条例的协商、讨论，并经过各民主党派、各人民团体和各省、市协商委员会，协助政府发动各阶层人民参加镇压反革命的斗争。各民主党派、各人民团体大力协助开展“三反”“五反”运动②。协商关于国家在过渡时期的总任务、第一个五年建设计划的基本任务及社会主义改造和国家资本主义的问题。

各小组协商并通过的政策法规，属于政治法律组的有：《地方各界人民代表会议组织通则草案》《社会团体登记暂行办法草案》《中国工会法草案》《中央劳动部关于在私营企业中设立劳资协商会议的指示草案》《省、市劳动局暂行组织通则草案》《市劳动介绍所组织通则草案》《新解放区农业税条例草案》《夏季征粮办法草案》等。属于财政经济组的有：公债发行，公债宣传，私人及华侨投资，《新解放区农业税条例草案》《夏季征粮办法草案》等。属于文化教育组的有：《政务院关于开展职工业余教育的指示草案》，政

① 陈叔通：“中国人民政治协商会议第一届全国委员会工作报告”，《人民日报》，1954 年 12 月 22 日。

② “三反”“五反”运动是 1951 年底到 1952 年 10 月，中华人民共和国在党政机关工作人员中开展的“反贪污、反浪费、反官僚主义”和在私营工商业者中开展的“反行贿、反偷税漏税、反盗骗国家财产、反偷工减料、反盗窃国家经济情报”的斗争的统称。

务院文教委员会1950年工作计划。属于外交组的有：《中苏经济合作协定》。属于民族事务组的有：目前兄弟民族情况及民族政策和民族工作的方针。属于华侨事务组的有：护侨政策。属于宗教事务组的有：基督教教会工作的改革方针。这些研究和讨论，或由小组发动，或由政务院及有关部、会的委托，而以后者占多数，政务院及有关部门供给材料并派员出席报告。

在自身建设方面，建立了由秘书长、各组组长、副秘书长及正副秘书处长组成的每周一次的工作会议。工作会议的任务，除组织和推动会内日常工作外，还对参加人民政协的某一单位或几个单位所提出的有关统一战线工作的问题，进行初步协商。进行此种协商时，邀请有关单位派代表出席，协商结果报请主席指示处理。经过这种协商，最后经主席批准成立的议案，有关于各民主党派地方组织经费的决定，双周座谈会和学习座谈会的决定等。组织了各民主党派总部分别与中共各地统战工作人员的座谈会，座谈各民主党派地方组织的工作和关系。

此外，对实行人民代表大会制度和制定《宪法》，就中国共产党提出的定期召开全国人民代表大会和地方各级人民代表大会的建议交换了意见，经一致同意后向中央人民政府提出了建议。还对其他一些重要法令和措施，如公私合营工业企业暂行条例等，也都进行了协商、讨论，并协助政府推行。①

2. 1954年12月~1959年4月

在国家政治生活方面，全国政协常务委员会就“关于汉语拼音方案（草案)”“处理日本战争罪犯、蒋介石集团战争罪犯和俘虏的问题”“关于全国工商业者家属和女工商业者代表会议情况的报告”“高级农业生产合作社示范章程（草案)”“关于宽大处理和安置城市残余反革命分子的决定（草案)”“1957年国家经济建设公债条例（草案)”等进行了协商。

在社会主义改造方面，如在资本主义工商业、农业和手工业三大改造高潮前后，协商了关于调整工商业公私关系的方针政策，对于公私合营企业推行定息办法和财产清理估价的问题，农业生产合作社示范章程（草案）等，

① 陈叔通：“中国人民政治协商会议第一届全国委员会工作报告”，《人民日报》，1954年12月22日。

经过协商，取得了一致的认识，并且协助国家机关宣传和推行了上述政策。1957 年 2 月，全国政协常委会委员列席了最高国务会议。

在经济工作方面，就发行新人民币问题，发行国家经济建设公债问题，1956 ~ 1967 年全国农业发展纲要问题，第二个五年计划问题和工业、农业、交通运输业等方面的生产建设问题进行了多次协商。经过这些协商会议，使国家机关广泛地听取了各方面的意见和建议，同时也沟通了各方面人士的政策思想，动员他们的力量积极参加建设事业。

在民族问题方面，就建立广西壮族自治区和宁夏回族自治区的问题进行了反复协商，有关社会主义建设和社会主义改造中的侨务工作问题等进行了协商。

在国际问题方面，听取了周恩来总理访问亚洲和欧洲 11 国的报告，协商了关于中国参加亚非会议、签订中德友好条约、支援埃及反抗侵略、中缅边界等重要问题。

在自身建设方面，全国政协增设了国际问题、工商、文化、教育、科学技术、医药卫生、社会福利、妇女、华侨、民族、宗教等 11 个组。各组的工作除委员参加外，并吸收了各有关方面的人士参加。各组的活动，对于密切与各方面的联系，协助国家机关宣传政策，反映各方面的意见和建议，以及就某些问题进行调查研究和协商等方面都起了一定的作用。①

3. 1959 年 4 月 ~ 1965 年 1 月

在国家政治生活方面，全国政协常务委员会先后听取和讨论了政府某些部门的工作报告，某些人民团体的工作报告；听取和讨论了农村人民公社问题的报告，西藏工作情况的报告，国内形势和当前任务的报告；还听取了日内瓦会议情况的报告，以及关于本会日常业务的报告。

在纪念活动方面，举行辛亥革命 50 周年纪念会，并出版了辛亥革命的史料，举办了辛亥革命历史文物展览会。举行了民族英雄郑成功收复台湾 300 周年的纪念会。举行“五一”国际劳动节和国庆节来京观礼的少数民族参观

① 陈叔通：“中国人民政治协商会议第三届全国委员会常务委员会工作报告”，《人民日报》，1962 年 4 月 20 日。

团、华侨归国观光团和港澳同胞招待会，同某些代表团的代表举行了座谈会。

在学习调研方面，政协各工作组共举行了各种座谈会和报告会390多次，结合座谈，并进行了调查研究和参观访问。如本会文化教育组、医药卫生组和科学技术组，曾分别邀请教育、科学技术、美术、音乐、戏曲、语言研究、历史文物、编译出版、中西医等方面人士先后举行了近百次座谈会，就贯彻执行“百花齐放、百家争鸣”的方针和党与党外人士的合作共事关系等问题，进行了热烈的讨论，提出了许多建设性的建议和批评。自1961年11月起，增办了双周讲座，内容有时事问题、国际友好访问、学术思想、科学知识、历史人物评价、地方掌故等等，体现了百花齐放、百家争鸣的精神。

开展征集文史资料的工作。文史资料研究委员会编出了《文史资料选辑》26辑，达300余万字。为了纪念辛亥革命50周年，征集了不少辛亥革命史料，并选编了《辛亥革命回忆录》若干集，各民主党派、工商联、参事室和文史馆也都积极地参加了这一工作。充实和丰富了中国近代历史的研究资料。

在自身建设方面，全国各级地方委员会增加到1086个。各界人士越来越多地参加政协的各种活动，广泛反映各方面的意见和要求，进一步活跃了民主生活，对于增强和扩大人民民主统一战线起了积极作用。[①] 常务委员会决定创办社会主义学院。社会主义学院于1956年10月开学，第一期学员161人，学习的课程是辩证唯物主义与历史唯物主义、政治经济学、中国革命史和时事政策。教学成绩是良好的。此外，本会举办的学习座谈会和业余政治学校一年来都照常进行，都有成绩。[②]

全国政协常务委员会组织了各界人士学习毛主席著作和时事政策。在学习中普遍采用了“神仙会”的方法，逐渐形成认真读书、独立思考、自由辩论的学习风气。全国各地参加离职、半离职和业余学习的人数有了很大的增长。据不完全统计，全国政协和各级地方委员会举办的社会主义学院和政治学校共有430所，至1959年12月止，先后参加学习的在14万人以上。不少

---

① 郭沫若：“中国人民政治协商会议第三届全国委员会常务委员会工作报告”，《人民日报》，1965年1月1日。

② 陈叔通：“中国人民政治协商会议第二届全国委员会常务委员会工作报告”，《人民日报》，1957年3月6日。

地方还举办了工商业者讲习班，使各地工商业者得到轮流学习的机会。学习的形式除了社会主义学院和政治学校外，还推广了学习座谈会、业余政治学校、学习小组、读书会、短期学习班等学习组织形式。[①]

二、在改革开放和社会主义现代化建设中发挥重要作用

改革开放以来，人民政协高举民主和团结的旗帜，坚持把促进发展作为团结奋斗的第一要务，紧紧围绕国家的中心工作，认真履行参政议政、民主监督的职能，积极推进社会主义经济建设、政治建设、文化建设、社会建设。[②]

在全国政协的组织构成中，民主党派成员在各级政协委员、常务委员和政协领导成员中占有较大比例，在政协各专门委员会负责人和委员中，在政协机关中，均占有一定数量。如全国政协十届一次会议时，民主党派成员、无党派人士担任政协委员的有1343人，占委员总数的60%；担任政协常委的有195人，占常委总数的65.2%；担任全国政协副主席的有13人，占副主席总数的54.2%。在省、市、县各级人民政协中，共有33.6万名民主党派成员、无党派人士担任政协委员。各民主党派在政协通过会议、开展视察、提出提案、举报、反映社情民意以及参与调查和检查活动，在人民政协中发挥作用。[③]

特别是《中共中央关于加强人民政协工作的意见》（以下简称《意见》）颁发实施以来，各级党委和各级人民政协组织高举中国特色社会主义伟大旗帜，深入贯彻落实科学发展观，按照中央关于加强人民政协工作的各项决策部署，坚持和完善中国共产党领导的多党合作和政治协商制度，充分履行人民政协政治协商、民主监督、参政议政职能，推动人民政协工作取得了新的显著成绩[④]。主要表现在以下方面。

---

① 陈叔通：“中国人民政治协商会议第三届全国委员会常务委员会工作报告”，《人民日报》，1960年3月30日。

②③ 中华人民共和国国务院新闻办公室：《中国的政党制度》，新华社，2007年11月15日。

④ 中共政协全国委员会党组：“关于《中共中央关于加强人民政协工作的意见》贯彻落实情况的报告”，中国政府网，2012年8月20日。

1. 积极参与政治协商

参加人民政协的各民主党派充分运用人民政协的各种协商方式，对国家和地方的大政方针以及政治、经济、文化和社会生活中的重要问题，对各民主党派参加人民政协工作的共同性事务、政协内部的重要事务以及有关爱国统一战线的其他重要问题，进行协商讨论，提出意见和建议。中共中央主要领导人每年元旦和全国政协全体会议期间都要同各民主党派共商国是；担任政协委员的民主党派成员与其他政协委员一起列席人民代表大会的主要会议，参加国家重大问题的协商讨论，就事关国计民生的大政方针和重大问题提出意见建议；政协的常务委员会会议、主席会议、秘书长会议、专门委员会会议内容不断丰富，为各民主党派更加广泛地参与政治协商创造了条件。围绕经济社会发展中的重要问题，各民主党派积极参加人民政协与政府有关部门进行的专题协商会，如2006年先后参加了以进一步推进西部大开发战略、落实国家中长期科学和技术发展规划纲要为主要议题的专题协商会，广开言路，集思广益，有力地促进了政府相关工作的开展。

深入调查研究，积极建言献策。参加人民政协的各民主党派积极参与国家方针政策的制定和实施，就国家政治、经济、社会生活中的全局性、战略性、前瞻性重大问题开展考察调研，提出政策性建议。先后就三峡工程、耕地保护、两岸“三通”、西部大开发、中部崛起、东北地区等老工业基地振兴、建设社会主义新农村、青藏铁路沿线发展、国家级综合配套改革试验区、实施可持续发展战略、制定和实施“十一五”规划等问题进行考察调研，向中共中央、国务院提出意见建议，受到高度重视，许多意见和建议被采纳。各民主党派地方组织也围绕地方经济社会发展问题开展考察调研；一些地方还采取了“中共党委出题、民主党派调研、政府采纳、部门落实”的形式，有效地发挥了民主党派的政策咨询和智力咨询作用。

2. 认真开展民主监督

参加人民政协的各民主党派运用政协视察、大会发言或其他形式对国家宪法、法律和法规的实施，重大方针政策的贯彻执行、国家机关及其工作人员的工作，通过建议和批评进行监督。政协委员中的民主党派成员还通过参加中共党委和政府有关部门组织的调查和检查活动或应邀担任司法机关和政府部门特邀监督人员等开展民主监督。1997～2006年，各民主党派中央在全国政协会议上作大会发言（包括书面发言）370余次（份），内容涉及改革、发展、稳定等一系列重大问题，如加快产业结构优化升级、大力推行循环经济发展、重视灾害的社会管理和加紧应急体系建设、维护和保障农民工的合法权益、完善社会保障体系、加强农村文化建设、保障教育特别是基础教育的投入、积极推进民办教育、加强公共卫生体系建设、坚决反对分裂和促进祖国统一、发展两岸经贸交流等。民主党派在人民政协的大会发言，充分体现了集体的力量和智慧，他们运用政协大会的政治讲坛，纵论国是，许多意见建议被采纳。

反映社情民意，维护安定团结。参加人民政协的各民主党派充分发挥协调关系、化解矛盾的重要作用，努力做好反映社情民意工作，为中国共产党各级党委和各级政府的科学决策、民主决策服务。围绕人民群众普遍关注的解决收入分配不公、缩小贫富差距，建立健全医保体系、解决看病难，推动国企改革、防止国有资产流失，打击假冒伪劣、建设社会诚信，解决城市住房困难、抑制房价过快上涨，维护公平正义、扶持贫困群众等重点、难点和热点问题，开展调查研究，举行专题研讨，找出问题症结，提出解决和改进的办法。积极参加中国共产党各级党委和各级政府组织的反腐倡廉、财税、物价、环保以及社会治安综合治理的检查工作。本着肝胆相照的精神，认真调查分析，对中国共产党各级党委和各级政府存在的问题知无不言、言无不尽，不断提高监督的质量和水平。深入实际、深入基层，积极反映涉及各界群众切身利益的问题，加强对各自成员和所联系群众的思想引导，做好沟通思想、理顺情绪的工作，及时消除影响社会稳定的各种因素，为促进社会和谐发挥了积极作用。

3. 深入参政议政

参加人民政协的各民主党派成员对政治、经济、文化、社会生活中的重要问题以及人民群众普遍关心的问题开展调查研究，反映社情民意，通过调研报告、提案、建议案或其他形式向中国共产党和国家机关提出了大量的意见和建议。1990～2006年，各民主党派和民主党派成员的政协委员，在全国政协会议上共提交提案2400余件，如尽快就反分裂国家行为立法、农村税费改革、大力营造非公有制经济良好发展环境、建立社保基金监督机制、创建中国农村社会保障体系等，其中许多提案得到采纳实施，或促成了相关法律的制定，或成为制定政策的重要参考依据。

开展扶贫开发，兴办公益事业。参加人民政协的各民主党派充分发挥人才荟萃、智力密集的优势，为促进国家经济社会、城乡区域协调发展积极开展活动，大力推动和实施智力支边、光彩事业和“温暖工程”等活动，开展职业培训、兴教办学、捐资救灾、扶危济困等公益事业，产生了良好的经济效益和社会效益。先后在2003年抗击“非典”斗争中，许多民主党派成员奋战在第一线。由民主党派倡导并发起的扶助贫困群体的“温暖工程”实施十多年来，已在全国27个省（自治区、直辖市）开展公益性培训，近100万人次的农民受益，30多万下岗失业人员、残疾人员得到了帮助；号召民主党派成员回报社会的“思源工程”，2005年启动以来捐资达3165万元。2006年，各民主党派中央组织有关部门负责人和各类专家1270人次就智力支边扶贫工作进行考察，为贫困地区发展提出政策性建议144条，帮助落实扶贫经济项目101个，引进各类项目资金和捐款近5亿元，培训各类技能型人才2.5万人，建立希望小学210所。这些行动赢得了社会各界的广泛赞誉。

在人民政协的团结旗帜下，民主党派成员、无党派人士涌现出了一大批优秀人物，其中7142人次获全国性、国际性荣誉称号和奖励，九三学社中央原副主席、中国计算机汉字激光照排技术的创始人王选就是其中杰出代表。“杂交水稻”之父、无党派代表人士袁隆平首创了杂交水稻，为解决中国粮食自给作出了重大贡献。民主党派成员、无党派人士是发展先进生产力、推进社会主义民主政治、弘扬社会主义先进文化、构建社会主义和谐社会的一支重要力量，在全面建设小康社会、加快推进社会主义现代化进程中具有不可替代的作用。①

三、在促进祖国统一中发挥重要作用

1949年9月29日，中国人民政治协商会议第一届全体会议通过《中国人

---

① 中华人民共和国国务院新闻办公室：《中国的政党制度》，新华社，2007年11月15日。

民政治协商会议共同纲领》。在第一章总纲第一条明确提出："中华人民共和国为新民主主义即人民民主主义的国家，实行工人阶级领导的、以工农联盟为基础的、团结各民主阶级和国内各民族的人民民主专政，反对帝国主义、封建主义和官僚资本主义，为中国的独立、民主、和平、统一和富强而奋斗。"1982 年制定的《中国人民政治协商会议章程》第十条规定："中国人民政治协商会议全国委员会和地方委员会宣传和参与贯彻执行国家关于统一祖国的方针政策，积极开展同台湾同胞和各界人士的联系，促进祖国统一大业的实现。加强同港澳同胞的联系和团结，鼓励他们为建设祖国和统一祖国作出贡献。"

1. 1949 ~ 1978 年

在维护祖国统一和领土完整方面。1954 年 8 月 20 ~ 22 日，中国人民政治协商会议第一届全国委员会第五十八次扩大会议在北京举行，全国人民政协委员会副主席周恩来在会上就目前国际局势、外交政策和解放台湾的任务等问题作了报告。会议经过充分讨论，全体一致通过了《中华人民共和国各民主党派各人民团体为解放台湾联合宣言》（以下简称《联合宣言》）。《联合宣言》严正地向全世界宣告：

> 中国人民是爱好和平的。中华人民共和国一贯执行着和平政策。周恩来总理兼外交部部长在 1954 年 8 月 11 日的外交报告中说过："中国没有侵略别国领土的意图，也决不容忍别国侵略中国的领土。中国没有侵犯别国主权的意图，也决不容忍别国侵犯中国的主权。中国没有干涉别国内政的意图，也决不容忍别国干涉中国的内政。中国决不威胁别国的安全，也决不容忍别国威胁中国的安全。"这是我们中国六万万人民的共同意志。
>
> 为了保障祖国安全和领土完整，为了保障亚洲及世界的和平，中国人民一定要解放台湾。台湾是中国领土不可分割的一部分，决不容许美国侵占，也决不容许联合国托管。解放台湾，消灭蒋介石卖国集团，是行使中国的主权，是中国的内政，决不容许任何外国干涉。如果外国侵略者敢于阻挠中国人民解放台湾，那就是干涉中国的内政，侵犯中国的主权，破坏中国的领土完整，他们就必须承

担这一侵略行为的一切严重后果。①

宣言号召全国人民必须加强团结、提高警惕、增加生产、厉行节约、提高劳动生产率，为争取完成和超额完成国家建设计划而奋斗，号召我军陆、海、空全体指挥员和战斗员，必须加强政治军事训练，掌握现代军事技术、发扬革命英雄主义，争取每一个战斗的胜利。《联合宣言》要求全国人民更加坚定地团结起来，从各方面加强工作，为解放台湾、反对美国干涉、保障祖国安全、保卫世界和平而奋斗，表达了全国人民一定要解放台湾的坚定不移的意志。1954 年 12 月 21 日，周恩来在第二届全国委员会第一次全体会议上作了政治报告，再次严正宣告：

> 台湾是中国的领土，中国人民不解放台湾决不罢休。中国人民坚决反对美蒋条约，任何战争威胁，决不能吓倒中国人民为保卫自己的国家主权和领土而进行的坚决斗争。任何所谓台湾“独立国”、台湾“中立化”和“托管”台湾的谬主张，实际上都是割裂中国领土，都是侵犯中国主权和干涉中国内政，都是中国人民绝对不能容忍的。中国人民坚决要求美国从台湾、澎湖和台湾海峡撤走它的一切武装力量，停止侵犯中国的国家主权和领土完整。②

8 月 6 日，政协全国委员会举行盛大欢迎茶会，周恩来亲自主持，对李宗仁的归来给以极高的评价和热烈的欢迎，同时重申对于在台湾的国民党人员和旅居海外的各方面人士爱国一家、爱国不分先后、来去自由的政策。李宗仁归国在当时具有重大的政治意义。

在促进民族团结方面。《中国人民政治协商会议共同纲领》规定：“各少数民族聚居的地区，实行民族区域自治，按照民族聚居的人口多少和区域大小，分别建立各种民族自治机关。”后来，民族区域自治又明确载入历次宪法，成为我国的一项重要政治制度。在第一届全国政协期间，逐步推行民族区域自治和民族民主联合政府，已建立了 30 个专署区级至乡级的民族自治区人民政府、51 个专署区级至乡级的民族民主联合政府。国营贸易机关以各种

---

① 刘海藩主编：《中华人民共和国国史全鉴》，中央文献出版社 2005 年版。

② 周恩来：“在政协全国委员会会议上的政治报告”，《人民日报》，1954 年 12 月 27 日。

努力向少数民族地区推进工作，派出许多医疗队、防疫队到少数民族地区进行工作，或帮助少数民族建立自己的医疗卫生机构，发展少数民族文化教育，培养少数民族干部达 5 万余人。恢复和发展一般文化教育事业，建立和发展有关少数民族的新闻事业和出版事业。在 1956 年“五一”节和国庆节，招待了来北京观礼的兄弟民族、华侨和港澳同胞共计 3100 多人。

在第二、第三届全国政协期间，中国政府开始在少数民族聚居的地方全面推行民族区域自治，先后成立新疆维吾尔自治区、广西壮族自治区、宁夏回族自治区、西藏自治区。实践证明，民族区域自治有利于保障少数民族人民当家做主的权利得以实现，有利于发展平等团结互助和谐的社会主义民族关系，有利于促进社会主义现代化建设事业蓬勃发展，增强了中华民族的凝聚力，使各族人民特别是少数民族把热爱本民族与热爱祖国的深厚感情结合起来，更加自觉地担负起捍卫祖国统一、保卫边疆的光荣职责。

2. 1978 年至今

——中国人民政治协商会议第六届全国委员会常务委员会（1983 年 6 月 ~ 1988 年 4 月）。在政协六届一次会议上，邓颖超主席明确提出“祖国统一之后，中国共产党和中国国民党将持久合作，长期共存，互相监督”的方针。在元旦茶话会上，邓颖超主席对和平统一的方针作了全面的阐述，并邀请台湾当局人士和台湾人民以自己所愿意的方式来大陆。同时，也严斥了“台湾独立”活动，谴责搞“一中一台”干涉中国内政的活动，得到国内外爱国同胞的热烈拥护和支持。根据六届常委会第二次会议的决定，成立了祖国统一工作组。①

——中国人民政治协商会议第七届全国委员会常务委员会（1988 年 4 月 ~ 1993 年 3 月）：拓展同台港澳人士和海外侨胞的交往。七届常委会专门研究了祖国统一工作，加强了领导，充实了机构。按照“和平统一、一国两制”的方针，根据政协的特点和有利条件，以促进台湾海峡两岸直接“三通”和双向交流为重点，积极开展各种形式的联谊活动，努力推动两岸关系朝着有利于和平统一的方向发展。对台湾同胞的联谊活动由间接接触发展为直接往

① “第六届政协大事记”，人民政协网（http://www.rmzxb.com.cn），2014 年 9 月 17 日。

来，由接待零星来访发展为邀请团组成批来访，接触范围不断扩大，包括了台湾岛内各方面、各阶层人士，活动的内容不断丰富，包括了政治、经济、文化教育等各个方面。对台联谊工作取得了明显进展。《香港特别行政区基本法》颁布以后，对港澳地区联谊工作也逐步加强，并出访香港和澳门，实地开展工作。港澳地区的政协委员为促进早日完成祖国和平统一，顺利实现1997年和1999年两个地区的回归，努力排除各种人为障碍，维护过渡时期的稳定繁荣，做了许多工作。5年间共接待台湾和海外来访的团组155个近4400人次，组织座谈、会见、参观等活动2000余场次。此外，还发挥桥梁纽带作用，积极推动引进台港澳地区资金，投入大陆现代化建设。①

——中国人民政治协商会议第八届全国委员会常务委员会（1993年3月~1998年3月）：大力宣传、贯彻"和平统一、一国两制"的基本方针和江泽民主席在1995年新春茶话会上关于《为促进祖国统一大业的完成而继续奋斗》的讲话精神，充分发挥港澳委员的作用，努力推进祖国的和平统一。八届政协按照中国政府的统一部署，积极配合有关部门做好香港、澳门回归祖国的有关工作。香港、澳门地区的政协委员团结各界人士，积极宣传《香港特别行政区基本法》和《澳门特别行政区基本法》，为香港的顺利回归和长期稳定繁荣，为迎接澳门回归作出了积极贡献。同时，扩大和加深了同香港各界人士、澳门同胞、台湾同胞和海外侨胞的联系与交往，大力宣传并坚持一个中国的原则立场，反对分裂，反对"台独"，反对制造"两个中国""一中一台"，努力推动两岸经济、文化的交流与合作，为加速实现两岸直接"三通"，为最终实现祖国的完全统一做了大量工作。②

——中国人民政治协商会议第九届全国委员会常务委员会（1998年3月~2003年3月）：促进祖国统一和海内外联谊工作取得新进展。高举爱国主义和社会主义两面旗帜，按照"和平统一、一国两制"的基本方针，积极开展了各种形式的促进祖国统一和团结联谊活动。每年与国务院台办等七家单位联合举办江泽民同志发表《为促进祖国统一大业的完成而继续奋斗》重要

---

①② 叶选平："中国人民政治协商会议第八届全国委员会常务委员会工作报告"，《人民日报》，1998年3月16日。

讲话纪念活动，表明坚持一个中国、反对分裂的原则立场；做好台湾来访团组的接待工作，派人参加有关团组赴台访问，与台湾一些政党、团体、各界人士进行了广泛交流；积极参与海内外一系列反“独”促统活动。关心台资企业在祖国大陆的发展，力所能及地帮助他们解决困难；港澳台侨委员会与中央有关部门、有关民主党派和人民团体建立了六单位领导联席会议制度。加大“走出去，请进来”的力度，组团出访北美、东南亚、西欧等侨胞聚集区的21个国家，与各国的侨胞、台胞社团广泛接触，建立联系，听取意见，向政府反映他们关心的问题；鼓励海外专家学者为政协常委会议建言献策，邀请海外华侨列席政协大会，为他们参与祖国政治生活开辟了渠道；港澳台侨委员会还与全国人大华侨委员会、国务院侨办、致公党中央、中国侨联建立领导联席会议制度。九届期间，共邀请接待港澳台侨团组300多个4300多人次，促进了海内外各方面人士的相互沟通和了解。①

——中国人民政治协商会议第十届全国委员会常务委员会（2003年3月~2008年3月）：开展促进祖国统一和海外联谊工作。通过多种方式和途径，积极宣传党和政府对香港、澳门的方针政策，及时向港澳委员通报国家经济社会发展情况和政协常委会议精神，精心组织港澳委员在内地12个省、自治区、直辖市开展视察、考察活动，鼓励他们为国家发展献计出力。高度重视发挥港澳委员在香港、澳门社会政治事务中的作用，探索相关工作机制，支持港澳委员为维护香港、澳门繁荣稳定作出贡献。深入学习贯彻胡锦涛关于新形势下发展两岸关系的四点意见，认真做好台湾岛内有关党派团体和各界人士的工作，加强与各界台胞的联系，推动两岸人员往来和经济文化交流。举办孙中山诞辰140周年纪念活动。支持海外侨胞以各种形式开展“反独促统”活动，为推进祖国和平统一大业发挥积极作用。开展与海外侨胞的联谊活动，邀请侨胞代表列席全国政协全体会议，组织他们回国参观考察，组织海外侨胞中的专家学者建言献策，使政协海外侨胞的团结联谊工作与参政议

---

① 李贵鲜：“中国人民政治协商会议第九届全国委员会常务委员会工作报告——在政协第十届全国委员会第一次会议上”，新华社，2003年3月15日。

政工作有机结合起来。①

——中国人民政治协商会议第十一届全国委员会常务委员会（2008 年 3 月 ~2013 年 3 月）：坚持“和平统一、一国两制”方针，坚持发展两岸关系、推进祖国和平统一进程的八项主张，全面贯彻两岸关系和平发展重要思想，深化同港澳同胞、台湾同胞和海外侨胞的团结联谊，不断增强中华民族的凝聚力和向心力。加强同港澳同胞、台湾同胞和海外侨胞的联系交往，举办纪念辛亥革命 100 周年等重大活动，巩固和扩大海内外中华儿女的大团结。及时向港澳委员通报国家经济社会发展情况，组织开展发挥港澳委员双重积极作用跟踪调研，为港澳委员知情明政、履行职责创造条件，引导港澳委员做贯彻和宣传“一国两制”的表率。加强与港澳政团、社团及代表人士的联系交往，支持港澳委员向港澳青少年介绍国情和组织他们赴内地学习实践，发展壮大爱国爱港、爱国爱澳力量。5 年来，共接待港澳来访团组 66 个、2687 人次，组团赴港澳 48 次，组织 14 次港澳委员考察活动。

牢牢把握两岸关系和平发展主题，进一步扩大同台湾岛内有关党派团体、社会组织、基层群众、青少年群体的良性互动，以全国政协委员代表团等名义入岛交流 20 次，邀请“台湾民意代表交流参访团”来访。以河洛文化、黄埔精神、宗教民俗、中华武术、书画戏曲等为载体，推动政协对台文化交流宽领域、深层次、机制化发展。就台资中小企业发展、两岸农业合作、科技创新、维护台胞合法权益等问题开展专题调研，为深化两岸经贸合作献计献策。

加强与海外侨胞和归侨侨眷的团结联谊，5 年来邀请来自 43 个国家的 180 位侨胞列席政协全体会议，组织他们参观考察我国改革开放和现代化建设成就。拓展非洲侨务工作，做好海外少数民族侨胞工作，加强与新生代华侨华人的交流合作，进一步凝聚侨心、汇聚侨智、发挥侨力、维护侨益。②

四、在对外友好交往维护人类的正义事业中发挥积极作用

中国人民政治协商会议成立以来，按照《中国人民政治协商会议共同纲

---

① 贾庆林：“中国人民政治协商会议全国委员会常务委员会工作报告——在政协第十一届全国委员会第一次会议上”，新华网，2008 年 3 月 3 日。

② 贾庆林：“在全国政协十二届一次会议上所作工作报告”，全国人大网，2014 年 2 月 14 日。

领》和《宪法》赋予的神圣职责，按照《中国人民政治协商会议章程》规定，“增进中国同一切爱好和平的国家的友谊，加强中国人民同全世界爱好和平的人民的友谊，反对侵略战争，保卫世界和平，维护人类的正义事业”。在五项原则的基础上，积极参与巩固和发展同一切爱好和平的国家和人民的友谊，支持各被压迫民族的民族解放运动，加强国际和平友好工作，反对帝国主义的侵略行为和战争威胁，在争取和不同社会制度的国家和平共处、保卫世界持久和平中发挥了积极作用。

1. 1949 年 12 月 ~ 1978 年 3 月

在保卫世界和平方面，中国人民政治协商会议第一届全国委员会根据广大人民的要求与各民主党派协商，于 1950 年 11 月 4 日发布了“各民主党派联合宣言”，发起了伟大的抗美援朝运动。多次与各民主党派、各人民团体联合发出号召，如纪念抗日战争胜利日 6 周年的宣言、对于美帝国主义进行细菌战的抗议、反对联合国大会关于朝鲜问题非法决议的声明等；会同中国人民抗美援朝总会组织了三次赴朝慰问的工作，热烈地参加了抗美援朝的斗争。先后通过了号召全国人民展开保卫世界和平签名运动的办法、支持五大国缔结和平公约的要求的决议和支持世界人民和平大会各项要求的决议。这些号召得到全国人民的热烈响应，仅在缔结和平公约宣言上签名者即达 3.4 亿人以上。动员和组织了各界人士参加中苏友好协会发动的“中苏友好月”的各项工作。1959 年，中国人民政治协商会议第三届全国委员会全体委员列席了第二届全国人民代表大会常务委员会第六、第七和第八次会议，讨论中印边界问题，一致表示坚决拥护政府关于中印边界问题所采取的立场、态度和方针，坚决维护中印两国人民的友好关系。和政协北京市委员会反对联合国在美帝国主义操纵下通过“西藏问题”的非法决议，联合召开了群众大会，一致拥护政府的正确措施，并且坚决反对美帝国主义继续冷战和干涉中国内政。①

在国际友好交流活动方面，中国人民政治协商会议第二届、第三届全国

---

① 陈叔通：“中国人民政治协商会议第三届全国委员会常务委员会工作报告”，《人民日报》，1960 年 3 月 30 日。

委员会会同中苏友好协会总会举行了庆祝《中苏友好同盟互助条约》签订5周年大会和庆祝伟大的十月社会主义革命40周年大会。1960年，和中国人民保卫世界和平委员会、中朝友好协会举行了中国人民志愿军抗美援朝出国10周年纪念会；和中苏友好协会等单位举行了庆祝十月社会主义革命纪念会；和中国亚非团结委员会等单位举行了纪念万隆会议和庆祝中非友好协会成立的大会；在《中苏友好同盟互助条约》签订10周年纪念的时候，会同中苏友好协会总会等单位举行盛大的庆祝活动；与全国人民代表大会常务委员会举行联席会议，邀请匈牙利人民共和国主席团主席道比·伊斯特万演讲；接待了来自32个国家访问中国的外宾，分别举行了欢迎会，邀请他们发表演说，或者同他们举行座谈。通过这些活动，增进了同国际友人的友谊。[①] 仅1956年，就接待了越南、日本、印度、锡兰、巴基斯坦、印度尼西亚、叙利亚、民主德国、波兰、匈牙利、英国、法国、意大利、比利时、丹麦、挪威、芬兰、加拿大、墨西哥、阿根廷、巴西、智利、秘鲁、澳大利亚、苏丹等20多个国家来华访问的外宾298人，进一步加强了团结国际友人的工作。

在常委会上，听取和讨论了史良委员访问捷克斯洛伐克、钱端升委员访问加拿大、刘王立明委员关于参加世界基督教妇女节制会第二十届代表大会的情况、周恩来总理关于苏伊士运河问题、王芸生委员访问日本以及周恩来总理的外交报告，并就中缅边界问题进行了协商。在1957年2月19日第三十五次扩大会议上，听取和分组讨论了国务院总理周恩来访问越南、柬埔寨、印度、缅甸、巴基斯坦、苏联、波兰、匈牙利、阿富汗、尼泊尔、锡兰等11国的口头报告。[②]

2. 1978年3月至今

——中国人民政治协商会议第六届全国委员会常务委员会（1983年6月～1988年4月）：积极开展人民外交活动，加强同各国人民的友好往来和合作，先后邀请和接待了以尼泊尔国务会议常务委员会主席卡尔基为团长的代

---

① 陈叔通："中国人民政治协商会议第三届全国委员会常务委员会工作报告"，《人民日报》，1962年4月20日。

② 陈叔通："中国人民政治协商会议第二届全国委员会常务委员会工作报告"，《人民日报》，1957年3月6日。

表团、以罗马尼亚社会主义民主团结阵线全国委员会执行主席塔玛拉·多布林为团长的代表团和阿拉伯埃及协商会议主席哈基姆、联邦德国友好人士安娜利泽女士，来中国进行友好访问。应阿拉伯埃及协商会议的邀请，政协派出了以肖华副主席为团长的政协代表团访问了埃及；应罗马尼亚社会主义民主团结阵线全国委员会的邀请，政协派出了以杨成武副主席为团长的政协代表团赴罗马尼亚访问。在此期间，政协还协助配合有关单位接待了来中国访问的28个国家的领导人、学者、专家、宗教界人士、新闻记者和青年、学生代表。政协一些负责同志还多次参加了中共中央、国务院领导同志同外宾的会见和政府部门、人民团体所组织的外事活动以及外国驻华使馆举办的活动。通过这些活动，增进了中国人民同各国人民特别是第三世界国家的人民之间的友谊，加深了相互之间的了解，扩大中国国际影响。[①]

——中国人民政治协商会议第七届全国委员会常务委员会（1988年4月~1993年3月）：适应国际形势变化，积极开展人民外交工作，根据国家的基本外交政策，及时调整了对外交往的工作方针。在同第三世界国家有关组织保持和发展友好关系的同时，加强同中国周边国家有关组织的友好往来，与西方国家有关组织的联系也有新的进展。5年来，同16个国家的有关组织新建了联系，应邀派出23个代表团出访25个国家，邀请并接待26个国家的41个代表团来访，同50多个国家的政治、经济、外交、军事、教育、科技等方面的要人和专家学者进行了480场会见和座谈。在此期间，针对美国国会等制造的所谓西藏问题、美国参众两院通过制裁中国的修正案以及美国和法国向台湾地区出售战斗机问题，常委会和外事委员会发表严正声明，对干涉中国内政的行径表示极大愤慨和强烈谴责，表明了中国各党派、人民团体和各族各界人士在重大原则问题上的坚定立场。外事委员会还积极拓展工作领域，组织涉外问题调查组，先后赴吉林、新疆等地开展调查研究，就有关外事、外贸、边防、海关和口岸建设等方面存在的问题，及时作了反映并提出相应的建议。[②]

---

① “第六届政协大事记”，人民政协网（http://www.rmzxb.com.cn）.2014年9月17日。

② 叶选平：“中国人民政治协商会议第七届全国委员会常务委员会工作报告”，《人民日报》，1998年3月16日。

——中国人民政治协商会议第八届全国委员会常务委员会（1993 年 3 月～1998 年 3 月）：在国家总体外交格局下，人民政协展开了多层次对外交往。八届期间，共组织了 52 个团（组）出访了 56 个国家，邀请并接待了 34 个国家的 55 个团（组）来访。到 1997 年底，全国政协已同 68 个国家的 98 个机构和 4 个国际组织建立了联系，开展了友好交往。李瑞环主席对一些国家进行的正式友好访问，提高了人民政协对外交往的层次，产生了重大影响。叶选平、吴学谦等副主席先后率全国政协代表团多次出访，以及全国政协领导人应邀出席有关国际性会议，扩大了政协的对外联系。有关经济、文化、学术等专业代表团对一些国家进行的访问、考察，积极探索对外交往的新形式，于 1996 年 9 月成功地举办了有 18 个国家的著名政治家、专家学者和中国专家学者参加的“展望 21 世纪论坛”首次会议。①

——中国人民政治协商会议第九届全国委员会常务委员会（1998 年 3 月～2003 年 3 月）：根据自身的特点，多层次、多渠道地开展了对外友好交往。全国政协主席、副主席应邀出访，介绍了中国现代化建设的情况与独立自主的和平外交政策，阐述了中国对一系列重大国际问题的立场和观点，提高了政协对外交往的层次，扩大了人民政协的影响。以“经济全球化——亚洲与中国”为主题举办了“21 世纪论坛”2000 年会议，以“论坛”名义举办了“绿色与环保”和“不同文明对话”研讨会。成立中国经济社会研究会，加强与国际非政府组织的往来。安排相关专委会组团对一些国家进行访问考察，组织有关委员出访未同中国建交的国家，有针对性地开展工作。中国宗教界和平委员会组团参加世界宗教者和平会议及亚洲宗教者和平会议，委员会的负责人参加世界宗教领袖千年和平会议，宣传了中国宗教信仰自由的政策，展示了中国各种宗教和睦共处、信教与不信教群众互相尊重的真实状况。重视对国际问题的研究，就中国的对外宣传、对外交往及礼宾工作等积极提出意见和建议。九届期间，全国政协共组织 88 个团组出访 76 个国家，接待 34 个国家的 69 个团组来访。到 2002 年底，已同 95 个国家的 158 个机构

---

① 叶选平：“中国人民政治协商会议第八届全国委员会常务委员会工作报告”，《人民日报》，2009 年 9 月 7 日。

和6个国际性、区域性组织建立了友好关系。[①]

——中国人民政治协商会议第十届全国委员会常务委员会（2003年3月~2008年3月）：扩大交流合作，形成人民政协对外交往新格局。按照国家外交工作部署，发挥人民政协对外交往的特点和优势，积极、务实、稳妥地开展人民外交。全国政协主席会议组成人员对近70个国家进行访问，共接待46位副议长以上级别代表团来访。成功举办"21世纪论坛"2005年会议。中国经济社会理事会承办经社理事会国际协会第十次全体会议，通过了《北京宣言》，并与欧盟经社委员会建立圆桌会议机制。中国宗教界和平委员会积极宣传中国的宗教政策和宗教信仰自由的真实情况，推动中国宗教界参加世界宗教和平运动。各专门委员会有序开展对外交流与考察。截至目前，全国政协已同121个国家的211个机构和12个国际或区域性组织建立联系并开展友好交往。[②]

——中国人民政治协商会议第十一届全国委员会常务委员会（2008年3月~2013年3月）：坚持服务国家总体外交战略，扩大和深化同世界各国有关机构和国际组织的友好往来，取得了积极成果。重视开展高层交往，积极宣传中国的政治制度、政党制度和现代化建设成就，有针对性地就台湾、涉藏、涉疆等问题宣传中国政策主张，增进了国际社会对中国的了解，加深了政治互信。召开国际形势务虚会和研讨会，就欧洲主权债务危机、西亚北非局势等重大问题积极资政建言，为中央决策提供了参考。5年来，共组织163个团组出访，接待61个团组来访，举办"21世纪论坛"2010年会议等7次国际会议。截至目前，全国政协已与139个国家的253个机构、14个国际性或地区性组织开展了友好交往。

把推动公共外交作为人民政协对外交往的重要开拓方向，在互访中开展高层对话，在举办或出席国际会议中深入交流，通过北京奥运会、上海世博会等平台以及公共外交国际论坛等渠道，深化同外国相关组织、重要智库、

---

① 李贵鲜："中国人民政治协商会议第九届全国委员会常务委员会工作报告——在政协第十届全国委员会第一次会议上"，新华社，2003年3月15日。

② 贾庆林："中国人民政治协商会议全国委员会常务委员会工作报告——在政协第十一届全国委员会第一次会议上"，新华网，2008年3月3日。

主流媒体、知名人士和普通民众的友好往来。创办《公共外交季刊》，支持地方政协成立公共外交协会，深化人民政协公共外交理论研究、实践创新和宣传普及。

支持相关组织参与国际活动。中国经济社会理事会全面参与经济社会理事会和类似组织国际协会各项活动，成功举办9次中欧圆桌会议，建立健全对拉美和非洲地区成员组织的双边交流机制，推动建立金砖国家经济社会理事会和类似组织圆桌会议交流机制。中国宗教界和平委员会积极拓展与国外跨宗教和平组织友好交往，参加世界宗教和平组织的国际会议和论坛，承办亚洲宗教和平会议2010年度执委会议，进一步扩大了中国宗教界在国际跨宗教组织中的影响。[①]

五、在社会主义民主政治建设中发挥了积极作用

社会主义民主政治是无产阶级掌握国家政权、管理国家的政治制度。其本质是人民当家做主。新中国成立以来，中国民主政治发展的基本特征是以人民民主的基本价值为取向，以人民民主的制度建构和程序设计为路径，以实现人民民主为最终的归宿。[②] 现在中国已经建立了人民代表大会制度、中国共产党领导的多党合作和政治协商制度、民族区域自治制度、基层群众自治制度等民主政治制度，形成了人大选举民主和政协协商民主并存的“双轨民主模式”，显现出社会主义民主政治巨大的优越性和勃勃生机。人民政协协商民主的理论贡献主要表现在以下几个方面。

1. 丰富了人民民主理论

人民民主理论的核心内容是人民当家做主。政协协商是人民主权的一种实现形式。一是人民政协协商民主丰富了人民当家做主的实现形式。巴黎公社、俄国苏维埃民主政体主要是通过民主选举和民主监督的形式实现人民当家做主。人民政协协商民主在民主选举的形式之外，通过协商的方式，将人民当家做主的实现形式拓展到民主管理、民主决策和民主监督的过程。二是

---

① 贾庆林：“在全国政协十二届一次会议上所作工作报告”，全国人大网，2014年2月14日。
② 刁瑷辉：“论协商民主与公民精神的养成”，《江西行政学院学报》，2007年第3期。

人民政协协商民主充实了人民的民主权利。马克思主义认为，对于国家和社会权力，人民群众是国家的一切权力的主体和最终来源，人民群众是物质财富和精神财富的创造者，是推动社会发展的决定力量，是人类历史的创造者。人民是国家的主人，最根本的权利就是把高踞于社会之上的国家权力重新收归人民所有。[①] 马克思主义强调选举权和监督的权利，认为这是保证国家的权力掌握在人民手中的关键内容。选举权和监督权是人民最重要的民主权利。

此外，人民还应该有其他的民主权利，即中国共产党提出的知情权、参与权、表达权。人民政协协商民主更好地体现了人民的知情权，表达权、参与权和监督权。协商前视察、调研、沟通保障人民的知情权，协商中的反复酝酿和讨论体现人民的参与权、表达权，协商后政协委员还可以通过提案、建议案反映社情民意信息等方式对政府进行民主监督。

2. 促进了中国民主政治制度建设

新中国成立被称为“协商建国”，在《共同纲领》的基础上确立了中国共产党领导的多党合作和政治协商制度，1954 年《宪法》诞生后，又将中国的民主政治制度发展为人民代表大会制度、中国共产党领导的多党合作和政治协商制度、民族区域自治制度和基层群众自治制度。其中，人民代表大会制度是根本的政治制度，也是人民行使当家做主民主权利的主要途径。同时，完善中国共产党领导的多党合作和政治协商制度，加强人民政协的履职建设，使其在政治协商、民主监督、参政议政等方面发挥更加突出的作用，成为人民行使民主权利、实现当家做主的又一重要渠道。

改革开放后，中国先后出台了进一步加强多党合作和政治协商制度以及人民政协工作的一系列文件，《中共中央关于加强人民政协工作的意见》明确指出：“坚持和完善人民政协这种民主形式，既符合社会主义民主政治的本质要求，又体现了中华民族兼容并蓄的优秀文化传统，具有鲜明的中国特色。发展社会主义民主政治，建设社会主义政治文明，要善于运用人民政协这一政治组织和民主形式。”[②] 此外，还不断健全基层群众自治制度，使人民群众

① 宿凌：“略论中国共产党的马克思主义权力观”，中国共产党新闻网，2014 年 5 月 4 日。

② 中共中央：《关于加强人民政协工作的意见》（摘要），《人民日报》，2006 年 3 月 2 日。

能够在基层政治生活中有更多的机会直接参与基层公共事务的决策与管理，享有更多的民主。

3. 创新了中国协商民主的理论要素

尽管人民政协协商民主在扩大公民权利、促进公民参与方面发挥了重要作用，但人民政协协商民主并不是直接民主形式。这表现为两个方面，一是政协委员不具有直接决策权，二是政协委员是通过推荐产生。政协协商的主体包括党委、人大和政府的相关部门人员及政协委员。政协委员不是基于个人利益与党委、人大和政府部门讨价还价，而是将民意、民智集中起来反映到国家机关中去。所以，协商内容涉及政治、经济、文化、社会、生态等方方面面的问题。在协商形式上，政协协商不仅限于会议协商，还包括提出提案、建议案、调研报告和反映社情民意信息等书面形式，以及网络议政等新形式。

中国共产党从协商的目标——取得共识，协商的基本要求——信息的共享、理性的思考、观点的转换等角度来界定协商的形式，即只要能实现信息共享，理性的思考、观点的转化、达成共识的形式都可以是政协协商的形式。此外，中国共产党非常注重在协商之前了解情况，掌握信息。毛泽东曾提出，"没有调查就没有发言权"。人民政协协商民主的实际效果和发展情况在一定程度上依靠视察、调研、反映社情民意等政协经常性工作的开展情况，这也是政协协商对于协商民主的完善和发展。

4. 在中国协商民主体系中起基础示范、支撑和引领作用

人民政协有丰富的协商民主经验，有比较成熟的协商议事规则，有比较完备的制度体系，在构建程序合理、环节完整的协商民主体系中居有基础性地位，起基础示范作用，是当代中国协商民主体系的缩影。马克思指出："人们自己创造自己的历史，但是他们并不是随心所欲地创造，并不是在他们自己选定的条件下创造，而是在直接碰到的、既定的、从过去承继下来的条件下创造。"构建当代中国协商民主体系，也是一种历史性创造。但它不是没有条件的，条件就是人民政协的协商民主形式经过60多年的发展已经比较成熟，积累了丰富的经验；它不是没有基础的，基础就是在中国共产党历代中央领导集体的正确领导下人民政协已经形成了比较完备的协商民主组织架构、工作规程、运作方式。①

社会主义协商民主作为体系，需要多渠道协调联动、多类型共同发展。因此，中共十八届三中全会《决定》提出："构建程序合理、环节完整的协商民主体系，拓宽国家政权机关、政协组织、党派团体、基层组织、社会组织的协商渠道。深入开展立法协商、行政协商、民主协商、参政协商、社会协商。"在这些渠道中，人民政协是社会主义协商民主的"重要渠道"和"专门机构"，其他协商渠道搞协商民主都有这样或那样的局限性，有的不作为其重点任务，有的则是面临的新课题缺乏经验，需要人民政协给予支持和帮助。人民政协对其他协商渠道起配合支持作用：对政党协商起扩展延伸作用，对人大立法协商起配合完善作用，对政府行政协商起支持辅助作用，对社会组织社会协商起渗透协调作用，对基层协商民主起指导推动作用，这正是人民政协在构建协商民主体系中大有可为的地方。

人民政协围绕团结与民主两大主题，适应时代发展的新要求，形成了具有鲜明中国特色的协商民主精神，为大力发展社会主义协商民主提供重要的精神引领。一是平等的精神。在中国，中国共产党在政治上起领导作用，民主党派接受和拥护中国共产党的领导，但民主党派在法律地位上是平等的，在协商活动中作为协商主体的地位也是平等的。人民政协是各民主党派发表自己政治主张的平台，他们在人民政协能够与中国共产党平等协商议事，其主张和要求都能充分表达和得到尊重。人民政协的这一特点充分体现了平等协商的精神，对于推进协商民主广泛多层制度化发展具有示范作用。二是宽容的精神。人民政协作为开展协商民主的舞台，历来提倡"三不主义"方针，不打棍子、不扣帽子、不抓辫子，营造出了非常宽松的氛围。三是友善的精神。人民政协以实现中国人民的大团结大联合为目的，一直倡导和谐的价值理念和"和合"的中华文化，是以理服人而不是以势压人，以自尊自信、理性平和的心态对待社会分歧，以寻求最大公约数的原则凝聚社会共识，以底线思维团结一切可以团结的社会力量。俞正声在全国政协二次会议上指出："在政协的各种会议和活动中，要始终坚持不打棍子、不扣帽子、不抓辫子的

① 张峰："人民政协在构建协商民主体系中的地位和作用"，《中国政协》，2014 年第 24 期。

'三不'方针，提倡热烈而不对立的讨论，开展真诚而不敷衍的交流，鼓励尖锐而不极端的批评，努力营造畅所欲言、各抒己见的民主氛围。"这一富有辩证性的重要论断，凸显出人民政协的精神引领作用。

5. 促进了国家治理体系的发展

治理理论是20世纪中后期在政治发展研究中逐渐流行的一种理论。治理理论着眼于治理的规范研究以及治理在全球和地方事务中的运用。治理主要关注如何更好地促进公共利益，主要集中在两个方面：全球治理与地方治理。全球治理着眼于如何寻求超越现有国家制度框架的合作方式，以应对民主化和全球化问题。地方治理则寻求地方改革的方式，促进公民参与。协商民主本身强调公民参与、对话和合作，促进公共决策，促进公共利益的诉求。人民政协协商民主与治理理论具有相通之处，在推进治理体系的发展中发挥重要作用。中国共产党在党的十八届三中全会中首次提出推进国家治理体系和治理能力现代化的目标要求。人民政协协商民主是运用于国家治理体系中的协商民主形式，并促进国家治理体系的完善和发展。

第一，政协协商运用于国家治理体系之中。人民政协协商民主与西方协商民主在运用领域有很大的不同，人民政协是实现国家治理体系和治理能力现代化的重要组成部分。西方协商民主的运用领域主要在世界治理和地方治理之中。尽管毕塞特首次使用西方协商民主概念是为了论证美国三权分立的制度设计，是反对精英主义的宪政民主的产物。美国总统奥巴马也认为美国的三权分立制度、联邦结构和权利法案等宪法设计的初衷，是让公众可以进行充分的理性的交流①，西方协商民主运用于全球治理是为了应对以现代民族国家为主体的世界政治经济格局中所面临的巨大困难与挑战，诸如管理不足、合法性不足、协调不足、服从不足和民主不足。"协商民主"为全球治理提供给了包容、责任、共识、公正等价值理念，注重全球规则在治理过程中的意义，关注国家组织、跨国公司等主体在全球治理中的作用，寻求全球治理中的合作、对话和沟通机制。在地方治理中，西方协商民主广泛运用于公民大会、市政会议、参与式预算、社区评议会等基层实践中，注重公民参与，发

① ［美］贝拉克·侯赛因·奥巴马：《无畏的希望：重申美国梦》，法律出版社2011年版。

挥非政府主体在社会管理和公共服务中的作用，具有社会自治的性质和意义。①

第二，政协协商运用于国家治理体系之中，包括从中央到地方治理的各个层级。人民政协系统是一个从中央到地方的完整体系，具有完备的组织机构和人员构成。政协的视察、调研和反映社情民意等工作，以及网络协商等发展，促进信息在政协系统内部的上传下达和共享。政协协商是党委、人大、政府体系有效联系社会尤其是基层的重要渠道。人民政协虽不是国家机关，但是政协协商在国家政治制度体系范围内运行。这是政协协商在运用领域上区别于西方协商民主任何协商形式的地方，是政治协商对于协商民主的创新发展。②

第三，人民政协在国家治理体系和治理能力现代化建设中肩负重任。国家治理体系是管理国家的制度体系，包括经济、政治、文化、社会、生态文明和党的建设等各个领域的体制机制、法律法规安排，是一整套紧密相连、相互协调的国家制度。中国共产党领导的多党合作和政治协商制度是我国的一项基本政治制度，人民政协是实行这一制度的机构，是与社会各界有着广泛联系的统一战线组织。国家治理体系和治理能力的现代化，从根本上说，就是坚持人民的主体地位，最广泛地动员和组织人民依法管理国家事务和社会事务。人民政协作为中国共产党领导的各党派、各团体、各民族、各阶层、各界人士大团结大联合的组织，是党和政府联系群众、团结社会各界的重要桥梁和纽带，具有开展群众工作的独特优势。发挥人民政协界别众多、联系广泛的优势，可以畅通民意表达渠道，更好地听取各界群众的意见和建议；发挥人民政协求同存异、体谅包容的优势，可以协调关系、化解矛盾、理顺情绪，增进社会各阶层和不同利益群体的和谐；发挥人民政协人才荟萃、智力密集的优势，可以促进党的方针政策的落实，切实保护群众广泛政治参与的权益。

因此，历经一个多世纪的积累和发展，中国政党制度积累了丰富的协商

① ［美］托尼·麦克格鲁："走向真正的全球治理"，《马克思主义与现实》，2002 年第 2 期。

② 吴爱民：《当代中国政府与政治》，中国人民大学出版社 2007 年版，第 147～148 页。

经验，创造了人民政协协商民主这一有效的协商形式和协商机制，积淀了比较深厚的协商性政治文化，建立起了一套比较成熟有效的协商制度，建立起了人民政协、统战部门等比较完善的组织体系，形成了把协商纳入决策程序、协商于决策之前的协商机制，包括中国共产党领导的多党合作和政治协商制度作为一项基本政治制度被《宪法》确定下来，为推进社会主义民主政治建设做出了巨大贡献。

第三节　人民政协协商民主对世界政治文明的贡献

政党制度是现代民主政治的重要组成部分。一个国家实行什么样的政党制度，由该国国情、国家性质和社会发展状况所决定。各国政党制度的不同体现了人类文明发展的多样性[①]。中国实行的政党制度是中国共产党领导的多党合作和政治协商制度，人民政协不仅是适合中国国情、具有鲜明中国特色的制度安排，是人民民主的重要形式和中国政治文明的重要成果，而且促进了世界政治文明发展的历史进程，极大地丰富了世界政治文明宝库，是世界政治文明的重要成果和重要发展，为其他国家和民族的政治建设提供了有益的启示和借鉴。[②]

一、在国家层面建立人民政协协商民主制度

协商作为一种重要的政治形式，普遍存在于人类的政治生活中，但作为一种民主形式和制度，却是中国的独创。协商民主作为一种民主理论，兴起于20世纪70～80年代的西方，作为一种实践，则盛行于90年代以后。这些协商民主理论和实践极大地促进了协商民主的发展，但至今都还仅仅停留在一种理论探索层面，还没有成为一种政治制度。新中国的成立是“协商建国”，中国共产党领导的多党合作和政治协商制度及其重要机构人民政协，以

① 中华人民共和国国务院新闻办公室：《中国的政党制度》，新华社，2007年11月15日。

② 李仁彬、黄国华等：《中国协商民主理论与实践探析》，四川大学出版社2011年版，第311页。

《共同纲领》临时宪法和1954年新中国第一部《宪法》的形式，将中国共产党领导的多党合作和政治协商制度作为国家基本政治制度确立下来。

从精神实质来看，人民政协协商民主强调中国各政党、各界别在中国共产党的领导下，一起协商讨论国家大事，它与西方协商民主强调所有受到决策影响的人都能够参与决策的协商讨论和制定的精神实质上是一致的；从运行机制来看，人民政协协商民主制度就是把国家大政方针和重要决策拿到人民政协进行政治协商，通过平等的对话、交流和沟通，通过充分征求社会各方面的意见和建议，缩小分歧，达成共识，作出决策，它与西方协商民主强调平等自由的协商讨论是一致的。中国共产党在革命和建设实践中，建立起了专门的协商民主制度和机构——中国共产党领导的多党合作和政治协商制度以及人民政协，并作为一种国家层面的正式制度设置，在中国政治生活中已经成功实践了60多年，在中国政治生活中发挥了重要的民主作用。

因此，从制度层面来看，人民政协协商民主是对协商民主制度的重要探索和实践，是在中国的社会土壤中生长起来的、适合中国国情、具有鲜明中国特色的制度安排，它开创了世界协商民主制度的先河，是对世界政治文明特别是民主政治制度的重要贡献。

二、创建了一种合作和协商的新型政党关系

中国共产党在领导中国革命和建设的实践中，根据中国的实际情况，探索和形成了中国共产党领导的多党合作和政治协商制度。这一政党制度的特征是：中国共产党领导、多党派合作，中国共产党执政、多党派参政。这种政党制度既不同于西方国家的多党竞争，也有别于一些国家的一党专制，是一种合作和协商的新型政党关系。这种独具中国特色的政党制度，是对世界政党制度的创新与发展，也是对世界政治文明的重要贡献①。

第一，丰富了世界政党制度的类型。政党制度就是一个国家政党的数目、结构及运行方式。关于政党制度的类型，有很多分类，最主要的分类有两种：

---

① 李羚："中国特色社会主义政党制度对世界政治文明的贡献"，《人民政协理论研究会会刊》，2007年第3期。

根据政党数目分为一党制和多党制（包括两党制），根据掌握政权的方式分为竞争性政党制度和非竞争性政党制度。西方国家的政党制度一般为竞争性的多党制度，即至少存在两个或两个以上的政党，各政党通过竞争方式获得政权上台执政。而中国共产党领导的多党合作和政治协商制度，是一种比较独特的政党类型，它既不属于多党制，也不属于一党制，从而丰富了现代政党制度的类型。从多党制来看，中国虽然有9个政党，但中国共产党处于执政党和领导党地位，各政党之间不是一种权力竞争关系，而是一种团结合作关系。这种政党制度也不属于一党专制，除中国共产党执政外，另外还有8个参政党，它们在中国的政治生活中起着政治协商、民主监督和参政议政的重要作用，

第二，创造了一种新型的政党监督机制。西方政党之间的监督是通过在朝和在野来进行的，在野党监督执政党对权力的行使，并伺机执政。这种在朝与在野的监督关系，虽然有利于对权力的监督，但往往形成政党之间“敌意”性的拆台和牵制，不管执政党的政策是否合理，都一概加以抵制与反对，从而导致政策出台和执行的重重障碍与效率低下。而且这种政党制度还容易出现“政党分赃”，谁在台上就使用本党的人，打压对手，有时还可能出现执政党与在野党的勾结，从而使监督失效。而中国共产党与民主党派之间的监督，不是执政党与反对党意义上的监督，而是一种互相监督。由于中国共产党处在执政地位，这种监督更多地表现为参政党对执政党的监督，目的是帮助中国共产党更好地执政。[①] 可见，中国政党之间的互相监督，与西方政党之间的监督机制根本不同，它是一种新型的政党监督机制。

第三，缔造了一个充满活力的政党体制。中国是一个发展中的大国，要建设中国特色的社会主义，必须有坚强有力的政党的领导，才能保证中国社会的稳定。如果搞多党竞争和轮流执政，就会导致政局动荡和社会的不稳定。这是根据中国历史得出的重要结论。因此，中国必须坚持中国共产党的领导。同时，各民主党派在革命中起过重要作用，又是社会主义建设的重要力量，

---

① 房宁：《民主政治十论：中国特色社会主义民主理论与实践的若干重大问题》，中国社会科学出版社2007年版，第135～136页。

还是联系群众的重要纽带，因此中国的社会主义建设需要充分发挥民主党派的作用，实行多党合作和政治协商。中国共产党领导的多党合作和政治协商制度既避免了多党竞争、相互倾轧造成的政治动荡，又避免了一党专制、缺乏监督导致的种种弊端，因而是一种坚强有力、富有效率、充满活力的政党体制。

三、为人类政治文明提供一种新型民主的组织形式

民主的理想是实现人民当家做主。但是，用什么形式来实现人民当家做主？从古代开始人们就一直在思考和探索。尽管在古希腊城邦民主制中就已经创造出了选举、抽签、协商等民主形式，但这在根本上还不属于人类政治的重要形式。因为从其实质而言，民主并不是其政治生活的主要形态，专制才是其政治生活的主要形式。

进入资本主义社会后，民主在欧洲得到复兴，古希腊公民大会式的直接民主已经不能适应政治民主的需要，于是形成了一种以选举、代议为主要特征的代议制民主。这种代议制民主，赋予了人民对决策者的选举、罢免等控制权，人民通过定期选举代表来行使决策立法权，管理社会公共事务。在代议民主制下，民主实际上基本等同于选举投票，就是定期选择决策者和领导者。决策者选出来后，国家的大政方针就由选出来的代表来作出，而普通百姓则被排除在具体决策过程之外。随着现代行政决策权力的膨胀，代表越来越不受选民的控制，国家事务实际上由选举出来的决策者所控制和主宰。民主实际仅仅等于“选主”，而不是人民当家做主。[①] 于是人们开始反思选举民主的缺陷，思考实现人民真正当家做主的可行形式。

在世界各国对民主的艰辛探索中，中国共产党领导的多党合作和政治协商制度以及人民政协的组织形式，为协商民主制度作了重要探索。中国社会主义民主既有人民代表大会这种选举民主形式——它是中国人民实现当家做主的主要制度形式，除此之外，中国还存在着中国共产党领导的多党合作和政治协商制度，各政党、团体、民族等通过人民政协这一重要组织形式就国

---

① 王绍光：《民主四讲》，生活．读书·新知三联书店2008年版，第54页。

家重大问题进行协商讨论。

作为中国共产党领导的多党合作和政治协商制度组织形式的人民政协，实际上是在选举投票之外，为中国人民行使民主权利提供了一种重要形式，人们可以通过人民政协渠道参政议政，反映社情民意，提出政策建议，参与国家决策与管理，对权力运行进行监督。因此，中国特色的人民政协协商民主的创立和实现，是中国社会主义民主政治的一大创造，为人类政治文明提供了一种新型民主的组织形式。

四、为落后和发展中国家找到实现建国和政治稳定的有效途径

一个国家只有实行适应本国国情的政党制度和民主政治形式，才能保持国家政局的稳定，促进经济、社会的发展。反之，凡是不顾国情和实际，盲目照搬西方的多党竞争、议会民主，就会使国家陷入混乱和动荡的境地。中国近现代政治发展的历史和实践就是生动的写照。

中国经历过漫长的封建社会，1840 年后，西方资本主义列强的野蛮入侵和封建统治集团的腐朽衰败，使中国逐渐沦为半殖民地半封建社会。在将近 110 年的时间里，中华民族危难深重，人民根本没有民主权利。为改变国家和民族的悲惨命运，一代又一代中国人奋起抗争，努力寻求救国救民的真理。20 世纪初，具有资产阶级民主革命性质的辛亥革命，推翻了延续几千年的君主专制制度，建立了中华民国，并效仿西方国家实行议会政治和多党制。尽管相对于君主专制制度这是一个历史性的进步，但它很快就在中外各种反动势力的冲击下归于失败。1927 ~ 1949 年新中国成立前，国民党蒋介石集团实行一党专制，打击和迫害民主进步力量，违背民主政治发展潮流和人民愿望，最终被历史所抛弃。

近代中国政治的发展，呼唤适应中国国情的新的政党制度。这一历史责任由中国共产党和各民主党派共同承担了起来。[①] 1921 年成立的中国共产党，把马克思列宁主义与中国实际相结合，提出了新民主主义革命纲领，团结全国各革命阶级为实现民族独立、人民解放和国家富强、人民幸福而奋斗。

---

① 中华人民共和国国务院新闻办公室：《中国的政党制度》，新华社，2007 年 11 月 15 日。

1949年9月中国人民政治协商会议的召开，标志着中国共产党领导的多党合作和政治协商制度的正式确立，人民政协组织与人民代表大会制度一起构成了中国民主政治制度的基本框架。在这一制度框架下，一方面由于有中国共产党的坚强的领导，从而保证了国家的统一和政局的稳定，带来了中国经济社会的发展与繁荣；另一方面由于实行人大选举民主与政协协商民主“双轨”民主模式，人民既通过选举投票行使民主权利，又通过政治协商行使民主权利，从而享受到了更多的民主，人民真正实现了当家做主。

中国共产党领导下的多党合作和政治协商制度，不仅解决了中国的民主建国问题，而且还保持了中国的统一和政局的稳定，实现了国家的繁荣富强和人民的当家做主。同时，还将社会主义制度下取得的发展成果惠及落后和发展中国家。当今世界，仍有8亿人生活在极端贫困之中，每年近600万孩子在5岁前夭折，近6000万儿童未能接受教育。为共同营造人人免于匮乏、获得发展、享有尊严的光明前景，中国建设性地参与制定2030年可持续发展议程，设立“南南合作援助基金”，首期提供20亿美元，支持发展中国家落实2030年可持续发展议程；中国将继续增加对最不发达国家的投资，力争2030年达到120亿美元，受到国际社会一致高度评价。

因此，中国共产党在领导革命和建设实践中探索形成的多党合作和政治协商制度，不仅为中国找到了一种适合国情的民主政治制度，而且还为缺少民主传统和政治权威的国家找到了一种解决政治分歧、实现国家统一、保持政局稳定、促进经济发展的有效民主形式，这是对世界政治文明的重要贡献，因而具有强大的生命力和广阔的发展空间。

五、促进了世界政治文明“四化”进程

中国共产党在领导全国人民进行革命和建设的伟大实践中，逐步创立了有中国特色的社会主义民主。这种民主坚持了马克思主义民主理论的基本原则，与中国的具体实际相结合，而不是教条式的搬用。这种民主借鉴了世界文明包括西方民主的优秀成果，但与资产阶级民主有着本质的不同。这种民主深深扎根于中华沃土，它吸收了中国传统思想和制度文明中的民主性精华，摒弃了其封建性糟粕。有中国特色的社会主义民主是中国人民真正需要的民

主，是人民普遍享有的民主，是能够实现国家的长治久安和兴旺发达的民主。它是世界民主发展史上的伟大创造。①

中国共产党领导的多党合作和政治协商制度，以及人民政协这一人民民主形式，诠释了民主的真谛，代表了世界政治文明前进的方向，为和平解决国家、民族之间的历史遗留问题及国际争端开辟了崭新道路，有力促进了世界政治文明多极化、民主化、平等化、和平化的发展进程。②

1. 促进世界政治多极化进程

中国不搞西方的“三权分立、互相制衡”，而实行人民代表大会一院制。即是说，人民代表大会是国家权力机关，“一府两院”（国务院、人民法院、人民检察院）是其执行机关、审判机关和法律监督机关，由人民代表大会产生并向其负责。在这种权力架构下，人民政协是中国共产党的统一战线组织，是中国共产党与各民主党派和各界人士进行政治协商的机关。国家重要立法和决策拿到人民政协进行政治协商，人民政协对国家法律和政策的执行具有民主监督作用，这也是民主党派和社会各界参政议政、合作共事的重要途径。

人民政协这一通过互相尊重、平等协商来参与国家治理的民主形式，同样适用于对外交往和国际事务的处理。正如1954年12月中国人民政治协商会议第一届全国委员会副主席周恩来在全国政协第二届全国委员会第一次全体会议上指出的：“中国政府一贯主张在遵守平等、互利和互相尊重领土主权等项原则的基础上同一切国家建立正常关系。”正是在这种民主协商精神的基础之上，由中国倡导，1954年6月28日和29日，中印、中缅分别发表联合声明，提出“互相尊重主权和领土完整、互不侵犯、互不干涉内政、平等互利、和平共处”五项原则，现在已经成为国际关系基本准则和国际法基本原则，为推动建立公正合理的新型国际关系作出了历史性贡献。

历史及现实的事实都证明，只有世界格局处于比较均衡的状态，有一定程度的互相牵制，对世界的和平与安全才是最有利的。中共十四大报告指出：

---

① 李铁映：“关于民主的几个理论问题”，《邓小平理论学习与研究》，2001年第4期，第49～53页。

② 李仁彬、黄国华等：《中国协商民主理论与实践探析》，四川大学出版社2011年版，第305页。

"建立什么样的国际新秩序，是当前国际社会普遍关心的重大问题。根据历史经验和现实状况，我们主张在互相尊重主权和领土完整、互不侵犯、互不干涉内政、平等互利、和平共处等原则的基础上，建立和平、稳定、公正、合理的国际新秩序，这一新秩序包括建立平等互利的国际经济新秩序。"人民政协协商民主所包含的平等、民主、团结、协商、包容、正义等价值观，摒弃了弱肉强食的丛林法则，强调要坚持通过对话协商的方式解决分歧和争端，以对话增互信，以对话解纷争，以对话促安全，为推动建立更加公正合理的多极化国际政治经济秩序发挥了积极作用。

2. 促进世界政治民主化进程

2016 年 4 月，继"占领华尔街"运动①之后，在美国首都华盛顿爆发"民主之春"运动，数千名抗议者在美国国会大夏门前举行了长达一周的静坐示威，以唤起美国民众和舆论对美国政治中的"大金钱腐败"和美国大富翁及利益集团"操纵选举"的关注，要求国会修改和制定法律，确保美国的总统选举是"自由和公正的"。政治生活越来越民主，是世界政治文明发展最主要的趋势，这种趋势在当代的表现，就是从选举民主向协商民主的理论转向。

在当今人类的政治生活和政治实践中，团结与民主是两大不可或缺的要素。一些国家在推进民主的过程中，往往致力于彰显民主的价值和意义，忽略了民主对团结的需求，造成推进民主进程中的团结危机。这种竞争式民主不注重对社会稳定和民族团结的构建，甚至不断引发社会动荡和民族分裂。②人民政协是中国共产党与民主党派、各界人士协商讨论国家大事的重要渠道，也是民主党派、各界人士民主监督、参政议政和合作共事的重要机构。人民政协按界别构成，它囊括了各政党、各民族、各阶层等各界别的代表人士，因而人民政协的政治协商具有广泛的代表性；在人民政协中各政党和各界别在地位上完全平等，每个人都可以发表意见，提出看法，因而人民政协的政

① 2011 年 9 月 17 日，上千名示威者聚集在美国纽约曼哈顿，占领华尔街，反对美国政治的权钱交易、两党竞争以及社会不公正。2011 年 10 月 8 日，"占领华尔街"抗议活动升级，千余名示威者在首都华盛顿游行，成为席卷全美的群众性社会运动。

② 郑万通："十八大确立'社会主义协商民主制度'概念具有里程碑意义"，《南方周末》，2012 年 11 月 15 日。

治协商具有平等性；在协商讨论中，坚持“团结与民主”的主题，用“理由”说话，是为了公共利益而进行议政建言，因而人民政协的政治协商具有公共性。

“凡交，近则必相靡以信，远则必忠之以言。”近年来，中国按照团结、民主、诚信、互惠等理念，推动落实丝绸之路经济带、21世纪海上丝绸之路、孟中印缅经济走廊、中国－东盟命运共同体等重大合作，积极同美国发展新型大国关系，同俄罗斯发展全面战略协作伙伴关系，同欧洲发展和平、增长、改革、文明伙伴关系，全面推进新一轮对外开放，为推动建设持久和平、共同繁荣的和谐世界作出积极贡献。人民政协这一人民民主重要形式所强调的团结、民主核心理念，促进了中国对外交往和世界政治民主发展进程。

3. 促进世界政治平等化进程

平等化是现代政治文明的重要特征。民主政治的两个主要方面是平等和自由，所以西方人熟悉的民主是“自由的民主”。对于民主的本义而言，平等权才是判断一切形式民主的根本标准。在中国政治中，平等权可体现为“法律面前人人平等”；在世界政治中，平等权是种族、民族的平等权或者政治共同体的文化、宗教平等权，是从国内政治的个人权利演变为世界政治的政治共同体的平等权利。平等不仅指在法律上平等，还指在政治上平等，而政治上的平等不仅仅是选票上的平等，还要在决策的影响力上平等。在东西方冷战对峙的大背景下，所谓“大家庭”“集团政治”“势力范围”等强调的是弱肉强食的丛林法则，不仅没有处理好国与国关系，反而带来了矛盾、激化了局势。

人民政协协商民主适应了政治发展中每个公民对政策影响力的平等化要求，政协委员包容了社会各政党、各民族、各阶层等各界别的代表，基本上代表了中国社会各方面的诉求和利益集团，具有广泛的代表性；人民政协的政治协商遵循尊重差异、求同存异、体谅包容、寻求共识的原则，每个政党、民族、阶层、界别的代表都有表达意见和诉求的平等机会；每个政党、阶层等界别的意见都能够被平等的尊重和倾听，对国家政策发挥影响力。因此，可以说人民政协协商民主包含的尊重、平等、包容、正义等精神要义，就是国家不分大小、强弱、贫富，都是国际社会的平等成员，都有平等参与国际事务的权利。各国的事务应该由各国人民自己来管，反对任何国家垄断国际事务，这为广大发展中国家捍卫国家主权和独立提供了强大的思想武器。

4. 促进世界政治和平化进程

当今世界的和平与安全，主要由三大要素决定。一是力量的均衡或制约，二是国际安全机制，三是人类的文明程度。从鸦片战争开始的近百年中，中国人民饱受侵略战争的创伤和痛苦，中华人民共和国建立后，将反对霸权主义、维护世界和平作为人民政协的一项重要工作任务。改革开放后，邓小平同志又宣布："我们的对外政策还是两条，第一条是反对霸权主义、强权政治，维护世界和平；第二条是建立国际政治新秩序和经济新秩序。这两条要反复讲。"①

文明多样性是人类社会的基本特征。当今世界有70亿人口，200多个国家和地区，2500多个民族，5000多种语言。不同民族、不同文明多姿多彩、各有千秋，没有优劣之分，只有特色之别。"万物并育而不相害，道并行而不相悖。"就国内事务而言，中国共产党在重大决策前和决策执行中，通过人民政协与各民主党派、各界人士协商，广泛征求意见，使决策建立在广泛的共识基础上，同时在出现问题后也可以通过协商，找到一种各方都能接受的解决方案。在处理国际事务上，中国尊重文明多样性，推动不同文明交流对话、和平共处、和谐共生。因此，人民政协协商民主这一人民民主实现形式，既有利于国内社会分歧和矛盾的和平解决，也为和平处理国际事务提供了思想和方法上的借鉴，有力地推动了现代政治和平化发展，促进世界不同国家和民族共同绘就人类文明美好画卷。

六、为人类对更好社会制度的探索提供了"中国方案"

1900年以后的100年，是近现代史上最血腥的100年。这100年中因冲突丧失的人，比起先前的任何时代，比起之前任何一次具有相似规模的地缘政治冲突中丧生的人数都多。死亡人数超过百万之多的地区冲突，全世界至少有10场：墨西哥的革命战争（1910～1920年），俄罗斯的内战（1917～

① 《邓小平文选》（第3卷），人民出版社1994年版，第353页。

1921 年)，中国的内战（1926～1937 年)，朝鲜战争（1950～1953 年)，卢旺达和布隆迪时断时续的内战（1963～1995 年)，印度支那的后殖民战争(1960～1975 年)，埃塞俄比亚的内战（1962～1992 年)，尼日利亚的内战(1966～1970 年)，孟加拉国的独立战争（1971 年)，莫桑比克的内战(1975～1993 年)，阿富汗战争（1979～2001 年)，两伊战争（1980～1988 年）以及苏丹（自 1983 年以来）和刚果（自 1998 年以来）内战。[①] 战争的惨烈正如英国社会学家威尔斯在《世界大战》一书中所描述的景象：这些房屋被烧成了废墟，轻轻一碰，便坍塌了下去，灰烬四溅；树木都烧着了，发出噼里啪啦的声音……于是你意识到，这时，正是星期一，是曙光初现的时候，一股螺旋气流急速上升，变成了一股令人恐惧的激流，席卷着这座世界上最大的城市，猛烈地向着大车站周边那人头涌涌、躁动不安的人群冲去……他们可曾想到：这些浪潮可能会使他们遭到灭顶之灾吗?[②]

据统计，第二次世界大战后 70 多年来，全世界共发生了 200 多起局部战争和武装冲突，造成 2000 多万人死亡，相当于第一次世界大战死亡人数的 2 倍多。近年来，因民族冲突、宗教纷争、自然资源争夺和霸权主义插手，引发了海湾战争、索马里战争、波黑战争、科索沃战争、伊拉克战争，国际社会并不太平，各种民族冲突、种族冲突、利益冲突、领土冲突、意识形态冲突、文明冲突不断。追求国际和平与公正秩序，是人类的重要目标。

纵观世界历史，所谓文化或文明的冲突，只是造成某些战争或暴力冲突的背景之一，而这些战争或暴力冲突的最直接、最主要、最根本原因，还在于利益，在于经济利益或某种程度上国家、民族利益的矛盾，在于某些社会势力追求财富、土地、权力，扩张自身利益的贪欲。因此，文明的冲突并不是各种暴力冲突的根本和直接原因，也不是不同文明相互关系的唯一方面。美国社会学家弗格森认为，全球当前的主要矛盾并非各文明体之间的冲突，而是文明体内部的冲突。要透过“文明冲突”的表象，看到政治经济利益冲

---

① ［美］尼尔·弗格森（Niall Ferguson）著，喻春兰译：《世界战争：二十世纪的冲突与西方的衰落》，广东人民出版社 2013 年版。

② 赫·乔·威尔斯（H. G. Wells）（1866—1946），英国小说家、社会学家、历史学家，代表作有《时间机器》《隐身人》《星球大战》等。

突的实质。世界上的一切战争，大都是因为大国竞相扩张，由政治经济利益的冲突而引发的。[①]

那么，如何化解国际冲突与纠纷，使世界各国和各民族能够和平共处？如何建设“美好的世界”？有的提出“霸权稳定论”，主张打造一个无所不能的超级大国来统领国际事务；有的提出“全球治理论”，主张各国弱化主权，制定共同的规则来管理世界；有的提出“普世价值论”，主张推广自认为“自由民主”的价值观和社会制度来一统天下。然而，这些理论带来的依靠用武力威慑、强权政治、经济制裁等方式维护和平，无法从根本上解决纠纷和冲突。

人类进入21世纪后，国际力量对比发生深刻变化，新兴市场国家和一大批发展中国家快速发展，国际影响力不断增强，数百年来列强通过战争、殖民、划分势力范围等方式争夺利益和霸权，正逐步向各国以制度规则协调关系和利益的方式演进。建立国际机制、遵守国际规则、追求国际正义，成为多数国家的共识。只有通过不同国家和民族之间的平等对话和沟通，通过冲突双方平等协商与让步，才可能更好地防止国际冲突和纠纷。而且建立这种国家和民族之间平等协商对话的机制，使不同国家和民族之间有一种制度化的平台，通过这个平台加强交流和沟通，深化认识和了解，遇到冲突和纠纷能够用坦诚、友好、协商、对话的方式来解决，而不是靠实力、武力、威胁、制裁等方式来解决。

人民政协这一人民民主重要实现形式，既为世界提供了通过协商对话解决纠纷和冲突的思路，也提供了搭建和平协商对话的平台——人民政协这样的协商对话机构。实践证明，解决国际冲突和纠纷的最好办法是协商对话，只有坚持“国际上的事情由各国商量着办”[②]，“各美其美，美人之美，美美与共，天下大同”，才能推动全球治理体制更加公正更加合理。因此，可以说中国人民政治协商会议这种人民民主形式，为人类解决国际冲突和纠纷、维

---

① ［美］尼尔·弗格森（Niall Ferguson）著，喻春兰译：《世界战争：二十世纪的冲突与西方的衰落》，广东人民出版社2013年版。

② 习近平：“推动全球治理体制更加公正更加合理，为我国发展和世界和平创造有利条件”，中央政府门户网站（www. gov. cn），2015年10月13日。

护世界和平提供了一条可行的途径，是对人类政治文明的重大贡献。

世界潮流浩浩荡荡，历史长河绵延不绝。当今世界，中国和世界、中国人民和整个人类更加紧密地联系在一起。“站立在960万平方公里的广袤土地上，吸吮着中华民族漫长奋斗积累的文化养分，拥有13亿中国人民聚合的磅礴之力”，中国走自己的路，具有无比广阔的舞台，具有无比深厚的历史底蕴，具有无比强大的前进定力①，中国共产党人和中国人民完全有信心为人类对更好社会制度的探索提供“中国方案”②，努力为完善全球治理贡献“中国智慧”，为人类文明发展进步开辟更加光明的未来。

① 习近平：“在纪念毛泽东同志诞辰120周年座谈会上的讲话”，《人民日报》，2013年12月26日。

② 习近平：“在庆祝中国共产党成立95周年大会上的讲话”，《人民日报》，2016年7月1日。

延伸阅读之六

中国人民政治协商会议章程

（1982年12月11日中国人民政治协商会议第五届全国委员会第五次会议通过，根据1994年3月19日中国人民政治协商会议第八届全国委员会第二次会议通过的《中国人民政治协商会议章程修正案》、2000年3月11日中国人民政治协商会议第九届全国委员会第三次会议通过的《中国人民政治协商会议章程修正案》和2004年3月12日中国人民政治协商会议第十届全国委员会第二次会议通过的《中国人民政治协商会议章程修正案》修订）

目　录

总　纲

中国人民在长期的革命和建设进程中，结成了由中国共产党领导的，有各民主党派、无党派人士、人民团体、少数民族人士和各界爱国人士参加的，由全体社会主义劳动者、社会主义事业的建设者、拥护社会主义的爱国者和拥护祖国统一的爱国者组成的，包括香港特别行政区同胞、澳门特别行政区同胞、台湾同胞和海外侨胞在内的最广泛的爱国统一战线。

中华人民共和国宪法规定：中国共产党领导的多党合作和政治协商制度将长期存在和发展。

中国人民政治协商会议是中国人民爱国统一战线的组织，是中国共产党领导的多党合作和政治协商的重要机构，是我国政治生活中发扬社会主义民主的重要形式。团结和民主是中国人民政治协商会议的两大主题。一九四九年九月，中国人民政治协商会议第一届全体会议代行全国人民代表大会的职权，代表全国人民的意志，宣告中华人民共和国的成立，发挥了重要的历史作用。一九五四年第一届全国人民代表大会召开后，中国人民政治协商会议继续在国家的政治生活和社会生活以及对外友好活动中进行了许多工作，作出了重要的贡献。一九七八年十二月中国共产党十一届三中全会以来，在拨乱反正、巩固和发展安定团结的政治局面，实现国家工作中心向经济建设转移，推进改革开放和社会主义现代化建设，争取实现包括台湾在内的祖国统一，反对霸权主义、维护世界和平的斗争中，中国人民政治协商会议进一步发挥了重要作用。

中华人民共和国成立以后，我国各族人民在中国共产党的领导下，消灭了剥削制度，建立了社会主义制度。我国社会阶级状况发生了根本的变化。工农联盟更加巩固。知识分子同工人、农民一样是社会主义事业的依靠力量。在人民革命和建设事业中同中国共产党一道前进、一道经受考验并作出重要贡献的各民主党派，已经成为各自所联系的一部分社会主义劳动者、社会主义事业的建设者和拥护社会主义的爱国者的政治联盟，日益发挥其重要作用。全国各民族已经形成平等、团结、互助的社会主义民族关系。宗教界的爱国人士积极参加祖国的社会主义建设。香港特别行政区同胞、澳门特别行政区同胞、台湾同胞和海外侨胞热爱祖国，拥护祖国统一，支援祖国建设事业。在新的历史时期，我国的爱国统一战线具有更强大的生命力，仍然是中国人民团结战斗、建设祖国和统一祖国的一个重要“法宝”，它将更加巩固，更加发展。

我国将长期处于社会主义初级阶段，面临的主要矛盾是人民日益增长的物质、文化需要同落后的社会生产之间的矛盾。由于国内的因素和国际的影响，我国人民同国内外的敌对势力和敌对分子的斗争还将是长期的，阶级斗争还将在一定范围内长期存在，但已经不是我国社会的主要矛盾。我国各族人民的根本任务是，沿着中国特色社会主义道路，坚持社会主义初级阶段的基本路线，集中力量进行社会主义现代化建设，自力更生、艰苦奋斗，逐步实现工业、农业、国防和科学技术现代化，把我国建设成为富强、民主、文明的社会主义国家。中国人民政治协商会议要在马克思列宁主义、毛泽东思想、邓小平理论和“三个代表”重要思想指引下，在热爱中华人民共和国、拥护中国共产党的领导、拥护社会主义事业、共同致力于中华民族伟大复兴的政治基础上，尽一切努力，进一步巩固和发展爱国统一战线，调动一切积极因素，团结一切可能团结的人，同心同德，群策群力，以经济建设为中心，维护和发展安定团结的政治局面，不断促进社会主义物质文明、政治文明和精神文明的协调发展，为实现我国各族人民的根本任务而奋斗。

中国共产党领导的多党合作和政治协商制度是我国的一项基本政治制度。中国人民政治协商会议根据中国共产党同各民主党派和无党派人士“长期共存、互相监督、肝胆相照、荣辱与共”的方针，促进参加中国人民政治协商会议的各党派、无党派人士的团结合作，充分体现和发挥我国社会主义政党制度的特点和优势。

中国人民政治协商会议的一切活动以中华人民共和国宪法为根本的准则。

中国人民政治协商会议全国委员会和地方委员会，依法维护其参加单位和个人按照本章程履行职责的权利。

第一章 工作总则

第一条 中国人民政治协商会议全国委员会和地方委员会，按照中国人民政治协商会议章程进行工作。

第二条 中国人民政治协商会议全国委员会和地方委员会的主要职能是政治协商、民主监督、参政议政。

政治协商是对国家和地方的大政方针以及政治、经济、文化和社会生活中的重要问题在决策之前进行协商和就决策执行过程中的重要问题进行协商。中国人民政治协商会议全国委员会和地方委员会可根据中国共产党、人民代表大会常务委员会、人民政府、民主党派、人民团体的提议，举行有各党派、团体的负责人和各族各界人士的代表参加的会议，进行协商，亦可建议上列单位将有关重要问题提交协商。

民主监督是对国家宪法、法律和法规的实施，重大方针政策的贯彻执行、国家机关及其工作人员的工作，通过建议和批评进行监督。

参政议政是对政治、经济、文化和社会生活中的重要问题以及人民群众普遍关心的问题，开展调查研究，反映社情民意，进行协商讨论。通过调研报告、提案、建议案或其他形式，向中国共产党和国家机关提出意见和建议。

第三条　中国人民政治协商会议全国委员会和地方委员会贯彻依法治国方略，宣传和执行国家的宪法、法律、法规和各项方针、政策，推动社会力量积极参加社会主义物质文明、政治文明和精神文明的建设事业。

第四条　中国人民政治协商会议全国委员会和地方委员会坚持公有制为主体、多种所有制经济共同发展的基本经济制度。巩固和发展公有制经济，鼓励、支持和引导非公有制经济发展。坚持按劳分配为主体、多种分配方式并存的分配制度。促进社会生产力的解放和发展。

第五条　中国人民政治协商会议全国委员会和地方委员会密切联系各方面人士，反映他们及其所联系的群众的意见和要求，对国家机关和国家工作人员的工作提出建议和批评，协助国家机关进行机构改革和体制改革，改进工作，提高工作效率，克服官僚主义，加强廉政建设。

第六条　中国人民政治协商会议全国委员会和地方委员会调整和处理统一战线各方面的关系和中国人民政治协商会议内部合作的重要事项。

第七条　中国人民政治协商会议全国委员会和地方委员会通过各种形式，积极传播先进文化，弘扬和培育民族精神，开展爱祖国、爱人民、爱劳动、爱科学、爱社会主义的公德以及革命的理想、道德和纪律的宣传教育工作。

第八条　中国人民政治协商会议全国委员会和地方委员会坚持发展科学、繁荣文化的“百花齐放、百家争鸣”的方针，密切联系国家机关和其他有关组织，在政治、法律、经济、教育、科学技术、文化艺术、医药卫生、体育等方面开展调查研究等活动，广开言路，广开才路，充分发挥委员的专长和作用。

中国人民政治协商会议全国委员会和地方委员会推动和协助社会力量兴

办各种有利于社会主义建设的事业。

第九条 中国人民政治协商会议全国委员会和地方委员会组织委员视察、参观和调查，了解情况，就各项事业和群众生活的重要问题进行研究，通过建议案、提案和其他形式向国家机关和其他有关组织提出建议和批评。

第十条 中国人民政治协商会议全国委员会和地方委员会组织和推动委员在自愿的基础上学习马克思列宁主义、毛泽东思想、邓小平理论和“三个代表”重要思想，学习时事政治，学习和交流业务和科学技术知识，增强为祖国服务的才能。

第十一条 中国人民政治协商会议全国委员会和地方委员会宣传和参与贯彻执行国家关于统一祖国的方针政策，积极开展同台湾同胞和各界人士的联系，促进祖国统一大业的实现。

加强同香港特别行政区同胞、澳门特别行政区同胞的联系和团结，鼓励他们为保持港澳地区的繁荣和稳定，为建设祖国和统一祖国作出贡献。

第十二条 中国人民政治协商会议全国委员会和地方委员会宣传和协助贯彻执行国家的人才强国战略和知识分子政策，尊重劳动、尊重知识、尊重人才、尊重创造，以利于充分发挥各类人才和知识分子在社会主义现代化建设中的作用。

第十三条 中国人民政治协商会议全国委员会和地方委员会宣传和协助贯彻执行国家的民族政策，反映少数民族的意见和要求，为发展少数民族地区的经济、文化，维护少数民族的合法权利和利益，坚持和完善民族区域自治制度，巩固和发展平等团结互助的社会主义民族关系，促进各民族共同繁荣进步，增进各族人民的大团结和维护祖国的统一贡献力量。

第十四条 中国人民政治协商会议全国委员会和地方委员会宣传和协助贯彻执行国家的宗教信仰自由政策，支持政府依法管理宗教事务，坚持独立自主自办的原则，积极引导宗教与社会主义社会相适应，团结宗教界爱国人士和宗教信仰者为祖国的建设和统一贡献力量。

第十五条 中国人民政治协商会议全国委员会和地方委员会宣传和协助贯彻执行国家的侨务政策，加强同归侨、侨眷和海外侨胞的联系和团结，鼓励他们为祖国的建设事业和统一祖国的大业作出贡献。

第十六条　中国人民政治协商会议全国委员会和地方委员会宣传和协助贯彻执行国家的外交政策，根据具体情况，积极主动地开展人民外交活动，加强同各国人民的友好往来和合作。

第十七条　中国人民政治协商会议全国委员会和地方委员会根据统一战线组织的特点进行关于中国近代史、现代史资料的征集、研究和出版工作。

第十八条　中国人民政治协商会议全国委员会加强同地方委员会的联系，沟通情况，交流经验，研究地方委员会带共同性的问题。

第二章　组织总则

第十九条　中国人民政治协商会议设全国委员会和地方委员会。

中国人民政治协商会议全国委员会对地方委员会的关系和地方委员会对下级地方委员会的关系是指导关系。

第二十条　中国人民政治协商会议全国委员会由中国共产党、各民主党派、无党派人士、人民团体、各少数民族和各界的代表，香港特别行政区同胞、澳门特别行政区同胞、台湾同胞和归国侨胞的代表以及特别邀请的人士组成，设若干界别。

中国人民政治协商会议地方委员会的组成，根据当地情况，参照全国委员会的组成决定。

第二十一条　凡赞成本章程的党派和团体，经中国人民政治协商会议全国委员会常务委员会协商同意，得参加中国人民政治协商会议全国委员会。个人经中国人民政治协商会议全国委员会常务委员会协商邀请，亦得参加中国人民政治协商会议全国委员会。参加地方委员会者，由各级地方委员会按照本条上述规定办理。

第二十二条　参加中国人民政治协商会议全国委员会或地方委员会的单位和个人，都有遵守和履行本章程的义务。

第二十三条　中国人民政治协商会议地方委员会对全国委员会的全国性的决议，下级地方委员会对上级地方委员会的全地区性的决议，都有遵守和履行的义务。

第二十四条　中国人民政治协商会议全国委员会委员和地方委员会委员

应热爱祖国，拥护中国共产党的领导和社会主义事业，维护民族团结和国家统一，遵守国家的宪法和法律，在本界别中有代表性，有社会影响和参政议政能力。

中国人民政治协商会议全国委员会委员和地方委员会委员要密切联系群众，了解和反映他们的愿望和要求，参加本会组织的会议和活动。

第二十五条 中国人民政治协商会议全国委员会和地方委员会全体会议的议案，应经全体委员过半数通过。常务委员会的议案，应经常务委员会全体组成人员过半数通过。各参加单位和个人对会议的决议，都有遵守和履行的义务。如有不同意见，在坚决执行的前提下可以声明保留。

第二十六条 中国人民政治协商会议全国委员会和地方委员会的委员，在本会会议上有表决权、选举权和被选举权；有对本会工作提出批评和建议的权利。

第二十七条 参加中国人民政治协商会议全国委员会和地方委员会的单位和个人，有通过本会会议和组织充分发表各种意见、参加讨论国家大政方针和各该地方重大事务的权利，对国家机关和国家工作人员的工作提出建议和批评的权利，以及对违纪违法行为检举揭发、参与调查和检查的权利。

第二十八条 参加中国人民政治协商会议全国委员会和地方委员会的单位和个人，有声明退出的自由。

第二十九条 参加中国人民政治协商会议全国委员会和地方委员会的单位和个人，如果严重违反中国人民政治协商会议章程或全体会议和常务委员会的决议，由全国委员会常务委员会或地方委员会常务委员会分别依据情节给予警告处分，或撤销其参加中国人民政治协商会议全国委员会或地方委员会的资格。

受警告处分或撤销参加资格的单位或个人，如果不服，可以请求复议。

第三章　全国委员会

第三十条 每届中国人民政治协商会议全国委员会的参加单位、委员名额和人选及界别设置，经上届全国委员会主席会议审议同意后，由常务委员会协商决定。

每届全国委员会任期内，有必要增加或者变更参加单位、委员名额和决定人选时，经本届主席会议审议同意后，由常务委员会协商决定。

第三十一条　中国人民政治协商会议全国委员会每届任期五年。如遇非常情况，由常务委员会以全体组成人员的三分之二以上的多数通过，得延长任期。

第三十二条　中国人民政治协商会议全国委员会设主席，副主席若干人和秘书长。

第三十三条　中国人民政治协商会议全国委员会全体会议每年举行一次。常务委员会认为必要时，得临时召集之。

第三十四条　中国人民政治协商会议全国委员会全体会议行使下列职权：

一、修改中国人民政治协商会议章程，监督章程的实施；

二、选举全国委员会的主席、副主席、秘书长和常务委员；

三、听取和审议常务委员会的工作报告；

四、讨论本会重大工作方针、任务并作出决议；

五、参与对国家大政方针的讨论，提出建议和批评。

第三十五条　中国人民政治协商会议全国委员会设常务委员会主持会务。

常务委员会由全国委员会主席、副主席、秘书长和常务委员组成，其候选人由参加中国人民政治协商会议全国委员会的各党派、团体、各民族和各界人士协商提名，经全国委员会全体会议选举产生。

第三十六条　中国人民政治协商会议全国委员会常务委员会行使下列职权：

一、解释中国人民政治协商会议章程，监督章程的实施；

二、召集并主持中国人民政治协商会议全国委员会全体会议；每届第一次全体会议前召开全体委员参加的预备会议，选举第一次全体会议主席团，由主席团主持第一次全体会议；

三、组织实现中国人民政治协商会议章程规定的任务；

四、执行全国委员会全体会议的决议；

五、全国委员会全体会议闭会期间，审查通过提交全国人民代表大会及其常务委员会或国务院的重要建议案；

六、根据秘书长的提议，任免中国人民政治协商会议全国委员会副秘书长；

七、决定中国人民政治协商会议全国委员会工作机构的设置和变动，并任免其领导成员。

第三十七条 中国人民政治协商会议全国委员会主席主持常务委员会的工作。副主席、秘书长协助主席工作。

主席、副主席、秘书长组成主席会议，处理常务委员会的重要日常工作。

主席会议受常务委员会的委托，主持下一届第一次全体会议预备会议。

第三十八条 中国人民政治协商会议全国委员会设副秘书长若干人，协助秘书长进行工作。设立办公厅，在秘书长领导下进行工作。

第三十九条 中国人民政治协商会议全国委员会根据工作需要，设立若干专门委员会及其他工作机构，由常务委员会决定。

第四章　地方委员会

第四十条 省、自治区、直辖市设中国人民政治协商会议的省、自治区、直辖市委员会；自治州、设区的市、县、自治县、不设区的市和市辖区，凡有条件的地方，均可设立中国人民政治协商会议各该地方的地方委员会。

第四十一条 每届中国人民政治协商会议地方委员会的参加单位、委员名额和人选及界别设置，经上届地方委员会主席会议审议同意后，由常务委员会协商决定。

每届地方委员会任期内，如有必要增加或者变更参加单位、委员名额和决定人选，经本届地方委员会主席会议审议同意后，由常务委员会协商决定。

第四十二条 中国人民政治协商会议的省、自治区、直辖市、自治州、设区的市、县、自治县、不设区的市和市辖区的地方委员会每届任期五年。

第四十三条 中国人民政治协商会议各级地方委员会设主席，副主席若干人和秘书长。

第四十四条 中国人民政治协商会议各级地方委员会的全体会议每年至少举行一次。

第四十五条 中国人民政治协商会议各级地方委员会全体会议行使下列

职权：

一、选举地方委员会的主席、副主席、秘书长和常务委员；

二、听取和审议常务委员会的工作报告；

三、讨论并通过有关的决议；

四、参与对国家和地方事务的重要问题的讨论，提出建议和批评。

第四十六条 中国人民政治协商会议各级地方委员会设常务委员会主持会务。

常务委员会由地方委员会主席、副主席、秘书长和常务委员组成，其候选人由参加各该地方委员会的各党派、团体、各民族和各界人士协商提名，经全体会议选举产生。

第四十七条 中国人民政治协商会议地方委员会常务委员会行使下列职权：

一、召集并主持地方委员会全体会议；每届第一次全体会议前召开全体委员参加的预备会议，选举第一次全体会议主席团，由主席团主持第一次全体会议；

二、组织实现中国人民政治协商会议章程规定的任务和全国委员会所作的全国性的决议以及上级地方委员会所作的全地区性的决议；

三、执行地方委员会全体会议的决议；

四、地方委员会全体会议闭会期间，审议通过提交同级地方人民代表大会及其常务委员会或人民政府的重要建议案；

五、根据秘书长的提议，任免地方委员会的副秘书长；

六、决定地方委员会工作机构的设置和变动，并任免其领导成员。

第四十八条 中国人民政治协商会议各级地方委员会的主席主持常务委员会的工作。副主席、秘书长协助主席工作。

主席、副主席、秘书长组成主席会议，处理常务委员会的重要日常工作。

主席会议受常务委员会的委托，主持下一届第一次全体会议预备会议。

第四十九条 中国人民政治协商会议各级地方委员会可以按照需要设副秘书长一人至数人，协助秘书长进行工作。

第五十条 省、自治区、直辖市的地方委员会设立办公厅，专门委员会及其他工作机构的设置，按照当地实际情况和工作需要，由常务委员会决定。

自治州、设区的市、县、自治县、不设区的市和市辖区的地方委员会的工作机构的设置，按照当地实际情况和工作需要，由常务委员会决定。

第五章　附　则

第五十一条　本章程经中国人民政治协商会议全国委员会全体会议通过后实行。

（中华人民共和国中央人民政府门户网站，http：//www. gov. cn）

参考文献

[1] 马克思恩格斯全集（第1卷）. 北京：人民出版社，1956
[2] 马克思恩格斯全集（第2卷）. 北京：人民出版社，1995
[3] 马克思恩格斯全集（第3卷）. 北京：人民出版社，1995
[4] 马克思恩格斯全集（第10卷）. 北京：人民出版社，1998
[5] 马克思恩格斯选集（第3卷）. 北京：人民出版社，1995
[6] 马克思恩格斯全集（第44卷）. 北京：人民出版社，1982
[7] 马克思恩格斯选集（第1卷）. 北京：人民出版社，1995
[8] 马克思恩格斯选集（第4卷）. 北京：人民出版社，1995
[9] 列宁全集（第2卷）. 北京：人民出版社，1984
[10] 列宁全集（第3卷）. 北京：人民出版社，1984
[11] 列宁全集（第4卷）. 北京：人民出版社，1984
[12] 列宁全集（第6卷）. 北京：人民出版社，1984
[13] 列宁全集（第10卷）. 北京：人民出版社，1984
[14] 列宁全集（第13卷）. 北京：人民出版社，1987
[15] 列宁全集（第28卷）. 北京：人民出版社，1990
[16] 列宁全集（第31卷）. 北京：人民出版社，1985
[17] 列宁全集（第34卷）. 北京：人民出版社，1984
[18] 列宁全集（第43卷）. 北京：人民出版社，1987
[19] 毛泽东选集（第1卷）. 北京：人民出版社，1952
[20] 毛泽东选集（第2－4卷）. 北京：人民出版社；1991
[21] 毛泽东文集（1－8卷）. 北京：人民出版社，1999
[22] 毛泽东年谱（1983～1949）（中卷）. 北京：中央文献出版社，2002
[23] 建国以来毛泽东文稿（第6册）. 北京：中共中央文献研究室，1991
[24] 毛泽东书信选集. 北京：人民出版社，1983
[25] 毛泽东选集（合订一卷本）. 北京：人民出版社，1969

[26] 中央文献研究室．毛泽东著作专题摘编．北京：中央文献出版社，2003
[27] 刘少奇选集（上卷）．北京：人民出版社，2004
[28] 周恩来统一战线文选．北京：人民出版社，1984
[29] 周恩来选集（下卷）．北京：人民出版社，1984
[30] 周恩来．在政协全国委员会会议上的政治报告．人民日报，1954－12－27
[31] 邓小平文选（第2卷）．北京：人民出版社，1994
[32] 江泽民．加快改革开放和现代化建设步伐，夺取有中国特色社会主义事业的更大胜利．1992－10－12
[33] 江泽民．高举邓小平理论伟大旗帜，把建设有中国特色社会主义事业全面推向二十一世纪，1997－9－12
[34] 江泽民．在庆祝中国人民政治协商会议成立五十周年大会上的讲话．新华社，1999－9－22
[35] 江泽民文选（第3卷）．北京：人民出版社，2002
[36] 胡锦涛．坚定不移沿着中国特色社会主义道路前进，为全面建成小康社会而奋斗。北京：人民出版社，2012
[37] 胡锦涛．在庆祝人民政协成立55周年大会上的讲话．人民日报，2004－09－22
[38] 习近平．推动全球治理体制更加公正更加合理，为我国发展和世界和平创造有利条件．中央政府门户网站，2015－10－13
[39] 习近平．在庆祝中国人民政治协商会议成立65周年大会上的讲话．人民日报，2014－9－22
[40] 习近平．中国坚定不移走和平发展道路．新华每日电讯，2013－03－20
[41] 习近平．习近平谈治国理政．北京：外文出版社，2014
[42] 习近平．在省部级主要领导干部学习贯彻十八届三中全会精神全面深化改革专题研讨班上的讲话．新华社，2014－2－17
[43] 习近平．在纪念毛泽东同志诞辰120周年座谈会上的讲话．人民日报，2013－12－26
[44] 彭真文选（1941—1990）．北京：人民出版社，1991
[45] 黄炎培．八十年来．北京：文史资料出版社，1982
[46] 李维汉．中国人民政治协商会议第二届全国委员会常务委员会工作报告．人民日报，1959－4－18
[47] 李维汉．回忆与研究．北京：中共党史资料出版社，1986
[48] 陈叔通．中国人民政治协商会议第一届全国委员会工作报告．人民日报，1954－12－22
[49] 陈叔通．中国人民政治协商会议第二届全国委员会常务委员会工作报告．人民日报，1957－3－6
[50] 陈叔通．中国人民政治协商会议第三届全国委员会常务委员会工作报告．人民日报，1962－4－2
[51] 郭沫若．中国人民政治协商会议第三届全国委员会常务委员会工作报告．人民日报，1965－1－1
[52] 郭沫若．紧密团结在党和毛主席周围，为社会主义革命和建设贡献力量．人民日报，1964－12－21
[53] 李贵鲜．中国人民政治协商会议第九届全国委员会常务委员会工作报告——在政协第十届全国委员会第一次会议上．新华社，2003－3－15
[54] 周恩来．在中国人民政治协商会议第一届全国委员会第四次会议上的报告．人民日报，1953－2－5
[55] 叶选平．中国人民政治协商会议第七届全国委员会常务委员会工作报告．人民日报，1998－3－16
[56] 叶选平．中国人民政治协商会议第八届全国委员会常务委员会工作报告．人民日报，2009－9－7
[57] 贾庆林．在全国政协十二届一次会议上作工作报告．全国人大网，2014－2－14
[58] 贾庆林．中国人民政治协商会议全国委员会常务委员会工作报告——在政协第十一届全国委员会第一次会议上．新华网，2008－3－3
[59] 贾庆林．健全社会主义协商民主制度为全面建成小康社会广泛凝聚智慧和力量．中国政协理论研究，2012（4）

[60] 贾庆林．高举中国特色社会主义伟大旗帜　把人民政协事业不断推向前进．求是，2009（2）
[61] 贾庆林．努力开创人民政协事业的新局面．人民日报，2006－12－21
[62] 胡乔木回忆毛泽东．北京：人民出版社，1994
[63] 李铁映：关于民主的几个理论问题．邓小平理论学习与研究，2001（4）
[64] 郑万通．人民民主平台更广阔（协商民主在实践）．人民日报，2012－11－28
[65] 郑万通．关于社会主义协商民主的几个问题．中国政协理论研究，2013（23）
[66] 郑万通．从“协商民主”看我国民主政治创新．新华网，2012－11－29
[67] 郑万通．十八大确立“社会主义协商民主制度”概念具有里程碑意义．南方周末，2012－11－15
[68] 中国人民政治协商会议共同纲领．北京：人民出版社出版，1952
[69] 中华人民共和国宪法．北京：人民出版社．1955
[70] 中华人民共和国宪法（1982）．北京：人民出版社．1982
[71] 中国人民政治协商会议组织法．1949
[72] 中共中央文件选集（1921—1925）．中国共产党新闻网·文献资料
[73] 中央档案馆．中共中央文件选集．北京：中共中央党校出版社，1987
[74] 中央文献研究室．十二大以来重要文献选编．北京：中央文献出版社，1988
[75] 中央文献研究室．十三大以来重要文献选编．北京：中央文献出版社，1991
[76] 中央档案馆．中共中央文件选集．北京：中共中央党校出版社出版，1987
[77] 全国政协办公厅，中共中央文献研究室．人民政协重要文献选编（中）．北京：中央文献出版社，中国文史出版社，2009
[78] 人民政协重要文献选编（上、下）．北京：中央文献出版社、中国文史出版社，2009
[79] 建国以来重要文献选编（第5册）．北京：中央文献出版社，1993
[80] 党的文献．北京：中共中央文献研究室，中央档案馆，2002（5）
[81] 十六大以来重要文献选编（上）．北京：人民出版社，2005
[82] 中共中央关于坚持和完善中国共产党领导的多党合作和政治协商制度的意见．中发〔1989〕14号
[83] 中国人民政治协商会议章程（1982）．中国政协门户网站
[84] 中国人民政治协商会议第一届全体会议宣言．1949－9－30
[85] 政府与中共代表会谈纪要．关于政治民主化问题．1945－10－10
[86] 中国人民政治协商会议全国委员会研究室，中共中央文献研究室第四编研部．老一代革命家论人民政协．北京：中央文献出版社，1997
[87] 中国人民政治协商会议第二届全国委员会第三次全体会议的决议．人民日报，1957－3－21
[88] 中华人民共和国国务院新闻办公室．中国的政党制度白皮书．新华社，2007－11－15
[89] 当代中国的人民政协．北京：当代中国出版社，1993
[90] 中共中央关于加强人民政协工作的意见．新华社，2006－2－8
[91] 中华人民共和国国务院公报．国务院门户网站．1989年第1号
[92] 中国人民政治协商会议章程（1994）．中国政协门户网站
[93] 十八大报告辅导读本．北京：人民出版社，2012
[94] 中国人民政治协商会议第十二届全国委员会第一次会议政治决议．新华社，2013－3－12
[95] 解放日报．1945－8－27
[96] 人民日报．1954－12－27
[97] 人民日报．1960－3－30

[98] 人民日报.1964－12－21
[99] 人民政协．北京：中央文献出版社，1997
[100] 中国人民政治协商会议全国委员会办公厅．第一、二、三、四届政协大事记．人民政协网
[101] 中共政协全国委员会党组．关于《中共中央关于加强人民政协工作的意见》贯彻落实情况的报告．中国政府网，2012－8－20
[102] 中华人民共和国国务院新闻办公室．中国的民主政治建设（白皮书），2005－10－19
[103] 中共中央．关于全面深化改革若干重大问题的决定．北京：人民出版社，2013
[104] 中共中央办公厅．关于加强政党协商的实施意见．新华社，2015－12－10
[105] 中共中央办公厅．关于加强人民政协协商民主建设的实施意见．新华社，2015－6－25
[106] 李仁彬、黄国华等．中国协商民主理论与实践探析．成都：四川大学出版社，2011
[107] 李振海．列宁的多党合作思想与实践．天津师范大学学报，1991（1）
[108] 赵淑梅．改革开放以来国内关于人民民主理论的发展研究．重庆社会主义学院学报，2010（3）
[109] 奚洁人主编．科学发展观百科辞典．上海：上海辞书出版社，2007
[110] 李彦．中国共产党的人民政协协商民主理论．中共中央党校博士论文，2015
[111] 薛鑫良．延安时期的民主实践．学习时报，2009－3－6
[112] 包心鉴．社会主义协商民主是中国人民民主的重要形式．光明日报，2013－9－10
[113] 张庆黎．在人民政协理论研究会2015年度理论研讨会上的讲话．新华网，2015－9－10
[114] 田居俭主编．中华人民共和国史编年·1949年卷．北京：当代中国出版社，2004
[115] 逄先知、金冲及．毛泽东传（1949—1976）上．北京：中央文献出版社，2003
[116] 朱勤军．中国政治文明建设中的协商民主探析．政治学研究，2004（3）
[117] 刘菊香．关于人民政协协商民主主体的探讨．中国政协理论研究，2013（3）
[118] 张维为．中国模式和中国话语的世界意义．经济导刊，2014（3）
[119] 杨建新，石光树，袁廷华．五星红旗从这里升起——中国人民政治协商会议诞生记事暨资料选编．北京：文史资料出版社，1984
[120] 张平夫主编．人民政协概论．北京：中央编译出版社，2008
[121] 胡志武．把握三个环节做好书面协商．江淮时报，2013－5－21
[122] 关于人民政协协商民主程序研究．人民政协报，2014－3－24
[123] 郝在今．协商民主：中国特色政治协商制度开创纪实．北京：金城出版社，2014
[124] 我们对于时局的意见．华商报，1949－1－24
[125] 李君如．协商民主在中国．北京：人民出版社，2014
[126] 李君如．从政治体制改革大思路认识协商民主的重要意义．人民政协报，2015－2－10
[127] 卞晋平．协商民主新格局与人民政协．人民政协报，2015－4－1
[128] 俞可平．民主是个好东西．北京：社会科学文献出版社，2006
[129] 西方民主的病在哪儿．参考消息，2014－5－4
[130] 林尚立．协商民主是我国民主政治的特有形式和独特优势．求是，2014（6）
[131] 李君如．协商民主是一种重要的民主形式．同舟共进.2006（6）
[132] 齐卫平．中国特色协商民主的内生源简论．中央社会主义学院学报，2008（2）
[133] 庄聪生．协商民主：中国特色社会主义民主的重要形式．马克思主义研究，2006（7）
[134] 王邦佐、朱勤军．中国协商民主的特征及其发展空间．上海：上海人民出版社，2007
[135] 任仲平．改变历史的北京时间——写在新中国成立60年之际．北京：人民出版社，2016
[136] 陈玉凤．政治协商、民主协商、协商民主的联系与区别．中国统一战线，2015（2）

[137] 林尚立．人民民主：中国共产党的探索与实践．光明日报，2012－1－2
[138] 尹汉宁．论人民民主的中国道路．红旗文稿，2013（20）
[139] 韩冬梅．西方协商民主理论研究兼论比较视野中的中国协商民主理论构想．北京：中国社会科学出版社，2008
[140] 王邦佐，朱勤军．协商民主的内涵和中国协商民主的特征．上海市社会科学界学术年会文集，2006
[141] 徐京跃，吴晶，赵超．夺取中国特色社会主义新胜利的政治宣言和行动纲领——党的十八大报告诞生记．前线，2012（12）
[142] 张守生．人民政协与国家权力机关关系解析．人民政协理论研究会第一次理论研讨会论文集．北京：中国文史出版社，2007
[143] 韩晋芳，董亚峰．人民团体的历史演变．学会，2012（12）
[144] 刘世锦、杨建龙．中国所有制结构的变化、特点和发展趋势．管理世界，1998（4）
[145] 中共北京市海淀区委党史研究室编．中共中央在香山．北京：中共党史出版社，1993
[146] 林尚立．当代中国政治形态研究．天津：天津人民出版社，2000
[147] 林尚立．协商政治．对中国民主政治发展的一种思考．学术月刊，2003（4）
[148] 国语集解卷（16）．北京：中华书局，2002
[149] 卢兴．协商民主与中华优秀传统文化．光明日报，2015－4－5
[150] 王拭．严复集（第一册）．北京：中华书局，1986
[151] 谭嗣同．仁学．北京：华夏出版社，2002
[152] 孙中山选集（上卷）．北京：人民出版社，1956
[153] 董云．中国的民主政治建设及其启示．人民日报海外版，2011－12－9
[154] 李毅．中国社会分层的结构与演变．美国：美国大学出版社，2005
[155] 施雪华．政治现代化比较研究．武汉：武汉大学出版社，2006
[156] 左宪民．论中国特色社会主义协商民主．求索，2008（5）
[157] 刘军宁．民主与民主化．北京：商务印书馆，1999
[158] 黄卫平、陈文．中国民主政治发展的现实选择思考．理论探讨，2005（6）
[159] 王金红．协商政治与中国政治文明建设．唯实，2004（2）
[160] 席文启．中国特色社会主义政治文明研究．北京：中共党史出版社，2007
[161] 谢基昌．政治文明的历史考察．辽宁行政学院学报，2006（7）
[162] 刘海藩主编．各民主党派为解放台湾联合宣言．《国史全鉴》（1954～08～22）．北京：中央文献出版社，2005
[163] 刁瑷辉．论协商民主与公民精神的养成．江西行政学院学报，2007（3）
[164] 宿凌．略论中国共产党的马克思主义权力观．中国共产党新闻网，2014－5－4
[165] 中共中央：关于加强人民政协工作的意见（摘要）．人民日报，2006－3－2
[166] 张峰．人民政协在构建协商民主体系中的地位和作用．中国政协理论研究，2014（24）
[167] 王绍光．民主四讲．北京：生活．读书·新知三联书店，2008
[168] 李羚．中国特色社会主义政党制度对世界政治文明的贡献．人民政协理论研究会会刊，2007（3）
[169] 房宁．民主政治十论：中国特色社会主义民主理论与实践的若干重大问题．北京：中国社会科学出版社，2007
[170] 陈家刚．协商民主．上海：上海三联书店，2004
[171] 桑玉成．论和谐社会的政治基础．复旦学报，2005（4）

[172] 黄卫平、陈文．中国民主政治发展的现实选择——对“竞争性民主”与“协商性民主”的思考．理论探讨，2005（6）
[173] 吴爱民．当代中国政府与政治．北京：中国人民大学出版社，2007
[174] 中共党史资料（第42辑）．北京：中共党史出版社，1992
[175] 中华人民共和国经济档案资料选编（1949—1952）．北京：经济管理出版社，1994
[176] 任仲平．转变，中国道路的历史性跨越．人民日报，2012－11－6
[177] ［美］约瑟夫·熊彼特著．吴良建译．资本主义、社会主义和民主．北京：商务印书馆，2012
[178] 莫里斯·迈斯纳．马克思主义、毛泽东主义与乌托邦主义．北京：中央文献出版社，1991
[179] David Miller. Is Deliberative Democracy Unfair to Disadvantaged Groups？. Maurizio Passerine' entrèves. Democracy as Public Deliberation：New Perspectives. Manchester：Manchester University Press，2002
[180] Carolyn Hendriks. The Ambiguous Role of Civil Society in Deliberative Democracy.（Refereed Paper Presented to the Jubilee Conference of the Australian Political Studies Association）Canberra：Australian National University，October，2002
[181] Jorge M. Valadez. Deliberative Democracy，Political Legitimacy，and Self-Democracy in Multicultural Societies. USA West view Press，2001
[182] Jorge M. Valdez. Deliberative Democracy，Political Legitimacy，and Self-Democracy in Multicultural Societies. USA West view Press，2001
[183] ［美］詹姆斯·博曼、威廉·雷吉主编．陈家刚等译．协商民主：论理性与政治．北京：中央编译出版社，2006
[184] ［南非］毛里西奥·帕瑟林·登特里维斯主编．王英津等译．作为公共协商的民主：新的视角．北京：中央编译出版社，2006
[185] ［美］詹姆斯·博曼．公共协商：多元中央、复杂性与民主．北京：中央编译出版，2006
[186] ［美］詹姆斯·博曼，威廉·雷吉主编．协商民主．美国：麻省理工学院出版社，1997 ，
[187] ［美］詹姆斯·博曼，威廉·雷吉．协商民主：论理性与政治．北京：中央编译出版社，2006
[188] ［美］乔治·瓦拉德兹著．何莉编译．协商民主．马克思主义与现实，2004（3）
[189] ［法］卢梭．社会契约论．北京：商务印书馆，1980
[190] ［美］罗伯特·达尔．论民主．北京：商务印书馆，1999
[191] ［美］亨廷顿．王冠华译．变化社会中的政治秩序．上海：上海人民出版社．2008
[192] ［美］乔·萨托利．民主新论．北京：东方出版社，1993
[193] ［美］塞缪尔·亨廷顿．变化社会中的政治情绪．北京：华夏出版社，1989
[194] 戈登·怀特著．何增科译．公民社会、民主化和发展．马克思主义与现实，2000（1）
[195] ［法］孟德斯鸠．论法的精神（上）．北京：商务印书馆，1961
[196] ［法］托克维尔．论美国的民主（上）．北京：商务印书馆，1988
[197] ［美］贝拉克·侯赛因·奥巴马．无畏的希望：重申美国梦．北京：法律出版社，2011
[198] ［美］约瑟夫·熊彼特．资本主义、社会主义与民主．北京：商务印书馆，1999
[199] ［美］塞缪尔·亨廷顿．第三波——20世纪后期民主化浪潮．上海：上海三联书店，1998
[200] ［美］乔万尼·萨托利．民主新论．北京：东方出版社，2009
[201] ［美］托尼·麦克格鲁．走向真正的全球治理．马克思主义与现实，2002（2）
[202] ［美］尼尔·弗格森．喻春兰译．世界战争：二十世纪的冲突与西方的衰落．广州：广东人民出版社，2013

后 记

人民政协理论是中国特色社会主义理论体系和中国特色社会主义民主政治理论的一个重要组成部分。根据中国人民政协理论研究会“人民政协理论研究规划（2015—2019年）”选题，在重庆市政协彭永辉副主席主持下，组织编委会，加强对人民政协协商民主的系统研究。重庆市政协领导高度重视，提出“坚持政治方向，坚持学术水准，坚持较高质量”的原则；市政协研究室责无旁贷地全力支持，历经一年多时间的研究，由谭凯鸣同志执笔，形成《人民政协协商民主理论概要》专著。

本书的研究和撰写，得到全国政协原副主席、中国人民政协理论研究会原会长郑万通的支持和肯定；全国政协办公厅研究室原常务副主任、中国人民政协理论研究会原秘书长原冬平逐章逐句审阅书稿，认为“本书的出版应属填补空白之作，有特色、有突破、有所创新”，并提出宝贵修改意见。全国工商联研究室主任林泽炎等专家学者参与书稿审阅。中共重庆市委深改办、市委统战部、市社科联、市社科院、重庆大学、光明日报、中国经济时报等相关专家学者近20人参加了出版前的研讨会，对书稿提出具体的修改意见，使书稿更臻准确。此外，本书参考引用了李仁彬、吴亚梅、杨子均教授和李彦博士等相关课题论述，西南政法大学副教授张小波协助完成本书的图表绘制。

本书的编撰，凝聚了编委会人员的辛勤努力。重庆市政协原秘书长谢义亚同志完成全书的统稿、修订等工作，秦敏、余季平、易飞先、熊康敏、吕琳、易炳翀作为编委会成员，全程参与了有关工作，何礼兵、向邦俊等同志亦对书稿相关内容提出一些有益的建议。

值本书出版付梓之际，谨向上述单位和同志以及所有对本书编撰工作作出贡献、给予支持的单位和人员，致以衷心的感谢！

编委会

2017年1月于重庆